PURO
JAZZ

PURO JAZZ

Ricard Gili

MA
NON
TROPPO

UN SELLO DE REDBOOK EDICIONES
información bibliográfica
Indústria 11 (Pol. Ind. Buvisa)
08329 - Teià (Barcelona)
e-mail: info@redbookediciones.com
www.redbookediciones.com

Diseño de cubierta: Regina Richling

Diseño interior: Cifra

ISBN: 978-84-946961-6-9
Depósito legal: B-23.847-2017

Impreso por Sagrafic, Plaza Urquinaona 14, 7º-3ª 08010 Barcelona

Impreso en España - *Printed in Spain*

A la memòria dels meus pares, Joaquim i Antònia.

A la memòria dels meus mestres. Jimmy Rena i Mano.

índice

nota a esta edición

Este libro, con el título *El Jazz*, fue publicado en una primera edición en 1978. Seis años después, en 1984, con idéntico título conoció una segunda edición corregida y aumentada en relación a la primera.

Ahora, cuarenta años después de la primera, aparece esta tercera edición con el título *Puro jazz*, la cual contiene cambios substanciales respecto a las dos anteriores.

En primer lugar, en estos cuarenta años la historia del jazz ha seguido su curso, de manera que las páginas de la presente edición recogen los hechos relevantes acontecidos durante este período de tiempo.

En segundo lugar, como ocurre siempre, el aumento de la distancia en el tiempo respecto a los hechos relatados, modifica sensiblemente el punto de vista desde el que se contemplan estos hechos. Este alejamiento aumenta la panorámica general y permite valorar y ponderar de forma más ajustada y matizada la naturaleza y la importancia de los acontecimientos, la trayectoria de los músicos, el contenido y el sentido de los sucesivos estilos, etc.

Por eso, el lector que conozca las ediciones precedentes notará algunos cambios en la valoración y clasificación de determinados músicos y estilos, cambios que reflejan mi visión actual de las cuestiones tratadas que considero más acorde con la realidad y que espero reforzarán la claridad y coherencia de todo lo que se dice en estas páginas.

Ricard Gili
Septiembre de 2017

prólogo

Este libro es una joya, como las demás actividades de su autor. Ricard Gili es un artista que mantiene vivas ciertas tradiciones musicales. Son tradiciones importantes, que podría decirse que ponen a la música en su lugar. Y encima, tiene el deseo de explicarse. Para ello, recurre a una historia de la música de jazz, su música favorita y la de su familia, y la cuenta de una manera seria y amena a la vez.

Pero ¿cómo hace música Ricard Gili? ¿Cómo la vive, cómo la transmite, sea tocando y cantando, sea escribiendo? Voy a tratar de poner palabras a una experiencia que, cada vez que he podido escucharlo, acompañarlo, leerlo o conversarlo con él, me ha dejado con la boca abierta, pero sin palabras. Antes de empezar, admito mi derrota, porque el tema tiene tanto calado que solo podemos aproximarnos a él, sin explicarlo hasta el final.

Nuestro tiempo ha borrado el límite entre música culta y popular. Esta frontera fue siempre un lugar de crisis creativa, de tomar y recibir mutuamente. Pero antropológicamente hay una música que deriva del culto sagrado, y que por eso se llama a veces 'culta', y otra que surge desde abajo, llamada 'popular'. Esta última responde a la necesidad de compartir un espacio de fiesta o de duelo, en actividades espontáneas y colectivas que implican cantar y bailar. En la 'culta' interviene un placer intelectual y espiritual.

Son categorías abstractas, que en la práctica se encuentran solo mezcladas, no puras. Pero corresponden a dos actividades bien distintas, y siguen siendo útiles para tratar de comprender lo que pasa cuando escuchamos a Duke Ellington o a Bach. No distinguir entre experiencias tan distintas antropológicamente se puede entender como un acto de buena voluntad, para no desvalorizar la música 'popular', pero complica las cosas a quien quiera entender un poco su deseo de seguir escuchando.

Estamos diseñados para vivir en sociedad, y también para cantar y bailar espontáneamente dentro de nuestra comunidad. Algunos, además, están diseñados –o educados, o ambas cosas– para ejercer de animadores de tales actividades. Cuando Ricard empuña su trompeta o se pone a cantar y a bailotear hay algo irresistible que se transmite a sus oyentes. Algo que nos hace vibrar: quizá la conexión atávica con la fiesta popular, que reconocemos como propia.

¿Propia? ¿El jazz? La dimensión irreductiblemente local de estas actividades parece estar en contradicción con el hecho de tratarse de una música afroamericana. Si la música está en su sitio solo cuando está en su lugar, o sea dentro de una comunidad concreta, ¿cómo se explica que el jazz, de raíces tan lejanas, pueda funcionar como música popular entre nosotros?

Lo cuenta Ricard a su manera en la Introducción, que hay que leer poco a poco: las maneras del jazz, especialmente del jazz tradicional y del swing, mantienen un vínculo profundo con la raíz antropológica de la música popular. En nuestras latitudes no se encuentra fácilmente algo parecido: algo que haga vibrar en cuerpo y alma casi por instinto, que invite a la participación espontánea, aunque sea sin comprender el texto ni el contexto. El jazz, como cuenta el libro que tienes entre manos, viene de una tradición borrada por la historia, o emborronada en sus márgenes, en el origen de la cual se encuentra una comunidad oprimida, extranjera en su propia tierra. El acento de Louis Armstrong, el gran ejemplo de Ricard y de tantos otros amigos de la música, muestra esa paradoja: a pesar de ser su única lengua, el inglés suena todavía extraño en las fauces de este ilustre descendiente de esclavos africanos. Tratando de apropiarse de la lengua y la cultura de los EE.UU., los afroamericanos crean de la nada una tradición musical nueva, en plena era contemporánea. Milagroso.

Por eso se trata de un caso único, difícilmente comparable a las tradiciones musicales europeas. Los que lo sentimos como propio tenemos que hacer esfuerzos suplementarios para participar de algo lejano que, paradójicamente, suena tan próximo. Especialmente si, además de disfrutar, pretendemos comprender. Pero este esfuerzo se ve recompensado: para la mayoría, comprender más significa disfrutar más. Y sobre todo, porque lo que sentimos como nuestro no son los textos de amor y desamor de las comedias de Broadway de los 1920s, ni siquiera las grandes cuestiones raciales y sociales que palpitan siempre detrás del pulso del blues. Lo nuestro es participar espontáneamente del movimiento colectivo a que estas músicas invitan, mientras esperamos que algo del mismo calibre, de origen autóctono, venga a competir con el jazz. ¡Veremos! De momento, ahí está la invitación de Ricard Gili a entrar en su mundo a través de una historia, podría decirse, increíble pero cierta.

Joan Grimalt

introducción

En su época dorada (1920-1950) la música de jazz gozó de una inmensa popularidad y llegó a figurar entre los géneros que la sociedad occidental consumía mayoritariamente. Era una música aceptada ampliamente y gozaba de los beneficios que proporciona ir a caballo de la moda. Desde mediados del siglo XX las cosas fueron cambiando y en la actualidad la situación es completamente distinta.

Hoy son muchos los que huyen de la música de jazz con sólo oír su nombre; otros la observan con recelo o indiferencia y los que se aproximan a ella lo hacen con extrema precaución. Debemos admitir que, lamentablemente, en la actualidad el jazz es una música de minorías. ¿Qué puede haber ocurrido para que se llegue a esta situación?

Partiendo de la base de que para amar una cosa es preciso conocerla, en el caso del jazz, la confusa situación en la que vive inmersa esta música desde hace varias décadas, ha impedido que este conocimiento sea mínimamente sólido y esclarecedor. Mucha de la música que se ha presentado como jazz, además de tener muy poco que ver con el jazz en su concepción original, no era nada atractiva y difícilmente digerible, lo cual ha desalentado a gran parte del público que ha preferido dirigir sus aficiones musicales hacia géneros que le resultaran, de una forma u otra, más gratificantes. Esto es lo que ha ocurrido.

Este libro de introducción al jazz se ha escrito teniendo en cuenta la situación actual. Va dirigido, sobre todo, a este parte del gran público que, poseyendo nociones más bien escasas y superficiales sobre dicha música, desearía acercarse a ella contando con el mínimo de certezas que le permitiesen discernir, valorar y moverse con conocimiento de causa entre las múltiples variantes que hoy coexisten bajo la denominación de jazz y, así, poder llegar a gozar a fondo con esta música cuando lo merezca y no perder el tiempo y el gusto por este género cuando no tenga nada o muy poco que ofrecernos.

Que el lector llegue a adquirir estas capacidades es nuestro objetivo, aunque debemos advertir que alcanzarlo puede ser algo complicado dada la enorme confusión que, repetimos, existe en el panorama actual de la música de jazz.

En su primer medio siglo de existencia, el jazz era una forma musical que evolucionaba dentro de contornos precisos, fácilmente identificables, sustentando su razón de ser y su devenir en la comunidad que le había dado vida y forma: el pueblo negro norteamericano.

En la medida en que esta comunidad se ha ido diluyendo en el entorno dominante, es decir, en la sociedad blanca, esta forma musical ha ido difuminando sus límites al tiempo que los elementos que inicialmente la caracterizaban y le daban su especial atractivo iban perdiendo relevancia en favor de otros elementos de procedencia diversa.

Es más, con el progresivo fenómeno de la globalización, que en el campo de la música ya hace muchos años que se inició, ha ido en aumento la sustitución de aquellos elementos que inicialmente caracterizaban la música de jazz por otros procedentes de culturas alejadas, poco o mucho, de la cultura de los negros norteamericanos de donde surgió esta música.

Debido a todo ello, hoy conviven bajo una misma palabra –Jazz– formas musicales extraordinariamente diversas si no dispares y, confundido entre ellas, arrinconado y en situación minoritaria, el jazz tal como fue concebido por sus creadores.

Esta convivencia de géneros diversos bajo una misma palabra originó a mediados del siglo XX encarnizadas polémicas sobre qué debía o no debía ser calificado como jazz. No era una discusión absurda. Llamar a cada cosa por su nombre es una necesidad elemental para que los humanos lleguemos a entendernos, cosa ya de por sí, bastante difícil.

Pero, por diversas razones que en este momento no cabe analizar, la palabra o etiqueta «jazz» fue aplicándose indiscriminadamente y sin ningún escrúpulo a todos los estilos o tendencias que de una manera u otra podían relacionarse, ni que fuera remotamente, con aquel fenómeno musical creado por los negros americanos. Es más, en muchos de estos estilos o tendencias, resulta imposible encontrar ningún vínculo musical o cultural con el jazz en su concepción original.

Por tanto, para no confundir al aficionado y, menos aún, al público neófito, es necesario establecer de forma clara cuáles son los elementos que caracterizan la música de jazz en su concepción original, aquellos que le dan su fisonomía tan característica y fascinante y, en relación a ellos, situar aquellos otros estilos o tendencias que participan en parte, solo un poco, o nada en absoluto, de estos elementos característicos.

Este será, pues, el primer propósito del libro: clarificar qué es el jazz en su concepción original y analizar las formas estilos y tendencias que han ido surgiendo a lo largo de su historia, para determinar si son fruto de una simple evolución en la que se mantienen de una forma u otra los elementos básicos originales, o bien, si son el resultado de profundas mutaciones donde aquellos elementos han desaparecido sin dejar rastro, siendo substituidos por otros y, en consecuencia, deberíamos convenir que estamos tratando de géneros musicales distintos al jazz.

Pero nuestros propósitos no acaban aquí. Sin que renunciemos a denunciar o esclarecer en lo posible estos abusos en la utilización de la denominación «jazz», creemos que hoy es necesaria una tarea todavía más importante y primordial: como si de una especie en peligro de extinción se tratara, es de una importancia capital estudiar, situar en el lugar que le corresponde y reivindicar la música de jazz en su concepción original, ensanchando sus límites tan generosamente como se quiera, siempre que no se obvien aquellos elementos que dieron a esta música su carta de naturaleza y gracias a los cuales el jazz llegó a conquistar el mundo entero. En todo caso, su abandono u olvido representaría un retroceso y una pérdida irreparable. Es esta una necesidad primordial por razones, como veremos, fáciles de comprender y que expondremos a continuación.

La aparición de la música de jazz –hoy somos conscientes de ello– supuso un enriquecimiento extraordinario, una ampliación de horizontes de nuestro universo musical, de nuestras concepciones y de nuestras formas de sentir y hacer la música.

En primer lugar, la jerarquización que en la música occidental comportaba el binomio compositor-intérprete, en el que el segundo estaba al servicio del primero, con el jazz desaparece casi por completo, pues, a la práctica, es el intérprete el que en esta música asume el papel de creador principal. En este rol creativo, el intérprete puede expresarse a través de un tratamiento personal del sonido, del ritmo y de la melodía. Estas facultades expresivas tan amplias concedidas al intérprete abrieron las puertas de la creación musical a cualquier instrumentista mínimamente capacitado. En una palabra, ampliaron la base del proceso de creación musical y lo democratizaron.

En segundo lugar, históricamente, este proceso de creación musical se desplegó dentro de un lenguaje musical basado en una tradición popular y compartido por toda una comunidad, de manera que, por muy personales y novedosas que fueran las aportaciones de un intérprete, estas eran perfectamente comprendidas e inmediatamente disfrutadas por la comunidad receptora, con lo que el grado de democratización artística que el jazz introducía con su aparición era muy superior al que presentaba la música culta europea en aquel mismo momento, o sea, a comienzos del siglo XX, cuando las vanguardias artísticas europeas ya trabajaban ensimismadas y de espaldas al público.

Además, el hecho que el jazz sea en origen una música funcional y que su principal función fuera la de acompañar el baile, refuerza todavía más esta compenetración entre los músicos y el público receptor.

Por otra parte, este lenguaje musical común y compartido propicia que en el curso de cualquier interpretación se produzca una real sinergia entre las espontáneas aportaciones individuales de los diversos músicos de una orquesta, de forma que, con toda legitimidad, en el jazz podemos hablar de una efectiva creación colectiva. El estímulo mutuo que se produce entre los intérpretes que integran una orquesta es solo comparable al que los músicos reciben de un auditorio receptivo y participativo.

Todo lo dicho anteriormente hace referencia a los nuevos protagonismos que con el nacimiento del jazz surgen en el proceso de creación musical y a la fructífera relación que se produce entre los creadores y el medio social en el que se desarrolla esta música durante su primer medio siglo de existencia. En el contexto cultural de la sociedad occidental, la aparición del jazz representa, pues, un verdadero revulsivo. No se trata de una novedad absoluta puesto que es justo recordar que esta forma de funcionar y el papel social que hemos señalado es similar al de las músicas populares ancestrales de las cuales en todo el mundo y también en Europa todavía existen muestras vivas, aunque minoritarias (flamenco, música zíngara, etc.). Pero sí que el jazz representa un revulsivo en la medida que su impacto en la sociedad occidental pone en primer plano unos procedimientos y unas maneras de funcionar que ya existían, pero que habían sido arrinconados, si no olvidados. En todo caso, se trata de una aportación renovadora y enriquecedora por parte de la música de jazz en relación a los procedimientos creativos que imperaban en nuestra sociedad.

Pero, todavía más importante y enriquecedor que todo lo dicho, son los contenidos específicamente musicales que introducía o recuperaba este nuevo género: sus recursos expresivos, sus procedimientos instrumentales, su tratamiento del ritmo, etc.

De la rigidez y ortodoxia de las técnicas instrumentales académicas, las que se enseñan en los conservatorios, con el jazz se da paso a procedimientos y recursos técnicos mucho más amplios y flexibles, personalizados en función de las capacidades e intuiciones de cada intérprete, procedimientos y recursos destinados a dar al sonido del instrumento la misma intensidad y calidez expresiva que la voz humana.

En cuanto a uno de los elementos centrales de toda música, como es el ritmo, el jazz, al mismo tiempo que conserva la regularidad propia de los saludables ritmos vitales, introduce unas cualidades de agilidad, flexibilidad y dinamismo que alejan el ritmo de todo envaramiento, rigidez o anquilosamiento, comunicando al auditorio un tipo de sensaciones y emociones que no encontramos en ninguna otra música del planeta.

Finalmente, la libertad creativa concedida al intérprete le permite elaborar su propio discurso, diseñando las líneas melódicas que su imaginación y la inspiración del momento le dictan. Pero, además, en este discurso construido espontáneamente y sobre la marcha, el intérprete, valiéndose de los amplios recursos expresivos y rítmicos que acabamos de mencionar, no solo crea su propia línea melódica sino que la enriquece y la moldea mediante su forma de atacar las notas, introduciendo inflexiones y acentuaciones rítmicas, al tiempo que modula el énfasis dado a cada frase y a cada nota; todo ello en función de su inspiración en el mismo momento de la ejecución, lo cual confiere a su discurso un pálpito vital, un frescor y una autenticidad que raramente se encuentra en otros tipos de música.

Hemos visto, por un lado, como el jazz en su concepción original, se desarrollaba dentro de un lenguaje común y compartido por toda una comunidad de músicos y público, cumpliendo unas funciones (baile, entretenimiento, etc.) que le daban una efectiva «popularidad».

Por otro lado, hemos visto como las cualidades específicamente musicales que ofrece el jazz en cuanto al tratamiento del sonido, del ritmo y de la melodía, han servido para que el jazz en su primer siglo de existencia haya producido una ingente cantidad de obras de indiscutible y universalmente reconocida «calidad» musical.

Así pues, el jazz en su forma original, consiguió fundir dos conceptos que en nuestro mundo actual parecen antagónicos: «calidad» y «popularidad».

Esta fusión de «calidad» y «popularidad» que se da en el jazz en su concepción original tiene un extraordinario valor en nuestro mundo actual en el que lo popular acostumbra a caer en la vulgaridad y aquello a lo que se le supone calidad es consumido tan solo por una minoría.

Con todo lo dicho, creemos haber evidenciado suficientemente las ricas y sanas aportaciones que la música de jazz, con su aparición, hizo a nuestro universo musical. Olvidarlas o renunciar a ellas sería un verdadero retroceso y equivaldría a empobrecer las maravillosas posibilidades de comunicación que esta música puede llegar a ofrecernos. Por ello, creemos que vale la pena tener en cuenta estas aportaciones, concederles la máxima relevancia y tratarlas como elementos que contienen valores absolutamente vigentes. Y, si hacemos tanta insistencia en ello, es porque hemos observado que en las últimas décadas, en el ámbito cultural occidental y, posiblemente, en todo el mundo, se ha institucionalizado a través de la crítica, la historiografía, buena parte de los músicos y en los centros de enseñanza, una visión del jazz que menosprecia aquellas valiosísimas aportaciones como algo caduco y obsoleto. Pero, debemos dejar claro que nuestra preocupación e insistencia no es un ejercicio de nostalgia, de aferrarse a una música de una época, según algunos, superada. Es un hecho repetidamente comprobado que en cualquier auditorio de nuestro mundo de hoy, cuando se ofrece un tipo de jazz que presenta aquellas cualidades con un mínimo de solvencia y brillantez, el público responde con un fervor y un entusiasmo muy superior al que despiertan otros tipos de jazz, supuestamente más actuales, pero que prescinden, en parte o totalmente, de aquellas aportaciones originales.

Así pues, este será el segundo propósito de este libro: analizar, valorar y dar relieve a esta serie de aportaciones que el jazz introdujo en nuestro mundo musical y ver de qué forma se desarrollan, evolucionan, son conculcadas o se mantienen a través de su historia. En este libro, nuestra forma de explicar el devenir de esta música, con sus épocas y estilos sucesivos, tendrá siempre como referencia aquellas aportaciones originales y exclusivas que los negros norteamericanos regalaron al mundo hace ya más de ciento veinte años.

1. Definición y antecedentes de la música de jazz

Definición de la música de jazz

Decíamos que definir, hoy, la música de jazz puede ser una tarea bastante más complicada de lo que en principio cabría esperar.

Cuando el jazz era algo muy concreto, con unos orígenes claros e inmediatos, la cosa era relativamente sencilla; pero hoy, cuando bajo la etiqueta de jazz se nos ofrece gran cantidad de géneros musicales, muchos de ellos sin apenas relación, el problema de intentar definir esta música, lógicamente, resulta difícil y algunos lo consideran insoluble.

El hecho es que, si bajo una sola definición se pretende abarcar todos los géneros que oficialmente hoy están considerados como jazz, esta definición debe ser tan vaga y ambigua que, en realidad, no define absolutamente nada. Así circulan hoy definiciones tan inoperantes como: «El jazz es improvisación» (como si la improvisación no fuera una característica común a diversas músicas), o bien «el jazz es libertad de expresión» (en un tiempo en que todos los géneros musicales presumen de ella).

Ha sido un enorme abuso en la utilización de la palabra jazz lo que ha hecho imposible poder agrupar todos los géneros que hoy se incluyen bajo este vocablo, en una definición mínimamente sustancial.

Debemos decir, de entrada, que frente al abuso que se ha hecho de esta palabra, nuestra definición no pretende abarcar todos los tipos de música que hoy se reúnen bajo la denominación de jazz sino que intenta devolver a la palabra el ámbito musical que creemos que le corresponde.

No se tome nuestro intento como un acto arbitrario, o como una acción impulsada por preferencias de tipo personal. Si bien hace discriminaciones, nuestra definición no es en absoluto arbitraria, pues, como veremos, se asienta sobre bases musicales e históricas reales y hemos llegado a ella desde la perspectiva histórica que hoy tenemos sobre este fenómeno musical.

Veamos qué proceso se ha seguido para llegar a esta definición, por otra parte, en absoluto original, y en la que mucha gente «dice» estar de acuerdo, aunque a la hora de su aplicación este acuerdo ya no sea tan unánime.

En todas las formas de arte, un estilo o movimiento artístico se identifica, sobre todo, por los elementos que contiene que lo diferencian de otros estilos o movimientos, es decir, se define por los elementos nuevos dentro del contexto artístico y cultural en que aparece.

Por ejemplo, en pintura, el estilo impresionista se identificó por un particular tratamiento de la luz y del color y por el modo suelto de plasmar las formas con el cual el pintor conseguía esta sensación de instantaneidad y fugacidad de las imágenes. No diremos, en cambio, que lo que identificó a los primeros impresionistas fuera la utilización de la perspectiva, aunque de ella se sirvieran, pues la perspectiva era una aportación que, como sabemos, data del Renacimiento.

De acuerdo con esto, para definir el jazz, debemos desentrañar las aportaciones exclusivas que el jazz, al nacer, hizo al universo de la música. Es decir, debemos constatar qué elementos realmente nuevos introdujo el jazz en el momento de su aparición en nuestro contexto musical.

La primera constatación es previa a cualquier otro y como veremos fundamental. Si en nuestra música, la llamada «clásica», el protagonista era el compositor, en el jazz el personaje fundamental es el intérprete. Del mismo modo que los hombres que han hecho la historia de la música europea, es decir Bach, Mozart, Beethoven, Wagner, Debussy, Stravinsky, Shönberg, etc. son compositores, los nombres que han ido construyendo la historia del jazz, o sea, Louis Armstrong (trompeta y cantante), Fats Waller (pianista), Duke Ellington (pianista y director de orquesta), Coleman Hawkins (saxo tenor), Lionel Hampton (vibrafonista), Ray Charles (pianista y cantante), etc., son fundamentalmente intérpretes. En el caso de un hombre como Duke Ellington, que tiene una gran importancia como compositor, lo que le dio su categoría indiscutible dentro del jazz fue la interpretación insuperable que su orquesta hacía de sus composiciones. Debemos concluir por tanto, que el jazz no es música escrita, sino que encontraremos su especial naturaleza en una forma determinada de interpretar la música.

Hecha esta constatación previa, podemos proseguir nuestro análisis y ver qué novedades llevaba consigo esta «forma de interpretar la música» que llamamos jazz.

Los músicos de jazz nos sorprendieron porque los sonidos que obtenían sus instrumentos eran mucho más ricos, variados y expresivos que los obtenidos por los ejecutores de la música «clásica». Si no hubiera existido el jazz, ¿quién habría podido imaginar que de unos instrumentos tan convencionales como la trompeta, el trombón, el clarinete o el saxo (instrumento relegado a la bandas

Los músicos de jazz nos sorprendieron porque los sonidos que obtenían sus instrumentos eran mucho más ricos, variados y expresivos que los obtenidos por los ejecutores de la música «clásica».

o a los payasos) pudieran extraerse sonidos tan cálidos y entonaciones tan expresivas, análogos a las de la voz humana?

La segunda aportación introducida por el jazz afectaba al ritmo. En el jazz, mucho más que en nuestra música, el ritmo adquiría una importancia capital, pero lo más importante era el tratamiento que se le daba a este ritmo, mediante acentuaciones completamente distintas a las nuestras, que conferían al jazz una fisonomía única. ¿En qué tipo de música podía encontrarse una pulsación rítmica tan viva, ágil y dinámica, capaz de subyugar y liberar a un tiempo al auditorio y de sumergirlo en una inexplicable felicidad?

El tratamiento rítmico era, pues, otra de las aportaciones fundamentales del jazz.

En base a dichas aportaciones podríamos dar ya una definición formal de la música de jazz: «El jazz es una forma de interpretar la música basada en un determinado tratamiento del sonido (o técnica instrumental) y en un determinado tratamiento del ritmo (llamado "swing").»

El jazz introdujo otros elementos, nuevos en nuestro contexto musical, que si bien acababan de configurar su naturaleza, no tenían la importancia de las anteriores aportaciones. Estos serían: su particular estilo melódico (y el armónico que de él deriva), que no tiene la fuerza diferencial de los elementos vistos más arriba, y la utilización muy frecuente de la improvisación que, aunque en la música europea no se daba, sí se podía encontrar en muchas músicas populares (música hindú, flamenco, etc.).

Ahora bien, si queremos definir el jazz no únicamente como una determinada forma musical sino como un hecho histórico, producto de una realidad humana concreta, tendremos que hacer referencia a la base humana que ha impulsado y sustentado este fenómeno musical.

Es un hecho histórico, y no descubrimos ningún secreto, que las aportaciones antes indicadas fueron obra exclusiva del pueblo negro norteamericano.

Pero tanta o mayor importancia que el constatar la paternidad, la tiene el comprobar quién a lo largo de la historia de la música negro-americana ha mantenido vivas aquellas aportaciones musicales; quién, a través de estilos y épocas, las ha conservado confiriéndoles el carácter de constantes de esta música. En definitiva, quién ha hecho y ha mantenido como propia esta forma de interpretar la música que llamamos jazz.

No han sido evidentemente los blancos, los cuales, si en el mejor de los casos han llegado a ser buenos imitadores, muy a menudo se han dedicado a banalizar y adulterar los elementos básicos de esta música.

No ha sido cierta burguesía negra, obligada, en su intento de imitar al blanco para integrarse en su mundo, a despreciar todo aquello que se interpusiera en su intento. Su actitud frente al jazz ha sido siempre acorde con la actitud de los blancos, yendo del desprecio a un moderado entusiasmo, para acabar admirando las tendencias «intelectualizadas» o «europeizadas» que han surgido del jazz y que poco o nada tienen de los caracteres antes definidos.

Tampoco las minorías culturales negras, vanguardistas, han conservado esta forma de interpretar. Su postura cultural, análoga a la de las vanguardias artísticas europeas, las ha situado fuera de las tradicionales formas de hacer y sentir colectivos, con lo que en su música, cada vez más próxima a la europea de vanguardia, ya no encontramos aquellos trazos diferenciales que dieron naturaleza y forma al jazz.

Sin lugar a dudas, ha sido el pueblo negro norteamericano, colectivo social y cultural que definiremos de forma precisa más adelante el que, generación tras generación, de estilo en estilo, y por encima de la evolución natural a la que todo fenómeno vivo está sometido, ha mantenido, como algo consustancial a su manera de ser y expresarse, esta forma de interpretar, este tratamiento del ritmo y del sonido que, como hemos visto, son los elementos diferenciales básicos de la música de jazz. Podemos decir, pues, con toda propiedad que: «El jazz es la música creada y desarrollada por el pueblo negro norteamericano». Esta será nuestra definición histórica.

Si unimos las dos definiciones que hemos dado llegaremos a una definición completa, según la cual diremos que:

> «El jazz es la forma de interpretar música creada y desarrollada por el pueblo negro norteamericano, la cual se identifica por un determinado tratamiento del sonido (o técnica instrumental) y por un determinado tratamiento del ritmo (llamado "swing").»

Esta definición, obtenida a partir de la observación de este fenómeno musical, tanto en sus aspectos formales como en los históricos y culturales que la sustentan, nos parece la más precisa y esclarecedora de cuantas puedan formularse.

Ahora bien, si se admite esta definición, deberá aceptarse también la serie de implicaciones que ésta naturalmente contiene. Si decimos que el jazz es la música del pueblo negro norteamericano deberemos admitir que, como toda música popular, se nutrirá forzosamente de su propia tradición, en este caso la tradición musical negro-americana (blues y spirituals).

Aceptaremos también, que, tratándose de auténtica música popular, es decir, de creación colectiva, no admitirá otra evolución que no se la propia y profunda evolución de la comunidad que la sustenta.

Inversamente, y en consecuencia, no podremos considerar como auténtico jazz cualquier tipo de música que no evidencie inequívocamente unas raíces ancladas en la tradición musical negro-americana. Ni tampoco podremos catalogar como jazz aquellas experiencia musicales que, hechas desde una actitud minoritaria, constituyan un rompimiento respecto a la evolución natural de la comunidad negra norteamericana. Si todo esto fuera tenido en cuenta, el confuso panorama que antes hemos denunciado en torno a la palabra jazz quedaría evidentemente muy esclarecido.

En todo caso, que quede al menos delimitado, dentro de este confuso panorama, lo que es verdadera música popular negro-americana frente al importante grupo de géneros surgidos como mala imitación (dixieland), sofisticación (jazz

Si decimos que el jazz es la música del pueblo negro norteamericano deberemos admitir que, como toda música popular, se nutrirá forzosamente de su propia tradición, en este caso la tradición musical negro-americana (blues y spirituals).

sinfónico, third stream) e intelectualización (jazz cool y progresivo) de esta música, u otros que nada tienen que ver con ella (free, jazz-rock, fusion).

Hechas estas precisiones, será necesario hacer alguna consideración en relación al panorama actual con el fin de matizar nuestra definición. La definición que hemos dado delimita perfectamente la música de jazz como un hecho formal vinculado a una realidad histórica y social. Ahora bien, debemos reconocer, y los hechos así lo certifican, que la sociedad negra ha tendido de una forma progresiva a diluirse en la sociedad blanca. El proceso de integración iniciado hacia 1950, superando las muchas trabas que lo han entorpecido, ha alcanzado ya a muchas capas de la sociedad afroamericana. Esta integración, aparte de los beneficios que ha reportado al negro americano en el orden material y de los derechos políticos y sociales, también, en cierta medida, ha supuesto la adopción por parte de este negro de los gustos, formas de vida y escalas de valores de la sociedad blanca dominante. Entre otras muchas cosas, este proceso ha conducido a que actualmente muchos negros desconozcan su propia tradición cultural, pues la única base cultural que poseen la han adquirido en un mundo creado por los blancos (escuelas, universidades, medios de comunicación, industrias culturales y de entretenimiento, etc.). Así, gran parte de las nuevas generaciones de negros americanos desconocen prácticamente todo lo relacionado con la música que crearon sus antecesores.

Así pues, debemos admitir que la comunidad cultural que creó y desarrolló la música de jazz, sumergida en la dinámica que impone la sociedad de consumo y la cultura de masas, ya no puede ser considerada en conjunto como la base en la que se sustenta actualmente esta música. Son únicamente determinados sectores de esta comunidad los que continúan valorando y preservando el jazz como un fenómeno artístico propio, de cuya paternidad se sienten orgullosos, y son estos sectores minoritarios los que siguen proporcionando al jazz nuevos contingentes para mantener vivo este género musical y, siendo objetivos, debemos precisar que actualmente son muchos los blancos, músicos y aficionados, los que contribuyen a que el jazz en su concepción original no sea un fenómeno residual.

Sea cual sea la base social en la que hoy se sustenta la música de jazz y sea cual sea en el futuro esta base social, lo que sí está claro es que el jazz permanecerá en el tiempo como una forma de interpretar la música creada y desarrollada por el pueblo negro norteamericano mientras gozó de una identidad cultural diferenciada, a la cual podrán optar intérpretes y aficionados de cualquier procedencia que se sientan atraídos por ella.

Wynton Marsalis, máximo impulsor actual de esta música.

Siendo el objeto de este libro la música creada y desarrollada por el pueblo negro norteamericano, será necesario, antes que nada, concretar qué se entiende por «el pueblo negro norteamericano». Para ello empezaremos haciendo un poco de historia.

La época de la esclavitud

Esta historia empieza a principios del siglo XVII, cuando se inició el tráfico de esclavos negros desde la costa occidental de África hacia América.

Para su transporte, los esclavos eran apelotonados en las bodegas de las naves, viajando durante meses en condiciones inhumanas. El hambre, la enfermedad y la muerte, eran sus compañeros de viaje. Muchas expediciones no llegaban a su destino, y otras se quedaban en las islas del Caribe o bien iban a parar a América del Sur. Las que llegaban a Norteamérica desembarcaban su mercancía, por regla general, en los estados del sur, Louisiana, Georgia, Carolina del Sur, etc... Allí se procedía a la venta de los esclavos.

Durante dos siglos, el tráfico de esclavos se produjo de modo ininterrumpido; de esta forma, las extensas plantaciones del sur de los Estados Unidos se vieron pobladas por grandes cantidades de esclavos negros llegados de África.

De estos esclavos sabemos que sus primeras manifestaciones culturales procedían directamente del bagaje cultural que trajeron de sus lugares de origen.

Los esclavos viajaban durante meses en condiciones inhumanas. El hambre, la enfermedad y la muerte eran sus compañeros de viaje.

El esclavo reproducía en América todo lo que había vivido en África. De este modo, su religión, sus cantos, sus bailes, sus ritos, eran idénticos, al principio, a los de las tribus de la costa occidental africana.

Pero naturalmente, también sabemos que la forma de existencia del esclavo norteamericano era totalmente distinta a la que llevaba en África. De hombre libre que cultivaba, cazaba y pescaba en beneficio propio y de su tribu, se convirtió en esclavo que trabajaba en beneficio de un amo, más o menos cruel, más o menos benévolo, pero que, en definitiva, se aprovechaba de su esfuerzo.

La esclavización comportó, naturalmente, sumisiones de todo tipo. El negro tuvo que renunciar a costumbres y creencias propias, tuvo que aprender a hablar un idioma que no era el suyo, etc.

Por otra parte, las distintas tribus que en África vivían separadamente, se mezclaron en América.

Todos estos factores influyeron, a lo largo de casi tres siglos, en la transformación del negro.

Así, pues, este esclavo, trasplantado violentamente de África a América, ya no era el mismo al cabo de tres siglos de vivir en condiciones completamente distintas; se había transformado, de acuerdo con las nuevas circunstancias. Esto no quiere decir que se amoldara a la cultura y civilización occidentales. No fue así, porque se le mantuvo separado de ellas a la fuerza, y, sobre todo, porque el negro norteamericano tuvo suficientes recursos y personalidad como para crearse una cultura propia, transformando y adoptando a su forma de sentir y de hacer las influencias que le llegaban de la cultura blanca.

Debemos insistir en esto. Algunos autores afirman que la cultura negro-americana, y en particular la música de jazz, no es más que el encuentro o yuxtaposición de dos formas de cultura. Vienen a decirnos esquemáticamente, que el jazz es una mezcla en la que África puso el ritmo y Europa la melodía. Es decir, consideran esta música como una simple adición de elementos musicales africanos y europeos. Es ésta una teoría errónea, que sirve para justificar algunas de las mixtificaciones que se han producido posteriormente en el jazz.

Toda la cultura negro-norteamericana, y en particular el jazz, son mucho más que una simple mezcla de dos culturas. Es un mundo nuevo.

Basta observar las obras que ha producido esta cultura, para comprobar que en ella aparecen elementos totalmente nuevos, que no hallamos ni en África ni en el mundo occidental. Desde luego, son evidentes e innegables las aportaciones africanas y europeas, pero éstas se han sintetizado en tales condiciones que han dado por resultado una cultura completamente nueva.

Otros autores pretenden que la evolución que sufre el primitivo esclavo hasta llegar al que llamamos negro norteamericano, se reduce a una larga serie de

En 1865, Abraham Lincoln decreta de forma efectiva la abolición de la esclavitud. Los negros pasan a ser entonces, sobre el papel, «hombres libres»; muchos de ellos irán a vivir a las ciudades buscando formas de existencia más cómodas.

capitulaciones del negro africano ante la opresión de la cultura blanca, como si la única salvación del negro norteamericano radicara en una vuelta a África, a sus costumbres y a su forma de vida. Esta teoría, igual que la anterior, contribuye también a la confusión.

La transformación del negro es un proceso que obedece a las leyes inapelables de la historia. Sería absurdo pretender que a lo largo del tiempo, el esclavo negro en unas condiciones materiales completamente distintas, continuara practicando sus ritos y costumbres ancestrales. Debemos pensar además que, al cabo de cierto tiempo de iniciado del tráfico de esclavos, ya había generaciones enteras de esclavos nacidos en América, que no conocían, de forma directa, la cultura africana, y cuya única base de conocimiento de ella era lo que les habían enseñado sus padres o abuelos. Así, pues, cuando se dice que el negro norteamericano es tanto más «auténtico» cuantos más elementos africanos conserve, se está cometiendo una inexactitud. De todas formas, es lógico que existan muchas similitudes antropológicas y, si nos ceñimos al terreno de la música, será preciso destacar algunos elementos comunes al negro africano y americano. Por ejemplo, su extraordinario sentido del ritmo, su consecuente facilidad para la danza, la misma forma de tratar la voz en el canto, etc.

Pero incluso estos caracteres, comunes a los negros de ambas orillas del Atlántico, se desarrollan de forma distinta en América y en África y, cosa que aún no habíamos dicho, de forma diversa en América del Norte y en la del Sur, y también en las Antillas.

La abolición de la esclavitud

En 1865, Abraham Lincoln decreta de forma efectiva la abolición de la esclavitud. Los negros pasan a ser entonces, sobre el papel, «hombres libres»; muchos de ellos irán a vivir a las ciudades buscando formas de existencia más cómodas. De este modo, a finales del siglo pasado, una gran parte de los negros trabajaban ya en las ciudades, donde constituían la facción más miserable del proletariado norteamericano, mientras que la otra parte, principalmente en el sur, seguían trabajando en el campo en condiciones parecidas a las de la época de la esclavitud.

En esta nueva situación de «hombre libres», los ciudadanos de color siguen sufriendo una dura opresión que se ejerce por medio de costumbres y leyes segregacionistas que se van afirmando de un modo implacable, pues como ya es sabido, hacia 1890 la segregación racial había tomado ya carácter de institución, que se manifestaba violentamente en el sur y, de forma más velada en el norte.

A pesar de todo, el negro podía vivir con un margen de libertad superior al que había tenido hasta entonces, y pudo asimilar algunos elementos de la civilización que le rodeaba; incluso llegó a recibir un cierto grado de instrucción. Su extraordinaria resistencia, vitalidad y amor a la vida le permitieron sacar el máximo partido de cada situación, por poco favorable que ésta fuera.

Todo ello contribuyó a acabar de definir esta nueva naturaleza que distingue al negro norteamericano del africano, al mismo tiempo que la diferencia del negro sudamericano y del antillano.

Estos dos últimos tipos de negros se han desarrollado en un ambiente físico y en una situación social bastante distintos a los del norteamericano, por lo que su cultura y, en particular, su música (samba, bossa-nova, rumba, calipso, etc.) tienen muy poco que ver con la música creada por el pueblo negro norteamericano, es decir, con el blues, el spiritual y el jazz.

En resumen, a finales del siglo XIX, el pueblo negro norteamericano queda definido como grupo de ex-esclavos o hijos de esclavos, situado en las clases más bajas (proletariado y campesinado) de la sociedad norteamericana, con una tradición propia acumulada durante tres siglos, la cual lo define como un grupo bien diferenciado del africano, del sudamericano y del antillano. Este es el pueblo que creó la música de jazz a fines del siglo XIX.

Ahora haremos marcha atrás para analizar las formas musicales nacidas en la época de la esclavitud. Son las formas precursoras del jazz.

Antecedentes musicales del jazz: el work song

Como ya dijimos, las primeras manifestaciones musicales de los esclavos tenían un carácter totalmente africano. Eran los mismos cantos y danzas que aún hoy se pueden encontrar en algunas tribus africanas. Son cantos muy simples, con frases que se repiten sin cesar, acompañados rítmicamente con un batir de palmas o golpeando objetos apropiados como cazos, cacerolas, botellas, etc.

La mayoría de estos cantos tenían un carácter mágico-religioso, y siempre iban acompañados de excitantes danzas colectivas. Estas formas propiamente africanas que fueron evolucionando lentamente, se diferenciaron poco a poco de las originales hasta llegar al llamado «work song».

El work song es, como su nombre indica, el «canto del trabajo» del esclavo norteamericano.

Durante las largas y penosas jornadas en las plantaciones de algodón o de caña de azúcar, los esclavos acompañaban su trabajo cantando. Esto les ayudaba a superar la fatiga y a hacer más soportable el trabajo. El work song variaba según el tipo de tarea que se realizara. Tenía un carácter lánguido y melancólico en las plantaciones, pero cuando el trabajo comportaba un cierto ritmo, el canto se adaptaba a éste, y era acentuado con el ruido de las herramientas de trabajo (picos, sierras, etc.). Las melodías eran muy similares a las africanas, pero la vitalidad y la flexibilidad de su acentuación rítmica anunciaban ya el ritmo que posteriormente daría vida al jazz.

Lógicamente, no existen documentos discográficos de los work song de la época, pero algunos cantantes de blues primitivos, como Leadbelly, Blind Lemon Jefferson, Big Bill Broonzy, etc. nos dan, en alguna de sus interpretaciones, una idea bastante aproximada de lo que era el work song.

El negro spiritual y el gospel song

El negro spiritual es el canto religioso del negro norteamericano. La evangelización de los negros, llevada a cabo por misioneros blancos, protestantes en su mayoría, representó para los esclavos un punto de contacto directo con

El negro spiritual es el canto religioso del negro norteamericano.

la cultura occidental. Los misioneros enseñaron a los esclavos, junto con la religión luterana, los cantos propios de la misma. Los esclavos aprendieron estos cantos y, al interpretarlos según su forma de sentir, dieron forma a los llamados negro spirituals.

De hecho, el negro aceptó con entusiasmo la religión cristiana, debido probablemente al consuelo y la esperanza que ésta ofrece al que vive oprimido.

Spirituals como el conocido «Go Down Moses», que habla de la liberación de los israelitas sometidos por Egipto, permitían al negro identificarse plenamente con las vivencias del pueblo judío y con su afán de libertad. Los mismos misioneros se sorprendían por la convicción y el fervor con que los negros interpretaban los salmos que ellos les enseñaban.

Pero lo más sorprendente era la transformación que sufrían estos himnos religiosos cuando eran interpretados por los negros, quienes daban a estos cantos acentuaciones rítmicas insospechadas y transformaban incluso su melodía de acuerdo con su forma de sentir la música. Ello constituye una prueba de que este pueblo, aunque oprimido, tenía fuerza y vitalidad suficientes como para transformar y hacer propia toda influencia exterior.

Cuando los negros pudieron organizar sus propias congregaciones, en las que el pastor también era negro, las ceremonias religiosas adquirieron un carácter definitivamente distinto al de los ritos de los blancos.

En ellas el «reverendo» juega un papel parecido al del director de una orquesta. Empieza su prédica en un tono suave que, de modo progresivo, va subiendo. Los fieles responden a la prédica con exclamaciones (yeah!, O Lord!, etc.). El *preacher* (predicador) va dando a sus frases un ritmo cada vez más marcado e insinúa una melodía que los asistentes cogen al vuelo. La tensión va en aumento. El pastor sube cada vez más el tono de voz, las respuestas del pueblo son cada vez más vehementes y, súbitamente estalla el canto. El *preacher* lleva la parte principal, y los fieles responden en coro, baten palmas, gritan y bailan. Al cabo de poco tiempo, la excitación raya en el paroxismo. Así son las interpretaciones genuinas de las gospel songs, es decir, los cantos del evangelio, la forma más primitiva del spiritual.

Aún hoy pueden encontrarse este tipo de manifestaciones en muchas congregaciones negras de Norteamérica.

Posteriormente, los spirituals negros pasaron a ser piezas compuestas por anticipado, casi siempre de 16 compases, que interpreta un solista o un coro de cuatro o más voces.

El spiritual, normalmente, es música de cuatro tiempos (compás de cuatro por cuatro), y los negros acentúan instintivamente el segundo y el cuarto, produciendo este ritmo regular, dinámico y flexible a la vez, que será la base de la música de jazz.

Entre los mejores cantantes de spirituals que conocemos a través del disco, cabe destacar a la sublime Mahalia Jackson, a Sister Rosetta Tharpe, cantante de una gran fuerza expresiva y dinamismo, a Marie Knight, a Marion Williams, Clara Ward, Bessie Griffin, etc. Como cantantes masculinos, destacaremos al Reverendo Blin Gary Davis y al Reverendo Kelsey. Como grupos corales pondremos en primer lugar a las maravillosas Stars of Faith y seguidamente a las Clara Ward Singers y a las Barret Sisters, entre otros conjuntos de gran valía.

En cuanto a las grabaciones que ilustran la forma primitiva del spiritual, sólo conocemos las realizadas en 1949 por el reverendo Kelsey y su congregación en un templo de Washington.

Como se habrá podido observar, no hemos citado entre las cantantes, a la famosa Barbara Hendricks, pues esta cantante, aunque es excelente, no se incluye en la tradición musical del pueblo negro norteamericano, ya que su arte lo ha aprendido en academias blancas. No la podemos catalogar, por tanto, como representante genuina del spiritual negro.

Igualmente, otros grupos como el famoso Golden Gate Quartet tampoco pueden considerarse verdaderos intérpretes del spiritual negro, puesto que a pesar de sus cualidades, su estilo está muy europeizado y adaptado al gusto del público blanco.

El blues

Como ya vimos anteriormente, el negro norteamericano fue adquiriendo a través del tiempo, una personalidad característica, tan particular como el mundo en que se desenvolvía su existencia.

El mundo del negro se concreta en una serie de situaciones y problemas que van de lo más general a lo más íntimo. Su vida es el trabajo en la fábrica o en el campo, las jornadas de paro y de hambre, las inundaciones que le dejan sin hogar y sin familia, las humillaciones que sufre a causa del color de su piel; su vida es también la alegría de amar o el dolor que siente cuando le abandona el ser querido. Todo este mundo, el negro lo expresa musicalmente a través del blues.

La palabra inglesa *blues* significa triste, tristeza. Pero el blues no es sólo la tristeza que siente el negro por la situación en que vive. En el blues aparecen todas las miserias pero también las alegrías que experimenta el negro, hechas música y poesía.

El negro no desespera ni se compadece de sí mismo; se rebela contra esta situación e intenta liberar su espíritu de la tristeza que lo envuelve, dando salida en forma de música a ese particular estado de ánimo que es el blues. A través del blues, canta sus penas, pero al mismo tiempo está cantando su indomable alegría de vivir. Su canto es al mismo tiempo, un lamento y un grito de rebeldía. Sabe sobreponerse en la ocasión más penosa, e incluso es capaz de reírse de su propia desgracia, quitándole importancia frente a todo lo bueno y agradable que nos ofrece la vida.

El humor y la ironía brotan de cualquier tema por triste que éste sea. Aunque conserva siempre un trasfondo de tristeza, el blues expresa toda la gama de los sentimientos humanos con una profundidad y una autenticidad impresionantes.

La interpretación de un blues crea un clima tenso y enrarecido muy característico, que embriaga y libera el espíritu. El clima del blues es algo inexplicable. Sólo cabe sentirlo y dejarse llevar por él. El negro se reconoce en el blues. El blues le da fuerza para seguir adelante. El blues lo hace invencible.

Es difícil precisar con exactitud cuando toman una forma definida estos cantos llamados blues; posiblemente, ello fuera a principios del siglo XIX. Pero es absurdo tratar de fijar una fecha, puesto que el blues es el resultado de la lenta evolución del folklore afro-americano; como toda manifestación cultural popular, se trataba de algo en gestación desde hacía mucho tiempo.

Las primeras noticias concretas que tenemos sobre la existencia de cantantes «profesionales» de blues datan de finales del siglo XIX. Eran individuos que iban de ciudad en ciudad y de pueblo en pueblo, como los antiguos juglares, interpretando sus propias composiciones y acompañándose a la guitarra. Luego, pasaban el sombrero entre el auditorio que se reunía en torno a ellos, para ganarse el sustento. Estos cantantes no tenían ninguna clase de estudios musicales y aprendían e interpretaban los blues totalmente de oído. Naturalmente no tenemos ningún documento discográfico de estos primitivos cantantes de blues pero, ya en la era del disco, bastantes cantantes dan, con su estilo primitivo, una idea aproximada de cómo lo hacían los cantantes del siglo XIX.

Entre los cantantes de estilo primitivo que conocemos a través del disco, los más importantes son: Blind Lemon Jefferson, Big Bill Broonzy, «Sleepy» John Estes y Big Joe Williams; todos ellos son también excelentes guitarristas. El tipo de blues que interpretan es el llamado blues rural, absolutamente simple y desprovisto de todo refinamiento, que, en principio, quizá parezca algo tosco; pero que, una vez se ha penetrado en él, subyuga por su misterioso encanto.

Otros representantes del blues rural que han aparecido posteriormente son: Kokomo Arnold, Muddy Waters, John Lee Hocker, Lightnin' Hopkins, Johnny Shines y Robert Lockwood Jr que se acompañan formidablemente a la guitarra, Sonny Boy Williamson I y Sonny Boy Williamson II que se acompañan a la armónica, etc.

El blues que florece en los barrios de las grandes ciudades es el llamado blues urbano, de carácter más refinado. Las letras ya no tienen la ingenua poesía del blues rural, sino que son más mordaces e intencionadas; el estilo de sus cantantes es algo más asequible al profano.

Citaremos, como representantes característicos del blues urbano a: Memphis Slim y a Roosevelt Sykes, magníficos pianistas ambos, a Cousin Joe, a Little Walter, el mejor intérprete de blues a la armónica, Elmore James, etc.

La tradición del blues se ha mantenido muy viva a lo largo de los años, de forma que han llegado hasta nuestros días excelentes intérpretes de blues dentro de los estilos más diversos. Los más importantes son: B. B. King, Albert King, Buddy Guy, Jimmy «Fast Fingers» Dawkins, Clarence «Gatemouth» Brown, Junior Wells, Joe Louis Walker, Robert Cray, Albert Collins, Johnny Copeland, Lucky Peterson, Melvin Taylor, etc.

Entre los cantantes que se han revelado dentro del mundo del jazz, ha habido magníficos intérpretes de blues, e incluso algunos se han especializado en este género. Citemos a la gran Bessie Smith, llamada la «Emperatriz del Blues», y entre las intérpretes femeninas destaquemos también a Ma Rainey, Clara Smith y a las más recientes Dinah Washington, LaVern Baker, Aretha Franklin, Olive Brown y Carrie Smith.

Entre los cantantes masculinos más importantes figuran Jimmy Rushing, «Big» Joe Turner, Eddie Vinson, Louis Jordan, «Lips» Page, Ray Charles y Jimmy Witherspoon.

En la imagen, Kokomo Arnold, representante del blues rural como Muddy Waters, John Lee Hocker, Lightnin Hopkins, Johnny Shines y Robert Lockwood Jr, músicos que se acompañaban formidablemente a la guitarra.

Desde el punto de vista técnico, los blues son piezas de doce compases que siguen siempre la misma secuencia armónica, por lo cual únicamente se diferencian por la melodía y las letras, aunque éstas, a menudo son muy semejantes.

La principal característica musical del blues consiste en la disminución, en medio tono, de la 3ª y 7ª notas de la escala.

Así por ejemplo, en la escala de do natural mayor, se disminuirá en medio tono el mi, convirtiéndolo en mi-bemol, y el si, en si-bemol. Esto es lo que da al blues ese carácter melancólico y plañidero que caracteriza el estilo melódico empleado en el jazz.

Hemos dicho que los blues constan siempre de doce compases. Hemos de aclarar, no obstante, que también existen blues de ocho o de dieciséis compases. Por otra parte, los cantantes primitivos no se atenían a ninguna métrica, por lo que cada estrofa podía constar de un número distinto de compases, según la inspiración del intérprete.

Ahora bien, cuando se habla del blues clásico se sobreentiende siempre la secuencia armónica de doce compases.

Las letras de los blues tratan de los temas que antes hemos mencionado: el desengaño amoroso, la pobreza, la miseria, las inundaciones, el problema racial, tratado a menudo de forma satírica y con palabras de doble sentido para que sólo puedan entenderlo los negros, etc.

Estas letras rebosan a menudo de poesía, humor, ironía e ingenuidad, y poseen un profundo carácter popular. Provienen de unas gentes que, a pesar de no tener instrucción, tienen una capacidad imaginativa con una riqueza y un frescor asombrosos. He aquí algunas estrofas típicas de blues de estilo primitivo:

– «Blues in 1890». Grabado por Big Bill Broonzy en 1952. Su tema son las inundaciones, y habla de Joe Turner, personaje legendario, que ayudaba a la gente pobre, tanto blancos como negros.

> «This song was sung in eighteen and ninety two
> There was a terrible flood that year
> And the poor people cried and sung this song
> To let everybody know they felt
> About a whole year's work and no pay
> The draughts killed their craft an'all their belongings
> Their clothes and their livestock too
> And the only man they knowed that could help them was Joe Turner
> And Joe Turner was known to be a man that could help them all poor people
> The whites and the black
> And then they would start cryin' and singin' this song:
>
> They tell me Joe Turner has been here an' gone
> Lawd they tell me Joe Turner has been here an' gone
> They tell me Joe Turner has benn here and gone».
>
> *(Esta canción se cantaba en 1892,*
> *Hubo una terrible inundación aquel año,*
> *Y la pobre gente lloraba y cantaba esta canción*
> *Para que todo el mundo supiera lo que pasaba.*
> *Después de todo un año de trabajo no pagado,*
> *El agua se había llevado su trabajo y sus bienes,*
> *Sus vestidos y sus rebaños*
> *Y la única persona a quién conocían que les podía ayuda era Joe Turner,*
> *Y conocían a Joe Turner porque ayudaba a todos los pobres,*
> *A los blancos y a los negros,*
> *Y se ponían a llorar y a cantar esta canción:*
> *Se dice que Joe Turner ha venido y luego se ha marchado.*

Señor, dicen que Joe Turner ha venido y luego se ha marchado,
Se dice que Joe Turner ha venido y luego se ha marchado.)

– «Sunny Land». Grabado por John Lee Hooker en 1968. Trata del amor en un tono irónico.

«When I first meet you baby
Way dawn South somewhere
You were goin' no place baby
But to church and Sunday school

I brought you up North baby
And you won't stay home at night
You run aroun' little girl
You were noted ridin' all the time in town

You used to be a good girl
Good as you could be
You would stay at home
Fixin' meal in the day

But now you're noted ridin' woman
And you won't stay at home at all
You're a good little gir baby
But you won't stay home at night»

(Cuando te encontré por primera vez, nena,
En algún lugar allá abajo en el sur,
No ibas a ninguna parte, nena,
Más que a la iglesia y a la esuela dominical.

Luego te he llevado al norte, nena,
Y no apareces por casa en toda la noche,
Andas por ahí, chica,
Se te conoce por andar todo el tiempo por la ciudad.

Antes eras una buena chica,
Tan buena como podías,
Te quedabas en casa,
Pendiente todo el día de la comida.

Pero ahora eres una conocida andariega,
Y nunca quieres quedarte en casa,
Eres un buena chica, nena,
Pero no apareces en casa en toda la noche.)

– «I Wonder When I'll Be Called a Man.» - Grabado por Big Bill Broonzy en 1955. Es un blues sobre la segregación racial.

«When I was born into this world
This is what happened to me
I was never called a man
An' now I'm around 53.

I wonder when I wonder when
I wonder when I get to be called a man
Do I have to wait till I get 93?»

(Cuando llegué a este mundo,
He aquí lo que me pasó,
Nunca he sido llamado hombre,
Y ya voy por los 53 años.

Me pregunto, me pregunto cuándo,
Me pregunto cuándo seré llamado hombre,
¿Tendré que esperar a tener 93 años?)

En la música de jazz, los temas de blues ocupan un lugar muy importante. En todas las épocas, los blues han constituido la parte principal de los repertorios de las orquestas de jazz. Temas tan conocidos como «St. Louis Blues», «Frankie and Johnny», «Royal Garden Blues», «The Hucklebuck» y otros muchos más, fueron compuestos según la estructura armónica del blues. Existen, no obstante, algunas composiciones que, aunque incluyan en su título la palabra blues, técnicamente no son tales blues, pues no se ajustan ni a la métrica ni a las armonías que indicamos anteriormente y su espíritu musical es distinto. Tal es el caso de «Wang Wang blues», «Wabash blues», «Basin Street blues» y otros.

Es conveniente saber que, corrientemente, entre los músicos de jazz, se suele decir: «Toquemos el blues», así, sin concretar cuál. Esto significa que lo que se va a hacer es simplemente improvisar sobre la base armónica del blues clásico de doce compases.

Los instrumentistas de jazz reconocidos como los mejores intérpretes de blues son: King Oliver, Louis Armstrong, Tommy Ladnier y Lips Page (trompetas); Jimmy Noone, Johnny Dodds y Mezz Mezzrow (clarinetes); Kid Ory, Charlie Green y «Triky Sam» (trombones); Johnny Hodges (saxo alto); Buddy Tate, Budd Johnson e Illinois Jacquet (saxo tenor); Sammy Price, Pete Johnson y Count Basie (pianistas); Lonnie Johnson, T-Bone Walker (guitarristas); y Pops Foster (contrabajo).

El blues en el nuevo siglo: la corriente blanca

Hemos dicho que el blues, nacido con la esclavitud, ha sido una música que ha mantenido su enraizamiento y pleno vigor a lo largo de todo el siglo XX. Pero, en las primeras décadas del siglo XXI, en la medida en que, como decíamos, la sociedad negra se ha ido diluyendo en la sociedad general, es decir, en el mundo del consumo y la cultura de masas, se ha podido comprobar que la juventud negra ha ido apartándose de esta forma de expresión para dedicarse a formas musicales más acordes con los géneros de moda (el rap, el hip-hop, etc.). Si en la segunda mitad del siglo XX abundaban los intérpretes de blues jóvenes, algunos verdaderamente muy buenos, desde finales de siglo no han surgido nuevos *bluesmen* que asegurasen el relevo de aquellas generaciones.

Paralelamente, desde los años sesenta del pasado siglo, en Norteamérica y en Europa, entre algunos sectores de la juventud ha ido creciendo una corriente de afición por el blues. Aficionados y músicos blancos han abrazado con entusiasmo este género. Surgen intérpretes, se forman conjuntos, se editan revistas especializadas, se organizan festivales, se instituyen premios, etc.

Esta corriente ha tenido, en general, el efecto positivo de dirigir la atención de parte de la juventud blanca, harta de la música rock y sus derivados, hacia un género que ofrece una música mucho más intensa, más sutil, profunda y cargada de sentimiento.

Pero, también es cierto que los criterios que rigen esta corriente de afición hacia el blues, en ocasiones son de dudosa solvencia. Es así que no se valoran algunos de los grandes intérpretes de la historia del blues y se ensalzan otros de nivel muy inferior; se colocan intérpretes blancos al mismo nivel que *bluesmen* negros; se dejan de lado grandes cantantes de blues por el mero hecho de haber actuado en orquestas de jazz, etc.

Hay que dejar las cosas claras y decir que el blues es una música creada por los negros norteamericanos y hecha a su medida para expresar sus más íntimas y profundas vivencias; es su música y son ellos los maestros indiscutibles de este género, tanto a la hora de interpretar como a la hora de establecer criterios y escalas de valores.

Con toda la simpatía que pueda despertar este movimiento de acercamiento al blues por parte del mundo blanco, no se debe permitir que criterios y escalas de valores creados por blancos que no han penetrado a fondo en la verdadera esencia del blues, prevalezcan por encima de los que establecieron los negros norteamericanos. Ni es bueno que intérpretes de blues blancos, por regla general de inferior calidad que los negros, ocupen lugares que no les corresponden o hagan sombra a los intérpretes genuinos del blues.

Sólo con un escrupuloso respeto a sus creadores, esta maravillosa música llegará con toda su carga vital y emocional a las generaciones futuras.

2. Nacimiento del jazz: New Orleans

Nacimiento del jazz

Durante la época de la esclavitud, la música del negro norteamericano era, como hemos visto, de tipo eminentemente vocal y se concretaba en tres géneros: el work song, el negro spiritual y el blues.

Pero las posibilidades musicales de los negros se amplían de manera apreciable a partir de la abolición de la esclavitud.

Desde entonces, el contacto con la música de origen europeo es mucho más directo; los negros conocen melodías y formas musicales que son nuevas para ellos, y pueden, además, adquirir instrumentos que aprenden a utilizar con una técnica propia. Organizan sus propias bandas y orquestas y tocan en los desfiles, pasacalles, bailes, etc., con lo que participan de una forma cada vez más intensa en la vida musical de las ciudades y los pueblos.

La comunidad negra organiza sus propias bandas y orquestas y tocan en los desfiles, pasacalles, bailes, etc., con lo que participan de una forma cada vez más intensa en la vida musical de las ciudades y los pueblos.

El jazz era una música en estado latente en todo el territorio norteamericano, sobre todo en el sur, que es donde se encontraba la mayoría de la gente de color. Y en New Orleans cristalizó de manera definitiva.

Así, pues, el mundo musical del negro, que hacia 1880 todavía se limitaba a los susodichos géneros vocales, desborda, a partir de entonces, los límites de los citados géneros, adquiriendo una forma nueva, eminentemente instrumental, que será la llamada música de jazz.

Se dice corrientemente que el jazz nació en New Orleans. Esta afirmación, como es natural, no es rigurosamente exacta. El jazz era una música en estado latente en todo el territorio norteamericano, sobre todo en el sur, que es donde se encontraba la mayoría de la gente de color. Pero fue precisamente en New Orleans donde, gracias al extraordinario ambiente de esta ciudad, cristalizó esta música, adquirió una forma definida, y donde surgieron las primeras generaciones de grandes músicos.

New Orleans

New Orleans, la ciudad en que se dice nació el jazz, es una antigua colonia francesa que pasó en 1803 a formar parte de los Estados Unidos de Norteamérica. En ella habitan gentes de las más diversas procedencias; predominan los anglosajones, franceses, españoles y negros. La ciudad tiene barrios muy diversos; desde el elegante barrio francés, llamado el Vieux Carré, hasta el miserable barrio negro, conocido por el Back O'Town.

Situada en la desembocadura del Mississippi, New Orleans tiene el formidable ambiente de todo puerto de mar. Además, en aquella época de finales de siglo, la música jugaba un papel importantísimo en todas las manifestaciones de la bulliciosa vida ciudadana: los vendedores ambulantes improvisaban una melodía para cantar las excelencias de sus productos; se organizaban pasacalles para anunciar los bailes, espectáculos y demás acontecimientos de la vida pública; los domingos, en las afueras de la ciudad, se celebraban bailes campestres; y los formidables desfiles que se organizaban, y todavía se organizan, en los más importantes festejos, como el famoso Mardi Gras, daban cabida a un sinnúmero de bandas que inundaban con su música las calles de la ciudad. Incluso era costumbre que, en los entierros de negros, participara una banda que, camino del cementerio, tocaba una solemne marcha fúnebre y, ya de vuelta, interpretaba un tema alegre y vivaz con el fin de aliviar las penas de los familiares del difunto. A las puertas de los cementerios solían formarse grupos de curiosos que, con deseos de oír música y bailar, se unían a la comitiva en su camino de regreso. Eran los denominados «second line». Una grabación de Louis Armstrong titulada «New Orleans Function» ilustra perfectamente lo que era un entierro en New Orleans a principios del siglo XX.

Por otra parte, en la animada vida nocturna de New Orleans, la música ocupaba siempre un lugar de primer orden, tanto en las casas de placer más lujosas como en el más sucio de los tabernuchos.

Todo este extraordinario ambiente musical favoreció el que se organizaran numerosas bandas de músicos negros, a las que no era precisamente trabajo lo que les faltaba. Por eso fue New Orleans el lugar ideal para que el jazz «naciera» y se desarrollara en sus primeros años.

Storyville

La vida nocturna de New Orleans se concentraba, sobre todo en el distrito de Storyville. Este barrio conoció su máximo esplendor en los primeros años del pasado siglo. En él se encontraban todas las casas de placer de la ciudad, grandes o pequeñas, y muchos bares, tabernas y locales de mala reputación. Eran muy famosos, por su extraordinario lujo, el Mahogany Hall, propiedad de la criolla Miss Lulu White, y el establecimiento de la Condesa Willie Piazza. En ellos trabajaban los mejores pianistas del momento, como Jelly Roll Morton y

En 1917, el ministro de Marina clausuró el distrito de Storyville, en New Orleans, y todos los locales que estaban en plena actividad artística tuvieron que cerrar sus puertas.

Tony Jackson. Los clientes de estos lujosos locales eran generalmente blancos adineraos, dueños de negocios y plantaciones, o ricos turistas de paso por la ciudad.

En los locales de menor categoría, llamados Honky Tonks y Barrel Houses, se reunían los marinos, jugadores, rufianes e individuos de la peor calaña. Allí se bebía en abundancia, sobre todo cerveza, y siempre había un piano en un rincón, o una pequeña orquesta, que amenizaba el baile

Pero en 1917, el ministro de Marina, velando por la salud física y espiritual de las fuerzas que se encontraban acuarteladas en la ciudad, clausuró el distrito de Storyville. Todos los locales tuvieron que cerrar sus puertas. Se produjo entonces un verdadero éxodo de prostitutas, chulos, músicos, jugadores, cocineros y toda clase de gente que se ganaba la vida en el distrito. Muchos músicos, en general los más famosos, se fueron hacia el norte, donde se les ofrecía trabajo. Otros lo encontraron en los barcos que hacían excursiones por el Mississippi, o bien en el circo, en el *music-hall* o en otros espectáculos. También hubo quien abandonó el oficio y se dedicó a otras actividades.

De todas formas, en la vida de New Orleans, la música continuó ocupando un lugar destacado durante muchos años, y aún hoy quedan reminiscencias del pasado brillante y festivo que tuvo la ciudad en las primeras décadas del pasado siglo.

Las primeras orquestas de jazz

Por regla general, las primeras orquestas o bandas de jazz, es decir, las que se podían encontrar por las calles de New Orleans, constaban de seis a nueve músicos. En cada una de ellas había una o dos cornetas, sustituidas más tarde por trompetas, un clarinete, un trombón, una tuba, un banjo o una guitarra, un tambor y un bombo con un platillo accesorio. A veces se añadía un violín o un saxo. Lógicamente, ni el piano ni el contrabajo formaban parte de la banda cuando ésta tenía que tocar en un desfile, pero, en cambio, sí que eran utilizados cuando se tocaba en un local cerrado. Desde entonces, el piano es un elemento prácticamente inamovible en la sección rítmica de la orquesta, y el contrabajo, instrumento más ágil que la tuba, fue paulatinamente ocupando su puesto en la mayoría de conjuntos. En muchas ocasiones, era el mismo músico quien tocaba indistintamente la tuba o el contrabajo, según conviniera.

El repertorio de estas bandas estaba compuesto principalmente de blues, spirituals y ragtimes.

Los ragtimes eran un tipo de composiciones, escritas inicialmente para piano, que interpretaban los llamados «pianistas de ragtime», los cuales animaron la primera época del jazz y contribuyeron, en gran manera, a la creación del estilo melódico y rítmico de esta música. Tanto es así que, en los primeros tiempos, el jazz era denominado «ragtime music» (música de ragtime). Estas composiciones para piano, los ragtimes, fueron adaptadas para orquesta, y constituyeron buena parte del repertorio de las primeras bandas de jazz, que entonces eran llamadas «ragtime bands».

En el repertorio de estas bandas se incluían también otros géneros de música: desde pasodobles, cuadrillas francesas, marchas militares, etc. –música apta para desfilar– hasta adaptaciones de polkas, habaneras, tangos y tonadas populares, más adecuadas para bailar; cualquier tipo de música podía formar parte del repertorio de una banda de jazz. Pero lo realmente importante y sorprendente es que, cualquiera que fuera la procedencia del tema interpretado, los músicos negros le daban un carácter totalmente nuevo y propio. Así se pone de manifiesto, una vez más, la poderosa personalidad del negro norteamericano. Coge una melodía cualquiera y la interpreta de tal manera que la convierte en música suya, puramente negra.

La base que tiene el músico negro para lograr esa transformación de los temas que interpreta está en su propia herencia musical, es decir, en el blues y el spiritual. Esto significa que da a esa temática musical nueva el mismo tratamiento rítmico que a un blues o a un spiritual, mientras que con los instrumentos reproduce, tanto como puede, la manera característica de cantar de su raza. Las palmas que acompañaban a los cantos espirituales son sustituidas por los redobles de tambor y las puntuaciones de bombo; las entonaciones, el vibrato, las inflexiones y demás efectos vocales, propios de los cantantes de blues y de los *preachers*, son reproducidas en sus instrumentos por los músicos, quienes se valen de técnicas nada académicas, aunque con resultados muy convincentes. Así es como el jazz encuentra su identidad y toma forma.

Las primeras orquestas de jazz florecieron alrededor de 1890. La primera de que tenemos noticia es la Buddy Bolden's Ragtime Band, que dirigía Buddy Bolden, considerado en aquello años como el cornetista más potente de la ciudad, pero del que no existe ninguna grabación que pueda atestiguar su categoría. Otras orquestas famosas de la primera época del jazz fueron la Imperial Band del trompeta Emmanuel Pérez, la Original Tuxedo Orchestra, del también trompeta «Papa» Celestin; la Onward Brass Band, la Eagle Band, la Olympia Band, etc.

Muy pintorescas resultaban las competiciones que se entablaban espontáneamente por las calles entre las distintas bandas de New Orleans. Hacia 1915, la orquesta del trombonista Kid Ory, en la que figuraba King Oliver como trompeta, no tenía rival en este tipo de enfrentamientos. Louis Armstrong nos lo cuenta así en *My life in New Orleans*: «Solían tocar sobre un camión para anunciar un baile u otro espectáculo. Cuando se encontraban en otra esquina con otra orquesta que estaba en otro camión, Joe y Kid Ory echaban al resto. Tocaban toda la música loca que llevaban dentro y la muchedumbre deliraba. Cuando la otra orquesta renunciaba a la competencia y se iba con la música a otra parte, Kid Ory tocaba con el trombón una tonada que volvía a enloquecer a los que le escuchaban». Estas escenas pintorescas nos dan una imagen de ambiente en que nació y se desarrolló el jazz.

El estilo New Orleans

Al hablar del estilo New Orleans nos referimos al que practicaban los músicos que nacieron en esta ciudad o sus alrededores, que tocaban en ella durante los primeros años del jazz y que más tarde lo hicieron en otras ciudades, principalmente en Chicago.

Una orquesta de estilo New Orleans constaba normalmente, en la sección melódica, de trompeta, clarinete y trombón; y en la sección rítmica, de piano, banjo o guitarra, contrabajo o tuba y batería.

A primera vista, la característica más sobresaliente del estilo New Orleans es la típica composición de la orquesta. Como dijimos antes, una orquesta de estilo New Orleans consta normalmente, en la sección melódica, de trompeta, clarinete y trombón; y en la sección rítmica, de piano, banjo o guitarra, contrabajo o tuba y batería.

La segunda característica que aparece como más evidente es la práctica de la «improvisación colectiva»; se llama así porque, en la mayoría de los pasajes de una interpretación, todos los músicos improvisan a la vez.

Concretamente, la improvisación colectiva consiste en lo siguiente: la trompeta lleva la parte principal, tocando la melodía, dándole algunas variaciones, pero sin apartarse demasiado de ella; el clarinete proporciona un contracanto, en el registro agudo generalmente, que debe conjugar perfectamente con lo que toca la trompeta; y el trombón, en el grave, improvisa una tercera voz que complementa a las otras dos, utilizando a menudo *glissandos* (ver «Pequeño vocabulario», p. 73) que llenan los espacios silenciosos. Entretanto, la sección rítmica proporciona el sostén armónico y rítmico.

Pero estas características que hemos mencionado –composición de la orquesta y práctica de la improvisación colectiva– no bastan para definir el estilo New Orleans. Si cogemos al azar un trompeta, un clarinetista, un trombón, una sección rítmica y les hacemos interpretar, en improvisación colectiva, un tema típico del repertorio de New Orleans como «High Society» o «Muskrat Ramble», el jazz que resulte no tendrá que ser forzosamente de estilo New Orleans. Lo realmente esencial y diferente de este estilo radica en el acento que se imprime a cada frase musical, en el desarrollo melódico y, sobre todo, en la pulsación rítmica. En este sentido, digamos que existe una típica pulsación New Orleans (*New Orleans beat*), que tan sólo poseen los músicos de aquella zona.

Esta pulsación queda al desnudo en la batería. Los baterías de estilo New Orleans tienen una manera propia de acentuar el ritmo, distinta a los baterías de otros estilos. De una forma esquemática podemos decir que, en la pulsación de una batería New Orleans, se crea un mayor contraste entre los tiempos débiles del compás, que se acentúan con toda claridad, y los tiempos fuertes. Ahora bien, esta acentuación tiene siempre un aire relajado y despreocupado y llega siempre en el último momento. En la pulsación de los baterías de otros estilos el contraste entre tiempos fuertes y débiles queda, a menudo, mucho más difuminado. Y cuando marcan claramente los tiempos débiles, lo hacen de manera impetuosa, casi diríamos agresiva, en compa-

Zutty Singleton es uno de los máximos representantes de la «pulsación rítmica» de los baterías de estilo New Orleans.

ración a la acentuación tranquila y despreocupada de los baterías de estilo New Orleans. De todas formas, y de igual manera que cuando se intenta definir el acento de los habitantes de una región, lo mejor para identificar la «pulsación rítmica New Orleans» es familiarizarse con ella, a base de una audición repetida de los principales baterías de ese estilo (Zutty Singleton, Baby Dodds, Minor Hall, etc.).

Paralelamente, los solistas de estilo New Orleans construyen y ejecutan sus frases amoldándose a esta particular pulsación. Estas frases son generalmente sencillas, equilibradas y perfectamente articuladas; no encierran excesivos contrastes y nunca están sobrecargadas de notas que les impidan apoyarse constantemente en el tiempo del compás.

El estilo New Orleans, modelo de estilos por su equilibrio, sencillez y gracia melódica, conoció su época de apogeo entre 1900 y 1929. Después de 1930, perdió su situación preponderante en el jazz, y sólo con su renacimiento, hacia 1940, recobró algo de su antiguo esplendor; pero fue también la época en que más proliferaron las malas imitaciones.

Los primeros músicos de New Orleans

De New Orleans surgieron las primeras generaciones de grandes músicos de jazz, que se dieron a conocer entre 1900 y 1930. Muchos de ellos no fueron profesionales desde un principio, en el sentido actual de la palabra. Tenían que compaginar su trabajo de músicos con otros oficios que ejercían durante el día para asegurarse el sustento. Sabemos, por ejemplo, que el trompeta Buddy Bolden era barbero de oficio, que Kid Ory era carpintero, Johnny St. Cyr yesero y que el mismo Louis Armstrong trabajó sucesivamente como vendedor de periódicos, repartidor de leche, carbonero y chófer de camión.

Los músicos más antiguos no llegaron a grabar discos; y sólo los conocemos a través de sus colegas más jóvenes, gracias a los cuales sabemos que los de mayor reputación, en la época primitiva, eran los trompetas Buddy Bolden, Emmanuel Pérez, Buddy Petit, Oscar «Papa» Celestin, Chris Kelly, Sidney Desvinge y Bunk Johnson (aunque este último llegara a grabar discos, lo hizo en una época muy posterior, cuando ya había perdido sus facultades); los clarinetistas Alfonso Picou, Lorenzo Tio Jr., George Bacquet y Lawrence Dewey; el pianista Tony Jackson y los baterías Henry Zeno y «Black Benny». Los únicos *jazzmen* de la primera época que conocemos bien, a través de los discos, son el trompeta King Oliver, el trombonista Kid Ory, el clarinetista y saxo soprano Sidney Bechet y el pianista Jelly Roll Morton, los cuales no grabaron sus discos en New Orleans, sino en Chicago y otras ciudades.

King Oliver (1885-1938)

Joe «King» Oliver, el maestro de Louis Armstrong, es una de las figuras más importantes de la historia del jazz.

Debutó como cornetista en una de las múltiples charangas de su ciudad natal, cuando sólo contaba quince años de edad. Poco a poco se fue afirmando como el mejor trompeta de New Orleans, lo cual le valió el sobrenombre de «King» (Rey). En 1916 entró a formar parte de la orquesta de Kid Ory, considerada entonces la mejor de la ciudad. En esta época trabó conocimiento con el joven Louis Armstrong, al que cariñosamente llamaba «Little Louie», del que sería maestro y protector. Cuando en 1917 el barrio de Storyville fue clausurado, King Oliver emigró a Chicago. En esta ciudad formó, en 1922, la que llegaría a ser su mejor orquesta, la legendaria King Oliver's Creole Jazz Band, en la que ocupó el puesto de segundo trompeta nada menos que Louis Armstrong, al que hizo venir expresamente de New Orleans. Esta orquesta no tuvo rival entre 1922 y 1924 (ver King Oliver's Creole Jazz Band, p. 87).

Perjudicado por la crisis de 1929, inició en 1931 una etapa de penosas giras que le proporcionaron más fatigas que dinero. Luego perdió su dentadura, lo cual le impidió seguir tocando la trompeta. Abandonó entonces la música. Murió en 1938 en la más completa miseria.

La importancia de King Oliver radica tanto en su extraordinaria calidad de trompeta como en la decisiva influencia que ejerció sobre los demás trompetas de la época. Bajo su influencia se formó un estilo de músicos tan importantes como Louis Armstrong, Tommy Ladnier, Bubber Miley, etc.; y de entre sus formidables discípulos, sólo Louis Armstrong logró superarle.

El estilo de King Oliver se caracteriza por su sobriedad, por sus frases melodiosas, bellas, simples y bien construidas, y por la intensa emoción que se desprende de su forma de tocar, sensible y vigorosa a la vez. Tiene el don de exponer las melodías con una gracia y un aire que las hace parecer doblemente bellas. Sus improvisaciones han servido de base a docenas de trompetas posteriores.

Como dice Louis Armstrong: «Nadie en el jazz creó tanto como él. Casi todo lo bello que se hace ahora viene de él, y algunas de las frases más célebres que se oyen hoy provienen directamente de Joe Oliver».

Kid Ory (1889-1973)

Edward «Kid» Ory es el principal representante del estilo New Orleans en trombón, también llamado estilo «tailgate».

Nació en La Place, población cercana a New Orleans. A los once años de edad formó un conjunto con otros muchachos, la Ory's String Band, cuyos instrumentos, banjo, guitarra y violín, de fabricación casera, estaban hechos con cajas de puros. Con el dinero que ganaba tocando en esta «orquesta», Kid Ory pudo comprarse un trombón y, al poco tiempo, debutaba en New Orleans. A partir de 1911 dirigió una orquesta por la que pasaron grandes músicos como el clarinetista Johnny Dodds, el propio King Oliver y el entonces jovencísimo Louis Armstrong. En 1919 dejó New Orleans. Llegó a Chicago en 1924 y allí participó en memorables sesiones de grabación (Hot Five y Hot Seven de Louis Armstrong; Red Hot Peppers de Jelly Roll Morton, etc.). Continuó trabando en Chicago hasta 1929, año en que, perjudicado por la crisis, se retiró a una granja de California para dedicarse a la cría de gallinas.

En 1942, con el renacimiento del estilo New Orleans, volvió a la música y formó una orquesta que cultivaba el más puro y primitiva estilo original de jazz. Desde entonces, y hasta 1965, permaneció activo y en plena forma al frente de su excelente conjunto. Murió en Honolulu, donde pasó los últimos años de su vida.

Kid Ory es el trombonista ideal para la improvisación colectiva. Sabe crear, mediante el abundante empleo de largos y expresivos *glissandos*, una tercera voz que complementa y valora perfectamente la labor de la trompeta y del clarinete. Dentro de este terreno llegó a un grado tal de perfección que, cuando está respaldada por su trombón, una improvisación colectiva suena siempre mejor; ello no sólo se debe a lo ajustado y oportuno de sus intervenciones, sino también a que los demás músicos, apoyados y estimulados por la infalible labor de Kid Ory, tocan con un aplomo, una regularidad y una inspiración que sin lugar a dudas multiplica el rendimiento del conjunto. Por esta razón, y a pesar de los muchos cambios que ha sufrido, siempre ha sonado tan bien su orquesta.

Kid Ory es, además, un excelente solista, sobre todo en los blues. Su estilo es sobrio pero muy expresivo, gracias, en gran parte, a su sonoridad ancha,

potente y rugosa. La música de Kid Ory tiene un acento generoso, algo rudo
pero sensible y profundamente conmovedor; desgraciadamente es algo que no
han captado muchos de los llamados « aficionados al jazz».

Sidney Bechet (1887 o 1893-1959)

Sidney Bechet, otro de los ilustres hijos de
New Orleans, comenzó su carrera como
clarinetista, pero llegó a ser famoso sobre
todo como intérprete de saxo soprano,
instrumento del que ha sido el principal
solista del jazz.

Sus primeras lecciones de música las
recibió del clarinetista George Bacquet,
uno de los más famosos de New Orleans
a principios de siglo XX. Actuó primero en
las orquestas de su ciudad natal, pero en
1917, como tantos otros, emigró a Chicago. En 1919 vino por primera vez a Euro-
pa con Marion Cook y su Southern's Syncopated Orchestra, con la que actuó
en Londres y París. A su vuelta a Estados Unidos, comenzó a practicar el saxo
soprano, instrumento que prefería y que acabaría por utilizar en vez del clarinete. Realizó una nueva gira por Europa en 1925, esta vez con la Revista
Negra, que presentaba a la gran Josephine Baker. De regreso a New York,
formó, con Tommy Ladnier, el conjunto de los New Orleans Feetwarmers,
con el que actuó durante unas semanas en el Savoy Ballroom de Harlem. En
1938 participó, junto con Tommy Ladnier y Mezz Mexxrow, en algunas de las
famosas sesiones de grabación organizadas por el crítico francés Hugues Panassié, sesiones que marcarían el inicio del renacimiento del estilo New Orleans. A partir de 1939 su nombre empezó a ser conocido por el gran público.
En 1949 vino de nuevo a Europa y se instaló de manera definitiva en Francia,
donde alcanzaría una popularidad que pocos *jazzmen* han conseguido. Murió
en 1959 cuando se encontraba en el cenit de su fama.

Sidney Bechet es uno de los más grandes músicos representantes del estilo
New Orleans. Al clarinete, su sonoridad dura, su vibrato muy pronunciado y
violento, encaja perfectamente con su estilo vehemente y lleno de fuerza. Al
saxo soprano, debido probablemente a la sonoridad más dulce y seductora de
este instrumento, su estilo resulta más suave, amable y acariciador. La imaginación de Sidney Bechet es de una gran riqueza; sus volubles frases están

siempre repletas de encantadores hallazgos melódicos, y la viveza y el mordiente con que las ejecuta realzan aún más su belleza. Debemos señalar, de todas formas, que en sus últimos años, el estilo de Sidney Bechet se volvió algo enfático y acaramelado, perdiendo mucho de la «garra» que siempre le había caracterizado.

Jelly Roll Morton (1885-1941)

Ferdinand «Jelly Roll» Morton es uno de los pocos pianistas que conocemos representativos del estilo New Orleans. Está considerado como uno de los músicos más fecundos e importantes de la primera época del jazz.

Pertenecía a una familia criolla descendiente de franceses. A los diez años, dominaba perfectamente el piano; y hacia 1902 comenzó su carrera profesional tocando en las casas de placer y demás establecimientos del barrio de Storyville. Debido a esto, su familia lo expulsó de casa. A partir de entonces vivió de la música y del juego. Abandonó New Orleans en 1912 y, a partir de entonces, actuó en diversas ciudades como Chicago y Los Angeles. En Chicago, al frente de su conjunto llamado Jelly Roll Morton and his Red Hot Peppers, realizó, en 1926, varias sesiones de grabación muy importantes. Conoció entonces sus años de mayor prosperidad, alcanzando su máximo esplendor cuando llegó a New York en 1928. Se dice que en aquella época llegó a hacerse incrustar diamantes en los dientes. Pero, como muchos otros músicos de su estilo, sufrió las consecuencias de la crisis de 1929 y, a partir de 1931, cayó en la oscuridad, aunque siguió trabajando en un modesto cabaret de Washington. En 1937, Alan Lomax le hizo grabar, para los Archivos del Estado, una larga serie de recuerdos ilustrados con música sobre los primeros tiempos del jazz en New Orleans; se publicaron bajo el título de *The Saga of Mr. Jelly Lord*. En 1938 volvió a establecerse en New York, donde nuevamente tuvo la oportunidad de grabar algunos discos. Pero, viendo que sus esfuerzos para organizar de nuevo una orquesta permanente fracasaban, se retiró en 1940 a California. El jazz de estilo New Orleans se encontraba entonces en pleno renacimiento, pero Jelly Roll Morton, uno de los pioneros de esta música, no pudo aprovecharse de esta circunstancia; falleció en 1941, cuando probablemente hubiera gozado de una nueva época de esplendor.

Jelly Roll Morton ha sido el primer pianista de categoría que se ha conocido a través del disco. Pero, además de pianista, era cantante, compositor, escribía arreglos y dirigía siempre conjuntos de primera categoría. Por todo ello, su contribución al desarrollo de la música de jazz ha sido muy importante. Consciente de ello, y llevado por su carácter arrogante y fantasioso, Jelly Roll Morton llegó a imprimir en sus tarjetas debajo de su nombre, la coletilla «Originator of Jazz» (inventor del jazz). Dejando aparte lo exagerado de esta afirmación, debemos considerar a Jelly Roll Morton como un verdadero «clásico del jazz»; su forma de tocar el piano, utilizando ambas manos con gran independencia, a la vez que con una gran compenetración, ha servido de base para la creación de los estilos fundamentales del *piano-jazz*. En realidad, su influencia se extendió a casi todos los pianistas de la generación siguiente.

La música de Jelly Roll Morton tiene toda la ingenuidad, la alegría y el frescor que caracterizan al jazz de la primera época. Sus improvisaciones, repletas de melodía, se desarrollan con una lógica perfecta, sin perder por ello nada de la gracia y la espontaneidad que las caracterizan. Su pulsación rítmica es la típica del estilo New Orleans, apoyándose constantemente en el tiempo, con tanta regularidad como agilidad y ligereza.

Como ya hemos dicho, Jelly Roll Morton fue también un fecundo compositor. Sus temas formaban parte del repertorio de la mayoría de las orquestas de jazz, tanto de la primera época como de las posteriores. Los más conocidos son: «King Porter Stomp», «Wild Man Blues», «Wolverine Blues», «Shoe Shiner's Drag», etc.

El dixieland

Originalmente se llamó «dixieland music» (música de dixieland) a la música de estilo New Orleans (New Orleans está situado en el sur de los Estados Unidos, lo que los americanos llaman «tierra de Dixie»). Pero más tarde la palabra «dixieland» sirvió para designar las imitaciones que de este estilo hacían y hacen los blancos.

Estas imitaciones rara vez han tenido algún valor como música de jazz. Lo mejor que puede decirse de ellas es que, a veces, resultan simpáticas. Pero es necesario advertir que, en muchas ocasiones, las orquestas de dixieland se han visto favorecidas por el montaje comercial en perjuicio de las orquestas negras; de esta forma, el público sólo conoce de la música de New Orleans estas pobres imitaciones.

La New Orleans Rhythm Kings, probablemente el mejor conjunto blanco de los años veinte.

Las primeras orquestas de dixieland aparecieron en New Orleans hacia 1915. La más conocida de aquella época fue la Original Dixieland Jazz Band, que gozó del privilegio de realizar, en 1917, las primeras grabaciones de jazz que se conocen. Otros conjuntos de dixieland, formados por músicos blancos de New Orleans, alcanzaron la fama en Chicago años más tarde, como la New Orleans Rhythm Kings, que probablemente fuera el mejor conjunto blanco de los años veinte.

Pero fue, sobre todo, a partir de 1940, con el renacimiento del estilo New Orleans, cuando aparecieron numerosos conjuntos dixieland; muchos de ellos eran de ínfima categoría, pero, por razones de tipo comercial, acapararon la atención del gran público blanco.

De todas formas, entre las orquestas blancas de estilo New Orleans existen honrosas excepciones, como la orquesta del clarinetista francés Claude Luter, que, a finales de los años cuarenta y principios de los cincuenta, practicaba un jazz de calidad muy aceptable, siguiendo la línea de las mejores orquestas negras de estilo New Orleans, como las de King Oliver y Jell Roll Morton.

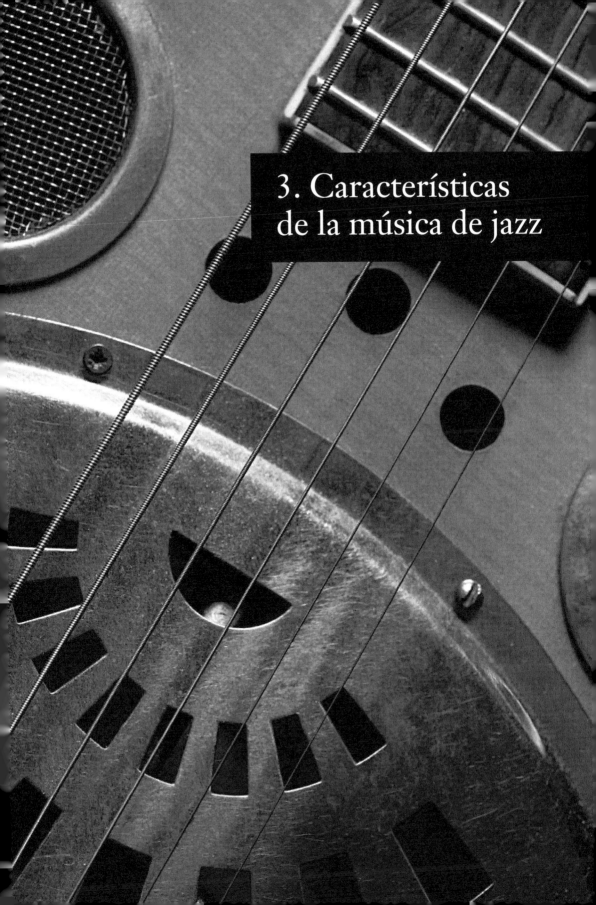

3. Características de la música de jazz

Como convenimos en el primer capítulo, al tratar de la definición de jazz, esta música se identifica por la serie de aportaciones y elementos nuevos que, al nacer, introdujo en el contexto cultural en que apareció. Dijimos, también, que estos elementos que definieron al jazz en el momento de su aparición, siempre que esta música ha funcionado como vehículo de expresión popular, han ido reapareciendo de forma constante en los sucesivos estilos que su evolución ha producido.

Tratamos también en el primer capítulo de los antecedentes inmediatos del jazz (blues y spirituals) y en el precedente hemos asistido al nacimiento de esta música y a sus primeros pasos. Estamos, pues, en condiciones de hacer un análisis algo más profundo de los elementos característicos del jazz y de constatar su procedencia directa de los géneros vocales anteriores.

Origen y principales características del jazz

Recordemos que las características fundamentales que daban al jazz su particular fisonomía eran, por una parte, el tratamiento del sonido y, luego, el tratamiento rítmico.

Estas características, naturalmente, tienen una raíz y esta raíz la encontramos en los antecedentes inmediatos del jazz: los blues y spirituals.

En efecto, de la manera de cantar del negro, conformada por una voz y una técnica vocal particulares, deriva el tratamiento que el músico de jazz da al sonido.

La voz negra, todos la conocemos, se distingue por su timbre oscuro, pastoso y a veces algo velado y la técnica del negro no tiene nada que ver con lo que

La voz negra se distingue por su timbre oscuro, pastoso y a veces algo velado. En la imagen, la cantante de gospel Mahalia Jackson.

se enseña en nuestros conservatorios. El negro controla y modula la voz desde la garganta mucho más que nosotros; ataca las notas con más fuerza; su vibrato es más rápido y marcado, y continuamente utiliza inflexiones de todo tipo.

A imagen de esta manera de cantar, típica de los cantantes de blues y spirituals, el músico de jazz trata, a través de su instrumento, el sonido. Esta manera de tratar el sonido se traduce en una singular técnica instrumental que será una de las características fundamentales del jazz.

Igual que ocurre con la técnica instrumental, el ritmo del jazz proviene directamente de sus antecedes musicales inmediatos.

Las interpretaciones de blues y spirituals están animadas, por regla general, por un ritmo regular y el compás utilizado es normalmente de cuatro tiempos. Ahora bien, las acentuaciones rítmicas (marcadas por el acompañamiento rítmico o por las palmas de los que escuchan) recaen sobre los tiempos débiles del compás, o sea el segundo y el cuarto tiempos. Esta acentuación instintiva del negro es opuesta a la nuestra, pues los blancos acentuamos instintivamente los tiempos fuertes del compás (primer y tercero).

La importancia de la acentuación es tal que, al acentuar una melodía de una forma o de otra, resultan músicas que suenan totalmente distintas. Vale la pena, al cantar o escuchar un tema concreto, hacer la prueba de marcar el ritmo de estas dos maneras para constatar esta diferencia.

Tomemos por ejemplo el conocidísimo spiritual «When The Saints Go Marching In». Cantadlo o escuchadlo en un disco y marcad primeramente los tiempos fuertes, o sea, al pronunciar las sílabas en cursiva:

> *When* the *saints*, --- ---,
> Go *mar*ching *in*, --- ---, etc.

Hacedlo ahora a la inversa, marcando los tiempos débiles como hacen los negros, también al pronunciar las sílabas en cursiva:

> When *the* saints, --- ---,
> *Go* mar*ching* in, --- ---, etc.

Probablemente, notaréis que de la primera forma de acentuar se deriva un ritmo rígido, envarado y maquinal. En cambio, si acentuáis bien de la segunda forma, comprobaréis que el ritmo es mucho más flexible, más libre. Efectivamente, la pulsación rítmica que anima la interpretación de un blues o de un spiritual, adquiere, gracias a esta acentuación, una insospechable agilidad y dinamismo. Esta pulsación rítmica es la misma que de una forma natural utilizan los músicos de jazz en sus interpretaciones y recibe el nombre de «swing» que es el otro elemento fundamental y seguramente el más importante para caracterizar el jazz.

He aquí, pues, que las dos características fundamentales de la música de jazz, la técnica instrumental y el swing, tienen su origen en la música vocal que precedió el jazz, es decir, el blues y el spiritual.

Seguidamente analizaremos algo más a fondo y por separado estas dos características fundamentales del jazz.

La técnica instrumental

Hemos hablado anteriormente de la forma de cantar del negro, evidentemente, muy distinta de la del blanco.

Destacamos, como características más importantes, su particular timbre de voz, su técnica gutural, el ataque más violento de las notas, el vibrato muy marcado, y el empleo abundante de inflexiones. La técnica instrumental empleada en el jazz se formó a imagen de la técnica vocal negra. De este modo, cuando escuchamos a un músico de jazz, el fraseo de su instrumento tiene el calor y la expresividad que puede tener la voz de un cantante de blues o spirituals.

Cuando alguien va a estudiar al Conservatorio, se le enseña a tocar su instrumento con una sonoridad pulcra e invariable. Debe atacar las notas con nitidez y suavidad. Tanto el vibrato como las inflexiones le están prohibidas, o al menos, están reglamentadas. En cambio, el intérprete de jazz puede permitirse todas las libertades técnicas que precise para que su instrumento suene como la voz humana. Por esto, los músicos de jazz poseen un ataque violento, un vibrato muy acusado y rápido, y utilizan abundantemente todo tipo de inflexiones; a veces incluso, sacan de sus instrumentos un sonido gutural, típico de muchas voces negras.

También es frecuente el empleo de sordinas, que el músico maneja hábilmente para hacer «hablar» a su instrumento. Un magnífico ejemplo de esto lo tenemos en el disco de Duke Ellington, *Black and Tan Fantasy* de 1927, en el que el trompetista, Bubber Miley, valiéndose de una sordina, toca un sorprendente solo imitando el sermón de un *preacher* (predicador) en la iglesia.

Pero, incluso sin recurrir a ejemplos tan característicos y pintorescos como el anterior, siempre que escuchamos a un *jazzman*, el sonido, la expresión, la forma de articular las frases, etc., nos recuerdan inevitablemente la voz y la manera de cantar típica de los negros. Podemos decir, entonces, que, verdaderamente, el músico de jazz *humaniza* su instrumento.

Para llegar a ello, cada intérprete, sin atender a ningún método o norma prefijados, se deja guiar únicamente por sus propias capacidades e intuiciones. Es así que la técnica instrumental, los recursos y procedimientos expresivos escogidos y la manera de utilizarlos, son totalmente personalizados. Esta forma individualizada de trabajar el instrumento hace que, al igual que cada uno de nosotros tiene su propia voz que identifican aquellos que nos conocen, cada músico de jazz tiene su propio sonido que reconoceremos entre muchos otros, a poco que estemos familiarizados con él.

Esta es una de las más significativas y bellas aportaciones de la música de jazz: abrir el campo de posibilidades a cada instrumentista para que tenga su propio sonido, su propia voz.

El swing

Definiremos el swing como la pulsación rítmica propia de la música negroamericana en general y del jazz en particular.

La palabra «swing» proviene del verbo inglés *to swing* que significa «balancear». Así pues, el swing es el balanceo rítmico propio de la música negroamericana.

Ya descubrimos esta particular pulsación al analizar sus antecedentes musicales. Como vimos, se trata de una pulsación regular que nace de la acentuación de los tiempos débiles del compás (segundo y cuarto). Pero, aunque regular, no es mecánica en absoluto, sino fundamentalmente una pulsación vital y flexible. Comunica al que escucha cierta sensación de balanceo, deseos de moverse, de llevar el ritmo, de bailar, etcétera.

El swing no es algo que pueda escribirse en una partitura, lo produce el músico durante la interpretación.

En una orquesta de jazz, el swing lo genera el batería con sus acentuaciones, a las que debe imprimir el dinamismo y flexibilidad necesarios para sumergir al resto de los músicos en esta excitante pulsación. Todos los músicos, cualquiera que sea su instrumento, intentan, por su forma de tocar, reproducir en su música esta misma pulsación. Lo consiguen por la forma brusca de atacar las notas, mediante el empleo de inflexiones, articulando sus frases con ligeros desplazamientos rítmicos, etc., procedimientos todos ellos que originan una tensión rítmica extraordinaria. Un músico de jazz se considera mejor, cuanto más swing produce. Una interpretación sin swing no puede considerarse realmente como jazz.

El jazz es un lenguaje musical

Como hemos visto, las dos características fundamentales del jazz, técnica instrumental y swing, no tienen nada que ver con la música escrita. Luego, no podemos considerar al jazz como un determinado tipo de composiciones o piezas musicales. El jazz, como ya dijimos al principio, es, simplemente, una forma de interpretar, propia del pueblo negro norteamericano, y esta forma de interpretar se basa en los mismos cánones que rigen los spirituals y los blues. Así, pues, debemos considerar el jazz, junto con los spirituals y blues, como géneros pertenecientes a un solo mundo musical, a una misma forma de sentir e interpretar la música. Son como tres ramas de un mismo tronco que se alimentan de la misma raíz. Spirituals, blues y jazz constituyen una identidad indisociable.

Hay que desconfiar siempre del pretendido aficionado al jazz a quien no agradan los cantantes de blues. Y extrañaros de quien diga que le gustan mucho los spirituals, pero que el jazz le aburre. Probablemente no será un verdadero amante de estos géneros musicales, y poca cosa habrá comprendido de esta maravillosa música.

En una orquesta de jazz, el swing lo genera el batería con sus acentuaciones, a las que debe imprimir el dinamismo y flexibilidad necesarios para sumergir al resto de los músicos en esta excitante pulsación. En la imagen, Duke Ellington durante una *jam session* en 1943.

Hemos quedado en que el jazz es una forma de interpretar, independientemente del tema que se esté tocando. Luego el jazz no es lo «qué» se toca, sino el «cómo» se toca. Cualquier tema puede ser jazz si lo interpreta un músico que, al hacerlo, pone de su parte las características propias de esta música que hemos definido anteriormente. Hemos podido ver, desde que nació el jazz, cómo temas de películas, operetas y revistas han pasado, sin ningún requisito especial, al repertorio de las orquestas de jazz. De la misma forma, un tema que esté escrito especialmente para el jazz, pongamos por caso el «St. Louis Blues», no podrá considerarse como tal si no se interpreta de la forma adecuada.

El jazz es como un idioma; es el lenguaje musical de los negros norteamericanos, y tiene su propia pronunciación, sus acentos, sus matices, etcétera, sin los cuales pierde todo su significado. Si nosotros, los blancos, queremos escucharlo y comprenderlo, debemos realizar un esfuerzo semejante al que se realiza para aprender un idioma. Si lo que pretendemos es tocar jazz, el esfuerzo debe ser aún mayor, hasta asimilar por completo todos los matices y entonaciones característicos. Generalmente, para el que comprende esta música es fácil distinguir un músico blanco de uno negro. De todas formas, algunos blancos han conseguido asimilar en tal grado el lenguaje del jazz, que resulta prácticamente imposible distinguirlos de los intérpretes negros.

La improvisación en el jazz

Se ha dicho en muchas ocasiones que «el jazz es improvisación». Ante esta afirmación tan tajante, es necesario hacer algunas aclaraciones; por una parte, para no caer en posibles errores, y por otra, para calibrar la importancia y el papel que realmente juega la improvisación en el jazz.

Desde su nacimiento, el jazz ha sido, indudablemente, una música en gran parte improvisada.

Al principio, en New Orleans, se practicaba la improvisación colectiva, como ya explicábamos en el capítulo anterior. Más tarde, cuando aparecieron las grandes orquestas, los arreglos escritos sustituyeron en gran parte a la improvisación, quedando reservada ésta para los solos. Hubo entonces quien menospreció, e incluso negó, la autenticidad de esta música, por el simple motivo de que muchos pasajes estaban escritos. De hecho, estos detractores eran blancos que no habían comprendido lo que era el jazz. El público negro siempre aceptó y apreció la música de las grandes orquestas, como las de Duke Ellington, Count Basie, Jimmie Lunceford, etc. Para los negros, era suficiente que los arreglos escritos fueran interpretados a la manera propia del jazz. Esto lo sentía el público de forma natural e instintiva, desautorizando con su aceptación a los detractores del «jazz de gran orquesta». Quede claro, pues, que un músico puede estar tocando jazz del mejor aunque se ciña, nota por nota, a una partitura. Únicamente es necesario que la interprete en el lenguaje del jazz, o sea, que anime cada nota, cada frase, cada pasaje, con las inflexiones, con el ataque, el vibrato, etc. necesarios para conseguir la expresión y el swing que caracterizan a la música de jazz.

Del mismo modo, el mero hecho de que un músico esté improvisando sobre un tema de jazz, no significa forzosamente que su música lo sea también. Como siempre, de la manera de tocar de este músico depende que su improvisación pueda ser catalogada como jazz.

Ahora bien, incluso en el jazz de gran orquesta, al margen de los pasajes arreglados, los solos improvisados han tenido desde siempre, una gran importancia. Las páginas más bellas de la historia del jazz las han escrito los músicos que en momentos de especial inspiración convirtieron sus solos improvisados en extraordinarias creaciones musicales.

Vamos a ver ahora en qué consiste la improvisación en jazz.

Normalmente, la interpretación de un tema consiste en:

1º. Exposición del tema
2º. Solos improvisados

A menudo, para finalizar la interpretación, se vuelve al tema inicial, o se toca una variación del mismo.

Generalmente, los temas que se interpretan en el jazz tienen o bien doce compases, si se trata de blues, o bien dieciséis, si son spirituals o derivados, o bien treinta y dos compases, que es el tipo más corriente, tanto en las canciones de moda como en los temas especialmente escritos para jazz a partir de 1930.

La estructura más corriente del tema de 32 compases es la que responde al esquema: A, A, B, A.

Es decir, el tema se divide en cuatro grupos de ocho compases cada uno. El primero (A), es igual al segundo (A) y al cuarto (A). El tercero grupo (B), es distinto y se llama «puente».

La mayoría de temas interpretados en el jazz responden a esta estructura. Citaremos algunos muy conocidos como «Honeysuckle Rose», «Satin Doll», «Rosetta», «Body and Soul», «Perdido», etc.

El conjunto de compases (doce, dieciséis, treinta y dos, etc. según el caso) que tiene un tema, recibe el nombre de «chorus». Una interpretación de jazz consta de una serie de *chorus*, de los que generalmente el primero, y a veces el último, son la exposición del tema, y los restantes *chorus* constituyen los solos improvisados. Un solista puede improvisar uno o varios *chorus*; ahora bien, su solo deberá ceñirse al número exacto de compases y a las armonías propias del tema interpretado.

Vemos, pues, que la improvisación en el jazz no es total, sino que se basa en una estructura métrica y armónica preestablecida: el *chorus*. Al principio, es algo difícil seguir los *chorus* a lo largo de una interpretación. Pero es muy importante conseguirlo, porque así podemos apreciar mucho mejor las variaciones improvisadas de los solistas.

Para aprender a seguir y contar los *chorus* será necesaria la ayuda del disco. Debemos escoger un tema que conozcamos perfectamente. Escuchémoslo y vayamos cantando mentalmente la melodía al mismo tiempo que se desarrolla la interpretación. Veremos cómo las variaciones de los solistas ligan perfectamente con el tema, y que, generalmente, cada solista toca un número determinado del *chorus*, coincidiendo el cambio de solista con el inicio de un nuevo *chorus*.

Como hemos dicho, la improvisación total en el jazz no existe. De todas formas, la música de jazz está animada siempre de un espíritu de improvisación total. Esto significa que cada interpretación es una experiencia nueva. Casi nunca una orquesta toca dos veces un tema de la misma manera. Tanto los solos, como la ejecución de los arreglos escritos, están ligados al sentimiento y a la inspiración del momento, pudiendo resultar versiones muy distintas de una misma pieza, aunque los intérpretes sean los mismos.

El jazz es música de baile

Desde su nacimiento, el jazz creció y se desarrolló ligado a baile. De la misma forma que los negros africanos identifican totalmente sus cantos con sus danzas, los negros norteamericanos nunca han separado su música del baile.

En los primeros años del jazz, en New Orleans, los desfiles y pasacalles eran seguidos siempre por una multitud que danzaba alrededor de la orquesta. En los locales nocturnos como los Honky Tonks y Barrelhouses, el pianista o la

El Savoy Ballroom, en Harlem, New York, hacia 1953.

orquesta de turno tocaban siempre para que el público bailara. Cuando el jazz se introdujo en el *music-hall*, las orquestas tocaban para acompañar los números de baile de las «chorus girls» (chicas del coro). En todos los cabarets donde se tocaba jazz había una pista de baile. Son famosos los enormes locales, como el Savoy Ballroom de Harlem, en New York, donde centenares de parejas bailaban al son de las mejores orquestas de jazz.

Desde finales de los años treinta de pasado siglo, desde que los blancos inventaron el concierto de jazz, esta música se escucha muy a menudo en refinadas y severas salas de conciertos donde no está permitido el más ligero movimiento o muestra de entusiasmo. Esto ha hecho que el jazz perdiera gran parte de la popularidad que antes tuvo.

Para un músico de jazz no hay nada mejor que tocar para buenos bailarines. El *jazzman* ve en la danza el reflejo de su música. Así, del mismo modo que en el jazz existe una pulsación rítmica que llamamos swing, en el baile éste se manifiesta por los movimientos dinámicos y flexibles de los bailarines que con sus evoluciones estimulan la inspiración del músico.

El jazz, pues, se puede bailar con swing o al contrario: de manera rígida y envarada, es decir, sin swing.

Entre músicos y bailarines ha existido siempre una inspiración mutua. Así, por ejemplo, los *tap dancers* (bailarines de claqué), a menudo reproducen con su «zapateado» los redobles de la batería y, viceversa, los baterías se inspiran a menudo en las figuras rítmicas que crean los *tap dancers*.

Algunos de estos *tap dancers*, por la categoría de su arte, han llegado a inscribir su nombre en la historia del jazz. Los más famosos son: Bill «Bojangles» Robinson, «Bubbles», Bill Bailey, Taps Miller, Baby Lawrence, Bunny Briggs, Jimmy Slyde, etc.

Gran número de bailes han aparecido paralelamente a nuevos ritmos, en la música de jazz: el one step, el charleston, el boogie-woogie, el rock and roll, el twist, etc.… Pero a la creación de muchos de estos ritmos han contribuido más los propios bailarines que los músicos.

Sobre este tema, escuchemos el testimonio de un genio de la música de jazz, Duke Ellington:

«A menudo ocurre que nos encontramos en una sala donde evolucionan grandes bailarines. Pues bien, es formidable tocar para gente que, al bailar, realmente tiene swing. En dos ocasiones mi orquesta tuvo que amenizar un baile con un batería que sustituía al nuestro, sin ninguna preparación. No tuvimos que inquietarnos por él, los bailarines nos arrastraban a todos, orquesta y batería. La orquesta comenzaba y los bailarines arrancaban con tanto swing que bastaba con seguirlos». (De la revista *Jazz*, octubre de 1962.) No hay duda, una buena forma de percibir y apreciar el jazz es bailarlo.

Pequeño vocabulario

Entre los músicos y aficionados al jazz se utilizan una serie de términos que tienen un significado muy preciso dentro de la música de jazz. Será necesario darlos a conocer para poder manejar con facilidad la serie de conceptos que se emplean específicamente al hablar de esta música. Por eso hemos querido terminar este capítulo con un breve vocabulario de las palabras más frecuentes dentro del «argot» jazzístico.

Algunas de ellas las encontraréis repetidas varias veces a lo largo de este libro. Otras no aparecerán en él, pero las podéis encontrar al leer una revista, la portada de un disco, o simplemente conversando con cualquier aficionado.

Recomendamos que busquéis en este vocabulario cualquier palabra que hayáis encontrado en este libro, cuyo significado ignoréis; probablemente, hallaréis aquí su significado. La mayoría de las explicaciones de este vocabulario han sido cotejadas con el *Dictionnaire du Jazz* de Hugues Panassié y Madeleine Gautier, libro imprescindible para todo aficionado al jazz.

AFTERBEAT. Expresión en desuso. Ver su sinónimo actualmente utilizado: *backbeat*.

ATAQUE. Velocidad y fuerza de emisión de una nota. El ataque contribuye en gran manera a dar fuerza expresiva y swing a un solo. En el jazz, normalmente, se ataca con claridad la primera nota de una frase. Matizando la fuerza, la velocidad o la intensidad del ataque, los músicos dan variedad y expresividad a sus frases.

BACKBEAT. Se refiere al tiempo débil del compás (segundo y cuarto). Acentuar, marcar el *backbeat*, quiere decir golpear sobre los tiempos débiles. Se dice de una batería que tiene un sólido *backbeat*, cuando acentúa con fuerza y claramente los tiempos débiles, produciendo el swing.

BACKGROUND. Término que hace referencia a la música que puede oírse en segundo plano, detrás de un solista. De un modo riguroso, el concepto *background* incluye también el acompañamiento que hace la sección rítmica, pero normalmente se utiliza para designar solamente la música que ejecutan los instrumentos melódicos detrás de un solista.

BEAT. Palabra inglesa que designa el tiempo del compás. En el jazz, la palabra beat puede designar, además, la pulsación rítmica que se inyecta a cada tiempo. También se emplea como sinónimo de swing.

BE-BOP. Ver explicación sobre este género musical en el capítulo 7 de esta obra.

BLOCK CHORDS. Literalmente, «haz de acordes». Designa una forma de tocar el piano puesta en vigor por el pianista Milt Buckner a partir de 1940. Consiste en la ejecución simultánea de acordes con las dos manos, desplazándolas unidas sobre el teclado como si estuvieran esposadas. Por esto a este estilo se le ha llamado también «Locked Hands» (manos atadas).

BLUES. Canto popular de los negros norteamericanos. Ver la explicación en el capítulo 1.

BOOGIE-WOOGIE. Forma de tocar el blues al piano. Ver la explicación en el capítulo 4.

BOP. Expresión abreviada de be-bop.

BOPPER. Músico que toca be-bop.

BREAK. Palabra inglesa que significa: pausa, corte, interrupción. En el jazz, el *break* es una corta frase rítmica o melódica que un instrumentista o un cantante ejecuta durante una pausa de la melodía. El *break* es facultativo: en unos casos el batería u otro músico improvisa durante la pausa, otras veces queda únicamente llenada por la pulsación regular de la sección rítmica.

BREAK-SOLO. Así se llama el *break* cuando en la pausa la sección rítmica deja completamente de tocar, permitiendo que un solo instrumento ejecute el *break*.

BRIDGE. Ver «puente».

CAT. Literalmente: gato. Forma familiar de llamarse entre sí los músicos de jazz

CODA. Fragmento musical añadido por los músicos al final de una interpretación.

COMP. Palabra del argot de los músicos americanos, equivalente a POMPE. Ver esta palabra.

COOL. Literalmente: frío. Forma musical que sigue al be-bop. Ver explicación en el capítulo 8.

CHARLESTON. Baile típicamente negro que apareció en los Estados Unidos en 1924 y título de una composición del pianista James P. Johnson; fue la primera pieza que se basó en el ritmo charleston.

El ritmo charleston es un ritmo sincopado, construido sobre dos notas, la primera ejecutada sobre el primer tiempo del compás, la segunda entre el segundo y el tercero.

Los «platillos charleston», vulgarmente llamados «charles», constituyen un accesorio de la batería, consistente en dos platillos que se hacen chocar al accionarlos con un pedal.

CHORUS. Ver su significado en este mismo capítulo.

DIRTY. Palabra inglesa empleada en el argot del jazz, Literalmente significa: sucio. Tocar dirty quiere decir tocar con aspereza, dureza, todo lo contrario de tocar de forma suave y pulcra.

DIXIELAND. Literalmente: «tierra de Dixie», es decir el sur de los Estados Unidos. Nombre dado a las imitaciones hechas por los músicos blancos del estilo New Orleans. Ver explicación en el capítulo 2.

DRIVE. Palabra inglesa utilizada por los músicos de jazz para designar el vigor y la fuerza en la forma de ejecución de un músico.

DRUMMER. Músico que toca los *drums* (tambores), es decir, la batería.

DRUMS. Literalmente: tambores. Pero la palabra *drums* se utiliza normalmente para designar la batería en conjunto (tambores, bombo, platillos).

FEELING. Grado más o menos intenso de emoción, sentimiento y calor expresivo que un intérprete confiere a su música. El *feeling* de un músico se percibe a través del calor de su sonoridad, de la fuerza expresiva de sus inflexiones, del lirismo de su fraseo, en fin, de todo aquello que es capaz de conmover y hacer vibrar al auditorio.

FUNKY. Palabra que se emplea con un significado análogo al de «dirty». Ver esta palabra.

GLISSANDO. Forma de ejecución en la que un músico pasa de una nota a otra progresivamente, sin interrumpir el sonido. El *glissando* es un procedimiento muy utilizado por los trombonistas de estilo New Orleans en las improvisaciones colectivas.

GOSPEL SINGER. Cantante de spirituals.

GROWL. Efecto de ronquido, gruñido o chirrido, a imitación de un sonido gutural, que producen algunos músicos de jazz con sus instrumentos, imitando la voz y la forma de cantar de ciertos cantantes de blues y spirituals.

GUT BUCKET. Expresión del argot de los músicos de jazz para referirse a una interpretación llena de swing y, sobre todo, espontánea e improvisada.

HIGH HAT. Expresión inglesa con la que se designa el accesorio de la batería formado por dos platillos accionados por un pedal; es lo que nosotros llamamos normalmente «charleston» o «charles».

HOT. Palabra inglesa que significa: caliente. Ha sido utilizada durante mucho tiempo para designar, a la vez, las entonaciones vibrantes y calidad de los músicos de jazz y las variaciones sobre un tema que éstos improvisan. Antes se hablaba de jazz hot, en contraposición a la música comercial y no improvisada de determinadas orquestas, pero esta utilización de la palabra ha caído en desuso.

INFLEXIÓN. Ligera modificación que se da a la altura de una nota después de ser emitida para darle más expresión. Tiene un valor fundamentalmente rítmico, puesto que, según la forma y el momento en que se ejecuta, puede engendrar un gran swing. La utilización de las inflexiones en el jazz proviene directamente del estilo vocal de los cantantes de blues y spirituals.

JAM SESSION. Ver la explicación de esta expresión en el capítulo 4.

J.A.T.P. (*Jazz at the Philharmonic*). Nombre que se daba a las giras de conciertos organizados por el empresario norteamericano Norman Granz, en las que a menudo presentaba a grandes solistas. El defecto que tiene el J.A.T.P. es que, normalmente, no es más que un conglomerado de músicos de diversos estilos, entre los que no existe este espíritu de conjunto tan necesario en el jazz.

Las interpretaciones del J.A.T.P. consisten en una serie de solos, más o menos interesantes, encuadrados por la exposición del tema y la conclusión. El calor y homogeneidad que tienen las interpretaciones de una orquesta regular, rara vez se consiguen en las jam sessions del J.A.T.P. De todas formas, en ellas puede oírse a veces excelentes solos; en las numerosas grabaciones que existen de conciertos del J.A.T.P. podemos encontrar algunas interpretaciones de valor indiscutible.

LAZY. Literalmente: perezoso. Tocar «lazy», tocar de manera perezosa. Esta expresión la emplean los músicos de jazz cuando quieren referirse a una forma de tocar relajada, en la que el músico, con absoluta facilidad y gran maestría, parece que esté paseándose tranquilamente sobre la melodía que ejecuta, dejándose llevar por ella sin ningún esfuerzo aparente.

LEGATO. Forma de tocar en que, después de atacar la primera nota de la frase, las siguientes se ejecutan ligadas unas a otras, sin ninguna interrupción del sonido. La forma opuesta se denomina STACCATO.

LOW DOWN. Expresión en inglés del argot negro que no tiene equivalente en castellano. Quiere designar una manera de tocar, intencionada, mordaz y sombría. Se aplica generalmente a la interpretación de blues lentos, cuyo carácter precisa este acento *low down*.

ORGAN CHORDS. Literalmente: acorde de órgano. *Background*, o fondo sonoro que se crea detrás de un solista; está formado por una serie de acordes ejecutados por la sección de saxos, de metales, o ambas a la vez, que recuerdan, por su estructura, el acompañamiento que puede proporcionar un órgano.

POMPE. (Equivalente a COMP.) Palabra francesa que designa una forma de acompañar con el piano y que consiste en la percusión regular de los cuatro tiempos del compás. La mano derecha toca en el primer y tercer tiempo, y la izquierda sitúa un acorde en los tiempos segundo y cuarto.

POPS. Expresión afectuosa que los músicos negros se dan mutuamente.
– Apodo dado a Louis Armstrong, el músico de jazz por excelencia.

PUENTE. Término empleado por los músicos (americanos: *bridge*, franceses: *pont*) para designar la frase B en los temas cuya estructura es A A B A, tanto si son temas de treinta y dos compases como de dieciséis. Normalmente, el puente contrasta con el tema principal.

PUNCH. Palabra inglesa que sirve en el jazz para expresar la potencia, la fuerza de ataque, de ejecución y el dinamismo, con que toca un músico o una orquesta.

RIFF. Palabra inventada por los músicos de jazz para designar una frase musical corta y sencilla, generalmente fácil de recordar, que se repite varias veces con mayor o menor insistencia.

El *riff* acostumbra a tener dos compases (a veces cuatro), y sirve para acompañar a un solista en las interpretaciones orquestales. También los solistas utilizan *riffs* en sus improvisaciones.

Hay muchos temas en el jazz que están basados en un *riff*: «Royal Garden Blues», «The Hucklebuck», «Swingin' the Blues», «Jumpin' at the Woodside», «Flying Home», etc. Se denominan temas-*riff*.

ROCK. Sinónimo de swing: «rocking» significa tocar con swing.

SCAT. Término del argot jazzístico que designa una forma de cantar, en la que las palabras de una canción se sustituyen por sílabas sin significado u onomatopeyas. Utilizan a menudo el *scat* intérpretes como Louis Armstrong, Ella Fitzgerald, etc.

SHUFFLE. Variante del ritmo boogie-woogie, utilizado inicialmente por los pianistas y guitarristas, y más tarde también por los baterías.

SLAP. Literalmente: bofetada. El *slap* es un efecto sonoro producido por los contrabajistas cuando tiran con fuerza de una de las cuerdas de su instrumento, haciéndola rebotar violentamente sobre el mango del mismo.

Los contrabajistas de New Orleans (Pops Foster, Wellman Braud, etcétera) utilizaban a menudo este efecto.

También se denomina «slap» al efecto obtenido por los clarinetes y saxofones, consistente en hacer restallar las notas mediante un ataque violento.

SPIRITUAL. Canto religioso de los negros norteamericanos. Ver explicación en el capítulo 1.

STACATTO. Forma de tocar en que, cada nota de una frase musical, es atacada de manera clara, quedando completamente desligada de las notas siguientes. Es la manera de tocar opuesta al LEGATO (ver esta palabra).

STOP CHORUS. Expresión que se refiere a un *chorus* que el solista ejecuta sin el acompañamiento regular de la sección rítmica.

STOP TIME. Expresión utilizada por los músicos de jazz para designar una forma especial de ejecución de la sección rítmica, la cual, en vez de marcar el ritmo de forma ininterrumpida, se detiene y queda silenciosa durante cierto tiempo, ejecutando simplemente una o dos notas cada dos compases (a veces, en intervalos más cortos) Se utiliza el *stop time* para acompañar a un *tap dance*, a un cantante cuando recita en vez de cantar, y para acompañar el *stop-chorus* de un solista.

STRAIGHT. Término que se utiliza para referirse a la forma de exponer un tema musical sin distorsiones, ornamentaciones o variaciones. Dentro de esta acepción, la palabra *straight* no se contrapone al concepto de jazz, puesto que se puede ejecutar un tema con swing si hacer ninguna floritura o improvisación. De todas formas, cuando se habla de *jazz straight* se quiere designar por lo general, la música de las orquestas comerciales, en las que no hay lugar para la improvisación. Un *straight man* es el músico que solamente toca lo que está escrito en la partitura, por oposición al *jazzman*, el cual improvisa.

STRIDE. Palabra que designa un determinado estilo de piano. Ver su explicación en el capítulo 5.

SWING. Pulsación rítmica propia de la música negro-americana. Ver su explicación en este mismo capítulo.

TAILGATE. Se aplica al estilo New Orleans de trombón. El término comenzó a utilizarse cuando en New Orleans las orquestas tocaban encima de un camión, de forma que el trombón se situaba detrás, bajando la tapa o puerta posterior del camión (*tailgate*). A estas orquestas se las denominaba Tailgate Bands.

TAP DANCING. Es el baile que conocemos con el nombre de «claqué». El bailarín (*tap dancer*) calza unos zapatos especiales que llevan en la punta y el tacón de las suelas unas plaquetas metálicas. Al golpear el suelo con la punta y el tacón alternativamente, produce una serie de figuras rítmicas similares a las que puede ejecutar un batería, pudiendo alcanzar el mismo grado de swing.

TEMA-RIFF. Tema construido sobre un *riff*, es decir, sobre una frase corta que se repite con variaciones o sin ellas. Los temas-*riff* son generalmente blues o temas de treinta y dos compases con puente. Ver la palabra «riff».

TEMPO. Movimiento o velocidad rítmica con que se ejecuta una pieza musical. Se habla de un «slow tempo» para designar un tempo lento y de un «fast tempo» cuando se trata de un tempo rápido.

En el jazz se utilizan mucho los tempos medios que generalmente son los más favorables para el swing y el baile.

VIBRATO. Ondulación más o menos rápida de la altura de una nota. El origen del vibrato es vocal. El de los negros es más rápido que el de los blancos. A imitación de los cantantes de su raza, los instrumentistas negros hacen uso de un vibrato rápido.

El vibrato se obtiene con los labios en los instrumentos de lengüeta, con los labios y los dedos en los de metal y solo con los dedos en los de cuerda. El vibrato determina en gran manera la calidad del sonido y la expresividad de un instrumentista. El vibrato es uno de los elementos en que mejor queda plasmada la personalidad musical de un *jazzman*.

WA-WA. Nombre dado a una sordina que se coloca delante del pabellón de una trompeta o de un trombón, y que al variar su posición con la mano produce una serie de sonidos cuya onomatopeya fonética es wa-wa (ua-ua). El empleo de esta sordina combinada con el *growl* es muy frecuente, sobre todo entre los trompetas; con esta combinación se obtienen efectos muy pintorescos, tan llenos de dramatismo como de humor.

4. El jazz en los años veinte: Chicago

El jazz en los años veinte

Hasta 1917, aproximadamente, la capital del jazz fue su lugar de nacimiento: New Orleans. Fue en esta ciudad donde la nueva música tomó cuerpo y donde aparecieron las primeras generaciones de grandes intérpretes.

A partir de 1917, al ser clausurado el barrio de Storyville donde trabajaban la mayoría de los músicos, New Orleans perdió su primacía. Los músicos se vieron obligados a emigrar hacia el norte, donde se les ofrecía la oportunidad de encontrar trabajo bien remunerado.

Se produce entonces un verdadero éxodo de músicos, muchos de los cuales eran de primera fila como King Oliver, Freddie Keppard, Johnny Dodds, Sidney Bechet, etc.; después de remontar las aguas del Mississippi, se fueron instalando en las ciudades de Memphis, St. Louis, Chicago, etc. Esta última atrajo por su importancia a la mayoría de músicos procedentes de New Orleans y pronto llegó a ser la nueva capital del jazz.

Este importante éxodo de músicos que facilitó la expansión del jazz por todo Norteamérica, coincidió con la emigración de negros desde las tierras del sur hacia las ciudades del norte. El creciente proceso de industrialización del país, a raíz de la guerra europea, hizo que en ciudades como Chicago, Detroit, New York, etc. existiera una gran demanda de mano de obra. Por este motivo, millares de negros abandonaron las plantaciones sureñas para instalarse en las grandes urbes del norte donde esperaban alcanzar un bienestar material superior y escapar, al mismo tiempo, a las duras leyes segregacionistas que regían en el sur.

Pero la realidad con que se enfrentaba el negro en las ciudades del norte no era tan halagüeña como esperaba. Se le ofrecían los empleos más duros y peor pagados; se les cerraban las puertas de la sociedad blanca y se veían obligadon a vivir en barrios segregados. Así nacieron el South Side de Chicago y el Harlem de New York.

Dando muestra una vez más de su fuerte personalidad como grupo, los negros convirtieron estos barrios en verdaderas comunidades negras, en las que se perpetuaba toda la cultura que habían traído del sur. De esta forma llegaron a Chicago, New York, etc. las manifestaciones musicales originales del sur de los Estados Unidos y en particular de New Orleans. Gracias a esto, el jazz adquirió, a partir de 1920, una vitalidad y una expansión tales que le convirtieron en la manifestación cultural más desarrollada y vigorosa del pueblo negro norteamericano. A ello contribuyó también la gran alegría económica de aquellos años, que permitió el fabuloso auge que alcanzó el mundo del espectáculo con lo que el número de orquestas y músicos se multiplicaron extraordinariamente. El jazz comenzaba a estar de moda en América y los músicos conocieron una época dorada.

Al llegar a las grandes ciudades norteamericanas, el jazz de New Orleans se impuso por su fuerza y madurez a los tímidos intentos que en aquella época llevaban a cabo algunas orquestas del norte, Los músicos procedentes del sur, cuyo estilo estaba perfectamente formado y definido, entraron a formar parte de las orquestas que se organizaban en Chicago, New York, etc. imprimiéndoles el carácter típico de la música de New Orleans. Por ello, todo el jazz de los años veinte crece y se desarrolla a la sombra del estilo New Orleans.

Durante estos años aparecieron en el mercado los *Race Records* que eran discos grabados especialmente para la clientela negra, entre la que tuvieron mucha aceptación. Consistían en grabaciones, preferentemente, de cantantes de blues, realizadas sin ninguna concesión comercial, por lo que tienen un gran valor musical y documental y en aquel momento contribuyeron a la gran difusión que alcanzaron el blues y el jazz entre los negros de todo el territorio norteamericano. La extraordinaria fuerza con que esta música crecía, su arrolladora vitalidad y la gran diversidad de estilos que iban apareciendo, explican que aquellos años recibieran el calificativo de «Edad de Oro del Jazz».

Chicago

Chicago conoció en todos los aspectos una época de gran prosperidad durante los años veinte. El desarrollo industrial que siguió a la guerra europea convirtió a esta ciudad en una de las más pobladas y pujantes de los EE.UU.

Chicago era, además, un lugar de paso obligado para todo el que viajaba de una costa a otra (de New York a San Francisco o viceversa), con lo que su vida

El número de cabarets y *night clubs* de Chicago era realmente considerable y durante los años de la Ley Seca proliferó un determinado tipo de locales en los que se servían a escondidas bebidas alcohólicas o fabricadas con sucedáneos.

nocturna adquirió gran importancia. El número de cabarets y *night clubs* era realmente considerable y durante los años de la Ley Seca proliferó un determinado tipo de locales en los que se servían a escondidas bebidas alcohólicas o fabricadas con sucedáneos. Estos locales, llamados «speakeasies», que pertenecían por lo general a las poderosas bandas de gánsteres, atraían a un numeroso público ávido de alcohol.

El jazz volvió a ser protagonista de este ambiente.

Los músicos procedentes de New Orleans acaparaban el trabajo en los locales de más categoría. Así, en el Lincoln Garden (más tarde llamado Royal Garden) actuaba la Creole Jazz Band de King Oliver, en el Apex Club lo hacía el clarinetista Jimmie Noone, etc...

En definitiva, el jazz que se escuchaba durante los años veinte en Chicago no era otro que el de estilo New Orleans, practicado por sus más genuinos representantes y es un hecho bien sabido que los discos más representativos de la música de New Orleans, fueron grabados en Chicago durante los años veinte.

Por otra parte, también en Chicago, los intérpretes de blues encontraron un ambiente propicio. En los locales más humildes del South Side actuaban por lo normal cantantes, guitarristas y pianistas de blues, desconocidos para el gran público pero muy apreciados por la clientela negra. Entre estos *bluesmen* se hallaban auténticas figuras que algunos años más tardes alcanzarían la celebridad, como es el caso del extraordinario cantante-guitarrista Big Bill Broonzy, de los pianistas Roosevelt Sykes y Leroy Carr, etc.

También las más famosas cantantes de blues de los años veinte, cuyos nombres ocupan un lugar de honor en la historia del jazz, actuaron en Chicago. La primera de ellas fue la opulenta Ma Rainey en quien se inspiraron las demás, siendo su seguidoras más conocidas Clara Smith, Trixie Smith, Ida Cox y, por encima de todas ellas, la figura sin par de Bessie Smith, justamente calificada como la Emperatriz del Blues.

Como hemos visto, tanto el jazz como el blues encontraron en el Chicago de los años veinte su tierra de promisión. Por eso, esta ciudad pasó a ser durante la tercera década del siglo XX la capital de la música negro-americana.

Las *jam sessions*

En Chicago fue donde probablemente nacieron las reuniones musicales llamadas *jam sessions.*

Una vez acabado su trabajo regular en el cabaret, en el baile o en el *music-hall*, los músicos se reunían en un local en el que sólo podían entrar ellos y algunos aficionados privilegiados. Allí se encontraban los mejores solistas de cada orquesta. Sin ensayo previo, acordando simplemente el tema y el tono, se ponían a tocar, improvisando cada cual con toda libertad *chorus* y más *chorus*, rivalizando en imaginación y en swing. A veces, estas reuniones tenían un carácter de competición y se llamaban «contests». El auditorio designaba al vencedor con sus aclamaciones. Pero no hay que entender las jam sessions solamente como simples competiciones musicales, ya que estaban animadas siempre por un gran espíritu de creación colectiva. Los músicos se apoyaban y jaleaban mutuamente sin buscar nunca el exhibicionismo personal, ni los alardes de virtuosismo técnico. Lo más importante era disfrutar todos juntos de la música que allí se creaba por puro placer.

Las jam sessions empezaban de madrugada y podían durar hasta bien avanzada la mañana siguiente. En estas sesiones, los músicos se entregaban totalmente y daban lo mejor de sí mismos, hasta que el sueño y el cansancio les impedían tenerse en pie. El mejor jazz de la historia se ha escuchado en estas jam sessions.

Una vez acabado su trabajo regular en el cabaret, en el baile o en el *music-hall*, los músicos se reunían en un local en el que sólo podían entrar ellos y algunos aficionados privilegiados. Así nacieron las *jam sessions*.

Años más tarde, los empresarios organizaron jam sessions en salas de conciertos, para las que contrataban a figuras de diversas orquestas. Pero faltas del espíritu espontáneo y desinteresado que animaba las jam sessions originales, estas sesiones prefabricadas no han dado nunca los mismos resultados.

House Rent Parties

Las House Rent Parties eran otro tipo de reuniones musicales que, posiblemente, tuvieron su origen en Chicago, aunque también en New York se dieron aproximadamente por la misma época. Tenían lugar los sábados por la noche, y las organizaban los vecinos de las casas de renta para poder pagar el alquiler. Por un dólar, se tenía derecho a bailar toda la noche, a comer pies de cerdo, pollo frito y a beber tanto como uno deseara. Estas *parties* eran amenizadas normalmente por un pianista, que tocaba toda la noche sin descansar apenas.

Toda una serie de pianistas se hicieron famosos en estas reuniones. Los más conocidos en Chicago eran Jimmy Yancey, Pinetop Smith, Albert Ammons, Meade Lux Lewis, Big Maceo, etc. Estos pianistas eran especialistas del estilo boogie-woogie.

Jimmy Yancey era uno de los pianistas especialistas del estilo boogie-woogie.

El boogie-woogie

El boogie-woogie es una forma primitiva de tocar el blues al piano que consiste en ejecutar con la mano izquierda, o sea, en el registro grave, figuras de ocho notas por compás, mientras que la mano derecha ejecuta frases muy simples y *riffs* que contrastan con el ritmo regular que lleva la mano izquierda. Esta forma de tocar puede engendrar un swing impresionante.

Los principales pianistas de boogie-woogie en la historia del jazz han sido Pinetop Smith, «Big Maceo», Jimmie Yancey, Joshua Altheimer, Albert Ammons, Meade Lux Lewis, Memphis Slim, Pete Johnson, Sammy Price, etc.

Las orquestas de Chicago

Durante los años veinte, actuaron en Chicago gran cantidad de orquestas de primerísima categoría. Como ya hemos dicho, el grueso de estas orquestas estaba formado por músicos emigrados de New Orleans, por lo que el estilo practicado por estos conjuntos no era otro que el estilo propio de aquella ciudad. En la mayoría de los casos, la composición instrumental de estas orquestas era idéntica a la de los conjuntos de New Orleans (una o dos trompetas, clarinete, trombón, piano, banjo o guitarra, contrabajo o tuba y batería). De todas formas, en algunas de ellas aparece como novedad el saxofón, instrumento que apenas se encontraba en los conjuntos de New Orleans. El número de componentes oscilaba entre seis y ocho músicos que, siguiendo los cánones de la música de New Orleans, practicaban la improvisación colectiva.

Sin embargo, algunas formaciones elevaron el número de sus componentes por encima de diez, y en vez de practicar la improvisación colectiva, se regían por arreglos escritos en partituras. De este tipo eran las orquestas de Charles «Doc» Cook y la de Erskine Tate, consideradas como las primeras *big bands* (grandes orquestas) que aparecieron en Chicago.

El nombre de «big band» sirvió más adelante para designar las formaciones de diez o más componentes, que en la década de los treinta serían las más frecuentes.

King Oliver's Creole Jazz Band

Dirigida por el gran trompeta King Oliver, esta orquesta fue la más importante de las que actuaron en Chicago durante los años veinte. Actuaba normalmente en el Lincoln Garden.

Por esta orquesta pasaron varios de los mejores músicos procedentes de New Orleans. Su mejor época, situada entre 1922 y 1924, se inicia con la entrada de Louis Armstrong en el puesto de segundo trompeta.

La formación estaba integrada en aquellos años por King Oliver y Louis Armstrong como trompetas, Johnny Dodds al clarinete, Honoré Dutrey al trombón, Lil Hardin (la cual se casaría con Armstrong en 1924) al piano, Bud Scott al banjo, Bill Johnson al contrabajo y Baby Dodds a la batería.

Excepto la pianista, todos los demás músicos procedían de New Orleans, por lo que existía una gran compenetración entre ellos que les permitía llevar el arte de la improvisación colectiva a su más alto grado de perfección.

Con la entrada de Armstrong en la orquesta, en 1922, las improvisaciones colectivas se enriquecieron aún más, pues el joven Louis, discípulo de King Oliver, sabía exactamente lo que tenía que hacer para acoplarse a la parte que tocaba Papa Joe (apodo dado a King Oliver).

Particularmente asombrosos resultaban los *break-solos* que improvisaban a dúo estos dos gigantes del jazz gracias a un pequeño truco que ambos idearon, tal como el propio Louis Armstrong lo cuenta: «Durante mi primera noche de trabajo, mientras las cosas continuaban como de costumbre, el King y yo tuvimos de pronto una pequeña idea en la que no habían pensado nunca dos trompetistas. Mientras la orquesta comenzaba a «swingear», King se inclinaba hacia mi, moviendo los pistones de su trompeta para indicarme qué notas pensaba tocar en el momento del *break*. Yo lo escuchaba, si es que puede de-

Se considera que la Creole Jazz Band de King Oliver, en su mejor época (1922-1924), no ha sido superada por ninguna otra orquesta a lo largo de la historia del jazz.

cirse de este modo, y al mismo tiempo preparaba una segunda voz; cuando llegábamos al *break* yo unía mi parte a la suya y ¡el público enloquecía!»

Realmente, el tándem formado por King Oliver y Louis Armstrong ha sido único en la historia del jazz.

Pero el resto de los músicos de la orquesta son también merecedores de las más altas consideraciones sobre todo los hermanos Johnny y Baby Dodds.

Johnny Dodds ha sido, junto con Jimmie Noone, el mejor clarinetista de estilo New Orleans y del jazz en general. Se distinguía por su sonoridad dura y áspera, por sus frases llenas de invención y melodía y por su estilo de ejecución vehemente, a menudo patético.

Baby Dodds aportaba con su batería un acompañamiento dinámico y lleno del swing típico del estilo New Orleans que un conjunto de este tipo requería.

Se considera que la Creole Jazz Band de King Oliver, en su mejor época (1922-1924), no ha sido superada por ninguna otra orquesta a lo largo de la historia del jazz.

A partir de 1925, la composición del conjunto sufrió muchos cambios, pero, aunque no volvió a alcanzar la categoría de su mejor época, se mantuvo siempre a un nivel muy elevado.

Jelly Roll Morton & His Red Hot Peppers

A lo largo de su fecunda carrera, el gran pianista Jelly Roll Morton estuvo al frente de innumerable conjuntos. Quizá sea el mejor de ellos, al menos según el testimonio discográfico, el que dirigió en 1926, 1927 y 1928 en Chicago, formado exclusivamente para la grabación de discos. Era lo que después ha venido llamándose una «orquesta de estudio». Las mejores sesiones de grabación tuvieron lugar en 1926 y en ellas los Red Hot Peppers estaban integrados por George Mitchell a la trompeta, Kid Ory al trombón, Omer Simeon al clarinete, Jelly Roll Morton al piano, Johnny St. Cyr al banjo y a la guitarra, John Lindsay al contrabajo y Andrew Hilaire a la batería. Todos eran originarios de New Orleans y tocaban en el más puro estilo de esta ciudad; todas las improvisaciones colectivas y los solos, tal como reflejan los discos, son de primera calidad. Algunos números están arreglados por el propio Jelly Roll Morton en un estilo muy simple pero de excelente factura.

Los Red Hot Peppers se disolvieron en 1928 cuando Jelly Rol Morton abandonó Chicago y fue a New York. En esta ciudad dirigiría también otros conjuntos con el mismo nombre, pero, a pesar de su indiscutible valía, no alcanzarían ni la categoría ni la pureza de estilo de los Red Hot Peppers que dirigió en Chicago.

Jimmie Noone y su orquesta del Apex Club

De 1926 a 1928 actuó en el Apex Club del South Side un pequeño conjunto que probablemente puede considerarse como el mejor de los que trabajaron en Chicago durante la segunda mitad de los años veinte. Estaba dirigida por el gran clarinetista Jimmie Noone, y lo completaban en 1928, su mejor época, Joe «Doc» Poston al saxo alto, Earl Hines al piano, Bud Scott al banjo y Johnny Wells a la batería.

Aunque practicaba el más puro estilo New Orleans, este conjunto se diferenciaba de los demás orquestas de este estilo por su particular composición instrumental, en la que notamos a faltar los típicos instrumentos de metal, la trompeta y el trombón, y, en cabio encontramos un saxo alto, instrumento poco frecuente en los conjuntos de estilo New Orleans.

Las improvisaciones colectivas eran conducidas generalmente por Joe «Doc» Poston al saxo, que hacía el papel reservado normalmente al trompeta, mientras que Jimmie Noone al clarinete improvisaba una voz en contracanto a la del saxo alto. Así el sonido del conjunto resultaba muy distinto al de las demás orquestas. La compenetración musical entre Jimmie Noone y «Doc» Poston era absoluta. En sus discos podemos comprobar cómo las líneas melódicas que ambos improvisan, se mezclan se entrecruzan y ensamblan con una rara y maravillosa perfección. A menudo parece como si escuchásemos a un solo músico que tocara dos instrumentos a la vez.

Por su parte, Jimmie Noone (1895-1944) era un solista de categoría excepcional, al que solo Johnny Dodds podía compararse, aun siendo sus estilos completamente distintos. La sonoridad de Jimmie Noone era límpida y pura, su frase poseía una gran fluidez y elegancia; su extraordinaria sensibilidad daba a su música un carácter delicado y profundamente emotivo y al mismo tiempo su técnica instrumental era la propia de un virtuoso. Existe una anécdota a propósito de ello. En cierta ocasión, el compositor Maurice Ravel acudió al Apex Club para escuchar a Jimmie Noone. Al término de la velada había quedado tan maravillado de lo que hacía éste con su clarinete que volvió a la noche siguiente con el primer clarinetista de la orquesta sinfónica de Chicago para que intentara captar la forma de ejecutar ciertos pasajes endiabladamente difíciles que Jimmie Noone tocaba como si tal cosa. Según cuentan, el clarinetista de la sinfónica se declaró incapaz de ello.

Aparte de Jimmie Noone, la otra figura de la orquesta era el pianista, el extraordinario Earl Hines, quién, además de proporcionar a los solistas un dinámico y variado acompañamiento, añadía a veces una tercera voz en las improvisaciones colectivas y efectuaba en casi todas las interpretaciones formidables solos que maravillaban a los músicos de la época por su originalidad y audacia. La importancia de Earl Hines en la historia del jazz es tal que le dedicaremos un apartado entero en este mismo capítulo.

Los músicos blancos: el «estilo Chicago»

La sensación que causaron las orquestas negras en Chicago desbordó los límites del barrio negro. Grupos de aficionados blancos, casi todos muy jóvenes, acudían al Lincoln Garden, el Apex Club, etc. para escuchar entusiasmados y llenos de admiración a los intérpretes de esta nueva música que llegaban de New Orleans.

Así fue como en esta época comenzaron a aparecer en Chicago los primeros intérpretes blancos de categoría.

El excelente clarinetista de los
Chicagoans, Mezz Mezzrow,
tocaba de manera idéntica a
los negros y se expresaba en un
perfecto estilo New Orleans.

Hacia 1925, un grupo de muchachos cuyo núcleo lo formaban estudiantes de la Austin High School, llevados por su afición, decidieron formar sus propios conjuntos, tomando como modelo las orquestas negras que actuaban entonces en Chicago. Estos jóvenes blancos constituyen el grupo conocido con el nombre de Chicagoans.

Los músicos más conocidos de este grupo son los trompetas «Muggsy» Spanier y Jimmy McPartland, los clarinetistas Pee Wee Russell, Mezz Mezzrow y Frank Teschemacher, el saxo tenor Bud Freeman, el banjo Eddie Condon, los pianistas Jess Stacy y Joe Sullivan y los baterías Dave Tough, Gene Krupa y George Wettling.

En realidad, solamente algunos de ellos llegaron a asimilar de manera notable el lenguaje musical de los negros. En este sentido destacaron el trompeta «Muggsy» Spanier, que se inspiró en Louis Armstrong, los baterías George Wettling y Dave Tough, seguidores ambos de Baby Dodds, y sobre todo el clarinetista Mezz Mezzrow y el trombonista Floyd O'Brien, los cuales tocaban de manera idéntica a los negros y se expresaban en un perfecto estilo New Orleans.

Los demás componentes del grupo de los Chicagoans no lograron captar el idioma del jazz más que parcialmente. Su música no pasó de ser una imperfecta imitación del estilo New Orleans, pero algunos críticos de la época, que creyeron descubrir en sus grabaciones (1927) un nuevo estilo de jazz, lo bautizaron con el nombre de «estilo Chicago».

Quede, pues, bien claro que el llamado «estilo Chicago» no era en realidad un nuevo estilo de jazz, sino únicamente la imperfecta imitación del estilo New Orleans llevada a cabo por los Chicagoans. La única característica original introducida por éstos consistió en la inclusión del saxo tenor en las improvisaciones colectivas, como sustitutivo del trombón en la sección melódica de la orquesta.

En el mismo seno de los Chicagoans hubo discrepancias a la hora de considerar la validez de su propia música. Algunos de ellos se dieron perfecta cuenta de lo que representaba el estilo Chicago frente a la música negra. El clarinetista Mezz Mezzrow, que participó en algunas sesiones de grabación de los Chicagoans, escribe en su incomparable libro *Really the Blues:* «Mi instinto no cesaba de repetirme que el estilo Chicago no constituía una nueva escuela, capaz de aguantarse por sí sola; era solamente el estilo de un grupo de jóvenes blancos muy dotados tratando de asimilar el lenguaje musical New Orleans, pero lejos aún de haber alcanzado su madurez. Era un reflejo deformado del único jazz verdadero, la música de los negros. No debíamos dormirnos sobre nuestros laureles, ni tan solo cuando un crítico poco advertido proclama el triunfo de un nuevo estilo. No debíamos jamás perder de visa nuestro origen, sino identificarnos aún más estrechamente al modelo, purificarnos, remontándonos cada vez más cerca de las fuentes. Esto produjo algunas fricciones entre nosotros.»

El hecho de que bastantes de estos muchachos no llegaran a asimilar por completo el idioma musical negro se debe, en parte, a la influencia que sobre ellos ejercían determinadas orquestas y músicos blancos que en aquella época gozaban de un renombre considerable.

La más importante de estas orquestas era de los New Orleans Rhytm Kings, conjunto formado por músicos blancos de New Orleans, que triunfó en Chicago entre 1920 y 1925, y cuya música, aunque se trate de una de las mejores orquestas blancas de los años veinte, carecía de la fuerza y el mordiente que caracterizaba a las orquestas negras.

Asimismo, en las célebres orquestas blancas comerciales, como las de Paul Whiteman, Jean Goldkette y Ben Pollack, se encontraban algunos músicos de innegable categoría como el trompeta Bix Beiderbecke, el saxo alto Frankie Trumbauer, el trombonista Jack Teagarden, el violinista Joe Venuti, etc., que, a su vez, ejercieron una notable influencia sobre los Chicagoans.

Bix Beiderbecke, por ejemplo, era un músico muy original y de una extraordinaria fuerza creativa; pero su lenguaje musical, aunque interesante en muchos aspectos, no llegó a identificarse plenamente con el de los negros. Su influencia sobre los Chicagoans fue en cierto modo un obstáculo para que éstos profundizaran en el idioma del jazz,

Bix Beiderbecke, trompeta de extraordinario talento, ejerció una notable influencia sobre los Chicagoans.

Bix Beiderbecke y Frankie Trumbauer influyeron también en el estilo de algunos negros, en particular en Rex Stewart y Benny Carter respectivamente, pero éstos supieron asimilar esta influencia sin que por ello se resintiera la pureza de su música desde el punto de vista jazzístico.

Louis Armstrong (1901-1971)

En este eufórico ambiente del Chicago de los años veinte surgió la figura del que ha sido considerado como el intérprete más genial de la música de jazz: Louis Armstrong.

Nacido en la propia cuna del jazz, New Orleans, en 1901, Armstrong pasó la mayor parte de su infancia jugando con sus compañeros en las calles de su barrio, el Back o'Town, e impregnándose de la música de las numerosas bandas que recorrían la ciudad, a las cuales seguía y escuchaba con suma atención. Su afición por la música le llevo a formar un cuarteto vocal con tres compañeros más, y así, cantando por las esquinas, ganó sus primeras monedas.

La noche de año nuevo de 1913, el joven Armstrong, contagiado por el entusiasmo de la multitud que inundaba las calles cantando, profiriendo gritos de júbilo y tirando petardos, cogió un revólver de su padre y disparó varios tiros al aire. Inmediatamente fue detenido e internado en un reformatorio.

En este establecimiento, los alumnos habían formado una pequeña orquesta. Louis aprendió a tocar la corneta y pasó a formar parte de ella, llegando a ser su director. Con esta orquesta tuvo oportunidad de actuar en fiestas campestres y en algunos desfiles.

Al cabo de año y medio fue puesto en libertad. A partir de entonces, comenzó a introducirse verdaderamente en el ambiente musical de New Orleans. Conoció a Joe King Oliver, que en aquel momento era considerado como el rey de los trompetas de la ciudad; éste le tomo bajo su protección y le dio algunas lecciones de trompeta que resultaron muy útiles a «Little Louis» (así llamaba King Oliver al joven Louis Armstrong). En aquella época, Louis Armstrong, como tantos otros, compaginaba un oficio diurno, que podía ser el de chófer, carbonero, lechero, descargador, etc. con el de músico que desempeñaba por las noches actuando en los diversos locales de New Orleans.

Su fama como trompeta iba creciendo y, de este modo, cuando en 1917 King Oliver abandonó la orquesta de Kid Ory para marcharse a Chicago, Louis Armstrong pudo sustituirlo dignamente.

Al año siguiente actuó durante una temporada en la orquesta de Fate Marable que trabajaba en los barcos que realizaban excursiones por el Mississippi, llegando hasta Memphis y St. Louis.

De vuelta a New Orleans, trabajó en el conjunto que dirigía su amigo de infancia, el gran batería Zutty Singleton, y actuó en un local tan prestigioso como el de Tom Anderson, uno de los más conocidos del barrio de Storyville.

En 1922 su vida toma un rumbo decisivo. Recibe en julio de este año un telegrama de King Oliver desde Chicago, ofreciéndole el puesto de segundo trompeta en su orquesta. Entusiasmado, aunque algo apenado por tener que dejar a su madre, Louis Armstrong parte inmediatamente hacia Chicago. Al bajar del tren, nadie que lo viera podía sospechar que, antes de cuatro años, aquel joven de aspecto pueblerino vería su nombre impreso en letras luminosas con la siguiente inscripción: «Louis Armstrong, the World's Greatest Trumpet Player» («Louis Armstrong, el trompetista más grande del mundo»).

En la famosa Creole Jazz Band de King Oliver se encontró rodeado por los mejores músicos del momento, pero supo estar a la altura de todos ellos y desempeñar estupendamente su papel como segundo trompeta. Además, cuando Joe Oliver le dejaba improvisar algún solo, lo hacía tan bien que muchos pronosticaban que aquel joven llegaría a destronar al propio King Oliver, como efectivamente ocurrió.

Louis Armstrong ha sido considerado como el intérprete más genial de la música jazz.

Al cabo de dos años, en septiembre de 1924, dejó la Creole Jazz Band, pues había sido contratado por el director Fletcher Henderson para que se uniera a su prestigiosa orquesta en New York. Allí causó una extraordinaria sensación, tanto entre los músicos como entre el público de Harlem que lo consideraba como un héroe y compraba, hasta agotarlos, los discos en que Louis Armstrong intervenía.

Durante su estancia en Chicago, entre 1925 y 1928, Louis Armstrong efectuó las mejores series de discos que se han realizado en la historia del jazz.

Durante el año que pasó en New York, Louis Armstrong tuvo oportunidad de grabar numerosos discos, no sólo con la orquesta de Fletcher Henderson, sino también acompañando a famosas cantantes de blues como Bessie Smith y Clara Smith. Los discos con Bessie Smith constituyen verdaderas joyas del jazz grabado. Como dice Hugues Panassié: «Uno no sabe qué es mejor y más emotivo, si el canto de la incomparable Bessie Smith o los *breaks* de trompeta de Louis Armstrong…».

Asimismo, realizó grabaciones con un pequeño conjunto dirigido por el pianista Clarence Williams en el que también figuraba Sidney Bechet. A finales de 1925, Louis Armstrong regresó a Chicago, y se incorporó a la orquesta de Erskine Tate que tocaba en el teatro Vendome, al mismo tiempo que actuaba con su propio conjunto en el Dreamland.

En 1927 se colocó al frente de la orquesta de Carroll Dickerson y, al año siguiente, con esta misma formación acudió por segunda vez a New York, donde obtuvo su consagración definitiva.

Durante su estancia en Chicago, entre 1925 y 1928, Louis Armstrong había efectuado las mejores series de discos que se han realizado en la historia del jazz.

Para estas grabaciones reunió algunos de los mejore músicos de New Orleans que se encontraban en Chicago. La formación al frente de la cual realizó la primera de estas series de discos, era un quinteto y se llamó Louis Armstrong's Hot Five.

Además del propio Armstrong, el primer Hot Five estaba integrado por Johnny Dodds al clarinete, Kid Ory al trombón, Johnny St. Cyr al banjo y la segunda esposa de Louis, Lil Hardin, al piano. Los discos grabados por este conjunto pertenecen al más puro estilo New Orleans. En ellos abundan las improvisaciones colectivas, que rayan en la perfección, alternando con solos inspiradísimos de Louis, Johnny, Dodds y Kid Ory.

A esta primera serie corresponden, entre otros, los siguientes títulos: «Heebie Jeebies», «Cornet Shop Suey», «Muskrat Ramble», «Struttin'with some Barbecue», «Savoy blues», etc.

Con la adición al Hot Five de una tuba, Pette Briggs, y una batería, Baby Dodds, el conjunto pasó a llamarse Louis Armstrong's Hot Seven, en el que el trombonista no era ya Kid Ory sino John Thomas.

Las mejores grabaciones del Hot Seven son; «Wild Man Blues», «Gully Low Blues», «Willie the Weeper» y «Potato Head Blues».

En 1928 se inició una segunda serie del Hot Five con músicos distintos. En la sección melódica encontramos a Jimmy Strong al clarinete y a Fred Robinson al trombón, buenos músicos ambos pero inferiores a sus predecesores. En cambio, la sección rítmica es netamente superior, pues además del banjo, instrumento que ahora corre a cargo de un buen músico blanco, Mancy Carr, encontramos como pianista al fabuloso Earl Hines, cuya compenetración con la música de Louis Armstrong ha hecho historia; y en la batería a Zutty Singleton que, junto con Baby Dodds, ha sido el mejor percusionista del estilo New Orleans y uno de los mejores de la historia del jazz. Además, Zutty Singleton era el batería favorito de Louis Armstrong. Su pulsación en el bombo, muy bien grabada en algunas piezas, recuerda los latidos de un corazón y da al ritmo del conjunto una solidez y una vitalidad insuperables.

Al segundo Hot Five se añadió, a veces, Don Redman al saxo alto, que escribió para el conjunto arreglos sencillos pero atractivos.

A la serie del segundo Hot Five pertenecen «West End Blues», considerado como la obra maestra de Armstrong, «Heah me talkin to ya», «St. James Infirmary», «Tight like this», etc.

En New York, donde fijó su residencia a partir de 1929, la celebridad de Louis Armstrong alcanzó límites sin precedentes y se extendió por todo el país.

En 1932 realizó su primer viaje a Europa. Sólo actuó en Inglaterra, pero con un éxito clamoroso. Al año siguiente, volvió al viejo continente y en esta ocasión actuó en muchos países. Inglaterra, Holanda, los Países Escandinavos, Italia y Francia lo aclamaron como a un ídolo.

A partir de entonces, la popularidad de Louis Armstrong no dejó nunca de crecer, alcanzando su punto culminante a mediados de los años sesenta, cuando con su magnífico disco *Hello Dolly*, ocupó el primer puesto en los Hit Parade, desbancado a los Beatles. Su muerte en 1971 produjo un profundo y sincero dolor en todo el mundo.

Louis Armstrong está considerado, no sólo como el mejor trompetista y cantante de jazz que ha existido, sino también como el intérprete más importante que ha dado la música negro-americana.

Como afirma Hugues Panassié en su libro sobre Louis Armstrong, bajo tres puntos de vista distintos resulta Louis Armstrong un músico insuperable. Primero, como técnico de su instrumento; segundo, bajo el aspecto de creación musical; tercero, bajo el punto de vista puramente jazz.

Como técnico de la trompeta Louis Armstrong no tiene igual.

Es el hombre que más partido ha sacado de ese instrumento y quién más a fondo ha aprovechado todas sus posibilidades.

Nadie como Louis Armstrong ha conseguido obtener de la trompeta un sonido tan bello, tan cálido y tan brillante, que por sí solo es ya una maravilla. Su dominio total del instrumento le permite ejecutar con absoluta precisión las frases más veloces y complejas y moverse con asombrosa facilidad en todos los registros, desde el más grave al más agudo.

Se podría objetar, y es cierto, que existen trompetistas que ejecutan frases más veloces, otros que consiguen notas más agudas y aun otros que tocan con mayor potencia sonora. Pero todos ellos, si bien destacan mucho en un determinado aspecto, resultan inferiores en conjunto. Así, los trompetistas que ejecutan frases muy veloces lo hacen en perjuicio de la potencia y nitidez de cada nota, los que alcanzan agudos fabulosos lo consiguen en detrimento de la calidad del sonido. En cambio cuando Louis toca en el registro agudo lo hace con la misma amplitud de sonido y con la misma maestría que en el registro medio y en el grave, y en sus frases más vertiginosas, cada nota surge nítidamente y se articula de un modo perfecto con la siguiente.

Es decir, Louis Armstrong posee todas las cualidades técnicas de sonoridad, ataque, vibrato, velocidad de frases, etc. en grado elevadísimo, y todas ellas forman un todo perfectamente equilibrado.

Por todo esto, cabe considerar a Louis Armstrong, desde el punto de vista técnico, como un trompeta superior a todos sus colegas.

En el siguiente aspecto, es decir, como creador, Louis Armstrong es también extraordinario. Está dotado de un sentido de la armonía poco común y de una imaginación melódica inagotable. Sus improvisaciones han tenido siempre una gran riqueza y al mismo tiempo, una lógica total. Cada solo improvisado por Armstrong tiene el rigor y la consistencia de una obra compuesta con detenimiento y reflexión.

En su primera época, es decir hasta 1926, el estilo de Louis Armstrong, inspirado en el de King Oliver, se mueve dentro de los cauces del más puro esti-

Nadie como Louis Armstrong ha conseguido obtener de la trompeta un sonido tan bello, tan cálido y tan brillante.

lo New Orleans, y utiliza frases de gran simplicidad y equilibrio. A partir de 1927, rompe con el clasicismo del estilo New Orleans y sus improvisaciones adquieren una riqueza, una complejidad y una audacia que dejan atónitos a todos los músicos de la época y todavía hoy se consideran insuperables. A partir de 1935, su estilo se simplifica paulatinamente. Sus improvisaciones consisten en parafraseos simples, pero geniales, de los temas, es decir, en ligeras y sutiles modificaciones de las melodías, enriqueciéndolas y dándoles una mayor fuerza expresiva. Este estilo más sobrio y austero a la vez, tiene un carácter más sereno, reposado y majestuoso. Con el tiempo, tenderá a simplificarse aún más, adquiriendo aún mayor expresividad y un acento cada vez más profundo y conmovedor.

Desde un punto de vista propiamente jazz, Louis Armstrong es también el número uno.

Las características fundamentales del jazz, el swing y la particular técnica instrumental de esta música, encuentran en Armstrong su máximo exponente. Nadie como él pone en evidencia la pulsación rítmica típica del jazz. Su modo de tocar se asemeja, por su fuerza rítmica y su acento autoritario, al de una batería. Sus frases, articuladas a la perfección, poseen un swing fenomenal.

Louis Armstrong lleva el swing en sí mismo. Cualquier nota, cualquier frase tocada por él, por insignificante que sea, rebosa de swing.

Su técnica instrumental es típicamente negra. Todos los procedimientos vocales propios de su raza, los reproduce Armstrong con la trompeta. Utiliza inflexiones de todo tipo, desde las más pronunciadas a las más sutiles, y su vibrato, uno de los elementos característicos de su estilo, es extremadamente fino y sensible, pero al mismo tiempo rápido, violento y de una gran fuerza expresiva.

El Louis Armstrong cantante es igual al Armstrong trompetista.

Louis Armstrong utiliza su inconfundible voz de timbre velado y ronco del mismo modo que la trompeta, atacando violentamente las notas, dando a sus frases una gran vivacidad rítmica y terminándolas con su típico vibrato.

El estilo vocal de Louis Armstrong se caracteriza además por la forma de utilizar las letras de las canciones, alargando unas palabras, escamoteando sílabas en otras, intercalando algunas que inventa sobre la marcha, etc. Todo ello con el fin de dar el máximo de sentido y expresión a la letra, por muy banal que ésta sea. En el canto de Louis Armstrong se reflejan con gran intensidad la alegría, el dolor, la esperanza y todos los sentimientos que pueden surgir del corazón humano.

Louis Armstrong ha sido el músico que más influencia ha ejercido en el desarrollo de la música de jazz, influencia que ha alcanzado no sólo a los trompetistas y cantantes sino también a los especialistas de otros instrumentos; incluso ha influido en el estilo de los arregladores de importantes orquestas. Sería interminable la lista de músicos de jazz que deben, poco o mucho, a Louis Armstrong. Citaremos sólo a los más famosos: al pianista Earl Hines, al saxofonista Coleman Hawkins, al trombonista Jack Teagarden y los trompetas Jonah Jones, Sidney de Paris, «Cootie» Williams, Buck Clayton, Bill Coleman, Lips Page, Wallace Davenport, etc.

Earl «Father» Hines (1905-1983)

Después de Louis Armstrong, el músico más importante que se dio a conocer en Chicago durante esta época fue el pianista Earl «Father» Hines.

Earl Hines procedía de Pittsburg, donde había nacido en 1905. Durante su juventud realizó estudios musicales muy completos, pues anhelaba llegar a ser pianista de música clásica, pero, falto de medios, debió interrumpir sus estudios para ganarse la vida tocando jazz. Llegó a Chicago en 1922 donde actuó primeramente en varios establecimientos como solista; luego, en 1926, entró

Earl «Father» Hines procedía de Pittsburg, donde había nacido en 1905.

en la orquesta de Jimmie Noone que actuaba en el Apex Club y permaneció en ella hasta 1928. Durante este mismo año participó en las sesiones del segundo Hot Five que inmortalizaron su perfecta compenetración con la música de Louis Armstrong.

A finales de 1928 organizó una gran orquesta con la que actuaría por espacio de casi veinte años en el Grand Terrace Café de Chicago, realizando además algunas giras por el territorio norteamericano.

Esta orquesta fue una de las mejores de los años treinta y cuarenta y de ella hablaremos con más detalle en el capítulo 6.

En 1947, por razones económicas, tuvo que disolverla, y al año siguiente entró a formar parte del All Stars de Louis Armstrong con el que participó en el Festival de Niza. En 1951 dejó a Louis Armstrong para actuar al frente de pequeños conjuntos. Pasa entonces por un período de oscuridad en el que escasean los contratos y las casas de discos se olvidan de él. Desconsolado, piensa en retirarse, pero en 1965, gracias a las iniciativas del crítico americano Stanley Dance y del Hot Club de Francia, da una serie de recitales por América y Europa que le devuelven la fama que en justicia siempre le correspondió. A partir de entonces graba numerosos discos y actúa de forma ininterrumpida como solista o al frente de pequeños conjuntos, por toda América y Europa.

Earl Hines es uno de los más grandes pianistas de la historia del jazz. Creó en los años veinte un nuevo estilo pianístico, llamado estilo de «trompeta-piano», que consiste en tocar con la mano derecha frases similares a las que ejecutan los trompetas de jazz. Este estilo es el resultado de la enorme influencia que Louis Armstrong ejerció sobre él. Ningún músico ha captado mejor que Hines la letra y el espíritu de Armstrong. Sus solos de esta época lo reflejan perfectamente.

A partir de 1930 su estilo se vuelve más complejo y torturado. Sus solos tienen siempre una buena dosis de imprevistos; en sus intrincadas improvisaciones aparecen las más audaces fantasías melódicas y rítmicas pero resultan en conjunto de un equilibrio total y de una lógica absoluta.

La influencia de Earl Hines ha llegado a gran cantidad de pianistas; de aquí el sobrenombre de «Father», es decir, padre de los pianistas de jazz.

Sus seguidores más directos han sido Buck Washington, Billy Kyle, Nat «King» Cole, Teddy Wilson, Eddie Heywood, etc.

Asimismo en algunos pianistas de gran talla como Art Tatum y Count Basie encontramos trazos del estilo de Hines.

Blues de los años veinte: Bessie Smith (1895-1937)

Cuando hablamos del blues, dijimos que dentro del mundo del jazz habían surgido excelentes intérpretes vocales especializados en aquel género musical.

Durante los años veinte predominaron las intérpretes de blues femeninas, que llenan una larga lista encabezadas por antigüedad por Ma Rainey, seguida luego por Bessie Smith, Clara Smith, Ida Cox, Trixie Smith, Maggie Jones, Bertha «Chippe» Hill, Victoria Spivey, etc. Entre ellas encontramos intérpretes de calidad muy diversa. Las tres mejores fueron, sin duda, Ma Rainey, Bessie Smith y Clara Smith, y de las tres, Bessie Smith fue la más grande, recibiendo con toda justicia el calificativo de Emperatriz del Blues.

Bessie Smith, nacida en Chatanooga, Tennessee, en 1895, hizo su aprendizaje en la compañía de Ma Rainey y bajo su influencia formó su estilo. Comenzó a ser famosa en 1923, cuando Clarence Williams le hizo grabar su primer disco, *Gulf Coast Blues*, que obtuvo un éxito enorme entre el público negro. A partir de entonces, su popularidad no dejó de crecer. Trabajó en espectáculos de *music-hall* y en los cabarets de Chicago, New York y en las principales ciudades del país. Simultáneamente, grabó una importante serie de discos, acompañada por muy diversos músicos, todos de primera fila, como Louis Armstrong, el pianista James P. Johnson, y diversos componentes de la orquesta de Fletcher Henderson como Tommy Ladnier, Joe Smith, Jimmie Harrisson, Charlie Green, Coleman Hawkins, Buster Bailey, el propio Fletcher Henderson, etc.

En 1929 alcanzó el zénit de su popularidad, apareciendo en un cortometraje titulado *St. Louis Blues*.

Bessie Smith, nacida en Chatanooga, Tennessee, en 1895, recibió con toda justicia el
calificativo de Emperatriz del Blues.

A partir de 1931, su fama empezó a decrecer. Dejó de grabar y se vio obligada a aceptar contratos denigrantes. Volvió a realizar nuevas grabaciones en 1933 pero ya no recuperaría su anterior popularidad.

Murió en 1937, víctima directa de la discriminación racial. Ocurrió que, viajando en automóvil por el estado de Mississippi, sufrió un accidente que le ocasionó una hemorragia. Rápidamente fue conducida al hospital más cercano, pero allí se negaron a atenderla debido al color de su piel. Cuando al fin pudo ser internada en otro hospital había perdido demasiada sangre y nada se pudo hacer para salvar su vida.

Bessie Smith, la Emperatriz del Blues, supera con toda claridad a las demás cantantes de blues que han aparecido a lo largo de la historia del jazz.

Posee una maravillosa voz, típicamente negra, de profunda y conmovedora belleza. Dominando perfectamente todos los recursos vocales, es capaz de expresar a través del canto los más variados matices de su excepcional sensibilidad.

Desde los sentimientos más violentos a los más sutiles, todos pueden surgir de la voz de Bessie Smith.

Artista genial, nunca cae en la vulgaridad chabacana ni en el sentimentalismo facilón. Su canto nace con naturalidad y lo sirve con elegancia y sutileza.

Bessie Smith sabe infundir a las letras de sus canciones una vida y un relieve estremecedor. A cada palabra, a cada sílaba, les da la fuerza y la expresión justas. Su forma de pronunciar, articular y dar ritmo a las palabras, según la más pura técnica vocal negro-americana, crea un swing muy intenso.

Ha sido notable su influencia en numerosos cantantes de blues, como Jimmy Rushing, «Big» Joe Turner, LaVern Baker –que es la cantante que más se acerca al estilo de Bessie Smith–, Juanita Hall, Carrie Smith, etcétera.

Bessie Smith ha pasado a la historia como una de las más grandes artistas que ha dado el pueblo negro norteamericano.

5. El jazz en los años veinte: New York

El jazz en New York: Harlem

La intensa corriente de emigración que a partir de 1920 llevó a muchos negros del sur hacia las ciudades del norte, hizo que la población de color aumentara considerablemente en New York, donde llegó a constituir una importante comunidad.

Los negros, que comenzaron a llegar a esta ciudad hacia 1880, se habían instalado en sus alrededores, especialmente en el barrio de Harlem, situado en la isla de Manhattan, antiguo barrio residencial habitado por blancos. Estos prefirieron abandonarlo antes que convivir con los negros.

Harlem se convirtió desde entonces en el barrio negro de New York. Todos los negros que llegaban a New York se instalaban allí, y, de la misma forma que habían hecho en otras ciudades, convirtieron este barrio en una verdadera comunidad negra, autosuficiente en muchos aspectos.

Como reacción ante una sociedad blanca que le daba la espalda, el negro convirtió su barrio en un lugar propio, hecho a su medida, donde podía satisfacer la mayoría de sus necesidades sin tener que recurrir a las estructuras y formas de vida del blanco. De este modo, los negros crearon en Harlem sus propios comercios, su artesanía, sus tiendas, sus restaurantes, sus parroquias, sus espectáculos y lugares de diversión, etcétera. Todo ello con un carácter y un sabor propios totalmente distintos de los del blanco. Durante los años veinte y en las décadas siguientes, y en cierta medida en la actualidad, Harlem constituye una especie de oasis dentro de la agitada vida de la ciudad de los rascacielos. El conocido crítico de jazz Hugues Panassié, testimonio de ello, en su libro *Cinq mois à New York*, escribía: «El contraste entre Harlem y los barrios habitados por los blancos es grande. En éstos, la gente se abalanza hacia sus quehaceres, recorren las aceras con aire preocupado, tenso, a toda marcha, empujando sin reparos y gritándole a uno: «Beg your pardon» (Perdóneme). Cuando se llega a Harlem, uno ve por fin a gente que lo toma todo con calma, vagando por las aceras con las manos en los bolsillos, silbando, interpelándose cordialmente.

»A veces, delante de una casa, un remolino de gente. Uno cree que pasa algo insólito. Se trata simplemente de un grupo de negros que conversan en el portal. En Harlem he visto negros entrar en la barbería para afeitarse y cortarse el cabello a las tres de la madrugada.»

Harlem fue para la música de jazz su tierra de promisión. El jazz estaba presente en todos los establecimientos, ya fueran bares, *night clubs*, cines, teatros, *music-halls* o salas de baile, y daba vida y ambiente a estos locales.

Han sido famosos ciertos establecimientos como el Savoy Ballroom (demolido en 1958), enorme sala de baile, donde al son de dos orquestas que iban turnándose, centenares de parejas evolucionaban por la pista. También es muy célebre el Apollo, *music-hall* en el que se presentan espectáculos totalmente negros y en los que el jazz ocupa siempre un lugar preferente.

Asimismo en Harlem, se organizaban también esas reuniones llamadas House Rent Parties, como las que citamos en el capítulo anterior.

Podemos decir que en este barrio se respiraba música día y noche.

Con los años el jazz se fue extendiendo por New York e inundó la parte blanca de la ciudad, llegando a Broadway, a Greenwich Village y a los elegantes salones de los hoteles.

New York empezó, pues, a adquirir importancia en el mundo del jazz hacia 1920. A partir de 1930 pasaría a ser sin discusión su capital, y aún hoy, aunque ha perdido mucho de su esplendor, ostenta moralmente la capitalidad del jazz.

Los pianistas de *stride*

Las primeras orquestas de jazz de categoría no surgieron en New York hasta después de 1925. En cambio, bastantes años antes ya encontramos en Harlem un importante grupo de pianistas que se encargaban de amenizar los pequeños bailes y las House Rent Parties. Estos pianistas, seguidores de los primitivos pianistas de ragtime, practicaban el estilo llamado de «piano stride».

La palabra «stride» viene del verbo inglés *to stride*, que significa aproximadamente «dar zancadas». Esto es precisamente lo que hace la mano izquierda de los pianistas de *stride*, dar continuos saltos sobre las teclas del piano, marcando un acorde en los tiempos débiles del compás y una nota grave en los fuertes, mientras que la mano derecha ejecuta la melodía o improvisa variaciones. Este estilo pianístico tuvo mucho auge en los años veinte. De las primeras generaciones de pianistas que actuaron en New York o sus alrededores debemos mencionar a Lucky Roberts, Abba Labba y al excelente Eubie Blacke que procedía de Maryland.

Ahora bien, los tres clásicos del piano stride, los tres gigantes de este estilo, son Willie «The Lion» Smith, James P. Johnson y Fats Waller

Willie «The Lion» Smith
(1897-1973)

Willie «The Lion» Smith ha sido uno de los músicos más originales y una de las personalidades más pintorescas del mundo del jazz.

Fue su propia madre quien le enseñó a tocar el piano, y llegó a adquirir en su juventud amplios conocimientos musicales estudiando a los clásicos. En 1917 se alistó en el ejército y vino a Europa a combatir como sargento de artillería por tierras de Francia. Se dice que recibió el apodo de «El León» gracias al valor demostrado en el campo de batalla.

De estos meses pasados en Francia le quedó en el recuerdo una tonada que cantaban los soldados franceses, «La Madelon», de la cual nos daría años más tarde algunas excelentes versiones en jazz. Terminada la guerra, regresó a Norteamérica y, a partir de entonces, su nombre comenzó a adquirir un gran prestigio en Harlem. Era solicitado para actuar en los cabarets, en las salas de baile, en las House Rent Parties, para acompañar a famosas cantantes como Mamie Smith, etcétera. En cierto modo, Willie «The Lion» Smith era el rey del barrio y ningún pianista joven llegaba a triunfar si no contaba con la aprobación de «The Lion».

Con su sombrero hongo echado hacia delante, el chaleco y la corbata rojos y su eterno puro en la boca, la figura de Willie «The Lion» Smith pasó a ser legendaria. En 1949, 1950 y en varias ocasiones durante los años sesenta, realizó extensas giras por Europa, y actuó como solista en los festivales internacionales más importantes, como el de Newport.

Hasta pocos meses antes de su muerte, en abril de 1973, se mantuvo en plena forma, como puede comprobarse en sus últimas grabaciones al lado del gran batería Jo Jones (1972). Willie «The Lion» Smith ha sido uno de los más grandes pianistas de la historia del jazz, y quizá el más original.

Dos características le distinguen de los demás pianistas: su inconfundible pulsación y su imaginación melódica y armónica fuera de lo común.

La sonoridad que arranca al piano tiene una fuerza y una claridad que ningún otro pianista ha logrado superar. Su forma de pulsar el teclado es firme y vigorosa, y, a la vez, delicada y sensible Sus notas surgen claras, rotundas, pero, al mismo tiempo, posee una pureza y una transparencia cristalinas.

Sus solos cautivan por la gracia, el frescor y la riqueza de la línea melódica; además, sus conocimientos y su sentido de la armonía le permiten enriquecer sus improvisaciones con un fondo armónico de gran plenitud y original colorido, que le dan un sello inconfundible.

Su stride es seguro, potente, desbordante de swing, ejecutado con una despreocupación y un desenfado asombrosos.

Willie «The Lion» es además un insuperable pianista de orquesta; su apoyo rítmico y armónico es infalible y, a la vez, estimulante como el que más.

Debemos destacar también otra importante faceta en la personalidad musical del «Lion»; la de compositor. Es autor de numerosas y bellas melodías escritas para piano, que poseen la misma gracia melódica, el frescor y la originalidad de sus improvisaciones. Algunas de las más conocidas son: «Echoes of Spring», «Relaxing», «Morning Air», «Zig-Zag», «Harlem Joys», etc.

James P. Johnson (1894-1955)

Junto con Willie «The Lion» Smith, James P. Johnson merece el título de padre del piano stride, ya que la mayoría de pianistas de ese estilo que surgieron durante los años veinte y treinta se inspiraron en él.

Empezó a actuar como profesional en los cabarets de Harlem cuando todavía era un adolescente. En 1921 grabó uno de los primeros disco de jazz que se conocen; en todo caso, el primer disco de jazz de verdadera categoría. Comprendía un par de solos de piano: «Carolina Shout» y «Keep off the grass». El primero sería aprendido y copiado por todos los pianistas de la época gracias a un rollo para pianola que James P. Johnson impresionó de esta pieza.

Grabó también muchos discos acompañando a algunas de las mejores cantantes de la época, como Bessie Smith y Ethel Waters. Paralelamente a su actividad como intérprete, llevaba a cabo una importante labor como compositor, escribiendo sobre todo música para revistas como *Plantation Days*, que obtuvo un gran éxito en Estados Unidos y con la cual viajó en 1925 al Viejo Continente para presentarla al público europeo.

A raíz de la crisis económica de 1929, su actividad se vio muy reducida, y se dedicó exclusivamente a la composición,

Gracias a su participación en las sesiones de grabación con Mezz Mezzrow y Tommy Ladnier, organizadas por Hugues Panassié en 1938, volvió a obtener numerosos contratos, actuando principalmente en New York y grabando de nuevo numerosos discos.

A partir de 1951 tuvo que abandonar todo tipo de actividad a causa de un ataque de parálisis, del que ya no se restablecería. Murió en 1955.

James P. Johnson es otro de los gigantes del piano en la historia del jazz. Llevó a la perfección el estilo stride. Su prodigiosa mano izquierda tiene un ímpetu y un mordiente formidables y con la mano derecha ejecuta tan pronto bulliciosas frases llenas de melodía, como potentes *riffs* que desbordan swing.

Sus ideas melódicas, menos brillantes en apariencia que las del «Lion», poseen, a menudo, un contenido igualmente rico y el mismo grado de sutileza. Su influencia alcanzó a numerosos pianistas, siendo su discípulo más importante Fats Waller.

Fats Waller (1904-1943)

Thomas «Fats» Waller, el más joven de los tres grandes del piano stride, ha sido el más importante de todos ellos y, para muchos, el mejor pianista de la historia del jazz.

Había recibido en su infancia una cuidada educación musical, aprendiendo a tocar el piano y el órgano. El padre de Fats Waller, pastor protestante, deseaba que su hijo siguiera sus mismos pasos, pero éste pronto se inclinó por el jazz, de manera que a los quince años era ya músico profesional, y a los dieciocho había grabado sus primeros discos. Como organista trabajó en los cines de Harlem en un empleo propio de la época muda del cine: se encargaba de ilustrar musicalmente las películas que se proyectaban, improvisando sobre la marcha un fondo sonoro que estuviera de acuerdo con lo que ocurría en la pantalla. Se dice que las salas donde trabajaba Fats Waller se llenaban de gente que acudía más para escucharle a él que para ver la película.

En 1926 inició una copiosa serie de grabaciones consistente en solos de piano y órgano, que comenzaron a hacerle conocido entre los músicos de Harlem. Fue entonces cuando, debido a su extraordinaria corpulencia, recibió el nombre de Fats.

Gracias a unas emisiones de radio, su fama se extendió, a partir de 1931, entre el gran público que apreciaba, sobre todo, su forma humorística de cantar.

Después de un viaje de recreo por Europa, en 1932, durante el cual residió por algún tiempo en París, Fats Waller recibió el encargo de grabar para la casa RCA una serie de discos al frente de una pequeña orquesta de estudio, es decir, con un conjunto formado únicamente para las sesiones de grabación. El éxito de estos discos fue tal que el contrato se prorrog por diez años y Fats Waller and his Rhythm, que así se llamaba el conjunto, pasó a ser una orquesta regular que actuaba cada noche en los cabarets de Harlem y en los clubs de la parte blanca de la ciudad. En 1938 viajó a Inglaterra donde actuó durante algunos meses. En 1943 participó en Hollywood en el rodaje de la película musical *Stormy Weather* junto con otros músicos de gran categoría como Benny Carter y Zutty Singleton. Poco tiempo después, viajando en tren a New York, murió súbitamente de un ataque al corazón. Tenía tan solo treinta y nueve años.

A lo largo de su carrera relativamente breve, Fats Waller llegó a afirmarse como uno de los músicos más importantes que ha dado el jazz. Provisto de una técnica instrumental poco común, Fats Waller posee un dinamismo arrollador y una fuerza expresiva extraordinaria y, al mismo tiempo, toca con absoluta naturalidad y soltura, cualidades todas ellas que únicamente los grandes *jazzmen* poseen simultáneamente. Sus improvisaciones, que avanzan siempre por un camino seguro y confortable, desbordan gracia melódica y swing.

Como pianista de orquesta nadie puede comparársele. Por su dinamismo, su fuerza y su swing comunicativos, obliga a los músicos que le rodean a tocar al máximo de sus posibilidades.

Vocalista sin pretensiones, Fats Waller cantaba para complacer al público que se lo pedía. Sus vocales rebosan de humor. A menudo, se dedicaba a ridiculizar las letras cursis de los temas de moda que se veía obligado a interpretar, o imitaba a los acaramelados cantantes comerciales. En conjunto, la música de Fats Waller es la más alegre y comunicativa que encontramos en el universo del jazz.

Es también importante observar que Fats Waller fue el primero que utilizó el órgano en el jazz con verdadero éxito. Numerosas grabaciones lo atestiguan. Hasta 1940 aproximadamente utilizó el órgano de tubos y en sus últimos años el órgano eléctrico. Ningún organista de los muchos que han aparecido posteriormente ha logrado igualarle. De hecho, era tan buen organista como pianista.

Fats Waller fue además un excelente y fecundo compositor. De sus numerosísimas composiciones citaremos sólo las más conocidas: «Honeysuckle Rose», «Ain't Misbehavin'», «Black and Blue», «Jitterburg Waltz», etc.

Las grandes orquestas de New York de los años veinte

Como vimos en el capítulo anterior, las orquestas que aparecieron en la ciudad de Chicago durante los años veinte se nutrieron principalmente de músicos procedentes del sur de país y en particular de New Orleans. La mayoría de ellos eran excelentes músicos, completamente formados, que ya habían tocado juntos en su ciudad natal, por lo que estas orquestas tuvieron desde un principio una consistencia homogénea y una elevada categoría.

En New York no ocurrió lo mismo. La afluencia de músicos sureños se produjo algunos años más tarde, y no fue tan masiva como en Chicago. Por eso, las orquestas de New York no adquirieron su madurez hasta bien entrados los años veinte.

Fletcher Henderson y su orquesta en el año 1931.

Algunas orquestas famosas, como la de Fletcher Henderson, interpretaban en sus comienzos arreglos muy comerciales y las improvisaciones de sus solistas no pasaban de ser prometedores balbuceos.

Con la llegada a New York de músicos procedentes del sur tan importantes como los trompetas Louis Armstrong y Tommy Ladnier, los trombonistas Charlie Green y Jimmy Harrison, el clarinetista Buster Bailey, etc., las orquestas adquirieron consistencia y verdadera categoría; al mismo tiempo, los músicos locales pudieron formar y madurar su estilo gracias a la influencia de sus colegas sureños.

De esta forma, a partir de 1925, las orquestas de New York comenzaron a tener verdadera importancia en el mundo del jazz al tiempo que se perfilaba toda una generación de grandes solistas en la que destacaron los saxofonistas Coleman Hawkins y Benny Carter, los trompetas Joe Smith y Sidney de Paris, el trombonista J. C. Higginbotham, etc.

Vimos también en el capítulo anterior que, en Chicago, la mayoría de orquestas, integradas totalmente o casi por músicos de New Orleans, practicaba la improvisación colectiva, característica propia del jazz de New Orleans.

En New York las orquestas tuvieron un carácter distinto.

En primer lugar, constaban casi todas de diez o más músicos, cifra que en Chicago pocas orquestas alcanzaron. Debido a su número de componentes, este tipo de orquestas recibieron a partir de entonces el calificativo de «big bands» (orquestas grandes).

Las principales big bands que aparecieron en New York durante los años veinte fueron las de Fletcher Henderson, Duke Ellington, Mc Kinney's Cotton Pickers, Charlie Johnson y Luis Russell.

Las big bands estaban integradas por dos secciones de metales (trompetas y trombones), una sección de maderas (saxo alto, saxo tenor, clarinete, etc.), y la sección rítmica (piano, guitarra o banjo, tuba o bajo y batería).

En estas orquestas las improvisaciones colectivas desaparecen casi por completo y son sustituidas por los arreglos escritos.

Es entonces cuando aparece un personaje importante: el arreglador.

Los arregladores

El arreglador es el músico que escribe las orquestaciones y arreglos que deberá interpretar la orquesta para la cual trabaja. Juega un papel realmente importante, pues su trabajo no consiste en una mera adaptación de temas, sino que en muchas ocasiones, partiendo de un tema muy simple, como la mayoría de los utilizados en el jazz, debe realizar una verdadera creación.

Decimos creación puesto que, utilizando las posibilidades de cada instrumento, su misión consiste en transformar el tema de partida en una música más rica, más sutil, más atractiva, que valorice el tema interpretado y el sonido de la orquesta, y que, a la vez, sirva de soporte estimulante a las improvisaciones de los solistas.

Para que su trabajo sea fructífero, el arreglador debe tener en cuenta dos cosas importantes:

1. Que el arreglo favorezca el swing. Es decir, que las frases musicales que haya escrito tengan una estructura que facilite a los músicos su ejecución con swing. Por regla general, los arreglos excesivamente complicados, no favorecen al swing.

2. Que tenga en cuenta las posibilidades, el estilo y la personalidad de la orquesta para la cual escribe. En el jazz existen orquestas con una personalidad muy definida que requieren un determinado tipo de arreglos. Generalmente, cuando se produce una falta de acoplamiento entre arregladores y orquesta, los resultados no acostumbran a ser satisfactorios.

Por esto, en más de una orquesta, el arreglador principal es un músico que forma parte de la misma, o sea, que conoce el estilo y el espíritu propios del grupo. También ocurre que cuando el arreglador es un músico de fuerte personalidad musical, es él quien, mediante sus arreglos, imprime al conjunto un determinado carácter o estilo.

En la historia del jazz ha habido gran cantidad de arregladores excelentes. Entre los más importantes están Duke Ellington, Benny Carter, Sy Oliver, Jimmy Mundy, Don Redman, Alex Hill, Edgar Sampson, Fletcher Henderson, Charlie Dixon, Edgar Battle, Eddie Durham, Buster Harding, Buck Clayton, Milt Buckner, Billy Strayhorn, Oliver Nelson y Quincy Jones.

Existe también el llamado «Head Arrangement» (arreglo de cabeza), es decir, el arreglo no escrito que nosotros llamaremos arreglo oral. Consiste en un arreglo generalmente simple, que el director de orquesta o el músico que lo ha ideado tararea a sus compañeros hasta que éstos lo aprenden de memoria y pueden ejecutarlo. Es frecuente que estos arreglos sean el resultado de la colaboración espontánea de varios músicos del conjunto, en la que cada cual aporta su idea. Muchas grabaciones famosas en el jazz son resultado de arreglos de este tipo.

La orquesta de Fletcher Henderson

La primera gran orquesta de importancia que surgió en New York fue la de Fletcher Henderson.

Procedente de Georgia, Fletcher Henderson (1898-1952) había llegado a New York en 1920 con la intención de perfeccionar los estudios de química que había cursado en la Universidad de Atlanta. Pero, una vez en New York, en lugar de proseguir con su carrera decidió consagrarse a su verdadera vocación: la música. Como había comenzado a estudiar piano a los seis años, no le fue difícil encontrar un empleo como músico profesional. Su primer trabajo importante consistió en reunir un grupo de músicos para acompañar a la gran cantante Ethel Waters. Luego, en 1922, con un mayor número de músicos, organizó la que sería su famosa orquesta.

Ahora bien, en sus primeros años, esta orquesta interpretaba un jazz muy comercial y acaramelado, y tanto es así que a Fletcher Henderson se le llamaba el «Paul Whiteman de color». Recordemos que la orquesta de Paul Whiteman era un gran conjunto blanco que tocaba un tipo de jazz extremadamente comercial y con pretensiones sinfónicas, concebido únicamente para satisfacer el gusto del público blanco de la época.

El estilo de Fletcher Henderson comenzó a perder su carácter comercian en 1924, cuando Louis Armstrong entró a formar parte de la orquesta.

Realmente, el paso de Armstrong por la orquesta, aparte de que causó sensación en Harlem produjo una especie de «shock» sobre los músicos de Fletcher Henderson.

Don Redman, saxo alto y arreglador de la orquesta confiesa: «De hecho, Louis, su estilo, su forma de sentir y concebir la música, modificaron totalmente nuestras propias concepciones musicales».

En efecto, el estilo de los arreglos de Don Redman cambió totalmente a raíz del paso de Louis Armstrong por la orquesta; por otra parte, importantes solistas como Coleman Hawkins, rey del saxo tenor, desarrollaron su personalidad musical, una vez oído y asimilado el estilo de Armstrong.

A partir de 1926, la orquesta de Fletcher Henderson, que abandonó todo tipo de concesiones comerciales, se convirtió en la mejor big band del momento; si hacemos caso de los testimonios de la época, debemos considerarla como la mejor de la historia del jazz. Esta afirmación no tiene probablemente nada de exagerada, si tenemos en cuenta que, durante varios años, contó con los mejores especialistas de cada instrumento; una de las mayores gracias o méritos de Fletcher Henderson consistió en ser un perspicaz descubridor de solistas de talento, logrando reunirlo en su prestigiosa orquesta. Desgraciadamente, parece ser que los numerosos discos grabados por Fletcher Henderson, a menudo excelentes, no nos dan, ni mucho menos, la verdadera medida de esta orquesta en sus actuaciones en directo.

Cuando esta orquesta actuaba en público, cada uno de sus fabulosos solistas podía improvisar libremente tantos *chorus* como le pedía su inspiración, sin limitaciones de tiempo ni de ningún otro tipo, de forma que el clima y la tensión que se alcanzaba en cada interpretación llegaba a enloquecer el auditorio. Por razones obvias, esto no pudo nunca captarse en los disco de la época.

De todas formas, a través de los discos podemos deducir que la mejor época de la orquesta de Fletcher Henderson se sitúa entre 1926 y 1928. Estos años pertenecen al que podríamos llamar «período New Orleans» de la orquesta (1924-29), pues, por una parte, los arreglos, hechos en su mayoría por Don Redman, tenían una estructura análoga a las improvisaciones colectivas de los conjuntos de New Orleans; y por otra, los solistas más importantes de la orquesta procedían de aquella ciudad o habían formado su estilo escuchando a los grandes *jazzmen* nacidos en ella.

En sus años cumbre, 1926 y 1927, figuraban en la orquesta músicos tan importantes como los trompetas Tommy Ladnier y Joe Smith, los trombonistas Jimmie Harrison y Charlie Green, el clarinetista Buster Bailey, el saxo alto Don Redman, el saxo tenor Coleman Hawkins; integrando la sección rítmica el propio Fletcher Henderson al piano, Chalie Dixon al banjo, June Cole a la tuba y Kaiser Marshall a la batería.

Tommy Ladnier (1900-1939), nacido en New Orleans, y que durante su estancia en Chicago había recibido el título de «Trumpet King of the Blues», contribuiría con su estilo inspirado en King Oliver, a dar este sabor New Orleans a la orquesta.

Su sonido ancho y ante, su fraseo sobrio, lleno de ardor y extraordinariamente expresivo, su swing impecable, le sitúan como uno de los mejores trompetas que ha dado el jazz. Ejerció una notable influencia sobre el segundo trompeta de la orquesta, Joe Smith.

En efecto, Joe Smith (1902-1937) asimiló perfectamente el fraseo de Tommy Ladnier; pero acostumbra a tocar de forma más suave y delicada, dando muestras de una extraordinaria sensibilidad que emocionaba al auditorio. Según cuentan, muchos negros no podían contener sus lágrimas cuando escuchaban a Joe Smith.

El trombonista Jimmie Harrison (1900-1931) fue otro de los grandes descubrimientos de Fletcher Henderson. Durante su breve carrera (murió a los treinta y un años) se afirmó como el trombonista más importante de la historia del jazz.

Su papel en el dominio de este instrumento ha sido capital. Hasta que él llegó, el trombón era muy poco utilizado como instrumento solista y, en todo caso, el fraseo de los trombonistas de entonces era muy conciso y elemental. Jimmie Harrison supo adaptar al trombón un fraseo mucho más rico y variado, inspirado en los trompetas de New Orleans, como King Oliver y Louis Armstrong, a los que recuerda mucho en sus solos. Pero, sobre todo, el músico con el cual se identificó más fue con Tommy Ladnier. Parece ser que entre Tommy Ladnier y Jimmie Harrisson se entablaban unos diálogos musicales, trompeta-trombón, realmente asombrosos por la rapidez y la comunidad de inspiración con que se respondían. En algunos discos de Fletcher Henderson (*St. Louis Blues, I'm comin' Virginia*) tenemos buena prueba de ello.

La influencia de Jimmie Harrisson fue enorme, y alcanzaría a casi todos los trombonistas contemporáneos suyos y a muchos otros posteriores. Jimmie Harrisson era también un excelente cantante como podemos apreciar en algunas grabaciones con Fletcher Henderson («Somebody Loves Me», «Seet and Hot», etc.).

Buster Bailey (1902-1967), el clarinetista de la orquesta, procedía de Memphis. Era un prodigioso técnico del instrumento y, en este sentido, parece ser que ningún otro clarinetista le ha superado. Inspirándose en Johnny Dodds y Jimmie Noone, se expresa por medio de largas y sinuosas frases de una bella línea melódica, ejecutadas con tal virtuosismo, que nos hacen olvidar la enorme dificultad técnica que a menudo encierran.

Coleman Hawkins (1904-1969), el rey del saxo tenor, ha sido probablemente el músico más importante que se reveló en el seno de la orquesta de Fletcher Henderson.

Ingresó en ella en 1922, cuando no contaba más que dieciocho años y permaneció en esta formación durante doce años, es decir, hasta 1934, cuando decidió marchar a Europa. Por entonces, ya se le consideraba como el mejor saxo tenor del jazz.

Realmente el papel que jugó Coleman Hawkins respecto al saxo tenor durante aquel tiempo, es comparable al de Jimmie Harrisson respecto al trombón. En la época en que Coleman Hawkins ingresó en la orquesta de Fletcher Henderson, el saxo tenor no tenía la categoría de instrumento solista; los saxofonistas de entonces sacaban de su instrumento un sonido tosco y su fraseo era muy elemental.

Coleman Hawkins dio al saxo tenor el sonido bello y personal que hoy podemos apreciar en la mayoría de saxofonistas; le dotó de un fraseo propio y lo elevó a la categoría de instrumento solista, llegando casi a superar el papel principal de la trompeta.

Partiendo de un estilo melódico inspirado directamente en Louis Armstrong, Coleman Hawkins fue evolucionando hacia un fraseo original, de una gran riqueza y complejidad, al tiempo que su sonido era cada vez más ancho y pastoso y su fuerza expresiva llegaba a ser comparable a la de un Armstrong.

Es frecuente oír decir que Coleman Hawkins fue el verdadero inventor del saxo tenor, lo cual nos da a entender su decisiva labor de pionero en el dominio de ese instrumento. Su influencia se ha dejado sentir sobre casi todos los

Coleman Hawkins dio al saxo tenor el sonido bello y personal que hoy podemos apreciar en la mayoría de saxofonistas.

saxofonistas aparecidos entre 1930 y 1950, así como sobre intérpretes de otros instrumentos.

Todo este cúmulo de solistas fuera de serie que acabamos de mencionar, contaba con el apoyo de una sección rítmica excelente.

El propio Fletcher Henderson, sin ser un virtuoso del piano, era un perfecto músico de acompañamiento capaz también de improvisar solos de muy buena factura, dentro de un estilo inspirado en Fats Waller.

Kaiser Marshall, el batería, ha pasado a la historia como el primero que consiguió sacar un notable partido a los platillos charleston, sobre los cuales ejecutaba puntuaciones y *breaks* llenos de fantasía y swing que luego fueron muy imitados.

A partir de 1929, el estilo de la orquesta de Fletcher Henderson, como el de casi todas las de la época, varió sensiblemente, apartándose de la influencia del jazz de New Orleans.

A este cambio contribuyó, por una parte, la renovación de los solistas y por otra parte, el ingreso en la orquesta del polifacético Benny Carter, solista y arreglador incomparable, una de las personalidades más importantes de la música de jazz.

Benny Carter (1907-2003), que dominaba, por lo menos, media docena de instrumentos (saxo alto, trompeta, clarinete, saxo tenor, piano y trombón), ha sido uno de los principales arregladores de la historia del jazz; su original y poderosa personalidad musical dejó profunda huella en la orquesta de Fletcher Henderson durante los dos años en que formó parte de ella.

En esta época, Benny Carter sólo practicaba, como instrumentista, el saxo alto y el clarinete, sobre todo el primero. Poseedor de una técnica instrumental asombrosa, de un sonido claro y brillante y de una imaginación melódica insuperable, Benny Carter es, junto con Johnny Hodges (músico que trataremos al hablar de Duke Ellington), el mejor saxo alto de la historia del jazz. Sus improvisaciones son un continuo fluir de bellas frases, ricas en melodía, originales en su concepción y de una rara elegancia.

Su música surge impetuosa, alegre, centelleante, pero debe prestarse a ella un oído muy atento, tal es la sutileza que encierran sus variaciones.

Como trompeta, quedó inédito durante su época con Fletcher Henderson, pues no practicó este instrumento con asiduidad hasta después de haber dejado esa orquesta. Llegaría entonces a afirmarse como uno de los mejores trompetas del jazz, cuyo estilo adquiere con el tiempo la misma complejidad y sutileza de que hace gala al saxo alto.

Su estilo como arreglador es análogo a su estilo como solista. Sus orquestaciones tienen el mismo acento espontáneo, jubiloso y brillante que sus improvisaciones. Desbordan ideas melódicas y tienen una estructura siempre favorable al swing. Especialmente característicos de su estilo son sus arreglos para tres o cuatro saxos, siguiendo una línea melódica muy sinuosa, rica y sorprendente, realmente inconfundible.

Al poco tiempo de dejar a Fletcher Henderson, Benny Carter, puso de manifiesto otra importante faceta de su personalidad musical, la de director de orquesta. Organizó en 1932 una gran orquesta que pronto pasó a ser una de las mejores del momento; pero, falto de éxito comercial, tuvo que disolverla en 1934. Desgraciadamente, ha ocurrido así con todas las orquestas que ha dirigido a lo largo de los años, todas ellas han sido excelentes, pero no ha podido mantenerlas por razones de tipo económico. Si hubiera logrado mantener una orquesta durante un período de tiempo suficiente, seguramente habría llegado a codearse con las formaciones de Fletcher Henderson y la del mismo Duke Ellington.

Tal es el talento de Benny Carter como director de orquesta, demostrado en numerosas ocasiones, aunque excesivamente aisladas.

Las sustituciones que, partir de 1928, se efectuaron en la formación de Fletcher Henderson fueron numerosas pero siempre acertadas. En la sección de trompetas, después de la marcha de Tommy Ladnier y Joe Smith, actuaron músicos tan notables como Bobby Stark, Rex Stewart, Henry «Red» Allen,

Joe Thomas e Irving Mouse Randolph. En la sección de trombones Jimmie Harrisson fue sustituido, en 1931, por J. C. Higginbotham, al que siguieron Benny Morton, Dicky Wells y Sandy Williams. Por la sección de saxofones, después de la marcha de Benny Carter en 1931, pasaron tres buenos saxos altos como Edgar Sampson, Russell Procope y Hilton Jefferson. En cuanto al puesto de saxo tenor, que Coleman Hawkins dejó vacío en 1934, fue ocupado por Ben Webster, uno de sus mejores discípulos. En la sección rítmica dos cambios importantes se registraron en 1929. Ocupó el puesto de tuba John Kirby, quien a partir de 1935 cambiaría este instrumento por el contrabajo; llegó a ser uno de los bajos más importantes de la historia del jazz.

El puesto de batería lo ocupó el excelente Walter Johnson.

De esta serie de sustituciones resulta una lista de *jazzmen* realmente impresionante. A decir verdad, una gran mayoría de los mejores solistas surgidos en el mundo del jazz entre 1925 y 1934 pasaron por la orquesta de Fletcher Henderson, que de esta forma se mantuvo continuamente en primer plano. Pero a finales de 1934, en plena depresión económica, Fletcher Henderson, acosado por problemas financieros, se vio obligado a disolverla.

En 1936, cuando las condiciones volvieron a ser favorables, Fletcher Henderson organizó de nuevo su orquesta, en la que, además de algunos de sus antiguos componentes, figuraban jóvenes músicos que en pocos años se consagrarían como indiscutibles figuras del jazz.

Fletcher Henderson, sin ser un
virtuoso del piano, era un perfecto
músico de acompañamiento capaz
también de improvisar solos de muy
buena factura.

Las tres adquisiciones más importantes que hizo Fletcher Henderson para su nueva orquesta fueron el trompeta Roy Eldridge (1911-1989) que, inspirándose inicialmente en Louis Armstrong, llegó a crear un nuevo estilo de trompeta, característico por sus frases ágiles y de gran movilidad, similares a las de ciertos saxofonistas como Benny Carter y Coleman Hawkins, estilo que ha tenido muchos seguidores; el saxo tenor «Chew» Berry (1910-1941), otro de los mejores discípulos de Coleman Hawkins, al que igualaba en la potencia de sonido y la fuerza de su ataque; y el batería Sidney Catlett (1910-1951), llamado «Big Sid» que, por su extraordinario swing, está considerado como uno de los mejores baterías de la historia del jazz.

Con su nueva composición, la orquesta de Fletcher Henderson volvió a ocupar un lugar entre las mejores formaciones. El principal arreglador que tuvo la orquesta en esta época fue el propio Fletcher Henderson, que hasta 1931, no se había decidido a asumir este papel. Sus arreglos, estructurados de forma clara y simple, son muy favorables al swing, y sirvieron de modelo a arregladores del momento y a otros posteriores.

Pero, a pesar de todo, el éxito de la orquesta pronto decreció al quedar eclipsada por nuevas y pujantes formaciones tales como las de Chick Webb, Jimmie Lunceford, Count Basie y otras, que, a partir de 1935, habían surgido con gran fuerza en la escena del jazz. Por esto, en 1939, Fletcher Henderson tuvo que licenciar de nuevo a su orquesta, pasando él a ocupar el puesto de pianista en el sexteto de Benny Goodman.

En 1940 organizó de nuevo una orquesta, pero con escaso éxito. Los años siguientes fueron muy penosos para Fletcher Henderson. Cada vez que reorganizaba su orquesta, se veía obligado a disolverla poco después. Tuvo entonces que dedicarse a escribir arreglos para otras orquestas, y durante algún tiempo acompañó de nuevo a la cantante Ethel Waters.

Hizo un último intento de reorganizar su orquesta en 1951, pero sufrió un ataque de parálisis y no pudo llevarlo a cabo. Murió al año siguiente.

En 1957 un grupo de músicos, casi todos ellos exmiembros de la orquesta de Fletcher Henderson, grabaron un excelente disco, bajo la dirección del trompeta Rex Stewart, titulado *Tribute to Fletcher Henderson*, que constituye un bello y merecido homenaje a su antiguo director de orquesta.

La orquesta de Duke Ellington

A lo largo de su historia, el jazz ha conocido épocas muy diversas. Épocas de prosperidad y esplendor se han alternado con períodos oscuros y llenos de adversidades. Mantener en activo una gran orquesta a través de estos altibajos

La orquesta de Duke Ellington ha sido un fenómeno único en la historia del jazz, es la más antigua de las grandes orquestas que han permanecido en activo más allá de la Era del Swing.

históricos es muy difícil, pero más lo es conservar simultáneamente su nivel de calidad musical.

En este sentido, la orquesta de Duke Ellington ha sido un fenómeno único en la historia del jazz. Es la más antigua de las grandes orquestas que han permanecido en activo más allá de la llamada Era del Swing y, durante más de cuarenta años, se ha mantenido por encima de todas las big bands que han ido apareciendo en la escena del jazz.

Sólo la orquesta de Fletcher Henderson pudo ser considerada superior a la de Duke Ellington durante un cierto tiempo (antes de 1930). Debemos tener en cuenta que la formación de Fletcher Henderson llevaba ya varios años de intensa actividad, y que se encontraba en su mejor época cuando, en 1927, Duke Ellington comenzó a actuar en el Cotton Club, es decir, cuando su orquesta comenzó a ser conocida.

El camino recorrido por Duke Ellington hasta obtener este contrato en el Cotton Club, que debería lanzarle a la fama, no fue nada fácil.

Edward Kennedy Ellington, el «Duke», había nacido en 1899 en Washington. Era hijo de una familia relativamente acomodada. Desde pequeño demostró tener una extraordinaria sensibilidad para la música, así que, a partir de los siete años, sus padres le hicieron estudiar piano y solfeo. Pero su verdadero aprendizaje lo hizo en los cabarets y en las House Rent Parties, escuchando a los pianistas que allí trabajaban. Uno de estos pianistas, al que impresionaron las maneras y el porte aristocrático del pequeño Ellington, le otorgó el apodo de «Duke», que siempre le encajó perfectamente. Tanto en escena como en la vida normal, el «Duke» se desenvolvía con un aire ciertamente distinguido, y exhibía una «clase» exquisita en el modo de presentarse, de hablar y de vestir.

Al llegar a la adolescencia, Duke Ellington pareció encontrar su camino en el diseño y la arquitectura, pero su afición por la música no decrecía; al contrario, pasaba largas horas sentado al piano perfeccionando su técnica y tanteando nuevos acordes y armonías.

De este modo, hacia los dieciocho años, Duke Ellington, comenzó a tocar como profesional, actuando en los cabarets, en las *parties*, y formando parte de algunas orquestas poco importantes o más bien comerciales, como las de Sam Wooding y Doc Perry. Al mismo tiempo había formado un conjunto amateur, con un grupo de amigos, The Washingtonians, con el único fin de divertirse y cultivar su afición.

Pero en 1922, los Washingtonians vislumbraron la posibilidad de encontrar trabajo en New York, y allí se dirigieron llenos de optimismo e ilusiones.

Esta primera tentativa no pasó de ser una aventura juvenil que acabo en un estrepitoso fracaso. Al cabo de pocas semanas de haber llegado a New York, el Duke y sus amigos se encontraron deambulando por las calles de Harlem, muertos de hambre, sin trabajo y sin un céntimo. Tuvieron que volver a Washington como pudieron y esperar otra oportunidad.

De todas formas, si bien esta aventura fue un fracaso financiero, ofreció a Duke Ellington la oportunidad de escuchar directamente a los grandes pianistas de stride que entonces triunfaban en Harlem.

Willie «The Lion» Smith, James P. Johnson y Fats Waller le impresionaron vivamente, sobre todo el «Lion» que influiría notablemente en el estilo pianístico del Duke.

Al año siguiente, en 1923, los Washingtonians llevaron a cabo su segunda tentativa, esta vez con más fortuna, pues consiguieron trabajo fijo, primero en un cabaret de Harlem, el Barron's, y luego en el Kentucky Club por más de cuatro años.

El grupo estaba formado inicialmente por seis músicos: Arthur Whestel a la trompeta, Charlie Irvis al trombón, Otto Hardwick (músico excelente y de una gran sensibilidad) al saxo alto y al soprano, Duke Ellington al piano, Sonny Greer (que continuaría al lado de Ellington hasta 1951) a la batería, y Elmer Snowden, que entonces era el director de la orquesta, al banjo.

Los Washingtonians interpretaban al principio un jazz bastante comercial, sin estridencias ni improvisaciones que se alejaran excesivamente del tema, tal como ocurría en aquella época (antes de 1925) con la mayoría de las orquestas que actuaban en New York; sin ir más lejos, la de Fletcher Henderson.

Tanto en escena como en la vida normal, el «Duke» se desenvolvía con un aire ciertamente distinguido, y exhibía una «clase» exquisita en el modo de presentarse, de hablar y de vestir.

A raíz de ciertas desavenencias, Elmer Snowden abandonó el grupo, asumiendo entonces Duke Ellington la dirección del mismo. A partir de entonces, la orquesta comienza a adquirir un carácter propio y original que la distingue de las demás formaciones del momento.

A la creación de ese estilo y ese sonido, que con el tiempo resultarían inconfundibles, contribuyó, casi tanto como el propio Duke Ellington, otro músico de la orquesta.

Nos estamos refiriendo al trompeta Bubber Miley (1903-1932), quien sustituyó a Arthur Whestel a finales de 1923. Por su forma de tocar, Bubber Miley aportó algo realmente nuevo dentro del jazz instrumental. Su estilo se inspiraba directamente en los sermones medio hablados, medio cantados, que pronunciaban los reverendos en las iglesias. Adoptó a la trompeta el fraseo rítmico y vehemente de los *preachers*, su pronunciado *growl* y las típicas entonaciones de exhortación a los fieles. Para ello, utilizaba lo que luego se ha llamado sordina wa-wa, y como tal, Bubber Miley tuvo la idea de usar la parte de caucho de un desatascador de lavabos. Colocándola delante del pabellón de su trompeta, y variando con la mano su posición, obtenía unos efectos sonoros muy pintorescos y expresivos, próximos a la voz humana. La ligera modificación que sufre la altura de la nota al variar la posición del caucho, produce un sonido como «uu-aa-uu-aa», por esto las sordinas que luego se han fabricado, imitando la famosa pieza de caucho, se han llamado sordinas wa-wa (ua-ua).

A lo largo de la historia del jazz ha habido muchos trompetas especialistas de la sordina wa-wa, pero ninguno ha conseguido con ella efectos tan expresivos como Bubber Miley. Ahora bien, no debemos ver en Bubber Miley únicamente un especialista en la sordina wa-wa. Tocando sin ella era también un solista formidable, con un estilo muy próximo al de los trompetas de New Orleans, sobre todo al de King Oliver.

Bubber Miley colaboró con Duke Ellington en los arreglos y en las composiciones de muchos temas que han pasado a ser «clásicos» del repertorio ellingtoniano. «Black and Tan Fantasy», «East St. Louis Toodle-Oo», «Blues I Love to sing», etc.

Otro músico, que ingresó en la orquesta en 1926, vino a unirse a la línea expresiva iniciada por Bubber Miley, acabando de definir y completar el colorido y el sonido especial que la orquesta de Duke Ellington comenzaba a adquirir.

Este fue el trombonista Joe Nanton, alias «Tricky Sam» (1904-1946). «Tricky Sam» utilizando los mismos procedimientos que Bubber Miley, es decir, empleando todos los recursos de la sordina wa-wa, hacía hablar al trombón, lo hacía gemir, reír o llorar. En sus solos encontramos siempre mezclados de forma fascinante el humor con el drama. Su estilo melódico es extraordinariamente conciso. Es el tipo de músico que consigue un máximo de expresividad con un mínimo de notas, pues cada una de ellas rebosa de intención, de swing y de un profundo *feeling*.

En cuanto a la sección de saxofones, constaba inicialmente de tres músicos. Uno de ellos, Otto Hardwick, estaba con el de Duke desde sus comienzos. Los otros dos, Harry Carney y Barney Bigard fueron contratados en 1926 y 1927 respectivamente.

Harry Carney (1910-1974) saxo barítono, saxo alto y clarinete, el hombre más fiel con que contó Ellington, no abandonó jamás la orquesta desde su ingreso en ella. Ha sido el mejor especialista del saxo barítono que ha habido en la historia del jazz, superando ampliamente a los demás músicos que han practicado este difícil instrumento. Su bella sonoridad, ancha, potente y viril contribuyó enormemente al colorido excepcional de la sección de saxofones de Duke Ellington y le dio gran parte de su sonido denso y profundo.

Barney Bigard (1906-1980), músico de New Orleans que había comenzado tocando el saxo tenor, desde su entrada en la orquesta se especializó en el clarinete, llegando a ser uno de los mejores que ha tenido el jazz dentro de la línea de Jimmie Noone.

En cuanto a la sección rítmica, se reforzó en 1926 con un extraordinario contrabajo, Wellman Braud (1891-1966), originario también de New Orleans. Su acompañamiento, muy bien grabado en los discos de la época, se caracteriza por la potencia de su pulsación, que proporciona a la orquesta un sostén seguro y lleno de swing. Utiliza a menudo el efecto de *slap*, es decir, hace rebotar las cuerdas del bajo sobre el mango del instrumento, produciendo así un efecto rítmico de gran fuerza y contundencia. También sus acompañamientos utilizando el arco son impresionantes («Blues with a feelin'»).

De esta forma, en 1927, cuando hizo su debut en el Cotton Club de Harlem, la orquesta de Duke Ellington, estaba formada por: Bubber Miley, Louis Metcalf (trompetas); Joe «Tricky Sam» Nanton (trombón); Otto Hardwick, Barney Bigard, Harry Carney (saxos y clarinetes); Duke Ellington (piano), Fred Guy (banjo); Wellman Braud (contrabajo) y Sonny Greer (batería).

El estilo de la orquesta en esta época recogía diversas influencias, pero ofrecía otros aspectos totalmente originales. La influencia más importante (así ocurría en todas las orquestas de los años veinte) procedía de la música de estilo New Orleans, como podemos comprobar en varias de las interpretaciones de la época («Birmingham Breackdown», «The Creeper», «Red Hot Band», etc.) que por otra parte acusan también la influencia del estilo de Fletcher Henderson.

La aportación más original de Duke Ellington en las orquestaciones de esta época, fruto de su colaboración con Bubber Miley, es la creación del llamado «sonido jungle» que se basa en el empleo de las sordinas wa-wa, tanto por parte de los trompetas como de los trombones y que será una de las constantes de la música ellingtoniana a lo largo de su brillante historial («Black and Tan Fantasy», «East St. Louis Toodle-Oo», «Echoes of the Jungle», etc.). Después de su debut en el Cotton Club, Duke Ellington continuó contratando nuevos músicos con la intención de ampliar los recursos y las posibilidades de su conjunto, para el cual escribía orquestaciones cada vez más ricas y complejas.

Los nuevos músicos que entraron en la orquesta a partir de 1928 fueron: Johnny Hodges, que sustituía a Otto Hardwick (el cual regresaría en 1932); «Cootie» Williams, que reemplazaba en 1929 a Bubber Miley; otros dos trompetas, Freddy Jenkins y Arthur Whestel, y dos trombonistas más, Lawrence Brown y el puertorriqueño Juan Tizol.

Johnny Hodges (1906-1970), que entró en la orquesta en 1928 para sustituir al saxo alto Otto Hardwick, era también un buen especialista del saxo soprano, dentro de la línea de Sidney Bechet. De todas formas, ha sido con el saxo alto como ha ganado una elevadísima y merecida reputación. El único saxofonista alto que puede resistir la comparación con Johnny Hodges es Benny Carter, aunque sus estilos son muy distintos.

El estilo de Johnny Hodges es todo simplicidad y naturalidad. Su sonido es suave pero firme; sus bellas frases son siempre de concepción muy clara, e incluso sus improvisaciones más volubles no resultan nunca rebuscadas. Los solos de Johnny Hodges fluyen de una forma natural y espontánea y se desarrollan con una seguridad y un aplomo insuperables. El frecuente empleo de largas inflexiones y de notas sostenidas, dan a sus interpretaciones una gran fuerza expresiva. Verdaderamente, la forma de tocar de Johnny Hodges es inconfundible; es uno de los músicos que el neófito puede identificar en los discos con mayor facilidad.

Para sustituir a Bubber Miley, que abandonó la orquesta en 1929 (moriría dos años después), Duke Ellington necesitaba encontrar un trompeta capaz de seguir la línea iniciada por aquél, basada en el empleo de la sordina wa-wa. Encontró un digno sustituto en Charles «Cootie» Williams.

«Cootie» Williams (1911-1985), si bien no ha llegado a manejar la sordina wa-wa con tanta habilidad como Bubber Miley, posee, al menos, la misma fuerza expresiva. Además, «Cootie» Williams es un gran trompeta en todos los terrenos, uno de los mejores en la historia del jazz. Su sonoridad es ancha, voluminosa y cálida, toca a menudo con un pronunciado y desgarrador *growl*. Cada una de sus notas posee una densidad y una fuerza expresiva conmovedoras. Por la grandiosidad de su música nos recuerda a Louis Armstrong, su principal fuente de inspiración.

Lawrence Brown (1907-1988), que entró en la orquesta en 1932, es un brillante técnico del trombón. Aunque a menudo su música carece de mordiente

En 1933, la orquesta de Duke Ellington vino por primera vez a Europa, obteniendo un éxito clamoroso por todas partes donde actuó.

y su acento tiende a ser algo enfático y blanducho, es capaz de ejecutar excelentes solos («Ducky Wucky», «Rose of the Río Grande»).

Así reforzada, la orquesta pasó a tener catorce componentes en 1932. Su fama se extendió por Norteamérica y traspasó el océano.

En 1933, la orquesta de Duke Ellington vino por primera vez a Europa, obteniendo un éxito clamoroso por todas partes donde actuó. Tanto en América como en Europa comenzaba a considerarse a Duke Ellington como un verdadero genio de la música.

Sin menospreciar, ni mucho menos, sus excelentes cualidades como pianista, debemos decir que el genio musical de Duke Ellington encontraba su forma natural de expresión a través de la orquesta. Mediante sus composiciones y arreglos, mediante la elección de los músicos adecuados, y obteniendo de éstos precisamente lo que deseaba, la extraordinaria personalidad del Duke se reflejaba en la música que nacía de su orquesta. Como muy bien se ha dicho «el instrumento de Duke Ellington es su propia orquesta». En efecto, el Duke sabía manejar a sus músicos como cualquier intérprete su instrumento, y obtenía de ellos todos los sonidos, efectos y sutilezas que precisaba para expresar sus ideas musicales. Desde siempre, sus músicos lo entendieron así, y colaboraron activamente con su director en la creación de este singular mundo musical ellingtoniano. Sus solos se adaptaban perfectamente a la idea que el Duke tenía de la pieza que se estaba interpretando; recíprocamente, este compuso y arregló diversos números pensando en la personalidad musical de sus hombres. Así por ejemplo, «Echoes of Harlem», «Concerto for Cootie» y «The Shepherd», están dedicados a «Cootie» Williams, «Clarinet Lament» a Barney Bigard; «Boy meets Horn» a Rex Stewart, etc.

Asimismo, la estructuración de muchos arreglos era fruto de un abierto intercambio de impresiones entre Duke y sus músicos, arreglos que se aprendían de memoria, que no llegaban a escribirse, y que estaban sujetos a ulteriores modificaciones. Parece increíble que orquestaciones tan complejas y sutiles, como las que generalmente oímos interpretar a la orquesta de Duke Ellington, no estén, muchas veces, ni tan siquiera escritas en una partitura, y hayan nacido de forma tan espontánea e informal.

De todas formas, en todos los arreglos, sean escritos u orales, domina la fuerte personalidad del Duke.

No hay duda de que Duke Ellington ha sido el arreglador más importante que ha dado el jazz.

Por un lado, sus orquestaciones son las más ingeniosas, ricas y originales, en cuanto a armonización, y las que poseen un mayor colorido sonoro. Sus combinaciones sonoras son tan acertadas como sorprendentes, pues ha llegado a obtener efectos fascinantes combinando el timbre de instrumentos que, anteriormente, nadie había creído posible unir.

Por otra parte, la estructura de estos arreglos es idónea para una ejecución llena de swing.

También resultan sumamente atractivos los *background*, o fondos sonoros, que crea para acompañar los solos de sus músicos, dándoles un apoyo rico y estimulante. A veces el background es tan atractivo que uno olvida escuchar al solista.

Con los años, la paleta sonora de Duke Ellington se fue enriqueciendo y ampliando, al contar con nuevos solistas que le abrían otras perspectivas y nuevas posibilidades para ejercitar su genio creador.

En 1934, un importante músico se unió a la sección de trompetas; se trataba de Rex Stewart, que tenía el prestigioso antecedente de haber actuado durante varios años en la orquesta de Fletcher Henderson. Rex Stewart (1907-1967) era un virtuoso de la trompeta. Pocos trompetistas le han igualado en cuanto a la velocidad y precisión del fraseo, pero nunca abusó de su formidable técnica en detrimento de otras cualidades. Rex Stewart aportó además un nuevo procedimiento expresivo, consistente en estrangular el sonido de las notas al apretar los pistones de la trompeta sólo hasta la mitad (efecto de *half valves*). Era también muy habilidoso en el manejo de la sordina wa-wa. Durante los diez años que pasó en su orquesta, Ellington supo aprovechar bien los diversos aspectos del talento de Rex Stewart.

En 1935, la sección rítmica sufrió un cambio digno de ser señalado. Wellman Braud, el contrabajo, dejó la orquesta, siendo sustituido por dos excelentes músicos, Hayes Alvis y Billy Taylor, produciéndose el hecho, muy raro en una orquesta de jazz, de incluir en su formación a dos contrabajos.

En 1939, después de su segunda gira por Europa, se inició una nueva etapa para la orquesta de Duke Ellington, una de las más brillantes de su historial.

Duke Ellington encontró un fiel colaborador en la persona de Billy Strayhorn (1915-1967), pianista y arreglador, que pasó a ser el brazo derecho de Ellington, componiendo y arreglando gran cantidad de temas para el repertorio de la orquesta.

Las concepciones musicales de Billy Strayhorn, influidas por la música europea moderna, se apartan a veces, del lenguaje propio del jazz; pero, normalmente, sus arreglos poseen gran colorido y sutileza, y resultan excelentes desde el punto de vista jazz. En general, su estilo, de arreglador (así como el de pianista) es muy próximo al de Ellington. Tanto es así que, a menudo, resulta imposible identificar al autor de determinados arreglos. Además muchas composiciones y arreglos son fruto de la íntima colaboración de Ellington y Strayhorn, sin que pueda decidirse donde acaba el trabajo de uno y donde empieza el del otro. El tema más conocido, de los muchos que compuso Billy Strayhorn, es «Take the "A" train», que pasó a ser, desde 1940, la sintonía de la orquesta.

Otro acontecimiento importante, también en 1939, fue la entrada en la orquesta del fabuloso contrabajo Jimmy Blanton (1921-1942), quien en su brevísima carrera, (murió a la edad de veintiún años), revolucionó la forma de tocar del contrabajo en el jazz.

Dotado de una técnica instrumental prodigiosa, de una sonoridad potente y llena de una imaginación melódica y un sentido de la armonía fuera de serie, de una fuerza de ejecución y una precisión insuperables, Jimmy Blanton dio al fraseo del contrabajo una movilidad y una agilidad hasta entonces inconcebibles. Jimmy Blanton creó realmente una nueva forma de tocar el contrabajo, y sus seguidores han sido muchísimos a partir de 1940.

En 1940 se produjo otra novedad a tener en cuenta. Por primera vez, la orquesta contó con un saxo tenor como solista. Este fue Ben Webster. Con su adición, el número de componentes de la sección de saxofones se elevó a cinco.

Ben Webster (1909-1973) era uno de los principales discípulos de Coleman Hawkins. Recuerda a su maestro por su sonoridad ancha, potente, aterciopelada y a veces ronca, y por la fuerza y fogosidad que imprime a las interpretaciones en tempo rápido. En cambio, en las piezas lentas toca de forma muy tierna y delicada.

A finales de 1940, «Cootie» Williams dejó la orquesta al ser contratado por el famoso director blanco Benny Goodman. Su ausencia, que duraría cerca de veintidós años, sería cubierta satisfactoriamente por Ray Nance (1913-1976), trompeta formidable que tocaba con gran potencia y lirismo, y que utilizaba la sordina wa-wa de forma muy similar a «Cootie» Williams. Ray Nance era, además, uno de los pocos violinistas de clase que ha dejado el jazz, y un buen cantante lleno de humor.

A principios de los años cuarenta, la composición de la orquesta, realmente estelar, quedo establecida así: «Cootie» Williams (sustituido por Ray Nance), Rex Stewart y Wallace Jones, trompetas; Joe «Tricky Sam» Nanton, Lawrence Brown y Juan Tizol, trombones; Barney Bigard, clarinete; Johnny Hodges y Otto Hardwick, saxos altos; Ben Webster saxo tenor; Harry Carney, saxo barítono; Fred Guy, guitarra; Jimmy Blanton, contrabajo; Sonny Greer, batería; y naturalmente, Duke Ellington al piano, sustituido a veces por Strayhorn.

A partir de 1942, la formación perdió su estabilidad, pero los nuevos solistas han sido siempre músicos de gran clase, por lo cual el conjunto se ha mantenido siempre en el mismo nivel de calidad que lo hizo superior a todos los demás.

Como los cambios han sido numerosos, deberemos limitarnos sólo a mencionar los más importantes.

La sección de trompetas ha sido la que más variaciones ha sufrido. Por ella han pasado: Harold «Shorty» Baker, trompeta de estilo exquisitamente suave y melodioso; Taft Jordan, seguidor del estilo de Armstrong; Cat Anderson (1916-1981), trompeta conocido, sobre todo como especialista del registro sobreagudo, ya que, efectivamente, obtiene notas de una altura asombrosa, pero que en el registro medio toca perfectamente dentro de la línea de Louis Armstrong, y además, utiliza con gran eficacia la sordina wa-wa; Clark Terry (1920-2015), que actuó con Ellington de 1951 a 1959, y que ha sido el trompeta más dotado de todos los que han pasado por la orquesta después de 1950 (trataremos de él en el capítulo 7.)

En la sección de trombones, Duke Ellington tuvo que buscar un sustituto a Joe «Tricky Sam» Nanton cuando éste falleció en 1946. Los sucesivos trombonistas que han ocupado el puesto de «Tricky Sam» han sido: Tyree Glenn, Quentin Jackson y «Booty» Wood; todos ellos hábiles intérpretes con la sordina wa-wa, aunque sin llegar a la categoría del singular Joe «Tricky Sam» Nanton.

Dentro de un estilo distinto, debemos mencionar también al trombonista, Buster Cooper, que actuó con Ellington de 1962 a 1969 (trataremos de él en el capítulo 8.)

En la sección de saxofones notamos, en 1942, la marcha del clarinetista Barney Bigard. Su sustituto, Jimmy Hamilton, era un virtuoso, pero su técnica de formación clásica, hace que su estilo sea muy frío y alejado del jazz.

Afortunadamente, Russell Procope, que en 1946 sustituyó al saxo alto Otto Hardwick, es también un buen clarinetista, precisamente dentro de la línea de Barney Bigard, por lo que la baja de éste quedó en parte subsanada.

Después de la marcha de Ben Webster, en 1943, el puesto de saxo tenor fue ocupado, de 1944 a 1950, por Al Sears.

Duke Ellington murió en mayo de 1974; su desaparición fue profundamente sentida en el mundo entero.

En 1950 Paul Gonsalves (1920-1974), sustituyó a Al Sears y hasta su muerte, pocos días antes que la del Duke, no abandonó la orquesta. Paul Gonsalves ha sido probablemente, el mejor saxo tenor que se ha revelado después de la guerra (trataremos de él en el capítulo 7).

Desde 1968, la orquesta contó con un segundo solista del saxo tenor, Harold Ashby, cuyo estilo se acerca en ciertos aspectos al de Ben Webster.

En la sección rítmica, después de la muerte de Jimmy Blanton en 1942, se sucedieron numerosos y excelentes contrabajos, muchos de ellos seguidores del propio Blanton. Los más importantes fueron Oscar Pettiford, Jimmy Wood, Aaron Bell y Joe Benjamin.

La marcha de Sonny Greer, en 1951, obligó a Duke Ellington a buscar durante un tiempo a un batería adecuado, hasta que, en 1955, encontró al hombre idóneo para su orquesta. Se trataba de Sam Woodyard (1925-1988), probablemente, el mejor batería de su generación, que, con su *back beat* implacable, y su swing subyugante, arrastraba materialmente a la orquesta. Fue sustituido en 1966 por Rufus Jones, batería de una técnica impresionante, aunque inferior en cuanto al swing.

La orquesta de Duke Ellington no cesó desde 1950 de acrecentar su popularidad, realizando giras por todo el mundo y actuando en lugares donde rara vez había llegado el jazz. La muerte de Duke Ellington, en mayo de 1974, fue profundamente sentida en el mundo entero. Desde entonces su hijo Mercer se hizo cargo de la dirección de la orquesta. Aunque continuó siendo una formación excelente, privada de sus principales solistas y sobretodo de su director, dejó de ser aquella orquesta inigualable que maravilló al mundo entero.

Hablemos ahora de Duke Ellington como pianista. Si bien es verdad que no fue un gran virtuoso del instrumento, debemos clasificar al Duke entre los mejores pianistas que ha dado el jazz. Formó su estilo inspirándose en los grandes pianistas de stride de New York, sobre todo de Willie «The Lion» Smith, del que tomó el fraseo melódico, simplificándolo. También recuerda al «Lion» por la calidad del sonido que obtiene del piano. Es un sonido potente, lleno de resonancias y rico en matices.

Su estilo que, como hemos dicho, era inicialmente próximo al de los pianistas de stride, fue simplificándose en la forma con los años y se enriqueció cada vez más con originales hallazgos melódicos, armónicos y rítmicos, y, sobre todo, ganó en autoridad, intención y swing. Como pianista de orquesta, Duke Ellington era formidable. Su modo de acompañar, mediante enérgicos y autoritarios acordes, constituía un perfecto sostén para sus solistas. Además, sabía crear bellos y sutiles contracantos a las improvisaciones de sus músicos, enriqueciendo de manera singular el colorido de cada interpretación.

Como es sabido, Duke Ellington ha sido también un fecundo compositor. Citaremos algunas de sus composiciones más conocidas: «Black and Tan Fantasy», «Creole love call», «Mood Indigo», «Don't mean a thing», «Rockin' in rhythm», «Stompy Jones», «Solitude», «Sophisticated Lady», «In a mellow tone», «Cotton tail», «Satin Doll», etc…

A partir de 1940, Duke Ellington compuso también algunas obras «de concierto», generalmente «suites». Algunas de estas «suites» («Liberian Suite», «A tone parallel to Harlem», también llamada «Harlem Suite») se alejan del idioma del jazz; otras, en cambio, permanecen profundamente arraigadas en la música negroamericana («Such sweet thunder», «Sweet Thursday», «Far East Suite», «New Orleans Suite»); pero todas ellas poseen una gran belleza y una riqueza sonora incomparable. Duke Ellington ha compuesto también música para películas (*Paris Blues*, *Anatomy of a murder*).

Finalmente, cabe destacar sus conciertos de música sacra, obras de una gran belleza y originalidad, que contienen numerosos fragmentos de auténtica inspiración negroamericana. Los conciertos sacros pueden considerarse como la creación más notable, en sus últimos años, del inagotable Duke Ellington, cuyo genio permaneció fresco y joven hasta el último momento.

No cabe duda de que, junto con Louis Armstrong, Duke Ellington ha sido el hombre que más gloria ha dado a la música del jazz.

Otras orquestas de los años veinte

La importancia capital de las orquestas de Fletcher Henderson y Duke Ellington no debe hacernos olvidar otras formaciones de calidad que actuaron en esta época en New York.

Mc Kinney's Cotton Pickers

La Mc Kinney's Cotton Pickers tuvo una gran reputación en los años veinte y actuó por toda Norteamérica con gran éxito.

Su mejor época se sitúa entre 1927 y 1934. Al llegar este año fue disuelta debido a la crisis económica.

Fueron sus principales directores musicales, Don Redman, saxo alto, clarinetista y arreglador que había trabajado con Fletcher Henderson, y el polifacético Benny Carter; ambos le dieron una categoría comparable a la de las mejores orquestas.

Por la Mc Kinney's Cotton Pickers desfilaron grandes solistas, algunos de ellos músicos que normalmente actuaban con Fletcher Henderson. Los más notables fueron los trompetas Joe Smith, Sidney de Paris y Rex Stewart; los saxos tenor Coleman Hawkins y Prince Robinson; los saxos altos Don Redman y Benny Carter; los pianistas Fats Waller y James P. Johnson y el batería Kaiser Marshall. La orquesta contó también con un buen vocalista, George Thomas.

Luis Russell

La orquesta de Luis Russell, discreto pianista, fue organizada en 1927. Al año siguiente era ya una de las mejores big bands de New York. Durante 1929 acompañó a Louis Armstrong y luego de 1935 a 1943 pasó a ser su propia orquesta.

Esta orquesta contaba con una sólida sección rítmica, de sabor típicamente New Orleans, pues el batería Paul Barbarian y el contrabajo, Pops Foster, eran de aquella ciudad.

Pops Foster (1892-1969), ha tenido una gran importancia en la historia del jazz. Causó tanta sensación en New Orleans que contribuyó decisivamente a cambiar la tuba por el contrabajo de cuerdas en la mayoría de orquestas. Tocaba con una potencia insuperable y utilizaba el efecto de *slap* con tal fuerza que arrastraba a toda la orquesta.

Entre los solistas cabe destacar a Albert Nicholas, excelente clarinetista, también de New Orleans; al trompeta Henry «Red» Allen; y sobre todo al

En el dominio del jazz vocal nadie ha igualado a Ethel Waters, la mejor cantante que ha habido en la historia de esta música.

trombonista J. C. Higginbotham (1906-1973), músico excepcional, cuyo esti-lo, inspirado de Jimmie Harrisson, tenía una potencia y una fuerza expresiva difícilmente igualables.

Charlie Johnson

La orquesta de Charlie Johnson era una de las orquestas preferidas del público de Harlem en los años veinte. Actuaba en el Small's Paradise, famoso local del barrio negro.

Fue organizada en 1924 por Charlie Johnson, pianista del que no tenemos referencias como solista.

Contó con músicos de verdadera talla como el gran trompeta Sidney de Pa-ris, uno de los mejores discípulos de Louis Armstrong, y el saxo Benny Waters autor de muchos de los arreglos que interpretaba la orquesta.

Esta orquesta contó además, aunque sólo de manera esporádica, con *jazz-men* tan importantes como Jimmie Harrisson, rey del trombón, y el incompa-rable Benny Carter.

En la sección rítmica actuaba un buen batería, George Stafford.

La reina del jazz vocal: Ethel Waters (1900-1977)

Así como en el terreno del blues Bessie Smith era insuperable, y recibió con toda justicia el título de «Emperatriz», en el dominio del jazz vocal nadie ha igualado a Ethel Waters, la mejor cantante que ha habido en la historia de esta música.

Sin embargo, la carrera artística y la fama de Ethel Waters no se limitan simplemente a su faceta de cantante. De hecho, se inició en el mundo del espectáculo como bailarina. Su figura era tan delgada y esbelta que recibió el nombre de «habichuela». No se decidió seriamente a cantar hasta que, a causa de un accidente, quedó imposibilitada de las piernas por un tiempo. Ethel Waters, que poseía extraordinarias dotes de actriz, alternaba sus actua-ciones en los cabarets como cantante con intervenciones en revistas musicales y obras de teatro. Su fama como actriz llegó a crecer tanto que, a partir de 1939, se dedicó exclusivamente al teatro y alcanzó gran notoriedad, incluso en el mismo Broadway, cosa muy rara tratándose de una actriz negra. Intervino también en algunos films como *Cabin in the sky* (1943) y *Pinky* (1949). Hacia 1947, cuando su fama como actriz había decrecido mucho, se dedicó de nuevo al jazz, que desde entonce compartió con el teatro.

El arte de Ethel Waters se pone de manifiesto sobre todo cuando interpreta canciones ligeras, normalmente melodías de moda, que ella transforma en el mejor jazz.

Su bella voz de soprano, de una gran delicadeza, posee una gama extensísima, y se desenvuelve con la misma precisión y facilidad en el registro grave que en el agudo. Su vibrato, muy marcado, es por sí solo de una gran expresividad. Su dicción es perfecta, dando a cada palabra la intensidad y expresión justas. Canta con un swing ligero y ágil típico del jazz practicado en los años veinte. Su canto, lleno de sentimiento y lirismo, es profundamente dramático y conmovedor, pues Ethel Waters, con la facilidad propia de una gran actriz, sabe mezclar todo el dolor y toda la alegría que un ser humano puede llegar a sentir. Su talento como cantante-actriz no creemos que haya sido superado en la historia del *music-hall* americano.

La influencia de Ethel Waters se ha dejado sentir en casi todas las cantantes de jazz surgidas a partir de 1930: Ella Fitzgerald, Helen Humes, Mildred Bailey, Billie Holiday, etc.

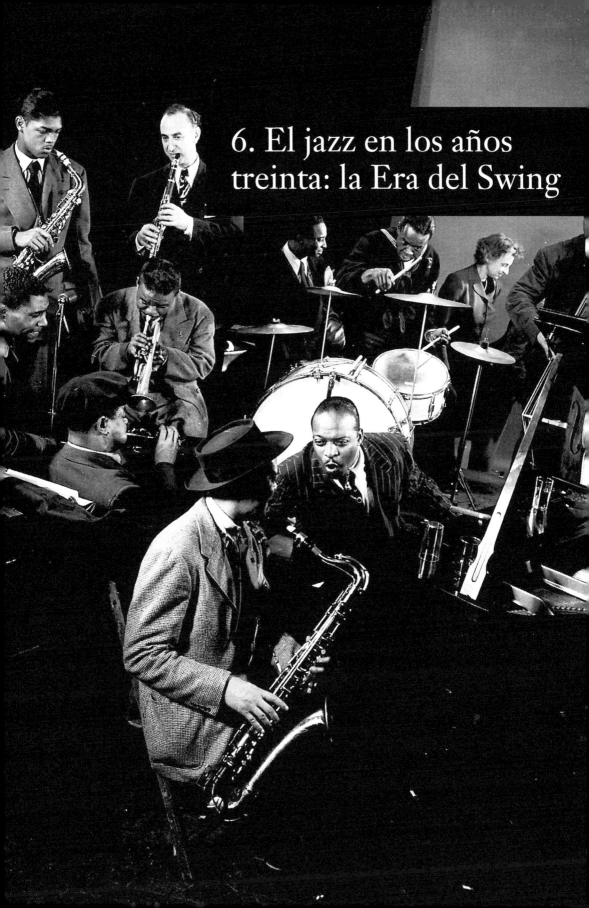

6. El jazz en los años treinta: la Era del Swing

La Depresión

La fuerte crisis económica que padeció Norteamérica de 1929 a 1934 tuvo graves repercusiones en el mundo de la diversión y el espectáculo y acabó con la llamada Edad de Oro del jazz. En efecto, durante los años de la Depresión fueron muchas las orquestas que se disolvieron y, en consecuencia, muchos músicos se vieron obligados a escoger otro trabajo para ganarse la vida.

Únicamente las orquestas de mayor renombre, o las más comerciales, pudieron seguir en activo, actuando y grabando discos.

La Depresión acabó, sobre todo, con la hegemonía de la música de estilo New Orleans. Fueron precisamente las orquestas y músicos pertenecientes a este estilo, que habían tenido su apogeo durante los años veinte, quienes sufrieron en esta década las consecuencias de la crisis de una manera más acusada.

King Oliver conoció una difícil época, llena de penalidades e infortunio, hasta que, en 1938, murió en la más completa miseria.

Kid Ory se retiró a una granja en California para dedicarse a la cría de gallinas.

Jelly Roll Morton no tuvo otro remedio que trabajar en un oscuro cabaret de Washington.

Así, podríamos citar múltiples ejemplos de músicos importantes del período New Orleans, que en estos años se eclipsaron totalmente.

Asimismo, Chicago perdió su primacía en esta década.

Muy pocos de aquellos músicos que, en la década anterior, habían llegado a Chicago procedentes de New Orleans permanecieron en esta ciudad. La mayoría de ellos emigraron a New York (Louis Armstrong, Tommy Ladnier, Barney Bigard, Albert Nicholas, Zutty Singleton, etc.). De los que se quedaron en Chicago, algunos abandonaron la música y otros siguieron en activo sin que consiguieran salir de la oscuridad. La única orquesta importante que surgió en Chicago en esta época fue la big band de Earl Hines.

En cambio, el núcleo de intérpretes de blues que se había ido formando durante los años veinte en esta ciudad tomó un notable incremento. En los cabarets del barrio negro, el South Side, actuaban los mejores intérpretes del género, tales como los cantantes-guitarristas Big Bill Broonzy y Kokomo Arnold; los cantantes y especialistas de la armónica Sonny Boy Williamson I y Jazz Gillum; y los pianistas Leroy Carr, Roosevelt Sykes, Big Maceo y Memphis Slim también magníficos cantantes. Todos estos *bluesmen* crearon escuela y, podemos decir, que, desde los años treinta, Chicago ha sido el núcleo más importante de intérpretes de blues de todo Norteamérica.

Por otra parte, en New York, donde habían ido a parar la mayoría de los músicos procedentes de Chicago y del sur, predominó durante la Depresión la música inocua de las orquestas y cantantes comerciales.

Esta primera mitad de la década de los treinta, tan funesta para el jazz en todo el país, tuvo un signo muy distinto en Kansas City, ciudad que desempeñó un importante papel en el desarrollo del jazz de la época «post-New Orleans».

De 1929 a 1935, mientras en el resto del país el jazz estaba prácticamente aletargado a causa de la crisis económica, en Kansas City se encontraron varios grupos de músicos muy activos que dieron forma al estilo que lleva el nombre de esta ciudad, y que tuvo mucha importancia en el desarrollo de la música del jazz y su evolución.

La Era del Swing

A partir de 1935, una vez pasados los años más difíciles de la Depresión, el mundo del jazz volvió a animarse.

New York se convirtió en el centro de operaciones de la mayoría de orquestas y pequeños conjuntos que entonces surgían en abundancia, al mismo tiempo que en ella proliferaban gran número de salas de baile, pequeños cabarets y *music-halls*. Así pues, a partir de los años treinta, New York pasó a ser la nueva capital del jazz.

Esta época que sucedió a los años de la Depresión, recibió el nombre de Era del Swing y comprende el período 1935-1945 en que las grandes orquestas conocieron su época de apogeo.

La expresión «era del swing» o «período swing» viene de la utilización publicitaria que se dio en aquella época a la palabra «swing».

Benny Goodman (tercero por la izquierda) fue nombrado en la década de los 30, junto con su orquesta, el Rey de Swing.

Cuando en 1935 los agentes comerciales y de prensa promocionaron, sin reparar en medios, la orquesta del clarinetista blanco Benny Goodman, nombraron a éste Rey del Swing.

Esta palabra hizo fortuna entre el gran público, pues, aunque los músicos la utilizaban desde hacía mucho tiempo, resultaba nueva para la mayoría de la gente, la cual creyó que se le ofrecía un nuevo tipo de música, la música swing. Este término se aplicaba en un principio al jazz de gran orquesta, pero más tarde, por extensión, se aplicó a todo el jazz de esta época (1935-1945), calificándose de "estilo swing" el que sucedió al estilo New Orleans.

Naturalmente, esta terminología causó muchas confusiones puesto que el swing, como elemento esencial del jazz, nació con éste; es más, ya existía en los blues y spirituals, géneros anteriores al jazz.

Sin embargo, no debe extrañarnos que una parte de la crítica y del gran público, que atribuyen a esta etiqueta publicitaria valor de definición, se sorprendan cuando oyen hablar del swing del jazz New Orleans.

Por esto es preciso tener en cuenta las dos acepciones de la palabra «swing»; por un lado, la acepción original y auténtica, la que se refiere a la pulsación característica de la música negroamericana, y en segundo lugar, la que se refiere al jazz de gran orquesta y, en general, al que apareció en los años treinta, sucediendo al estilo New Orleans, cuya influencia había desaparecido casi por completo.

En efecto, la concepción orquestal, basada en el contrapunto creado por los distintos instrumentos, típico de las orquestas de New Orleans, dejaba paso a una nueva concepción. La gran orquesta se entiende a partir de entonces, como un conjunto de bloques homogéneos, constituido además de la sección rítmica por las tres secciones de viento: trompetas, trombones y saxofones. Las tres tienen, prácticamente la misma importancia. Cada una ejecuta la parte que tiene asignada, y ésta se mezcla o yuxtapone a la de las demás secciones, para obtener el resultado de conjunto previsto en el arreglo. Unas veces es la sección de trompetas la que lleva la melodía y las otras secciones la secundan; en otras ocasiones los papeles se invierten, siendo la sección de saxos o la de trombones la que lleva la parte principal; incluso existen arreglos en que las tres secciones tocan unidas, de forma que no puede decirse que sea una u otra sección la que lleva la melodía, sino que ésta nace del resultado del conjunto, dando lugar al llamado «sonido de masa».

Además de estos cambios en la estructura y concepción de la orquesta, una nueva e importante característica distingue al jazz de los años treinta del jazz de la década anterior: la pulsación rítmica.

Como vimos, el jazz de los años veinte, dominado por el estilo New Orleans, tenía la pulsación típica de este estilo. Incluso los músicos que no eran originarios del sur tocaban con una pulsación y un acento casi idénticos, influidos sin duda por sus colegas procedentes de New Orleans. El jazz de los años treinta, sobre todo el de estilo Kansas City, tiene una pulsación rítmica distinta. La acentuación de los tiempos débiles no se hace de forma tan marcada y contundente. No existe una diferencia tan acusada entre la acentuación de los tiempos débiles y los fuertes; en esta pulsación se produce una especie de rebote elástico que va de un tiempo a otro. En cuanto a los solistas, debemos notar que, mientras el swing de los músicos de New Orleans se apoyaba constantemente en el tiempo de forma ligera y sin cargar excesivamente sobre ninguna nota, el swing de los músicos de la época post-New Orleans nace de un acusado contraste entre las distintas acentuaciones que dan a sus frases.

A su vez, las improvisaciones tienen una estructura melódica distinta, en general más compleja, que se aleja de la simplicidad y del equilibrio propios del estilo New Orleans.

Es necesario constatar que, a pesar de estos cambios que determinan una evolución indiscutible, se mantienen aquellos elementos que dieron al jazz su carácter específico y particular, es decir, el swing y la técnica instrumental a imitación de la técnica vocal o, como decíamos en el primer capítulo, el tratamiento rítmico y el tratamiento sonoro.

Algunos autores como el escritor negro Leroy Jones, pretenden que el jazz de esta época pierde paulatinamente su calidad de música exclusiva del pueblo negro para convertirse en una música «norteamericana», integrada plenamente en la vida del país, que satisface más a la sociedad blanca y a la burguesía negra que al pueblo negro estadounidense. Esta afirmación no es exacta en absoluto.

El jazz de esta época es realmente más elaborado y, en algunos aspectos, más «amable» que el de la época anterior. Esto se debe a que la generación de los años treinta creció en un ambiente bastante distinto al de sus predecesores, pues la situación en el norte no era tan violenta como en el sur. Por otra parte, muchos negros habían podido estudiar en escuelas, colegios y facultades y la mayoría de músicos de esta generación tenían amplios conocimientos musicales. El jazz de estos años refleja todos estos aspectos, y es lógico que, para la sociedad blanca fuera más asimilable este tipo de jazz que el de los «ruidosos» conjuntos de estilo New Orleans o los blues ásperos y «vulgares» de los cantantes del sur.

Pero los negros, encerrados en sus barrios y comunidades, seguían teniendo su propia cultura, sus propias formas de vida y su propio arte. Y no hay duda de que el jazz de los años treinta seguía identificándose plenamente con el sentir y las necesidades del pueblo negro norteamericano. El jazz continuó siendo su única forma musical propia. La prueba de ello está en que las grandes orquestas de esta época contaban con un fervoroso público negro que llenaba todos los locales donde actuaban.

Así, las enormes salas de baile de Harlem, como el Savoy y el Small's Paradise, los *music-halls* como el Apollo, y todos los pequeños cabarets del barrio negro, se llenaban cada noche de una multitud de gentes de color que escuchaban, bailaban y animaban a los músicos, es decir, que vivían y participaban en la música que allí creaban estas orquestas.

En esta época, cuando en New York aparecía un disco de jazz particularmente conseguido, se agotaba en las tiendas de Harlem en cuestión de horas; y no solamente los músicos, sino todas las gentes del barrio aprendían de memoria los mejores solos que luego tarareaban o silbaban por la calle. Todo ello viene a demostrarnos que, si bien en esta época el jazz llegó a introducirse hasta cierto punto en la sociedad norteamericana, también es cierto que se mantuvo profundamente enraizado en el sentir del pueblo negro, que seguía impulsándolo, dándole vida y forma. En realidad, la música que más llegó a la sociedad blanca fue el género suave y azucarado de las orquestas comerciales blancas (Glenn Miller, Artie Shaw, Paul Whiteman, Casa Loma, etc.); y si hubo orquestas blancas que, imitando a las orquestas negras, hacían buen jazz, y si, por otra parte, hubo una afición entre el público blanco por el auténtico jazz de los negros, esto solo quiere decir que el negro estaba realmente influyendo en el blanco, imponiéndole su concepción de la música y los valores culturales que ésta encierra.

La orquesta de Duke Ellington, una vez superada la época de crisis, siguió su carrera ascendente, manteniéndose por encima de todas las nuevas formaciones que iban apareciendo.

Luego, mejor sería decir que, en vez de estarse americanizando, el jazz, estaba, en realidad, transformando la música, los gustos y la sensibilidad del blanco. Este es probablemente uno de los fenómenos más característicos e importantes de esta época llamada Era del Swing.

Las grandes orquestas del período swing

La enorme cantidad de big bands que florecieron durante el período swing (1935-1945), permitió una gran variedad de estilos así como la aparición de diversas escuelas o tendencias que enriquecieron notablemente el panorama del jazz.

De las principales orquestas que animaron el período swing, sólo dos de ellas habían nacido en plena década de los veinte. Eran las formaciones de Fletcher Henderson y Duke Ellington.

Si por su parte, la orquesta de Fletcher Henderson, disuelta en 1934 y reorganizada en 1936, terminó prácticamente sus días en 1939, la orquesta de Duke Ellington, por el contrario, una vez superada la época de crisis, durante la cual realizó su triunfal primera gira por Europa, siguió su carrera ascendente, manteniéndose por encima de todas las nuevas formaciones que iban apareciendo.

La primera de éstas fue la orquesta de Chick Webb, que, a pesar de llevar ya varios años de actividad, no comenzó a ser conocida y apreciada por el público hasta 1934.

En esta misma época comenzaban a adquirir importancia otras orquestas. Eran las de Teddy Hill, Claude Hopkins, Luky Millinder y su «Blue Rhythm Band», Willie Bryant y la del famoso cantante Cab Calloway, que empezó a ser famosa en 1931, cuando sucedió a la de Duke Ellington en el Cotton Club. En 1934, la orquesta de Cab Calloway fue sustituida en el Cotton Club por una joven formación recién llegada a New York que pronto se afirmaría como una de las mejores orquestas de los años treinta e incluso de toda la historia del jazz. Se trataba de la orquesta de Jimmie Lunceford, cuyo estilo, de una gran originalidad, ejerció una notable influencia sobre muchas formaciones de la época.

La más importante de las que siguieron el «estilo Lunceford» fue la de Erskine Hawkins.

Aparte del «estilo Lunceford», la escuela más importante que apareció en los años treinta fue la de Kansas City. La primera orquesta de «estilo Kansas» fue la de Bennie Moten. Pero fue la formación de Count Basie, otra de las mejores orquestas de la historia del jazz, la que por su extraordinaria categoría llegó a imponer ese estilo. Dentro de esta misma línea, aunque sin alcanzar su categoría, encontramos a las orquestas de Jay McShann y Andy Kirk.

En Chicago, la única big band importante que actuó allí de forma permanente fue la del gran pianista Earl Hines, en cuyo estilo se mezclaban a menudo las influencias de Jimmie Lunceford y de Count Basie.

Ya en la década de los cuarenta aparecieron nuevas orquestas que enriquecieron aún más el panorama multicolor que ofrecía el jazz en este período. Fueron las formaciones de Lionel Hampton, Benny Carter, «Cootie» Williams, Coleman Hawkins, Billy Eckstine, Teddy Wilson, etc., todas ellas excelentes.

A continuación, solamente veremos las mejores orquestas surgidas en los años treinta de las cuales existen grabaciones que nos dan la auténtica medida de su valía. Hubo otras orquestas que aunque gozaron de gran reputación en esta época, grabaron muy pocos discos, por lo que nos es imposible hablar de ellas y enjuiciarlas.

También nos referiremos a las orquestas blancas más famosas durante estos años, es decir, a las de Benny Goodman, Tommy Dorsey, Woody Herman, Bob Crosby, Glenn Miller, etc. pues aunque su jazz era inferior en categoría al de las orquestas negras, llegaron a alcanzar un gran renombre gracias al parcial montaje publicitario que les favorecía automáticamente. Por eso será muy necesario situar a las más conocidas en el lugar que realmente les corresponde en la historia del jazz.

La orquesta de Chick Webb

El Savoy Ballroom, la famosa sala de baile de Harlem, estaba animado normalmente por dos orquestas. Instaladas en sendos estrados, uno a cada lado de la pista, alternaban sus actuaciones, rivalizando en virtuosismo y swing.

El público, formado por centenares de negros, hombres y mujeres, casi todos ellos excelentes bailarines, designaba con sus aclamaciones a la mejor orquesta. En estas competiciones, llamadas «contests», había una orquesta prácticamente invencible, la de Chick Webb, que consiguió batir a algunas de las formaciones más prestigiosas del momento como las de Fletcher Henderson, Benny Goodman y Count Basie.

Más que por la categoría de sus solistas o la calidad de los arreglos que interpretaba, esta orquesta se imponía por la prodigiosa labor de su director, el fabuloso batería Chick Webb, quien con su swing fenomenal arrastraba materialmente a sus músicos y enfervorizaba al público.

Con todo, la orquesta de Chick Webb no alcanzó el máximo de su popularidad hasta 1934, cuando contrató a una joven cantante, vencedora de un concurso para aficionados, la más tarde famosísima Ella Fitzgerald. Gracias a ella, la orquesta de Chick Webb aumentó su gran éxito popular a partir de 1934.

Los mejores solistas que pasaron por la orquesta fueron los trompetas Bobby Stark, Reunald Jones y Taft Jordan, los saxofonistas Hilton Jefferson y Edgar Sampson, y el trombonista Sandy Williams. Por la sección rítmica pasaron sucesivamente dos buenos guitarristas, John Trueheart y Bobby Johnson, y tres excelentes contrabajos, Elmer James, John Kirby y Beverley Peer.

La orquesta de Chick Webb contó también con un par de arregladores magníficos, Charlie Dixon (« The Naughty Walz») y Edgar Sampson («Stompin' at the Savoy», «Don't be that Way», etc.).

La estructura de sus arreglos era generalmente muy simple e idónea para el swing robusto y avasallador que caracterizaba a esta orquesta.

Pero como ya hemos dicho, el alma y el motor de este conjunto era su director y batería, Chick Webb (1909-1939), considerado como el mejor batería que ha existido en la historia del jazz.

A pesar de su evidente inferioridad física, pues era enano y contrahecho, ha superado a todos los demás baterías por su potencia y vitalidad.

Su estilo se caracteriza por una acentuación violenta de los tiempos débiles, seguida de un rebote sobre los tiempos fuertes que da a su pulsación una plenitud y una grandeza inigualables. Consigue de todos los accesorios de la batería (tambores, platillos, charleston, cencerro, etcétera…) una sonoridad potente, un timbre claro y una gran riqueza de matices. Sus puntuaciones y sus *breaks* tienen un impacto terrible; su swing subyugante electrizaba a sus

Chick Webb (1909-1939),
considerado como el mejor
batería que ha existido en la
historia del jazz.

músicos y fascinaba al auditorio. Ha influido a gran parte de los baterías aparecidos después de 1930.

El otro artífice del éxito de la orquesta de Chick Webb, fue la entonces jo-
vencísima Ella Fitzgerald (1917-1996), cuyo nombre, con los años, ha llegado
a ser uno de los más conocidos para el gran público.

Ella Fitzgerald cantaba en esta época con un estilo muy directo y rebosante
de swing, sin pretensiones, con un acento ingenuo y candoroso del que se desprendía una verdadera y tierna emoción.

Con los años, Ella Fitzgerald adquirió mucho oficio y sus recursos se multiplicaron, llegando a afirmarse como una de las mejores cantantes de la historia del jazz. Particularmente atractivos resultan sus vocales en *scat*, verdaderamente magistrales.

Cuando Chick Webb, que desde hacía tiempo padecía de tuberculosis, murió en 1939, su orquesta pasó a ser la de Ella Fitzgerald; y continuó actuando
hasta 1942, año en que fue disuelta.

La orquesta de Jimmie Lunceford

En 1934, una orquesta prácticamente desconocida se presentó en el Cotton
Club de New York para sustituir a la formación de Cab Calloway, que partía
entonces de gira por Europa. Su estilo era completamente distinto al de las

orquestas que en aquel momento triunfaban en la ciudad y, quizá por esto, calificados críticos se mostraron poco dispuestos a darle su beneplácito, e incluso alguno llegó a juzgarla «espantosa».

Pero bien pronto consiguió triunfar plenamente, gracias al más sólido de los apoyos, el del público. Sin duda la orquesta de Jimmie Lunceford llegó a ser una de las más populares del período swing, y hoy podemos considerarla como una de las mejores y más originales de la historia del jazz.

Esta orquesta surgió de un grupo de jóvenes músicos, estudiantes de la Fisk University, donde Jimmie Lunceford (1902-1947) había obtenido los títulos de profesor de música y cultura física.

Su debut en el Cotton Club de New York, en 1934, marcó el inicio de su época de esplendor, de tal forma que entre 1935 y 1940 llegó a codearse con las formaciones de Duke Ellington, Fletcher Henderson, Count Basie y Chick Webb, es decir, con las de mayor reputación en aquellos años.

Probablemente, uno de los secretos de esta orquesta radicaba en el maravilloso espíritu de equipo que en ella reinaba y en el sano ambiente de disciplina que Jimmie Lunceford logró imponer, cosa muy difícil en las orquestas de este tipo. Este carácter disciplinado queda perfectamente reflejado en el modo impecable con que la orquesta ejecutaba los arreglos, algunos de ellos realmente muy difíciles. Pero el artífice decisivo con que contó Jimmie Lunceford para obtener su enorme éxito fue Sy Oliver, trompeta, cantante y principal arreglador del conjunto.

Sy Oliver (1910-1988), considerado, junto con Duke Ellington y Benny Carter, como el mejor arreglador que ha tenido la música de jazz, se unió a Lunceford en 1933, y contribuyó más que nadie a crear el particular estilo de esta orquesta. Este estilo, conocido como «estilo Lunceford», se caracteriza por la original forma de los arreglos, estructurados como un continuo juego de contrastes sonoros y rítmicos que vienen secundados por la acentuación clara y potente del *back beat* por parte de la sección rítmica. De esta manera, se obtiene un swing basado en la acentuación del contratiempo y en el contraste rítmico, completamente distinto al swing «rectilíneo» que caracteriza al «estilo Kansas City».

Las orquestaciones de Sy Oliver tienen un delicioso colorido sonoro, son extremadamente sutiles y llenas de efectos imprevistos, de forma que mantienen al auditorio en continuo suspenso. En ellas utiliza frecuentemente los contracantos entre las distintas secciones de la orquesta, estructurados, en ocasiones, de forma análoga a la de los conjuntos de estilo New Orleans. Estas orquestaciones parten, casi siempre, de ideas muy simples que Sy Oliver enriquece magistralmente. Por ello pueden ser apreciadas por un público extenso.

Los arreglos más conocidos de Sy Oliver son «Organ Grinder's Swing», «For Dancers Only», «Margie», «By the River Sainte Marie», «Stomp it off», etc.

Sy Oliver es también un buen trompeta. Sus solos apoyados sólidamente en el «tempo» denotan influencia del estilo New Orleans. Utiliza con mucho acierto la sordina wa-wa y el *growl*, inspirándose sobre todo en Bubber Miley. Es además un buen cantante, lleno de sensibilidad y no exento de un fino humor.

Aparte de las concepciones musicales de Sy Oliver, que contribuyeron decisivamente a crear su original estilo, otra característica muy típica de la orquesta de Jimmie Lunceford fue la utilización de un «tempo» muy particular, situado entre el «tempo» lento y el «tempo» medio, que favorecía mucho al swing, y que recibió el singular nombre de «tempo Lunceford». El «tempo Lunceford» es idóneo para el baile y seguramente por esto la orquesta de Jimmie Lunceford fue una de las preferidas de los bailarines de Harlem entre 1934 y 1949, su mejor época.

Durante estos años, la composición de la orquesta fue muy estable y si exceptuamos algunas variaciones sin importancia, los músicos que la formaban fueron Sy Oliver, Eddie Tompkins y Paul Webster, trompetas; Trummy Young (que sustituyó a Eddie Durham en 1937), Elmer Crumbley y Russell Bowles, trombones; Willie Smith, Ted Buckner y Dan Grissom, saxos alto; Joe Thomas, saxo tenor; Earl Carruthers, saxo barítono; Edwin Wilcox, piano; Al Norris, guitarra; Moses Allen, contrabajo y Jimmie Crawford, batería. Jimmie Lunceford se limitaba a dirigir la orquesta aunque también fuera un buen instrumentista (tocaba el saxo y el clarinete).

De esta formación destacan algunos solistas de verdadera importancia.

Uno de los secretos del éxito de la orquesta de Jimmie Lunceford radicaba en el maravilloso espíritu de equipo que en ella reinaba y en el sano ambiente de disciplina que su director logró imponer, cosa muy difícil en las orquestas de este tipo.

En la sección de trompetas, aparte del ya mencionado Sy Oliver, debemos citar a Eddie Tompkins, músico de estilo sensible y melodioso, y a Paul Webster conocido sobre todo por ser el *jazzman* que ha conseguido las notas más agudas de una trompeta.

La sección de trombones contó de 1935 a 1937 con un honorable solista, Eddie Durham, buen trombonista y también destacado guitarrista, conocido por ser el primero que utilizó la guitarra con amplificación eléctrica. Eddie Durham era además un excelente arreglador.

Pero el músico más importante que pasó por la sección de trombones fue Trummy Young, quien en 1937 sustituyó a Eddie Durham.

Trummy Young (1912-1984) ha sido después de Jimmie Harrisson el trombonista que mayor influencia ha tenido en la historia del jazz y, sin lugar a dudas, uno de los mejores. Formó su estilo bajo la influencia de Jimmie Harrisson y sobre todo de Louis Armstrong, cuyo fraseo y acentuaciones ha asimilado perfectamente. Toca normalmente con gran potencia y vehemencia. Pero es igualmente capaz de ejecutar solos con una delicadeza y una suavidad cautivadoras. Utiliza con gran facilidad el registro agudo en el que su sonoridad adquiere una fuerza expresiva asombrosa. Trummy Young es también un formidable cantante («Margie», «Tain't what you do», etc.).

En la sección de saxofones destacaba en primer lugar el saxo alto y clarinete Willie Smith (1908-1967), uno de los más antiguos y fieles colaboradores de Jimmie Lunceford. Durante todo el tiempo que actuó en la orquesta brilló al nivel de Benny Carter y Johnny Hodges, sus dos principales modelos. Cuando abandonó la orquesta en 1942, su inspiración volviose irregular y ya nunca recuperó su extraordinaria forma de la época «Lunceford», cuando asombraba a todos por la invención, la volubilidad de sus frases y la fuerza e ímpetu con que las desarrollaba («Swingin' Uptown», «Uptown Blues», «Blue Blazes», etc.).

Otro buen saxo alto era Ted Buckner, que, aunque más modesto que Willie Smith, tenía del don de exponer una melodía de forma amable, melodiosa y llena de *feeling* («Margie», «By the river Ste. Marie», «Ain't she sweet», etc.).

El único solista del saxo tenor con quien contó la orquesta fue Joe Thomas (1909-1986), uno de los mejores discípulos de Coleman Hawkins, de quien tomó sobre todo la sonoridad cálida y aterciopelada («Black and Tan Fantasy», «Annie Laurie», «Wham», etc.).

En la sección rítmica destacaba con fuerza la presencia del batería Jimmie Crawford. Su estilo inspirado en el de Chick Webb así como en el de Sidney Catlett, se caracteriza por una fuerte acentuación de los tiempos débiles, que da lugar al típico swing «Lunceford».

A partir de 1939 Jimmie Lunceford perdió a muchos de sus hombres más importantes. En 1939, fue Sy Oliver quien le abandonó, siendo sustituido como arreglador por Billie Moore quien supo seguir perfectamente la misma línea. Luego se marcharon dos de los principales pilares de la orquesta, Willie Smith y Trummy Young. A estas bajas siguieron aún otras, por lo que a partir de 1942 la orquesta entró en una época de declive.

Pero el golpe más fuerte para la orquesta fue la muerte de su director Jimmie Lunceford en 1947, durante una gira.

Edwin Wilcox y Joe Thomas, asumieron entonces la dirección del grupo que tomó el nombre de «The Jimmie Lunceford Orchestra under the direction of Edwin Wilcox, Joe Thomas». Al año siguiente, ambos se separaron; quedó entonces como director de la orquesta Edwin Wilcox, pero este tuvo que disolverla al poco tiempo. Así terminó una de las orquestas más importantes de la historia del jazz.

La orquesta de Erskine Hawkins

La orquesta que siguió de más cerca la línea marcada por la formación de Jimmie Lunceford fue la de Erskine Hawkins.

Erskine Hawkins (1914-1993), que fue llamado el «ángel Gabriel del siglo XX» por su prodigioso virtuosismo con la trompeta, se presentó al frente de su formación en New York hacia 1935. A pesar de que en esta ciudad actuaban en aquel momento muchas orquestas de gran reputación, no tardó en ganarse un lugar de honor entre las más famosas.

La orquesta de Erskine Hawkins actuaba con mucha frecuencia en la sala de baile más importante de Harlem, en el Savoy Ballroom, e interpretaba música concebida exclusivamente para bailar, por lo que se convirtió en una de las preferidas por los bailarines del Savoy y alcanzó gran popularidad entre las gentes de Harlem. Los arreglos que interpretaba esta orquesta eran parecidos a los de la orquesta de Jimmie Lunceford, pero tenían una estructura más simple y carecían de la sutileza y el colorido de aquéllos.

En cuanto a los solistas, esta orquesta contaba en la sección de trompetas con el excelente Dud Bascomb, y con el propio Erskine Hawkins, gran virtuoso del instrumento, con un registro agudo impresionante y, aunque demasiado amante de las proezas técnicas, capaz de tocar con un swing considerable. En la sección de saxofones destacaban el gran saxo tenor Julian Dash, magnífico discípulo de Chew Berry, y el saxo barítono Heywood Henry, buen especialista de este difícil instrumento así como estupendo clarinetista. En la sección rítmica debemos destacar por encima de todos al pianista Avery Parrish, buen músico de acompañamiento y notable solista, sobre todo como intérprete de blues. El disco *After Hours*, grabado en 1940, que consiste en una soberbia improvisación sobre el blues, apoyada sólo en el último *chorus* por un discreto pero eficaz fondo orquestal, obtuvo un éxito fabuloso entre el público negro y dio paso a una nueva forma de interpretar el blues al piano.

La orquesta de Erskine Hawkins permaneció en actividad incesante a lo largo de los años cuarenta e incluso a principios de los cincuenta. Luego, sus actuaciones se hicieron esporádicas y, finalmente, cesaron por completo.

La orquesta de Earl Hines

La orquesta de Earl Hines, fue la única gran orquesta de Chicago que, entre 1928 y 1947, mantuvo un nivel comparable al de las orquestas de New York. Actuaba normalmente en un famoso local de Chicago, el Grand Terrace Cafe.

La orquesta de Earl Hines comenzó a situarse entre las mejores a partir de 1935, cuando el saxo tenor y arreglador Budd Johnson tomó la dirección musical de la misma. Otro buen arreglador que tuvo Earl Hines, también músico de su formación, fue Jimmy Mundy.

En líneas generales, el estilo de esta orquesta se inspiraba en el de Jimmie Lunceford y, en determinados aspectos, en el de Count Basie.

Esta formación contó con algunos solistas de gran categoría, comenzando por su propio director, el fabuloso Earl Hines, cuya dinámica personalidad era una inagotable fuente de energía para toda la orquesta.

En la sección de trompetas destacaba Walter Fuller, buen discípulo de Louis Armstrong, y además un estupendo cantante, dentro de la misma línea. En la sección de trombones, la orquesta contó entre 1933 y 1937 con el extraordinario Trummy Young, el cual, como vimos, se hizo famoso cuando entró en la orquesta de Jimmie Lunceford a finales de 1937.

En la sección de saxofones encontramos a Budd Johnson (1910-1984), quien se inspiró inicialmente en Coleman Hawkins y Louis Armstrong, y a partir de 1940 y sin que desaparecieran sus primitivas influencias, recibió el influjo de Lester Young (importante saxo tenor del cual hablaremos al tratar de la orquesta de Count Basie). En esta misma sección figuraban dos excelentes clarinetistas de estilo New Orleans, Omer Simeon y Darnell Howard; este último era también un magnífico violinista; el primero verdaderamente importante que tuvo la música del jazz.

Por la sección rítmica pasaron dos baterías de clase; Wallace Bishop y Alvin Burroughs, magnífico discípulo de Chick Webb.

La orquesta de Earl Hines alcanzó su mejor época entre 1939 y 1941. En 1947, como tantas otras orquestas, tuvo que ser disuelta a causa de la crisis económica de la posguerra.

La orquesta de Cab Calloway

El conocido cantante, bailarín, actor y *showman*, Cab Calloway (1907-1994), dirigió, desde finales de los años veinte hasta 1948, una gran orquesta de calidad nada despreciable.

Esta formación comenzó a ser conocida a partir de 1931, cuando sustituyó a la de Duke Ellington en el Cotton Club. Desde entonces, conoció un éxito ininterrumpido hasta el año 1948 en que fue disuelta a causa de la crisis económica.

El éxito de esta orquesta se debe en gran parte a la labor de cantante y animador que Cab Calloway desempeñaba con mucho oficio y brillantez. Fue llamado «The King of the Hi-De-Ho», pues en sus vocales en *scat* utilizaba frecuentemente estas sílabas. No puede decirse, sin embargo, que Cab Calloway haya sido un gran cantante de jazz, sino más bien un vocalista habilidoso que gustaba al público por su espectacularidad y su dominio de la escena.

De todas formas, su orquesta fue generalmente muy buena, sobre todo entre 1939 y 1941, años en que estuvo al nivel de las mejores formaciones del momento, pues contaba entonces en sus filas con músicos tan calificados como los trompetas Jonah Jones y Dizzy Gillespie, el saxo tenor Chew Berry, el saxo alto Hilton Jefferson, el clarinetista Jerry Blacke, los trombonistas Tyree Glenn, Keg Johnson y Quentin Jackson y, en la sección rítmica, el guitarrista Danny Barker, el pianista Benny Payne, el contrabajo Milt Hinton y el gran batería Cozy Cole. De esta espléndida formación, los músicos que más destacaban, eran, aparte del saxo tenor «Chew» Berry (ver *La orquesta de Fletcher Henderson*), el trompeta Jonah Jones y el batería Cozy Cole.

El conocido cantante, bailarín, actor y *showman*, Cab Calloway (1907-1994), dirigió, desde finales de los años veinte hasta 1948, una gran orquesta de calidad nada despreciable.

Jonah Jones (1909-2000) es uno de los mejores discípulos de Louis Armstrong. Aunque posee una técnica de virtuoso y es capaz de tocar a la perfección las frases más vertiginosas, prefiere las más sencillas y concisas que ejecuta con un swing, un vigor y una potencia impresionantes («Jonah Joins the Cab»).

Cozy Cole (1909-1981), considerado como uno de los más grandes baterías de la historia del jazz, es tan buen acompañante como solista. Posee una gran técnica que le permite ejecutar con absoluta claridad los redobles y las figuras rítmicas más complicadas. Su tempo es de una solidez y una regularidad insuperables. Construye sus solos con una lógica perfecta, y logra de su instrumento todos los matices y efectos expresivos que puedan imaginarse, pudiendo «decir» tanto con la batería como cualquier otro músico mediante su instrumento («Crescendo in Drums», «Ratamacue», «Paradiddle»).

Durante los años cuarenta Cab Calloway contó con otros músicos de calidad, de los que cabe destacar al saxo tenor Ike Quebec y al batería J. C. Heard.

La escuela de Kansas City

Kansas City, situada en la frontera entre los estados de Missouri y Kansas, importante nudo ferroviario y lugar de paso obligado en muchos itinerarios, fue, entre 1929 y 1935, escenario de un vigoroso movimiento musical, decisivo para el desarrollo de la música jazz. Durante la crisis económica, mientras que en la mayoría de las ciudades el jazz pasaba por una época difícil, en Kansas City iba tomando forma un nuevo estilo.

En esta ciudad se encontraban numerosos músicos procedentes de los estados de sur, en particular Texas, quienes en una formidable labor de conjunto, dieron un nuevo impulso al jazz.

La primera orquesta de categoría que surgió en Kansas City fue la de Benny Moten, de cuyo núcleo nacería más tarde la famosa orquesta de Count Basie, principal representante del estilo Kansas. Otras formaciones importantes aparecidas en esta ciudad fueron las de Andy Kirk y Jay McShann. Todas ellas tenían características comunes que determinan el llamado estilo Kansas City.

A partir de 1935, mucha orquestas famosas como las de Earl Hines, Cab Calloway, Erskine Hawkins, «Cootie» Williams, etc., se vieron más o menos influidas por la escuela de Kansas.

El estilo Kansas City viene definido por dos características principales: la pulsación rítmica y el estilo orquestal.

Ya hablamos al principio del capítulo de la «pulsación de Kansas». En ella la acentuación de los tempos débiles y los fuertes es mucho menos contrastada que en el estilo New Orleans. El batería produce una especie de rebote elástico que va de un tempo a otro de tal forma que desaparece casi totalmente el contraste entre los distintos tiempos de compás.

Para comprender esto, es necesario recurrir a la ilustración discográfica. En los discos de la orquesta de Count Basie del período 1937-47, la pulsación de la sección rítmica, especialmente la del batería Jo Jones, constituye el ejemplo más claro de «pulsación Kansas».

En cuanto al estilo orquestal, la escuela de Kansas se caracteriza por un tipo de arreglos de una gran simplicidad, basados casi exclusivamente en el empleo de *riffs* de conjunto o ejecutados por una o más secciones como apoyo a un determinado solo.

Por lo general, los temas interpretados son muy simples, a menudo son blues clásicos o «temas-*riff*» de treinta y dos compases con puente.

Las orquestaciones de arregladores como Buster Harding, Budd Johnson, Eddie Durham, etc., constituyen ejemplos típicos del estilo Kansas City.

La orquesta de Benny Moten

La primera de las orquestas de estilo Kansas fue la de Benny Moten. Actuó en esta ciudad entre 1929 y 1934. Cuando en 1932 tocó por algún tiempo en New York, provocó la admiración de todos los músicos y bailarines de Harlem por la impecable ejecución de los arreglos, por su swing impetuoso y por la categoría de sus solistas.

Entre ellos destacaba el gran trompeta y cantante Hot Lips Page (1908-1954), muy influido en ambas facetas por Louis Armstrong. Su gran potencia, la intensidad y el mordiente que daba a cada nota, las múltiples inflexiones que animaban sus frases, hacían que la música de Lips Page tuviera una fuerza expresiva excepcional. Lips Page era, sobre todo, un intérprete de blues insuperable, tanto tocando la trompeta como cantando.

En la sección de saxofones destacan el saxo alto y clarinete Eddie Barefield, el también saxo alto Buster Smith, y el saxo tenor Ben Webster.

Otro músico notable, el trombonista y guitarrista Eddie Durham, fue además uno de los principales arregladores de la orquesta.

En la sección rítmica, el pianista fue al principio el propio Bennie Moten, pero, a partir de 1930, este puesto fue ocupado por el joven Bill Basie que en aquella época aún no tenia el apodo de «Count» con que sería conocido años más tarde al frente de su propia y famosa orquesta.

El contrabajo era Walter Page, futuro miembro de la orquesta de Count Basie.

Cuando Bennie Moten murió en 1935, su hermano Bus, asumió la dirección del grupo, pero al cabo de pocos meses la orquesta fue disuelta. Del núcleo de esta formación recién disuelta surgiría la gran orquesta de Count Basie.

La orquesta de Count Basie

William «Count» Basie (1904-1984), nacido en Red Bank, New Jersey, se trasladó a New York en 1923 para actuar en los cabarets de Harlem, acompañando a menudo a famosas cantantes de blues como Bessie Smith y Clara Smith.

En esta época conoció a Fats Waller, James P. Johnson y Willie «The Lion» Smith, que por aquel entonces eran los reyes de Harlem. Escuchándolos atentamente y siguiendo sus consejos, Count Basie fue perfeccionando su estilo que quedó marcado para siempre por la influencia de los tres grandes del piano stride.

Fats Waller, le enseñó además a tocar el órgano, instrumento del que Count Basie ha llegado a ser un magnífico especialista dentro de la línea de su maestro.

Enrolado como pianista y actor en una compañía de variedades, fue a parar a Kansas City cuyo animado ambiente musical le decidió a quedarse allí. Actuó primeramente en un excelente conjunto, los «Walter Page's Blue Devils» y a continuación entró en la orquesta de Bennie Moten.

En ella conoció a varios de los componentes de su futura orquesta. En 1935, cuando murió Bennie Moten y su orquesta se disolvió, Count Basie reunió a los mejores elementos de la misma, con un total de nueve músicos y constituyó su primera orquesta; con ella debutó en el Reno Club de Kansas City.

Luego, actuó con éxito en Chicago y obtuvo una emisión de radio. Después de escuchar una de estas emisiones, el director de orquesta Fletcher Henderson dijo al crítico John Hammond: «Su orquesta es tan buena que la cambiaría por la mía». Y no olvidemos que en aquel momento la orquesta de Fletcher Henderson era una de las mejores.

En 1936, ampliando el número de sus componentes a trece, la orquesta de Count Basie se presentó en New York. Rápidamente obtuvo un éxito sensacional pues, sin duda, se encontraba a la altura de las mejores orquestas que entonces actuaban en la ciudad y marcaba una línea completamente nueva.

Realmente, el estilo de la orquesta de Count Basie no debe nada al de Duke Ellington ni al de Chick Webb, Fletcher Henderson o Jimmie Lunceford. El estilo de esta orquesta es fiel reflejo de la personalidad musical de su director.

Count Basie, uno de los mejores pianistas que ha tenido el jazz, estuvo influido en sus comienzos por los grandes del piano stride; así lo demuestran los

Count Basie y su orquesta debutaron en el Reno Club de Kansas City en 1935.

discos grabados con la orquesta de Bennie Moten. Pero, a partir de 1937, su estilo se simplifica al máximo; con la derecha ejecuta únicamente frases muy concisas, despojadas de todo revestimiento o adorno, y con la izquierda algunas puntaciones aisladas. La sobriedad y concisión de su fraseo no impiden que este sea extraordinariamente expresivo, por la forma ágil, incisiva y llena de swing con que anima cualquiera de sus pequeñas frases.

Count Basie es, además, un magnífico pianista de orquesta. Generalmente, las interpretaciones de su big band se abren con una introducción y, a menudo, con uno o dos *chorus* de Count Basie al piano que, de este modo, marca a sus músicos la pauta y el clima que desea dar a la pieza. Es verdaderamente impresionante su forma de dar el tempo y poner en marcha la orquesta.

Pues bien, el espíritu musical simple, conciso, en busca sólo de lo esencial que encontramos en el Count Basie pianista es el mismo que anima y da forma a la música de su orquesta. Mientras que en las otras orquestas (Duke Ellington, Jimmie Lunceford, etc.) los arreglos tenían gran importancia y constituían el esquema sobre el cual se estructuraban casi todas las interpretaciones, en la orquesta de Count Basie se montaban los números alrededor de los solos fundamentalmente, los cuales quedaban enmarcados y sostenidos por arreglos muy simples y sobrios.

Estos arreglos, clásicos del estilo Kansas City, como ya hemos dicho, se basan en el empleo casi exclusivo de *riffs*, para ser ejecutados tanto en primer plano como sirviendo de fondo a un solista.

Si el solista es un trompeta, la sección de saxos se encarga de sostenerlo con un *riff*; si el solo corre a cargo de un saxo, son las trompetas o los trombones los que se encargan de ejecutar el *riff*. Cuando no se trata de sostener un solo, sino de que los *riffs* suenen en primer plano, éstos pueden ser simultáneamente en número de dos y hasta tres, si cada sección toca un *riff* distinto. Unas veces, los *riffs* se alternan en forma de respuestas, en otras se superponen creando un efecto de gran riqueza rítmica. Todos estos *riffs* que no encierran en sí ninguna complicación, la orquesta de Count Basie los tocaba con un swing fenomenal. Además, dada su gran simplicidad no era necesario escribirlos en partituras. Por lo general, eran Count Basie junto con sus músicos quienes fijaban durante los ensayos los *riffs* que deberían entrar en cada número. Así pues, gran parte de los arreglos que ejecutaba la formación de Count Basie eran orales.

Los arreglos escritos, concebidos en el mismo espíritu, se caracterizaban por su simplicidad y sobriedad. Esta tónica predominó en el estilo de la orquesta durante su primera época, es decir, entre 1937 y 1947, sin duda la mejor.

Algunos de los principales arregladores en este período fueron músicos de la orquesta, como el trompeta Buck Clayton, el trombonista Eddie Durham, el saxo Herschel Evans y el propio Count. Por otra parte, Count Basie contó con dos excelentes especialistas, Buster Harding y Jimmy Mundy; este último con dos de los mejores arregladores de la historia del jazz.

Pero como ya hemos dicho, gran parte del interés de esta orquesta se centraba en la labor de sus solistas.

Durante el período 1937-1947, encontramos constantemente en cada sección solistas de primera línea.

En la sección de trompetas brillaron dos músicos de personalidad muy acusada, Buck Clayton y Harry «Sweets» Edison.

Buck Clayton (1911-1991), discípulo de Louis Armstrong, posee una notable imaginación melódica y sus ideas fluyen con una facilidad y una lógica deliciosas. Es un trompeta muy sensible, que toca generalmente con suavidad y delicadeza. Su vibrato, sus entonaciones, la manera de ejecutar cada frase, resultan profundamente emotivas.

Harry «Sweets» Edison (1915-1999), es un trompeta de estilo más sobrio y robusto. Se inspira en Roy Eldridge, pero su fraseo es mucho más simple y equilibrado que el de su maestro. Sus frases, de construcción impecable, son por su sencillez muy favorables al swing y encajan perfectamente con el estilo y la pulsación Kansas, típicos de la orquesta de Count Basie.

De todos los trombonistas que pasaron por la orquesta entre 1937 y 1947, Dicky Wells y Vic Dickenson son los más importantes.

Dicky Wells (1907-1985), que permaneció en ella de 1938 a 1946, se inspiró inicialmente en Jimmie Harrisson, basando el swing en la simplicidad y fuerza de sus frases. Pero a partir de 1940, su forma de tocar se vuelve menos directa, sus frases, a menudo llenas de humor y efectos pintorescos, son más fantasiosas y en los últimos años, a menudo, desconcertantes.

Vic Dickenson (1906-1984), que actuó en la orquesta alrededor de un año (1940), está influido por Jimmie Harrisson y, sobre todo, por Louis Armstrong. Posee todas las cualidades propias de un *jazzman*; un bello sonido, un vibrato rápido y expresivo, bellas ideas melódicas dentro de la tradición de Armstrong y una ejecución ágil y llena de swing.

En la sección de saxofones se produjo un enfrentamiento de estilos verdaderamente apasionante. Nos estamos refiriendo a los estilos opuestos de los dos saxos tenor de la sección, Herschel Evans y Lester Young; dos de los mejores y que más influencia han ejercido en la historia del jazz.

Herschel Evans (1909-1939), era un músico de temperamento generoso y ardiente como pocos. Situad en la línea de Coleman Hawkins, se expresaba sin embargo, por medio de frases mucho más sobrias que ejecutaba con un swing robusto y musculoso. Gracias a la sonoridad ancha y dura, su vibrato violento y sus largas y vehementes inflexiones, la música de Herschel Evans tiene un calor y una fuerza expresiva difícilmente superables («One O'Clok Jump», 1º solo de saxo; «Blue and Sentimental»; «Doggin Around», 1º solo; «John's Idea»; «Sent for you yesterday»; etc.).

Por el contrario, Lester Young (1909-1959), poseía un sonido más bien débil, seco y áspero, carente de la calidad pastosa y aterciopelada que caracteriza a saxofonistas como Coleman Hawkins, Herschel Evans y todos los de esta escuela. Su vibrato era menos marcado y sus inflexiones más breves. Pero, en cambio, su imaginación musical era de una originalidad y una variedad inagotable. Sus solos estaban siempre llenos de inesperados hallazgos melódicos y rítmicos, salpicados de «gags» y amenizados por giros sorprendentes. Lester Young no tocaba con el calor y la vehemencia de Herschel Evans. De su música no se desprendía ningún sentimiento concreto; estaba tan lejos de la alegría como de la tristeza. Pero por su mismo carácter lejano y enigmático resultaba sumamente atractiva y seductora («Honeysuckle Rose», «Roseland Shuffle», «Every Tub», «Jive at Five», «Lester Leaps in», «Easy does it», etc.).

El extraordinario contraste entre los estilos de Herschel Evans y Lester Young dividió la opinión de los aficionados. Mientras unos preferían la expresividad y la emoción de Herschel Evans, otros encontraban más interesante el sorprendente e imaginativo fraseo de Young. En todo caso ambos han sido músicos de gran talla y su aportación a la música de jazz ha sido reconocida unánimemente. Cuando Count Basie se vio obligado a cubrir las plazas de Herschel Evans y Lester Young, se reveló como un incomparable descubridor de saxos tenor.

El puesto de Herschel Evans, muerto prematuramente en 1939, fue ocupado hasta 1948 por uno de sus discípulos más fieles, Buddy Tate, un músico de estilo muy próximo al de su maestro que destaca sobre todo en las interpretaciones de blues.

En la plaza que Lester Young dejó vacía en 1940, cuando decidió formar su propio conjunto, se sucedieron varios saxos tenor, todos ellos excelentes. Por orden cronológico, encontramos primero a Don Byas (1941-1943), incomparable discípulo de Hawkins, creador a su vez de un nuevo estilo. Don Byas fue sustituido por uno de sus propios seguidores, «Lucky» Thompson (1944-1945); a éste le sucedió Illinois Jacquet (1945-1946), el cual se había hecho famoso a principios de los años cuarenta en la orquesta de Lionel Hampton; finalmente ocupó este puesto el extraordinario Paul Gonsalves (1946-1950), que conocería la celebridad a partir de 1950, formado parte de la orquesta de Duke Ellington.

De la sección de saxos cabe destacar también a Earle Warren, primer saxo alto y estupendo solista, así como al saxo barítono Jack Washington.

La sección rítmica merece capítulo aparte. Prácticamente invariable desde 1937 a 1947, ha sido una de las mejores secciones rítmicas de la historia del jazz. La integraban Jo Jones a la batería, Freddie Green a la guitarra, Walter Page al contrabajo y, naturalmente, Count Basie al piano. Los cuatro actuaban con tal compenetración que parece como si un solo hombre manejara los cuatro instrumentos. La elástica pulsación que nace de la batería de Jo Jones se alía perfectamente con la acentuación de los cuatro tiempos a cargo de Walter Page y Freddie Green y adquiere un excitante relieve gracias a las sobrias pero incisivas puntuaciones de Count Basie al piano.

La pulsación de esta sección rítmica es el ejemplo más perfecto del «Kansas City beat» (pulsación estilo Kansas).

En esta maravillosa sección rítmica destaca sobre todo la figura del batería Jo Jones (1911-1984), uno de los mejores en la historia del jazz y uno de los principales renovadores en el dominio de su instrumento. Fue él quien puso en boga la utilización de los platillos *high hat* (platillos charleston) para marcar el ritmo.

Es maravillosa su maestría tanto con las baquetas como con las escobillas y, aun valiéndose únicamente de sus manos, es capaz tanto de proporcionar un acompañamiento eficaz como de construir un solo impecable.

Jo Jones es el batería que prefieren muchos músicos como acompañante. Su flexibilidad y variedad de recursos le permiten adaptarse al estilo de cada músico, dándole justamente el acompañamiento que precisa. El extraordinario swing que caracterizaba a la big band de Count Basie se debía en gran parte a la batería del genial Jo Jones.

En cuanto a vocalistas, de 1938 a 1941, la orquesta tuvo a la excelente, Helen Humes, cuyo estilo espontáneo, vibrante y sin ningún tipo de afectación llega a ser muy emotivo.

Pero el cantante más importante con que contó la orquesta fue el corpulento Jimmie Rushing, tan ancho como alto, gran cantante de blues que sa-

Durante un tiempo, Count Basie tuvo también como cantante a la gran Billie Holyday, «Lady Day», la cual adaptó al terreno vocal el estilo instrumental de Lester Young.

bía desenvolverse perfectamente en todo tipo de piezas. Durante un tiempo, Count Basie tuvo también como cantante a la famosa Billie Holyday, «Lady Day», la cual adaptó al terreno vocal el estilo instrumental de Lester Young. Sus innegables cualidades se veían perjudicadas a veces por un exceso de afectación, pero su manera de cantar, insinuante, a veces tierna, a veces patética, poseía un atractivo muy especial.

El extraordinario nivel alcanzado por la big band de Count Basie en 1937 fue mantenido sin desfallecimiento por espacio de diez años. En 1948, la orquesta comenzó a sufrir las consecuencias de la crisis económica hasta que Count Basie tuvo que disolverla a finales de 1949, limitándose después a dirigir un pequeño conjunto.

En 1951 volvió a organizar otra gran orquesta con músicos distintos, la cual, tras un breve período de rodaje, se colocó de nuevo entre las mejores. A partir de 1954 Count Basie y su orquesta efectúan numerosas giras por Europa y en general por todo el mundo.

El estilo de la orquesta en esta segunda época, es decir, a partir de 1951, pierde la simplicidad que la había caracterizado anteriormente. Para Count Basie trabajan varios arregladores (Neal Hefti, Ernie Wilkins, Frank Foster, Quincy Jones, Billy Byers, Chico O'Farrill, etcétera) con distinta fortuna, por lo que el nivel musical de la orquesta pierde su regularidad. De todas formas, en sus mejores momentos alcanza de nuevo la categoría que la hizo famosa.

Los solistas más importantes a partir de 1951 han sido el saxo tenor Eddie «Lockjaw» Davis, influido principalmente por Don Byas pero a quien podemos considerar como un músico de estilo muy personal; el trompeta Joe Newman, discípulo de Harry «Sweets» Edison, uno de los mejores que han surgido en los años cincuenta y los trombonistas Henry Coker y Al Grey, que denotan la influencia de Trummy Young.

En la sección rítmica, en la que ha permanecido el inamovible Freddie Green a la guitarra, encontramos de 1955 a 1965 a un dinámico y formidable batería: Sonny Payne.

A pesar de los muchos cambios sufridos, la orquesta de Count Basie continuó siendo en esta época la mejor orquesta de jazz en actividad después naturalmente de la de Duke Ellington.

La orquesta de Andy Kirk

La orquesta de Andy Kirk fue uno de los mejores conjuntos de estilo Kansas entre 1936 y 1942. Por ella desfilaron notables solistas, sobre todo en la sección de saxofones en la que actuaron músicos de talla, como Ben Webster, Lester Young, Buddy Tate, Don Byas y Dick Wilson, saxo tenor poco conocido pero poseedor de un swing y una imaginación que lo colocan al lado de los mejores especialistas de ese instrumento.

En la sección de trompetas actuaron Harold «Shorty» Backer y Howard Mc Ghee. Este último, discípulo de Roy Eldridge, alcanzó gran notoriedad gracias a la grabación de «Mc Ghee Special», pieza de la que fue también arreglador. En la sección rítmica destacaba la presencia de Mary Lou Williams (1910-1981), la mejor pianista que ha dado el jazz; su forma de tocar en esta época reunía determinados aspectos del estilo de Earl Hines y Fats Waller. Era, además, autora de la mayoría de los arreglos que interpretaba la orquesta, todos ellos de excelente factura. También brilló en la sección rítmica el guitarrista Floyd Smith, que fue el primero en grabar un solo de guitarra con amplificación eléctrica («Floyd's Guitar Blues»).

La orquesta de Jay Mc Shann

Jay Mc Shann (1909-2006), pianista de indiscutible categoría, sobre todo como intérprete de blues, formó su orquesta en Kansas City hacia 1929 y alcanzó su mejor época entre 1940 y 1942, cuando en ella figuraron magníficos solistas como los saxos alto Charlie Parker y John Jackson, el saxo tenor Paul Quinichette y el trompeta Bob Merrill, apoyados por una sólida sección rítmica con Gus Johnson a la batería, Gene Ramey al contrabajo y Jay Mc Shann al piano.

El estilo de esta orquesta, dentro de la tradición de Kansas City, tenía muchos puntos de contacto con el de Count Basie.

La vida de la orquesta de Jay Mc Shann acabó durante la crisis económica de la posguerra. Desde entonces, Jay Mc Shann debió conformarse actuando al frente de pequeños conjuntos.

Los pequeños conjuntos del período swing

Además de las grandes orquestas, actuaban en New York numerosos pequeños conjuntos cuyo número de componentes oscilaba entre tres y ocho.

Dichos conjuntos estaban formados por una sección rítmica con piano, bajo, batería y a veces guitarra, y una sección melódica en la que normalmente había una trompeta, un trombón y uno o dos saxos (tenor y alto).

Los arreglos que ejecutaban estos conjuntos por regla general eran orales e incluso en algún grupo como el de Fats Waller se practicaba la improvisación colectiva.

Así como las grandes orquestas actuaban normalmente en enormes salas de baile, como el Savoy, el Small's Paradise, etc., estos conjuntos trabajaban en los pequeños cabarets y clubs nocturnos de New York, tales como el Yatch Club, el Onyx Club, el Minton's Playhouse, el Monroe's, etc.

Este tipo de locales se multiplicaron enormemente a finales de los años treinta y a principios de los cuarenta y la gran mayoría de ellos se agrupó en la calle 52 de New York donde se apretaban uno al lado de otro.

Los pequeños conjuntos más importantes del período swing fueron el de Fats Waller, el del violinista Stuff Smith, el del contrabajo John Kirby, y el Louis Jordan & his Timpany Five, los pequeños conjuntos mixtos de Benny Goodman, el trío de Nat King Cole, el trío de Art Tatum, el conjunto del trompeta «Red» Allen, los Savoy Sultans, etcétera.

A continuación, trataremos de los pequeños conjuntos que alcanzaron su mayor grado de popularidad durante los años treinta, es decir, el de Fats Wa-

Fats Waller al piano
reflejaba una extraordinaria
personalidad y un gran
dinamismo comunicativo.

ller, el de Stuff Smith y el de John Kirby. De los conjuntos mixtos que dirigió
Benny Goodman, hablaremos al tratar de las orquestas blancas.

Fats Waller & his Rhythm

El conjunto de Fats Waller & his Rhythm lo formó ocasionalmente Fats
Waller hacia 1934, cuando la compañía RCA Victor le encargó una serie de
grabaciones. Estas tuvieron tanto éxito que RCA Victor decidió contratar en
exclusiva a Fats Waller y su conjunto por espacio de diez años. Organizado
inicialmente sólo para las sesiones de grabación, Fats Waller & his Rhythm
pasó a ser una formación regular que actuaba cada noche en los cabarets de
New York, a menudo en el Yacht Club de la calle 52.
   Estaba formado normalmente por un trompeta, un saxo (que tocaba también el clarinete), a veces un trombón y la sección rítmica con piano, guitarra,
bajo y batería.
   La sección rítmica del Fats Waller & his Rhythm fue siempre excelente, una
de las mejores en la historia del jazz.
   Naturalmente Fats Waller al piano, con su extraordinaria personalidad,
su dinamismo comunicativo y su swing masivo y autoritario se bastaba para
arrastrar a todo el conjunto. Pero además, Fats Waller estuvo siempre magníficamente secundado por el resto de la sección rítmica que tocaba formando
un perfecto bloque con él.

El mejor batería que tuvo fue Slick Jones que actuó con Fats Waller de 1936 a 1941.

Al contrabajo, los tres principales fueron Billy Taylor (1934), Charlie Turner (1935-37) y Cedric Wallace (1937-1942).

A la guitarra (excepto en algunas sesiones) contó con el extraordinario Al Casey, uno de los mejores guitarristas de jazz, atento acompañante y solista de gran sensibilidad.

En la sección melódica, Herman Autrey ocupó el puesto de trompeta de 1934 a 1940. Es un músico potente y lleno de swing, dentro de la línea de Luis Armstrong.

En un par de sesiones Herman Autrey fue sustituido por el formidable Bill Coleman, músico más suave y elegante, y a partir de 1940 ocupó definitivamente su puesto John «Bugs» Hamilton, seguidor también de Armstrong.

A partir de 1936, salvo en contadas ocasiones, el saxo fue siempre Gene Sedric que tocaba indistintamente el saxo tenor y el clarinete. Era un músico muy original, uno de los pocos que no recibió la influencia de Coleman Hawkins.

Los discos del Fats Waller & his Rhythm tienen una vitalidad y un dinamismo idénticos que si hubieran sido grabados durante actuaciones en directo.

A Fats Waller no le afectaba en absoluto el frío ambiente de los estudios de grabación y actuaba con la misma naturalidad con que lo hacía en un club nocturno; y conseguía que sus músicos rindieran siempre al máximo. A ello se debe que la larga serie de discos grabados por Fats Waller & his Rhythm sea una de las más conseguidas en la discografía del jazz.

Stuff Smith y su orquesta del Onyx Club

El conjunto de Stuff Smith (1909-1965) se presentó en New York en 1936 y durante cuatro años fue uno de los grupos que más triunfos consiguió en la ciudad, sobre todo durante sus actuaciones en el Onyx Club de la calle 52.

Comprendía seis músicos entre los que destacaban, Stuff Smith, como violinista, cantante y animador, el trompeta Jonah Jones y el batería Cozy Cole.

La música de este conjunto es extraordinariamente directa, dinámica y desbordante de swing. Pero no sólo por esto el conjunto era célebre, sino también por las excentricidades de su director, quien entre otras extravagancias tenía la costumbre de tocar con un mono sobre la espalda.

Al margen de sus curiosos hábitos, debemos considerar a Stuff Smith, junto con Eddie South, como el mejor violinista de jazz que ha existido.

Utilizaba el violín amplificado electrónicamente, lo cual le permitía ser oído tanto como el resto de la orquesta. Es el tipo de músico que busca ante todo el swing. Su música tiene un carácter impetuoso, a veces casi salvaje, pero además sus solos rebosan de ideas. Sus frases tienen tal audacia y fantasía que nos dejan sorprendidos a la vez que nos arrastran por la fuerza expresiva con que son ejecutadas.

La vida del conjunto de Stuff Smith terminó prácticamente en 1939, cuando Jonah Jones y Cozy Cole fueron contratados para actuar en la orquesta de Cab Calloway.

La orquesta de John Kirby

El conjunto del contrabajo John Kirby se formó en 1937. Tuvo su época de esplendor entre los años 1938 y 1942, cuando sus componentes eran Charlie Shavers a la trompeta, Buster Bailey al clarinete, Russell Procope al saxo alto, John Kirby al contrabajo, Billy Kyle al piano, y O'Neil Spencer a la batería. La vocalista del grupo era Maxine Sullivan, esposa de Kirby.

El estilo de este conjunto era absolutamente original. Ejecutaba arreglos de una gran complejidad, llenos de frases tortuosas, sutiles matices y toques de humor, arreglos que en su mayoría eran obra del trompeta del conjunto, Charlie Shavers. John Kirby exigía a sus músicos una pulida y minuciosa puesta a punto de los arreglos. De este modo, la orquesta ejecutaba cualquier pasaje, por dificultoso que fuera, con gran fluidez, agilidad y flexibilidad, consiguiendo así un swing extraordinario.

Los más destacados componentes de este grupo eran Buster Bailey (ver La orquesta de Fletcher Henderson, p. 115), Charlie Shavers, y, naturalmente, su director John Kirby.

John Kirby (1908-1952), ha sido uno de los contrabajos más importantes de la historia del jazz, pues ha influido mucho en la evolución que ha seguido la forma de tocar este instrumento. Con él, el contrabajo adquirió una movilidad y una fluidez que hasta entonces no había tenido.

Charlie Shavers (1917-1971), ha sido uno de los mejores trompetas que ha dado el jazz y, después de Louis Armstrong, el más completo de todos, pues reúne todas las cualidades que son de desear en un trompeta de jazz: una sonoridad ancha y brillante, una técnica de virtuoso, una imaginación fabulosa, una potencia de ejecución y un swing fantásticos y la posibilidad de tocar también con gran delicadeza y sensibilidad. Sus solos son un continuo bullir de ideas, de gags humorísticos y de trechos vertiginosos, siempre rebosantes de swing.

A partir de 1945, el conjunto de John Kirby perdió a sus mejores componentes y su fama decreció rápidamente. Desde entonces hasta su muerte acontecida en 1952, John Kirby sólo actuó esporádicamente.

Art Tatum es uno de los músicos más extraordinarios que ha dado la música de jazz. A pesar de ser prácticamente ciego, poseía una técnica instrumental superior a la de todos los demás pianistas de jazz.

Un solista genial: Art Tatum (1910-1956)

Entre la pléyade de excelentes músicos que han aparecido en el mundo del jazz, hay algunos que, por la calidad y la perfección de su arte, pueden ser considerados como «grandes músicos», es decir, desde todos los puntos de vista y al margen de cualquier clasificación.

Este es el caso del pianista Art Tatum, que se dio a conocer en el mundo del jazz a principios de los años treinta, pues no sólo es admirado por los aficionados al jazz sino también por los amantes y compositores de música clásica que han tenido la oportunidad de conocer su incomparable arte.

Nacido en Toledo, Ohio, Art Tatum era casi totalmente ciego. Aprendió a tocar el piano en su escuela y, como profesional, debutó en 1928, formando parte de la orquesta de Speed Webb. Hacia 1930 fue descubierto por la cantante Adelaide Hall que lo contrató como acompañante. En 1932 se presentó con ella en New York y suscitó inmediatamente la admiración de todos los músicos de la ciudad. A partir de entonces actuó por su cuenta en diversos clubs de New York, Chicago y Hollywood, bien como solista, bien al frente de pequeños conjuntos. El más conocido de éstos fue el trío que formó en 1943, y del cual hablaremos en el siguiente capítulo.

Murió en 1956 sin haber llegado a conocer la fama que correspondía a su categoría sin par.

Art Tatum es uno de los músicos más extraordinarios que ha dado la música de jazz. A pesar de ser prácticamente ciego poseía una técnica instrumental superior a la de todos los demás pianistas de jazz.

Su imaginación musical era ilimitada y su sentido de la armonía tan original como extraordinariamente rico. En cuanto al swing, podía rivalizar perfectamente con Fats Waller o Earl Hines, sus principales fuentes de inspiración.

La música de Art Tatum por su gran riqueza y densidad resulta algo compleja y oscura en una primera audición. Es preciso escuchar repetidamente los discos de este músico fuera de serie para comprenderlo totalmente y profundizar en su mundo musical. Sus frases, a menudo vertiginosas, nos desconciertan inicialmente, pero escuchadas con atención nos aparecen como rigurosamente lógicas y de ninguna manera como simples «frases de relleno» o de «adorno», calificativo que han empleado algunos críticos que no han comprendido la maravillosa musicalidad del jazz de Art Tatum.

La influencia de Art Tatum fue muy importante a partir de 1934. Sus discípulos más brillantes han sido: Hank Jones, Herman Chittison, Billy Taylor, etc.

Las orquestas blancas

Como vimos en capítulos anteriores, tanto en New Orleans como en Chicago, numerosos músicos blancos intentaron penetrar en el mundo del jazz. Algunos, que lograron asimilar el espíritu de la música negroamericana, hicieron un jazz muy aceptable. Otros, que sólo recogieron el aspecto exterior de esta música, consiguieron un producto superficial y, a menudo, de carácter comercial. Aunque el jazz de estos últimos tenía escaso valor, adquirieron una gran notoriedad gracias a aparatosos montajes publicitarios y pasaron a ser las estrellas más conocidas de la música del jazz entre el gran público blanco; tal fue el caso de la orquesta de Paul Whiteman que en los años veinte recibió el título de «Rey del Jazz».

Los años treinta no fueron excepción. Durante esta década aparecieron numerosas orquestas blancas, sobre todo a partir de 1935, cuya actividad se prolongó hasta pasada la guerra. Pero con la crisis de 1948 casi todas desaparecieron.

Su calidad era muy variable. Entre las que ejecutaban excelentes arreglos y tenían algún solista brillante, y las que interpretaban una música dulzona y fácil, había una extensa gama de orquestas cuyo valor va desde lo más interesante a lo insignificante.

Los nombres que encabezan estas orquestas son muy conocidos: Benny Goodman, Tommy Dorsey, Woody Herman, Glenn Miller, Charlie Barnet, Artie Shaw, etc. hablaremos un poco de las más famosas para colocarlas en el lugar que realmente les corresponde.

Benny Goodman: gran orquesta y pequeños conjuntos

La orquesta blanca más famosa durante los años treinta fue sin duda la de Benny Goodman (1909-1986).

Organizada en 1934, alcanzó entre 1936 y 1942 una enorme popularidad gracias, sobre todo, al apoyo de un formidable montaje publicitario que incluía nada menos que un programa semanal de radio.

El nombre de Benny Goodman fue lanzado con el calificativo comercial de Rey del Swing, a todas luces inadecuado, pero que obtuvo resultados indiscutibles entre el gran público.

Individualmente, Benny Goodman es sin duda un clarinetista de técnica extraordinaria, capaz de ejecutar de manera impecable las frases más veloces, pero, por otro lado, su sonoridad no tiene nada de agradable, sus solos son muy pobres en ideas y su forma de tocar es fría, mecánica e inexpresiva.

Su gran orquesta era un conjunto muy disciplinado que ejecutaba con gran precisión cualquier arreglo. Benny Goodman encontró un arreglador de gran talento en el famoso director negro Fletcher Henderson, cuya orquesta pasaba a finales de los años treinta por una época de crisis. Henderson escribió soberbias orquestaciones par la formación de Goodman que eran ejecutadas con gran perfección técnica y brillantez, pero también con cierta rigidez y no mucho swing, lo cual pone en entredicho el famoso sobrenombre de Rey del Swing que ostentaba Benny Goodman.

Los solistas más importantes de la orquesta de Benny Goodman fueron Bunny Berigan, probablemente el mejor trompeta de jazz de raza blanca; Harry James, trompeta de técnica fabulosa, capaz de tocar buen jazz pero que, con demasiada frecuencia, se dedicaba a hacer acrobacias musicales; el pianista Jess Stacy, buen discípulo de Earl Hines, y, finalmente el batería Gene Krupa, verdadero virtuoso del instrumento, solista espectacular, pero carente de swing y la agilidad de los baterías negros.

Paralelamente a las actuaciones con su gran orquesta, Benny Goodman se presentaba al frente de pequeños conjuntos mixtos, es decir, formados por blancos y negros, los cuales obtuvieron un éxito igual si no superior al de su gran orquesta.

El valor de estos conjuntos radicaba en la calidad de los solistas de color que en ellos figuraban y que Benny Goodman arrancaba de las orquestas negras a base de dólares.

El primer pequeño conjunto que dirigió Benny Goodman fue un trío formado en 1935 con Gene Krupa a la batería y el magnífico pianista negro Teddy Wilson (1912-1986). Músico de técnica veloz y rica imaginación, Teddy Wilson se ha inspirado sobre todo en Earl Hines y Art Tatum. Sus solos, de una gran musicalidad, adolecen a veces de cierta escasez de contrastes rítmicos y de una ejecución excesivamente pulida y falta de relieve, pero es en conjunto uno de los mejores pianistas surgidos en esta época.

El trío de Benny Goodman pasó pronto a ser un cuarteto con la adición del fabuloso vibrafonista negro Lionel Hampton, una de las grandes figuras de la música de jazz, del que hablaremos en el próximo capítulo.

Más tarde, Benny Goodman formó un sexteto en el que figuraban el malogrado guitarrista Charlie Christian y, al piano, nada menos que Fletcher Henderson y más tarde Count Basie.

Charlie Christian (1919-1942) fue uno de los primeros guitarristas que adoptaron la amplificación eléctrica y está considerado como el mejor especialista de su instrumento. Su imaginación musical era prodigiosa así como el vigor y el swing que ponía en cada una de sus frases. A pesar de su prematura muerte, cuando solo contaba con veintitrés años, ha ejercido una influencia decisiva sobre todos los guitarristas aparecidos después de 1940.

Ampliado de nuevo, el conjunto de Benny Goodman se convirtió en un septeto en el que figuraba el gran trompeta «Cootie» Williams, quien dejó la orquesta de Duke Ellington para actuar con Benny Goodman.

Las grabaciones realizadas por esta serie de pequeños conjuntos (trío, cuarteto, sexteto, septeto…), son muy irregulares, pues al lado de los excelentes solos de Lionel Hampton, Teddy Wilson, Charlie Christian y «Cootie» Williams, hay que soportar las fastidiosas intervenciones de Benny Goodman al clarinete. De todas formas son estas grabaciones unas de las pocas en que podemos escuchar al incomparable Charlie Christian. Por ello resultan imprescindibles para quién quiera conocer bien al pionero de un instrumento hoy tan extendido como es la guitarra eléctrica.

La orquesta de Tommy Dorsey

El famoso trombonista Tommy Dorsey (1905-56), organizó su formación en1935, al separarse del conjunto que dirigía con su hermano el clarinetista Jimmy Dorsey. Pronto alcanzó un gran éxito. En 1939 Sy Oliver, que acababa de dejar a Jimmy Lunceford, pasó a ser el principal arreglador de la orquesta, que alcanzó entonces su nivel de calidad musical más elevado. En 1953 Tommy Dorsey reorganizó de nuevo, junto con su hermano Jimmy, la «Dorsey Brothers Orquestra» que dirigiría hasta su muerte acontecida en 1956.

Tommy Dorsey fue un buen trombonista que se inspiró inicialmente en sus colegas negros, sobre todo en Jimmy Harrisson, llegando a tocar en su primera época de manera muy aceptable. A partir de 1934, se especializó en las

El famoso trombonista Tommy Dorsey (1905-56), organizó su formación en 1935, al separarse del conjunto que dirigía con su hermano el clarinetista Jimmy Dorsey.

baladas lentas que interpretaba de una manera sumamente delicada y dulce que complacía enormemente al público. Su sonoridad de una gran pureza y su depurada técnica instrumental le permitían tocar con una suavidad y una aparente facilidad que ningún trombonista ha logrado superar. Pero en las interpretaciones de carácter más vigoroso su estilo carecía del mordiente y el swing típico de los trombonistas negros.

Por su orquesta pasaron algunos músicos de valor como los trompetas Bunny Berigan y Ziggy Elman, procedentes ambos de la orquesta de Benny Goodman; el gran trompeta negro Charlie Shavers; el pianista Joe Bushkin y el batería Dave Tough, buen discípulo de Chick Webb y de los baterías de estilo New Orleans.

La orquesta de Bob Crosby

Bob Crosby (1913-1993), hermano del conocido cantante Bing Crosby, formó su orquesta en 1935 al asumir la dirección del antiguo grupo de Ben Pollack. El estilo de esta orquesta era my distinto al de las demás formaciones de la época pues se inspiraba directamente en la música de estilo New Orleans. En efecto, los arreglos intentaban reproducir a escala de gran orquesta las improvisaciones colectivas de los conjuntos de New Orleans. Aunque el intento no se lograra totalmente, por lo menos la música de esta orquesta tenía el carácter alegre y festivo de los conjuntos de New Orleans.

Los componentes más importantes del grupo fueron el saxo tenor Eddie Miller, los trompetas Billy Butterfield y Muggsy Spanier, el magnífico trombonista Floyd O'Brien, el pianista Bob Zurke, el contrabajo Bob Haggart y el batería Ray Bauduc.

La orquesta de Woody Herman

Woody Herman (1913-1987), clarinetista y saxo alto de mediana envergadura, formó su gran orquesta en 1936. Obtuvo sus éxitos más resonantes durante los años cuarenta. Su mejor época se sitúa entre 1944 y 1946, cuando por su acento y swing, era la orquesta blanca que más de acercaba a las orquestas negras. Contaba entonces con algunos músicos de categoría como el trombonista Bill Harris, el contrabajo Chubby Jackson y el batería Dave Tough.

A través de los años, Woody Herman consiguió mantener su gran orquesta en activo, en la que siempre procuró tener un personal joven. Durante los años sesenta hizo algunas giras por Europa. El mejor solista con que contó en este período fue el saxo tenor Sal Nistico.

La orquesta de Glenn Miller

Glenn Miller (1905-1944), mediocre trombonista, formó su orquesta en 1937, y con ella obtuvo a partir de 1938 un gran éxito comercial. Durante la guerra dirigió una banda militar y actuó en los campamentos militares de Europa. Murió en la Navidad de 1944 en un accidente de aviación cuando sobrevolaba el Canal de la Mancha.

La enorme popularidad que conoció la orquesta de Glenn Miller se debe sobre todo a los arreglos dulces y facilones que escribía su director sobre melodías generalmente muy pegadizas. El valor de esta orquesta desde el punto de vista jazz es más bien escaso.

El jazz en Europa: músicos negros en Europa

El jazz llegó a Europa con la Primera Guerra Mundial. En las tropas norteamericanas que desembarcaron en el viejo continente figuraban muchos soldados negros que dieron a conocer a los europeos sus «canciones folklóricas», sus «blues», sus «ragtimes», etc., y que además llevaban consigo algunos de los primeros discos de jazz aparecidos en el mercado americano.

Entre los combatientes de color se encontraba incluso algún músico ilustre como el sargento Smith de la 99.° División de Artillería de Campaña, más conocido por Willie «The Lion» Smith quien, cuando encontraba un piano en alguna casa abandonada, no dejaba de deleitar a sus soldados con improvisados conciertos.

A pesar de estos primeros contactos directos, el jazz era aún para los europeos de aquella época un fenómeno totalmente ignorado y los más informados lo calificaban de simple «música de negros».

La primera orquesta de cierta categoría que visitó Europa fue la Southern Syncopated Orchestra de Marion Cook, que actuó en 1919 en Inglaterra. En ella tocaba un joven clarinetista que llegaría a ser famoso: Sidney Bechet. El célebre director sinfónico Ernest Ansermet quedó maravillado por la música de aquel muchacho y le dedicó un entusiasta artículo en el *Revue Romande* en el que decía: «En la Southern Syncopated Orchestra figura un extraordinario virtuoso del clarinete»… «quiero citar el nombre de este genial artista porque, por mi parte, no lo olvidaré jamás: es Sidney Bechet»… «es muy emocionante el encuentro con este mozarrón negro, de dientes blancos y frente estrecha, que se siente feliz de que guste lo que hace, pero que no sabe decir nada de su arte, salvo que él sigue su "own way", su propio camino y sobre todo, si pensamos que este "propio camino" es quizá la gran ruta por la que se precipitará el mundo mañana…» (*Revue Romande*, octubre de 1919). Este artículo es el primer testimonio de reconocimiento hacia la música negroamericana que aparece en Europa.

A partir de 1925, diversas orquestas y conjuntos negros recorrieron Europa, acompañando algunos de ellos a revistas musicales como la «Revista Negra» que lanzó en París a la famosa Josephine Baker. Precisamente en la orquesta de la «Revista Negra» volvemos a encontrar a Sidney Bechet.

Otras orquestas que durante los felices veinte actuaron en el Viejo Continente fueron las de Noble Sissle y Sam Wooding que, sin ser conjuntos de primera línea, contaban con buenos solistas como los trompetas Tommy Ladnier y Doc Cheatham y el clarinete Buster Bailey, etc.

Así llegaron a Europa las modas del black bottom, el one step, el charleston y otros ritmos que revolucionaron la moda del baile y escandalizaron a la sociedad de la época.

Las primeras orquestas europeas aparecieron también a mediados de los años veinte, pero, por lo general, su música era más bien comercial y, a menudo, tenía resabios sinfónicos. La más conocida de estas orquestas era la del inglés Jack Hilton.

A finales de esta misma década comenzaron a aparecer en Europa los primeros discos de jazz hechos con matrices importadas de América. Esto contribuyó a la formación de grupos de aficionados que reunidos en torno a un gramófono escuchaban embelesados la nueva música, aunque sin discernir todavía con exactitud las grabaciones de calidad y las mediocres.

Uno de los grupos más importantes fue el que encabezaba el crítico Hugues Panassié en París. Este núcleo de aficionados desplegaba una gran actividad. Se reunían para comentar grabaciones, escribían en las revistas, organizaban audiciones públicas, se ponían en contacto con América y recibían de allí las novedades discográficas, etc. de este grupo nacería en 1932 el Hot Club de Francia, del que Louis Armstrong fue nombrado presidente de Honor.

En otras ciudades europeas, donde también existían grupos semejantes que desarrollaban actividades paralelas, se fueron creando los respectivos «Hot Clubs», «Jazz Clubs», etc. En la prensa y sobre todo en las revistas vanguardistas fueron cada vez más numerosos los artículos que llamaban la atención sobre esta nueva forma de expresión musical, y algunas emisoras de radio comenzaron a retransmitir discos de jazz. Así, durante los años treinta, la afición en Europa por el jazz creció rápidamente mientras que las visitas de músicos eran cada vez más frecuentes y prolongadas.

En 1932, Fats Waller, llegado Francia en viaje de placer, asombraba a los aficionados parisinos que tuvieron la suerte de escucharle.

Este mismo año, Louis Armstrong efectuaba su primer viaje a Europa y aunque actuó únicamente en Inglaterra, durante su segundo viaje realizado en 1934 estuvo en diversos países europeos en los que obtuvo triunfos clamorosos.

Duke Ellington cosechó también grandes éxitos durante su gira en el año 1933. Coleman Hawkins llegaba en 1934 y durante su estancia, que se prolongó por espacio de cinco años, actuó en Inglaterra, Francia, Holanda, Suiza y otros países, realizando numerosas grabaciones.

Benny Carter, desembarcado en 1935, actuó por casi toda Europa y grabó muchos discos. También el formidable trompeta Bill Coleman anduvo por Europa en esta misma época.

En 1937 llegó a París la orquesta de Teddy Hill que acompañaba a la revista del «Cotton Club» en el Moulin Rouge. Formaban parte de ella un grupo de excelentes solistas: el trombonista Dicky Wells, los trompetas Dizzy Gillespie, Bill Dillard y Shad Collins, y el saxo alto Howard Johnson.

Otro gran músico, que se encontraba entonces en París con motivo de la Exposición Internacional, era Eddie South (1904-1962), el mejor violinista que ha dado el jazz junto con Stuff Smith. Entusiasmó a los aficionados franceses pos su sonoridad de una belleza insuperable, por su estilo suave y sin estridencias, lleno de emotivas entonaciones y de gran musicalidad.

Eddie South (1904-1962), fue el mejor violinista que ha dado el jazz junto con Stuff Smith.

Sin duda fue París la capital del jazz en Europa durante los años treinta. Concretamente, el ambiente que se respiraba en el famoso barrio de Montmartre parece que era comparable al de Harlem. En todos los clubs, cafés y salas de baile se escuchaba música de jazz, normalmente de primera calidad y las jam sessions se prolongaban hasta altas horas de la madrugada para deleite de los aficionados. Por las callejuelas del popular barrio parisino podía cruzarse uno con docenas de músicos negros que se encontraban muy a gusto en el bullicioso barrio parisino. Por estas fechas, el jazz ya había conquistado Europa.

La Segunda Guerra Mundial interrumpió por espacio de cinco años este eufórico clima jazzístico que reinaba en Europa. La mayoría de los músicos americanos volvieron a su país, y las orquestas europeas se disolvieron o vieron muy restringida su actividad.

Con la llegada de las tropas americanas, Europa volvió a tener contacto directo con el jazz. Los soldados llevaban consigo las últimas grabaciones realizadas en Norteamérica y los famosos V-Discs (Discos de la Victoria), que recogían interpretaciones grabadas desinteresadamente por los mejores músicos de jazz para los soldados estadounidenses.

Además, muchos de los soldados negros sabían tocar un instrumento y así se organizaban verdaderas big bands militares que amenizaban animados bailes en las ciudades francesas recién liberadas.

Estas orquestas militares permanecieron en Europa durante los primeros tiempos de la posguerra contribuyendo a que la afición por el jazz renaciera con fuerza entre el público europeo.

En 1948 tuvo lugar, organizado por el Hot Club de Francia, el Festival de Jazz de Niza, el primero de todos los festivales de jazz, en el cual participaron músicos tan importantes como Louis Armstrong con su formidable All Stars; Rex Stewart, Lucky Thompson y Mezz Mezzrow con sus respectivos conjuntos y, representando al jazz francés, el Quinteto del Hot Club de Francia con Django Reinhardt y Stephane Grappelly y la orquesta del clarinetista Claude Luter.

Pero la afición por el jazz se concentró de nuevo en París. Ahora era a las cavas de Saint-Germain donde acudía un público ávido de escuchar a los músicos negros que otra vez volvían a Europa. La mayoría de ellos se encontraron muy a gusto y optaron por quedarse. Uno a uno, músicos como Mezz Mezzrow, Sidney Bechet, Albert Nicholas, Bill Coleman, Benny Waters, Kansas Fields, Peanuts Holland, Don Byas, etcétera, decidieron fijar su residencia en Europa, la mayoría de ellos en París.

Desde 1950, se han abierto numerosas cavas de jazz en las principales ciudades europeas, de forma que los aficionados puedan escuchar jazz en directo casi a diario.

Por otra parte, las giras de músicos y orquestas importantes procedentes de Norteamérica se hicieron cada vez más frecuentes. Músicos de la talla de Louis Armstrong, Duke Ellington, Count Basie, Lionel Hampton, Earl Hines, Willie «The Lion» Smith, recorrieron en repetidas ocasiones el viejo continente.

Las grabaciones realizadas en Europa por músicos negros han sido cada vez más numerosas, y muchas de ellas, superiores a las realizadas en Norteamérica. Parece evidente que en Europa se da cada vez más cobijo y protección a una música que en su país de origen está siendo maltratada y desvirtuada.

Músicos europeos

En un ambiente tan favorable como el de los años treinta surgió la primera generación importante de músicos europeos, los cuales tuvieron el privilegio de aprender a tocar jazz oyendo de cerca de los creadores de esta música.

En diversas ciudades europeas aparecieron conjuntos profesionales y ama-teurs cuya calidad, aunque variable, era en determinados casos muy estimable.

Los mejores músicos que se dieron a conocer fueron, sin duda, los franceses, entre los cuales se encontraban algunos de primera línea.

El conjunto más importante que surgió en Europa durante los años treinta fue el Quinteto del Hot Club de Francia, formado en 1934 e integrado única-mente por instrumentos de cuerda (tres guitarras, un violín y un contrabajo). Este grupo alcanzó renombre internacional.

En el seno del Quinteto del Hot Club de Francia se dieron a conocer dos músicos muy importantes: el violinista Stephane Grappelly y el genial guita-rrista gitano Django Reinhardt.

Stephane Grappelly (1908-1997), influido por Eddie South, ha sido uno de los pocos violinistas de categoría que ha dado el jazz.

Django Reinhardt (1910-1953), está considerado como una de las personali-dades más geniales de esta música. Fue un extraordinario virtuoso de la guita-rra a pesar de que, después de los dieciocho años, tenía inutilizados los dedos meñique y anular de su mano izquierda a resultas de un incendio que sufrió su carromato. Fecundo creador, sus solos desbordaban de ideas y hallazgos me-lódicos de una línea rica y original, a la que no faltan resonancias de la música propia de su raza. Ha sido uno de los poquísimos *jazzmen* no negros que ha tenido influencia sobre músicos de color.

Django Reinhardt, de etnia gitana, poseía un carácter soñador y amaba por encima de todo su libertad. A veces rechazaba sustanciosos contratos sólo por el placer de marchar al campo a respirar el aire libre. A menudo desaparecía súbitamente, después de una época de trabajo regular y uno tenía que ir a bus-carlo a su carromato lejos de la ciudad, donde Django vivía disfrutando de la naturaleza.

Murió en 1953, cuando sólo tenía cuarenta y tres años de edad.

Django Reinhardt y Stephane Grappelly estaban musicalmente muy com-penetrados y fue la labor de ambos lo que dio al Quinteto del Hot Club de Francia su indiscutible categoría.

Otros buenos solistas franceses que aparecieron durante la década de los trein-ta fueron el saxo alto André Ekyan, el violinista Michel Warlop y sobre todo el saxo tenor Alix Combelle, discípulo de Coleman Hawkins, reconocido como el mejor saxo tenor que ha dado Europa, y que pone tanto swing y temperamento en su música que es imposible no confundirlo con un *jazzman* negro.

Todos estos solistas franceses tuvieron ocasión de tocar junto a sus maestros negros y realizaron grabaciones a su lado.

La guerra impidió durante cinco años la aparición de nuevos solistas euro-peos.

Con la paz volvieron a surgir por toda Europa músicos y conjuntos de jazz. Como que en aquellos momentos se vivía el renacimiento de la música de New Orleans, la mayoría de los conjuntos practicaban este estilo. Como antes de la guerra, fue en Francia donde aparecieron los mejores conjuntos.

El mejor fue el del clarinetista Claude Luter que consiguió asimilar muy bien el espíritu y la forma de la música de New Orleans. Este conjunto contaba con un magnífico trompeta, Guy Longon, seguidor de Louis Armstrong y Buck Clayton.

Otro buen trompeta aparecido en esta época fue el inglés Humphrey Littleton, discípulo también de Armstrong.

Aparte de los conjuntos y músicos de estilo New Orleans, han surgido en Europa durante los últimos treinta años muy buenos *jazzmen* pertenecientes a otras escuelas, como los excelentes pianistas Claude Bolling y André Persiany, y los saxos tenor Dominique Chanson, Gerard Badini y Guy Lafitte. Este último se ha afirmado con los años como el mejor saxo tenor europeo después de Alix Combelle.

De los músicos europeos surgidos en las últimas décadas del siglo XX hablaremos en el capítulo 9.

7. El jazz en los años cuarenta: la época de la guerra y la posguerra

Los años de la guerra (1940-1945)

Durante la primera mitad de los años cuarenta, el jazz pasó por una época de prosperidad y esplendor que nos recuerda la Edad de Oro de los años veinte. En efecto, mientras las grandes figuras surgidas en las décadas anteriores se afirmaban en su brillante trayectoria –tal es el caso de los Armstrong, Ellington, Basie, Tatum, etc.– una pujante generación de jóvenes músicos aportaba nuevas formas de expresión en el dominio de cada instrumento.

Las grandes orquestas vivían una época de apogeo. A las ya existentes desde la década de los treinta (Ellington, Basie, Lunceford, etc.…) se incorporaron nuevas formaciones de gran categoría. Muchas de ellas estaban dirigidas por famosos solistas que podían permitirse el lujo de dejar la orquesta en que trabajaban para formar la suya propia. Así nacieron las orquestas de «Cootie» Williams, Coleman Hawkins, Lionel Hampton, Benny Carter, Billy Eckstine, Teddy Wilson, etc., todas ellas excelentes.

Cuando un solista importante decidía abandonar su orquesta, o debía incorporarse al ejército, no había problema para reemplazarle. Se podía encontrar con facilidad uno o varios músicos jóvenes capaces de cubrir el puesto con tanta o mayor brillantez.

Por otra parte, a partir de 1940 tuvieron un auge extraordinario los pequeños conjuntos, tríos, cuartetos o quintetos, que actuaban en pequeños cabarets y *night clubs* como los que se agrupaban en la famosa calle 52 de New York, que conoció entonces sus años de mayor esplendor.

Por si todo esto no fuera poco, a partir de 1940 renació con fuerza el jazz de estilo New Orleans, que desde hacía diez años parecía muerto, y muchos de los pioneros de este estilo que todavía se encontraban en condiciones, logra-

En la década de los cuarenta se organizan de forma reiterada actuaciones de las más prestigiosas *big bands* en importantes salas de concierto, como el Carnegie Hall, en la Séptima avenida.

ron hacerlo revivir en toda su pureza. Así volvieron a situarse en primer plano muchos nombres casi olvidados: Jelly Roll Morton, Kid Ory, Sidney Bechet, Jimmie Noone, etc.…

Es evidente, pues, que entre 1940 y 1945, el jazz se encontraba en una de sus mejores épocas.

Sin embargo, vale la pena detenerse a observar algunos cambios, iniciados ya a finales de los años treinta y que se acentuaron en los cuarenta, en la forma de consumir la música de jazz, especialmente por parte del público blanco. Estos cambios en las formas de consumir el jazz condicionaron, en lógica correspondencia, las formas de manifestarse que adoptaron los músicos para satisfacer a este público.

En las décadas anteriores, el jazz formaba parte del mundo del *entertainment*, es decir, del entretenimiento y la diversión: era la música para hacer bailar a la gente en los grandes *dancings*, acompañaba los espectáculos de revistas musicales en el *music-hall* y en los cabarets, era parte fundamental de las comedias musicales, etc. El jazz cumplía unas funciones determinadas; era lo que se llama "música funcional".

Pero, en estos primeros años cuarenta, en el ambiente medio bohemio y medio esnob que rodea la vida de los pequeños clubs, la actitud de la gente empieza a ser distinta a la que había sido en las épocas anteriores. Se va formando un nuevo público que acude abundante a estos locales especializados, llamados «clubs de jazz», donde no se baila, no hay espectáculo y sólo hay música. Este nuevo público va única y exclusivamente a «escuchar jazz». Para esta gente el jazz ha dejado de ser «música funcional» para convertirse en «música para escuchar». Así, en estos años proliferan los pequeños clubs donde no se baila y solo se viene para escuchar y beber. Es la época, como ya hemos dicho, del gran auge de la calle 52 (52th Street) de Manhattan, en la parte blanca de New York, donde se amontonan uno al lado de otro los establecimientos de este tipo.

Reforzando esta tendencia, se organizan de forma reiterada actuaciones de las más prestigiosas big bands (Benny Goodman, Duke Ellington, Lionel Hampton) en importantes salas de concierto, como el Carnegie Hall. El jazz, ya considerado como «música para escuchar», se convierte en «música de concierto».

De este nuevo tratamiento que recibe el jazz se hace eco y además lo refuerza un estamento que desde los últimos años treinta se ha ido haciendo importante: el de la crítica de jazz. Buena parte de los críticos comienzan a considerar el jazz como una música «seria» y a juzgarlo «seriamente», lo cual, dicho en otras palabras, significa que están aplicando al jazz los puntos de vista y las escalas de valores de la música culta occidental. Este nuevo tratamiento que recibe el jazz por parte de la prensa escrita y en los libros y tratados que publicarán críticos e historiadores, incidirá de manera directa en la mentalidad del público, en las editoras discográficas, en los programadores de conciertos y festivales, etc. y influirá finalmente en el comportamiento de muchos músicos jóvenes.

Todos estos nuevos factores, es decir, la aparición de un público blanco que va a «escuchar jazz», la consideración del jazz no como música de entretenimiento si no como una «música para escuchar» y «de concierto» y, finalmente, un estamento, el de la crítica, que contribuye a promocionar y consolidar esta nueva percepción del jazz, condicionarán notablemente el rumbo de su evolución y explicarán la opción estilística escogida por determinados músicos en los años inmediatamente posteriores al final de la Guerra Mundial. Pero todo esto no tendrá un efecto visible ni trascendente hasta los años de la posguerra.

Como dijimos, en esta primera mitad de los años cuarenta, el jazz avanzó con paso firme y vivió una de sus épocas de mayor prosperidad.

Renacimiento del estilo New Orleans

Vimos en capítulos anteriores como, a partir de 1929, el estilo New Orleans, dejó de ejercer su hegemonía sobre la música del jazz y vimos también cómo algunos de sus principales representantes desaparecían de la escena musical, mientras que otros seguían en activo, integrados en orquestas de otros estilos.

Pero hacia 1940 el estilo original del jazz experimentó un verdadero resurgimiento. El punto de arranque de este renacimiento podemos situarlo en la magnífica serie de grabaciones realizada por Tommy Ladnier y Mezz Mezzrow en 1938, a iniciativa del crítico francés Hugues Panassié, quien viajó expresamente a New York para organizar y supervisar estas grabaciones.

En ellas participaron algunos de los mejores músicos de New Orleans. Junto al extraordinario trompeta Tommy Ladnier y al clarinetista Mezz Mezzrow, que aunque blanco y originario de Chicago, tocaba en el más puro acento de New Orleans, se reunieron hombres tan notables como el clarinete y saxo soprano Sidney Bechet, el contrabajo Pops Foster y el batería Zutty Singleton.

Esta serie de grabaciones abrió los ojos a finales de los años treinta a muchísimos aficionados que sólo conocían el jazz a través de las grandes orquestas y conjuntos de «estilo swing». A partir de entonces, empezaron a ser «redescubiertos» muchos músicos que durante diez años o más habían sido olvidados y arrinconados.

Así Jelly Roll Morton, que desde 1929 actuaba en un oscuro cabaret de Washington, pudo de nuevo reunir una orquesta y realizar grabaciones. Kid Ory, retirado desde 1929 en una granja de California, volvió a dirigir un conjunto a partir de 1942 que sería durante veinte años el mejor de su estilo.

La marca discográfica King, dirigida de 1945 a 1947 por Mezz Mezzrow, realizó una importante serie de grabaciones de estilo New Orleans en la que además de Mezzrow, participaron Sidney Bechet, Pops Foster, Lips Page, Sammy Price, etc.…

El propio Mezzrow a partir de 1948 realizó varias giras por Europa al frente de conjuntos integrados por músicos de estilo New Orleans tan importantes como los baterías Baby Dodds y Zutty Singleton, el trombonista Jimmy Archey y el gran trompeta Lee Collins, seguidor del estilo de Louis Armstrong.

El renacimiento del estilo New Orleans, se prolongó hasta los años cincuenta y sesenta y aún hoy quedan bastantes conjuntos que practican este estilo. Pero es preciso aclarar que de entre la gran cantidad de conjuntos que surgen durante el *New Orleans Revival*, muchos de ellos, formados por músicos blancos, tocan una música que no pasa de ser una ruidosa y vulgar imitación del estilo auténtico. Tanto en América como en Europa las orquestas de estilo dixieland, que así se designa a esos conjuntos (ver capítulo 2), tienen mucho éxito entre el público blanco, que no conoce el auténtico jazz de New Orleans.

Los más conocidos de estos conjuntos son el Firehouse Five Plus Two, el de los Dukes of Dixieland, el de Chris Barber en Inglaterra, los Haricots Rouges en Francia, etc. También ocurrió que algunos aficionados, obsesionados en su afán de búsqueda de *jazzmen* primitivos, redescubrieron algunos de los pioneros de esta música, los presentaron en conciertos y les hicieron grabar numerosos discos. En muchos casos, estos venerables ancianos, que a principios de siglo estaban considerados como auténticos maestros, ya no se encontraban, a estas alturas (1940-1950), en condiciones de tocar y, a juzgar por sus grabaciones de esta época, no eran más que una triste sombra de lo que fueron. Tal es el caso de famosos veteranos como Bunk Johnson, Papa Celestin, George Lewis, etc., ante los cuales los fanáticos del *New Orleans Revival* se extasían incomprensiblemente.

Las orquestas que mejor representan el renacimiento del estilo New Orleans son la Kid Ory's Creole Jazz Band, el Louis Armstrong's All Stars, la De Paris Brothers Orchestra dirigida por los hermanos Wilbur y Sidney De Paris, y la del trompeta Teddy Buckner.

Kid Ory's Creole Jazz Band

Formada por el gran trombonista Kird Ory en 1942, la Kid's Ory's Creole Jazz Band fue la orquesta que con más pureza y autenticidad revivió el jazz de New Orleans. Ello se debe, en primer lugar, a la presencia de Kid Ory, el mejor trombonista de este estilo, cuya labor proporcionaba a la orquesta todo el acento y el sabor de la música sureña. El típico *New Orleans beat* estaba asegurado por una sólida sección rítmica en la que figuraron durante varios años el batería Minor Hall y el contrabajo Wellman Braud, naturales ambos, de New Orleans.

En la sección melódica se sucedieron a lo largo de los años excelentes músicos, muchos de ellos nacidos también en la ciudad del delta.

En el puesto de trompeta encontramos sucesivamente a Mutt Carey, cuyo estilo era de una gran pureza; Teddy Buckner que, aunque nacido en Texas asimiló muy bien el fraseo y el acento propios de los trompetas de New Orleans; Alvin Alcorn, Henry «Red» Allen, etc.

Entre los clarinetistas encontramos nombres tan importantes como los de Barney Bigard, Omer Simeon, Darnell Howard, etc.

Todos ellos dieron lo mejor de su música en la orquesta de Kid Ory.

Esta orquesta desapareció cuando Kid Ory se retiró hacia 1965, próximo a cumplir los ochenta años.

Louis Armstrong y su All Stars

El All Stars de Louis Armstrong, por la sola presencia de éste, el solista más grande de estilo New Orleans, adquiere un gran relieve en la época del *New Orleans Revival*.

Lo organizó Louis Armstrong en 1947, cuando coincidiendo con la crisis de las grandes orquestas y el renacimiento el estilo New Orleans, disolvió la gran orquesta que habitualmente le acompañaba y organizó un conjunto a imagen de las formaciones de su ciudad natal.

Este conjunto se llamó All Stars y realmente estaba integrado por verdaderas estrellas de la música de jazz.

Cuando participó en 1948 en el festival de jazz de Niza, el All Stars estaba formado por Louis Armstrong a la trompeta, Barney Bigard al clarinete, Jack Teagarden al trombón, Earl Hines al piano, Arvell Shaw al contrabajo y el maravilloso Sidney Catlett a la batería. Como vocalista, figuraba la dinámica Velma Middleton, cuyos dúos con Louis Armstrong resultaban de un humor indescriptible. Velma Middleton ha sido la mejor «partenaire» vocal que ha tenido Louis Armstrong.

La formación del All Stars sufriría muchas variaciones con los años.

En 1949, Cozy Cole sustituyó a Sidney Catlett.

En 1952, Trummy Young ocupó el puesto de trombonista en el que permaneció hasta 1963. Su perfecto sentido del juego de conjunto y su absoluta compenetración con la música de Armstrong hicieron de Trummy Young uno de los pilares del All Stars durante diez años.

Billy Kyle, ex-miembro de la orquesta de John Kirby, ocupó el puesto de pianista desde 1953 hasta su muerte acontecida en 1966.

Otros varios músicos de diversa categoría desfilaron por el All Stars de Armstrong; los más notables durante los años sesenta fueron el clarinetista Buster Bailey y el trombonista Tyree Glenn.

La vida del Louis Armstrong All Stars terminó con la desaparición de su líder en 1971.

Como vocalista en la All Stars figuraba la dinámica Velma Middleton, cuyos dúos con Louis Armstrong resultaban de un humor indescriptible. Velma Middleton ha sido la mejor «partenaire» vocal que ha tenido el trompetista.

Las grandes orquestas de los años cuarenta

Hemos mencionado ya anteriormente los nombres de las orquestas surgidas en esta época. La mayoría eran de gran categoría, pero desgraciadamente con la crisis de la posguerra casi todas desaparecieron de la escena jazzística. La más importante de ellas y una de las pocas que no sucumbieron ante la crisis económica, fue la de Lionel Hampton.

Lionel Hampton (1908-2002), vibrafonista, batería y pianista, es una de las figuras más importantes y con una personalidad musical más generosa y arrolladora que ha dado el jazz.

Nació en Louisville, Kentucky. Inició su carrera de músico en Chicago y en 1928 se trasladó a Los Angeles donde actuó como batería de la formación de Les Hite y tuvo el honor de acompañar a Louis Armstrong en la primera gira que éste realizó en 1930 por California.

En 1936 Benny Goodman, que se encontraba en California de gira al frente de su famosa orquesta, tuvo oportunidad de escuchar a Lionel Hampton que

entonces ya practicaba el vibráfono y, maravillado por sus portentosas facultades, decidió contratarlo para que actuara en su trío, que de esta forma pasó a
ser el célebre Benny Goodman's Quartet.

Fue así como Lionel Hampton saltó automáticamente a la fama. Durante su
época al lado de Benny Goodman (1937-1939), Lionel Hampton realizó una
importante serie de grabaciones al frente de pequeñas orquestas de estudio,
integradas casi siempre por músicos de primera línea pertenecientes a las mejores big bands del momento, o sea, las de Duke Ellington, Count Basie, Earl
Hines y Cab Calloway.

El éxito de estas sesiones se debe tanto a los magníficos solistas que en ellas
participaron (Hampton, Johnny Hodges, «Cootie» Williams, Chew Berry,
Herschell Evans, Jonah Jones, Benny Carter, etc.) como las inmejorables secciones rítmicas que les acompañaban, en las que encontramos baterías tan importantes como Cozy Cole, Sidney Catlett, Jo Jones, Alvin Burroughs, etc. y
contrabajos como John Kirby, Billy Taylor, Milt Hinton, etc.

En 1940, Lionel Hampton dejó a Benny Goodman y decidió formar su propia gran orquesta que inmediatamente se situó entre las mejores.

La orquesta de Lionel Hampton se ha caracterizado siempre por su ímpetu,
su fuerza arrolladora y un swing de carácter brutal que le ha valido el calificativo de «huracán de swing». Es un fiel reflejo de la personalidad musical de su
director, verdadero motor del conjunto.

En efecto, ya sea tocando el vibráfono, la batería o el piano, ya cantando,
bailando o animando a sus músicos, Lionel Hampton era un *showman* y un
animador de excepción, que contagiaba a su orquesta con su dinamismo arrollador, obligándola a rendir al máximo.

Los arreglos interpretados por su orquesta se basan casi siempre en el empleo de *riffs* muy simples. Aquí no se busca tanto el colorido y el equilibrio
sonoro, como la obtención de un máximo de swing.

Por un lado, la sección rítmica, reforzada a menudo por el propio Hampton
a la batería, acentúa impecablemente el *back beat*, mientras que las secciones
de viento ejecutan los *riffs* con un insuperable ataque, virtuosismo y potencia,
produciéndose un swing de conjunto realmente brutal, capaz de enardecer al
auditorio más frío. Las actuaciones de Lionel Hampton y su orquesta tenían
siempre algo de *happening* en el sentido más auténtico y constituían verdaderas orgías de ritmo.

En el número «Flying Home», que a menudo cerraba las actuaciones de la
orquesta, los músicos descendían del escenario y se mezclaban con el público
sin dejar de tocar; únicamente la sección rítmica y el saxofón solista permanecían en el estrado; Lionel Hampton bailaba entre el público, hacía malabaris-
mos con sus baquetas e incluso le hemos visto en alguna ocasión ejecutar un

redoble sobre la gorra del agente del orden que intentaba controlar al público. Hacia el final de la interpretación, los músicos volvían al escenario para ejecutar los últimos *chorus* en los que la orquesta alcanzaba el tope de su rendimiento, y Lionel Hampton marcaba el final dando un ágil salto sobre uno de los tambores cuando la orquesta daba el último acorde.

En más de una ocasión, severas salas de concierto se vieron convertidas por obra y gracia de Lionel Hampton en bulliciosas salas de baile, poniendo así de manifiesto la verdadera naturaleza de la música de jazz.

En su triple faceta, Lionel Hampton es uno de los músicos más extraordinarios de la historia del jazz.

Como vibrafonista no tiene parangón. Ha sido el único capaz de sacar un partido plenamente satisfactorio de ese instrumento. Sus improvisaciones, desbordantes de imaginación y de bellos hallazgos melódicos, maravillan por el virtuosismo, la agilidad y el relieve con que son ejecutadas. Cada nota es atacada con una fuerza percusiva fulminante y sus frases están animadas por continuas acentuaciones y contrastes rítmicos que generan un swing arrollador. Sólo un batería nato como él puede obtener estos efectos de un instrumento tan ingrato como el vibráfono. Por otra parte, también es capaz de tocar baladas lentas con un sentimiento y una delicadeza realmente emocionantes.

Como batería Lionel Hampton es también un virtuoso. Su principal influencia proviene del gran Chick Webb. Su forma de acompañar se caracteriza por una acentuación fuerte y clara del contratiempo que produce un afecto electrizante sobre sus músicos, y como solista es sencillamente fabuloso. Sus asombrosas improvisaciones, de una invención rítmica inagotable, parecen obra de un prestidigitador.

Lionel Hampton toca también el piano de un modo sorprendente. Aunque es capaz de hacerlo de manera perfecta en el estilo «convencional», normalmente se hace acompañar en la parte grave del teclado por otro pianista que le proporciona el sostén rítmico y armónico, mientras él improvisa fulgurantes frases en el registro agudo, sirviéndose de uno o dos dedos de cada mano, en un estilo análogo al que utiliza en el vibráfono.

Aparte de Lionel Hampton, muchos otros solistas de valor han dado prestigio a su orquesta.

Entre los saxofonistas, encontramos a dos de los mejores especialistas del saxo tenor que ha dado el jazz desde 1940: Illinois Jacquet y Arnett Cobb, que pertenecen a la categoría de los que Lionel Hampton califica como «saxos tenor salvajes», sin duda, por su estilo de una gran vehemencia y fuerza de ejecución.

Illinois Jacquet (1922-2004), que estuvo en la orquesta de 1941 a 1942, alcanzó gran notoriedad por su solo en la grabación del tema «Flying Home»

La orquesta de Lionel Hampton se ha caracterizado siempre por su ímpetu, su fuerza arrolladora y un swing de carácter brutal que le ha valido el calificativo de «huracán de swing».

(1942), solo que después ha sido copiado nota a nota por multitud de saxofonistas. Ha sido uno de los mejores discípulos de Herschel Evans y pocos saxofonistas pueden comparársele.

Arnett Cobb (1918-1989), que sustituyó a Illinois Jacquet en 1942, permaneció en la orquesta hasta 1947. Inspirándose en Herschel Evans y en el mismo Jacquet, llegó a crear un nuevo estilo de saxo tenor que sería muy imitado en los años siguientes. Con frases de construcción muy simple, basadas en su potente y ronca sonoridad, con su ataque fulminante y una ejecución de un formidable dinamismo, sus solos alcanzan un swing brutal que llega casi al paroxismo.

Otros saxos tenor de calidad que han pasado por la orquesta son Al Sears (1943-1944), Jay Peters (1953-1955) y Eddie Chamblee (1955-1957).

En la sección de trompetas han destacado Ernie Royal (1940-1942); Joe Newman (1941-1942), Cat Anderson (1943-1944); Walter Williams (1942-1954); Clifford Brown (1953); Eddie Mullens (1949-1959) y Wallace Davenport (1954-1955).

En la sección de trombones cabe destacar a Al Hayse (1943-1946 y 1951-1956); Al Grey (1943-1952) y Buster Cooper (1953-1954).

En la sección rítmica de la orquesta, Lionel Hampton contó desde 1944 con Billy Mackel, magnífico guitarrista acompañante y solista.

El puesto de piano lo ocupó de 1944 a 1947, y de 1950 a 1952, el original Milt Buckner que además escribió para la orquesta varios arreglos de excelente factura.

Milt Buckner (1915-1977), puso en boga a principios de los años cuarenta un nuevo estilo pianístico, el llamado estilo de *block chords* (haz de acordes). Consiste en ejecutar simultáneamente acordes con ambas manos las cuales se desplazan siempre juntas a lo largo del teclado. Por esto, a esta forma de tocar se la llama también de *locked hands* (manos atadas).

Milt Buckner fue muy conocido posteriormente, sobre todo, como organista, instrumento que practicó normalmente desde 1950.

De los numerosos baterías que han pasado por esta orquesta destacaremos a Curley Hammer, también excelente bailarín; a Rufus Jones y a Wilbur Hogan.

Por razones de tipo económico Lionel Hampton tuvo que prescindir, a partir de 1965, de varios componentes de su formación, que quedó reducida a un conjunto que oscilaba entre ocho y diez músicos.

Sin embargo, en determinadas ocasiones pudo reorganizar de nuevo su gran orquesta, como lo hizo con motivo de su presentación en el festival de Newport de 1967.

Los pequeños conjuntos en los años de la guerra (1940-45)

Ya hemos dicho que a principios de los años cuarenta proliferaron extraordinariamente los pequeños conjuntos en los que el número de componentes oscilaba, normalmente, entre tres y seis. Este tipo de formación, con el tiempo, se iría imponiendo y, sobre todo, desde los años de la posguerra hasta nuestros días ha sido el más habitual en el jazz.

En ciertos casos, cuando estos grupos incorporaban varios instrumentos de viento, los arreglos que interpretaban eran, en cierta forma, reducciones de los clásicos arreglos para gran orquesta adaptados a la instrumentación del pequeño grupo.

Dentro de esta línea podemos situar al conjunto del pianista Eddie Heywood, que, aparte de su líder, contaba con muy buenos solistas, como el trompeta Doc Cheatham y el trombonista Vic Dickenson. Los arreglos eran obra del propio Eddie Heywood.

Otro conjunto típico de la escuela swing era el del trompetista Henry Red Allen en el que, aparte de éste, destacaban el gran trombonista J. C. Higginbotham, el saxo alto Don Stovall y el formidable batería Alvin Burroughs.

El trío integrado inicialmente por Nat King Cole al piano, Oscar Moore a la guitarra y Wesley Price al contrabajo fue fundado en 1939.

Pero, los conjuntos de los que el disco ha dejado constancia acreditándolos como los mejores, son el trío de Nat King Cole, el conjunto de Louis Jordan & His Tympany Five, y el trío de Art Tatum. Estos merecen que los tratemos por separado.

El trío de Nat King Cole

En cuanto a fama y seguidores, quizá ninguno se pueda comparar al trío de Nat King Cole.

Nat King Cole (1917-1965), es conocido por nuestro público por sus discos comerciales en los que canta en castellano, pero fue un excelente pianista de jazz antes de dedicarse a la canción comercial.

Su trío fundado en 1939, estaba integrado inicialmente por Nat King Cole al piano, Oscar Moore a la guitarra y Wesley Price al contrabajo.

El gran éxito comercial de este trío se debía sobre todo a las intervenciones vocales de Nat Cole, el cual comenzó cantando de manera esporádica, pero ante el éxito que obtenían sus vocales se vio obligado a multiplicarlos, quedando relegada a un segundo plano su labor como pianista. De todos modos conocemos su valía como pianista gracias a algunas magníficas grabaciones realizadas al lado de famosos *jazzmen* como Lester Young y Lionel Hampton y en sus conciertos con el Jazz at the Philharmonic.

Este trío se disolvió hacia 1950, cuando Nat King Cole decidió dedicarse a la canción comercial que tanta fama le daría.

Louis Jordan & his Timpany Five

El conjunto de Louis Jordan (1908-1975), nos ofrece uno de los tipos de jazz que se puso de moda en los años cuarenta; un jazz simple, directo, preferentemente concebido para el baile y basado en el blues.

Formado en 1939, alcanzó pronto una inmensa popularidad y sus discos rebasaron en varias ocasiones el millón de ventas.

La principal atracción de este conjunto era el propio Louis Jordan, cantante, saxo alto y animador formidable. Su forma de cantar el blues, con mucho humor y swing, hacía las delicias del público negro.

El trío de Art Tatum

El trío de Art Tatum fue probablemente el mejor de los pequeños conjuntos que animaron la década de los cuarenta.

Formado en 1943 por el genial pianista invidente, completaban este trío, el formidable guitarrista Tiny Grimes y el original Slam Stewart al contrabajo.

Tiny Grimes (1916-1989), uno de los mejores especialistas de la guitarra eléctrica, con su estilo conciso, lleno de mordiente y contundencia, complementaba perfectamente el fraseo sinuoso y exuberante de Art Tatum y su brillante técnica le permitía a menudo darle la réplica en el mismo estilo.

Slam Stewart (1914-1987), proporcionaba un apoyo seguro, y tomaba a menudo solos en su originalísimo estilo. Para sus solos Slam Stewart se servía del arco, tocando el contrabajo con una fluidez comparable a la de un violoncelo, al mismo tiempo que tarareaba en una octava más alta las mismas frases que tocaba al contrabajo, consiguiendo un efecto fascinante.

Marcada por el sello del genial Art Tatum, la música de este trío, es una de las más sorprendentes y sugestivas que pueden encontrarse en el jazz de pequeña formación.

La posguerra (1945-1950) y sus efectos

El panorama económico y social en Norteamérica presenta muchos cambios a partir de 1945, es decir, a partir del final de la guerra.

En primer lugar, la desactivación de la industria de guerra que había sido el motor de la economía norteamericana durante aquellos años, desemboca en una nueva crisis económica. El mundo del jazz se ve afectado de lleno por esta crisis, siendo las grandes formaciones, las big bands, muy caras de mantener, las más perjudicadas. Por si esto fuera poco, un decreto del gobierno americano, en 1944, había aumentado de forma desproporcionada los impuestos que gravaban sobre las salas con pista de baile, obligando a muchas de estas a cerrar sus puertas. Precisamente, era en este tipo de locales donde actuaban con preferencia las big bands, las cuales vieron disminuidas de golpe sus oportunidades de trabajo. Si a este hecho unimos la crisis económica, se comprenderá que, entre 1945 y 1950, la mayoría de grandes orquestas fueran disueltas. Esto representó el final de la llamada Era del Swing. Desde entonces, el tipo de formaciones que ha predominado en el jazz han sido los pequeños conjuntos.

Pero, no es solo el componente económico el que afecta al mundo del jazz. Una crisis de orden sociológico que aflora en la sociedad afroamericana también lo afectará. Para entender la naturaleza de esta crisis tenemos que partir de la evolución que el negro norteamericano ha seguido desde su desembarco en América como esclavo procedente de África hasta los años de la Segunda Guerra Mundial.

Inicialmente, el negro americano es un esclavo desconcertado y atemorizado por su nueva situación. Una vez llega a hacerse cargo de ella, emprenderá estrategias diversas para intentar sobrellevarla. Desde el negro sumiso y complaciente que intentará divertir a su dueño blanco para suavizar el trato que de él recibe –actitud encarnada por el personaje mítico del Tío Tom–, hasta el esclavo rebelde que intentará escapar por los medios que sea de su miserable situación.

A partir de la abolición de la esclavitud y de la integración progresiva en la vida urbana, dos tipos de afroamericano se irán perfilando. Por un lado, el tipo de negro rural, el que ha permanecido en el campo trabajando en las plantaciones y que se concentra principalmente en los estados del sur. Por otro lado, el negro urbano, que ha ido a vivir a alguna de las grandes urbes o que ya ha nacido en ellas. Son dos tipos que actúan de manera muy distinta.

El primero ha de aprender a convivir con les duras e injustas leyes y costumbres segregacionistas que rigen en el sur. Es un negro a la defensiva, atemorizado y resignado. Vive con cierta indolencia su triste suerte y la acepta con fatalidad.

El segundo, el negro urbano, ha tenido que espabilarse para hacer frente a los arriesgados retos que le plantea la sociedad urbana. Así pues, este negro, sobre todo el de las generaciones más jóvenes, que ha nacido o se ha formado en la gran ciudad, se perfila como un individuo vivaracho, astuto, al que nada escapa. Este negro joven y urbano ha podido observar de cerca la sociedad blanca, conoce sus estrategias de poder, tiene clara la escala de valores que rige en esta sociedad, percibe la gran hipocresía que impera en ella, ve el papel preponderante que tiene la palabra, oral o escrita, el valor del discurso gran dilocuente o engañoso, descubre la farsa que se esconde bajo esta verbosidad y palabrería. En definitiva, conoce bien las normas y trampas del juego, está dispuesto a jugar fuerte, no se dejará engañar y hará todo lo que pueda para ganar.

Sobre esta población diversa de afroamericanos concurren durante los años de la guerra duras y graves situaciones. Los negros han sido solicitados en conjunto, tanto para ir a luchar al frente como para trabajar en las industrias de guerra; esto último después de numerosas y violentas protestas ante las negativas iniciales para que pudieran acceder a esos puestos de trabajo.

Pues bien, por un lado, los que han ido al frente, a pesar de estar jugándose la vida por su país, se han sentido maltratados como siempre e incluso han visto como los prisioneros de guerra enemigos recibían un mejor trato del que ellos nunca recibieron. Por otro lado, los obreros que gracias a su trabajo en las industrias de guerra han mejorado su posición económica, se dan cuenta de que ni solo así pueden romper las barreras levantadas por el racismo. Deben seguir viviendo en los mismos barrios para negros, a menudo miserables; no pueden llevar sus hijos a las escuelas de los blancos; no pueden entrar en determinados establecimientos públicos, etc. En definitiva, se dan cuenta de que ni con dinero pueden dejar de ser víctimas de la segregación racial.

Una gran mayoría de negros, sobre todo los pertenecientes a las sociedades urbanas, se sienten decepcionados, engañados e irritados. Esto les conduce a adoptar una actitud rebelde, desafiante e insumisa. Y no solo eso. En ellos nace un sentimiento de rechazo de las actitudes sumisas y complacientes de las que acusan a las generaciones precedentes, especialmente, de las actitudes conformistas de los negros rurales del sur del país.

A nivel de gustos musicales esta actitud rebelde e inconformista se manifiesta a través de un rechazo de la música creada y consumida por las anteriores generaciones y, por tanto, un rechazo del jazz de la época swing que es considerado como una simple expresión de un comercialismo bonachón y edulcorado y de un dócil populismo. La respuesta será apostar por una música más sofisticada, atrevida, extravagante, provocativa y fuera del alcance del gran público. Esta actitud será el caldo de cultivo donde nacerá y tomará cuerpo una forma distinta de entender y de hacer jazz que, en primera instancia, se concretaría en el llamado estilo be-bop.

Es interesante e ilustrativo constatar que el be-bop, esta forma distinta de entender y de hacer jazz coincidió y se desarrolló en paralelo con aquella nueva forma de consumir esta música que ya avanzábamos en un anterior epígrafe, considerándola estrictamente como «música para escuchar». La nueva clase de público, en gran parte público blanco y afectado de un cierto esnobismo, agradece, se complace y, según como, exige los alardes, proezas y demostraciones de virtuosismo técnico; las improvisaciones extensas y repletas de frases complejas y espectaculares; las excentricidades musicales que compensen la ausencia de otros alicientes como lo eran el baile o el espectáculo. Esta nueva deriva que estaba tomando el jazz en esta época provocaría en los años siguientes una notable dispersión de estilos y desencadenaría fuertes controversias.

En todo caso, hay un hecho que debe quedar claro y que muchos historiadores tienden a tergiversar. Según estos, se podría entender que, a partir de un cierto momento, las nuevas formas, es decir, el be-bop y los estilos que de él derivaron, agrupados en la denominación del llamado jazz moderno, vendrían a substituir por completo las formas tradicionales, es decir, el jazz clásico o tradicional. Dan por cierto que, históricamente, el estilo moderno sucede al *clásico*, como si este desapareciera del mapa con la aparición de aquel. Esta visión no corresponde en absoluto a la realidad. La nueva forma de hacer y consumir la música de jazz no vino a substituir las formas tradicionales de creación y disfrute. Las nuevas formas y las tradicionales convivirían en paralelo, se producirían intercambios entre ellas hasta que, con el tiempo, tomarían rumbos divergentes y se irían alejando unas de otras. Pero, ambas subsistirían a lo largo del tiempo.

Efectivamente, a pesar de que la mayoría de big bands desaparece entre 1945 y 1950, una gran parte del público, especialmente el público negro, quiere seguir bailando y disfrutando con la que sigue considerando como su propia música, es decir, la música de la época swing y, en general, el jazz en su concepción original.

Como ya dijimos, desaparecidas las big bands, el tipo de formaciones que predomina son los pequeños conjuntos, tríos, cuartetos, quintetos o sextetos, los cuales, en la medida de sus posibilidades intentan mantener el estilo de arreglos propios de la *escuela swing*, aunque dada la disminución de los medios instrumentales disponibles, los arreglos tienden a una mayor sobriedad y los colores diversos que los caracterizaban tienden a simplificarse. De todas formas, es en estos pequeños conjuntos donde se dan a conocer o alcanzan su plena madurez jóvenes y magníficos solistas, los cuales renuevan la música de jazz en su concepción original, al tiempo que aseguran su continuidad.

También se registra en esta época de posguerra un resurgimiento de la música más cercana a las raíces: el blues rural, el blues urbano y las gospel songs o negro spirituals. Evidentemente, esta música había seguido estando viva y teniendo una gran presencia en determinadas zonas o capas sociales de la población negra. Pero, la omnipresencia de la música de las big bands la había, en cierta forma, ocultado. Con la desaparición de las grandes bandas, afloran a la superficie todos estos géneros populares encarnados en intérpretes veteranos y jóvenes, muchos de ellos de gran categoría.

En la época de posguerra se registra un resurgimiento de la música más cercana a las raíces: el blues rural, el blues urbano y las gospel songs o negro spirituals. Evidentemente, esta música había seguido estando viva y teniendo una gran presencia en determinadas zonas o capas sociales de la población negra.

Este auge del blues se contagia a los pequeños conjuntos continuadores de la escuela swing, de forma que en sus repertorios predominan los blues en todas sus variantes y ritmos, en especial, el boogie-woogie. Además, muchos de estos grupos estaban liderados por cantantes, auténticos especialistas del blues, que hacían que estas formaciones gozaran de una enorme popularidad. Toda esta corriente daría paso a la música que se ha encasillado en la denominación de rhythm & blues.

El conjunto de acontecimientos que hemos descrito, tanto de orden económico, como de orden sociológico y musical, será el que marcará la historia del jazz en este período.

El be-bop: su razón de ser

Dentro de la nueva atmósfera que hemos visto envuelve parcialmente la música de jazz en estos años de posguerra, surgirá el grupo de músicos jóvenes que darán forma al be-bop.

En la razón por la cual estos músicos deciden emprender este rumbo distinto, convergen diversos hechos y circunstancias que trataremos de analizar a continuación. En resumen, podríamos decir que lo hacen por convicción, por necesidad y por sentido de la oportunidad.

Por convicción, puesto que dichos músicos forman parte de esta generación de jóvenes afroamericanos inconformistas que se da en las grandes ciudades, en New York y Los Angeles principalmente. Para ellos la música de las big bands y, en general, de todo el período anterior representa el conformismo, la contemporización con los blancos y la sumisión al comercialismo. Pero, no es sólo esto. Son músicos con una amplia preparación, incluido el conocimiento de determinados aspectos de la música vanguardista europea y, en base a ello, tienen el convencimiento de que están preparados para ir más allá de los avances conseguidos por la generación anterior. Sienten que pueden formular propuestas innovadoras que dejarán su sello personal en la evolución de la música de jazz. Pero estas propuestas no tienen cabida en el corsé que supone para ellos la música, los arreglos, la disciplina y la rutina que caracteriza el funcionamiento de las big bands.

Además adivinan que por este camino podrán librarse de la «humillante» consideración que recibe el músico de jazz, la cual no va más allá de la de simple *entertainer*, o sea, de la de un simple encargado de entretener y divertir a la gente. En otras palabras, por este nuevo camino quizás podrán librarse del odioso fantasma del Tío Tom. Y con absoluta convicción se lanzan por este camino.

Actúan también por necesidad, dado que en aquellos años la competencia está siendo muy dura por la gran cantidad de excelentes solistas surgidos dentro de la escuela swing que triunfan en las big bands y pequeños conjuntos. Para hacerse oír y ganarse un lugar en el mercado es necesario ofrecer algo nuevo, distinto, que destaque del resto de la producción por buena que esta sea. Hay que desmarcarse de la corriente musical imperante, buscar un nuevo mercado, una nueva clientela e ingeniar nuevas estrategias. Es por esto que pondrán el acento en los aspectos más rompedores, imprevisibles y extravagantes con la idea de conseguir diferenciarse y adquirir relieve en relación a los *jazzmen* de estilos más convencionales que les hacen la competencia. No se trata, por tanto, de un movimiento simple y puramente espontáneo. Hay un componente de voluntarismo y premeditación. Movidos por la necesidad de hacerse un lugar en el mundo y en el mercado del jazz, decidirán explorar esos nuevos caminos.

Entonces, en el momento de escoger este nuevo rumbo, es cuando demuestran su agudo sentido de la oportunidad, pues en la búsqueda del nuevo camino, negros urbanos como son, su fino olfato les indica que los valores en alza en aquellos años turbulentos se encuentran en las corrientes artísticas de vanguardia (Dalí, Stravinsky, Bartók, Shoenberg), sofisticadas y esotéricas. Comprenden que el arte y la música de vanguardia tienen un público creciente, su propio mercado y unos críticos que le son proclives. En definitiva, un futuro. Así pues, sus propuestas estarán influenciadas por estas vanguardias musicales.

Al mismo tiempo, han captado la fascinación que despierta en ciertos sectores sociales el personaje del creador marginal e inconformista y ven que este personaje maldito goza de la prestigiosa consideración de *artista*, muy por encima de la de simple *entertainer* que ellos intentan eludir. Por esto, en su comportamiento social asumen el papel de *enfants terribles*, de artistas rompedores e iconoclastas. Adoptan unas maneras sofisticadas de vestirse y de hablar y flirtean peligrosamente con el consumo de drogas.

Como bien explica Ted Gioia en su *Historia del jazz*: «A estos músicos menos famosos les entusiasmaba la oportunidad de hacer un demostración de "su" música, y cuanto más difícil mejor. No es de extrañar, pues, que el estilo be-bop resultante fuera la versión afroamericana del siglo XX de la idea de épater le bourgeois».

Finalmente, en su certera visión, estos jóvenes han notado los cambios en los hábitos de consumo de cierto público aficionado al jazz y ven perfectamente hacia donde se orienta este consumo. Perciben que el jazz tiene un nuevo territorio que ocupar y un público potencial que atraer si se constituye como una música suficientemente sorprendente e impactante para convertirse, puramente y sin otras funciones, en música «para escuchar».

Por convicción, necesidad y sentido de la oportunidad, éstas son, a nuestro entender, las razones fundamentales que mueven a los creadores del llamado estilo be-bop.

La gestación del be-bop

Hacia 1940, en los múltiples clubs de la famosa calle 52 de New York se organizaban entre los músicos que allí acudían después de sus horas de trabajo regular, espontaneas y animadas jam sessions. Estas sesiones informales servían para que los músicos jóvenes pudieran formar y madurar su estilo escuchando y tocando al lado de los maestros de cada instrumento.

También en Harlem, en ciertos cabarets como el Minton's Playhouse y el Monroe's, se producían sesiones similares. Por ellas pasaron determinados músicos jóvenes que en sus jam sessions demostraban un extremado interés por la búsqueda de un fraseo nuevo y complejo y por la sistemática variación de las armonías convencionales y no tanto por la utilización de los recursos expresivos y el swing tradicionales. Buscaban, también, dejar en evidencia a aquellos *jazzmen* que, por limitaciones técnicas o falta de dominio de las armonías avanzadas, no podían seguirlos. De aquí saldría el núcleo de músicos que irían dando forma al nuevo estilo llamado be-bop que vería la luz a partir de 1945.

De todas formas, en estos años de gestación del nuevo estilo, eran bastantes los músicos pertenecientes a la escuela swing (Art Tatum, Roy Eldridge,

Eran bastantes los músicos
pertenecientes a la escuela
swing, como Roy Eldridge,
que utilizaban un fraseo
veloz, complejo y con audaces
alteraciones armónicas.

Charlie Shavers, Don Byas, Lucky Thompson, Charlie Christian, etc.) que
utilizaban un fraseo veloz, complejo y con audaces alteraciones armónicas.
Debido a esto, los creadores del be-bop no destacaban excesivamente entre
sus colegas también jóvenes y, por otro lado, mientras seguían encuadrados
en sus respectivas big bands no tenían la oportunidad de hacer cuajar sus propuestas en nada sólido y coherente.

   Ahora bien, siempre que algunos de ellos, Charlie Parker y Dizzy Gillespie,
en particular, coincidían juntos en alguna de estas formaciones (Earl Hines,
en 1943, Billy Eckstine, en 1944), lo aprovechaban para poner en común sus
inquietudes y experimentos musicales y hacerlos extensivos a sus compañeros
de orquesta.

   No fue hasta 1945, cuando Dizzy Gillespie organizó su propio quinteto con
Charlie Parker, que el nuevo estilo, de manera paulatina, fue tomando cuerpo. Al principio, pese a las innovaciones introducidas, la música de Parker,
Gillespie y sus seguidores no se apartaba notablemente del lenguaje tradicional. Estas innovaciones solo abarcaban el terreno melódico y armónico, no
al rítmico. La novedad del be-bop se reducía por entonces a la utilización de
algunos giros melódicos nada corrientes y a la adopción de ciertas escalas y
acordes procedentes de la música europea no habituales en el jazz. La más
característica de estas novedades consistía en la utilización sistemática de la
quinta disminuida.

También evitaban las amables armonizaciones típicas de los arreglistas de la época swing y preferían los unísonos, trompeta unida al saxo alto, de los que resulta un timbre ácido e hiriente. En caso de utilizar armonizaciones, buscaban, en lo posible, las disonancias.

Otra novedad era la transformación de los populares y complacientes temas estándar en nuevas melodías de líneas complejas, sorprendentes y de un tono ácido, pero ajustándose a la trama original. Esta práctica se mantuvo a lo largo de los años y, así, «Ornithology» y «Scrapplefrom The Apple» de Parker se basan respectivamente en los acordes de «How High The Moon» y «Honeysuckle Rose»; «Groovin' High» de Gillespie se basa en los acordes de «Whispering»; «Hot House» de Tadd Dameron se basa en la trama armónica de «What IsThis Thing Called Love?», un conocido estándar de Cole Porter, etc.

En los primeros discos de esta época (*Groovin' High*, *All The Things You Are*, *Dizzy Atmosphere*) los elementos básicos del jazz en su concepción original, es decir, el *tratamiento del sonido* haciendo «cantar» los instrumentos y el «tratamiento del ritmo», o sea, el swing, se mantienen intactos. En las grabaciones realizadas unos meses después («Hot House», «Salt Peanuts», «Shaw 'Nuff») los temas interpretados tienen un carácter más agresivo y menos melodioso, los solos adoptan discursos más complejos, con una profusión de alteraciones de las notas de la escala cada vez más audaz. También la forma típica de la escuela swing de acentuar las notas corcheas se invierte y se opta por cargar el acento en la segunda mitad del tiempo en vez de la primera. En aquel momento esto resultó de una importante novedad, pero el swing todavía se mantenía.

Vale la pena reparar en que estas primeras sesiones de grabación fueron efectuadas con baterías de primera línea de la escuela swing (Cozy Cole, Sidney Catlett), los cuales aseguraban una pulsación rítmica regular y constante. Por esto, estas primeras grabaciones tienen el vigor, la expresividad y el calor propios del jazz más clásico.

Ahora bien, a partir de 1946, cuando las innovaciones alcanzan el terreno de la sección rítmica, modificando la labor de sus componentes, el be-bop se aleja de una manera clara y progresiva del lenguaje del jazz tal como se había interpretado hasta entonces. En las grabaciones de 1946 puede apreciarse perfectamente que el batería, lejos de limitarse a un acompañamiento regular para nutrir de swing a los demás músicos, busca la creación de un contrapunto rítmico al discurso del solista a base de puntuaciones irregulares. El batería no se sitúa detrás del solista en funciones de soporte sino que se sitúa a su lado para establecer una cierta forma de diálogo, ejecutando sobre la marcha réplicas a las frases que el solista va improvisando.

Lo mismo pasa con la función del pianista que, aparte de la introducción de armonías no habituales, no acostumbra a acompañar con figuras rítmicas regulares generadoras de swing, sino que lo hace con puntuaciones extemporáneas parecidas a las del batería. Únicamente el contrabajo sigue manteniendo una pulsación regular.

Con este soporte, el solista no se siente precisamente propulsado a un fraseo que incorpore la respiración rítmica propia del swing, sino más bien a ejecutar frases complejas, brillantes o acrobáticas en que la excitación generada está más cerca de la crispación que de la exaltación liberadora que conlleva el swing. De paso, los recursos expresivos, el calor del sonido de los instrumentos, el hacerlos «cantar», la comunicación a nivel sensual, pasan a un segundo plano y se retraen en aras del virtuosismo técnico y la velocidad instrumental.

Hemos visto, pues, de qué manera gradual el be-bop toma forma en un proceso en que diversos elementos nuevos entran en escena, mientras que otros pasan a un segundo plano. Percibir esto nos sirve para comprender la naturaleza compleja y ambigua de este fenómeno. En definitiva, en el be-bop se da una combinación de elementos viejos y nuevos que pueden intervenir de manera diversa y tener una presencia muy variable, hasta el punto que ese estilo musical en muchos casos se puede considerar plenamente dentro del concepto original del jazz y en otros encontrarse al margen o alejado de este concepto.

Los primeros *boppers*

Los primeros músicos *boppers*, es decir, los que crearon el estilo llamado be-bop o se dieron a conocer dentro de él, pertenecían a la tercera generación de *jazzmen*, o sea, la de los nacidos alrededor de 1920. Casi todos ellos se formaron y actuaron en el seno de las big bands de la época swing, tenían sus raíces en ese estilo y un sólido bagaje adquirido en contacto con los solistas destacados de estas formaciones. Es por esto que a lo largo de toda su carrera, por audaces y rompedoras que fueran sus innovaciones, de forma esporádica o más o menos permanente, reaparecen los elementos básicos del jazz en su concepción original («tratamiento del sonido» y «tratamiento del ritmo»).

A esta generación pertenecen músicos tan notables como los trompetistas Dizzy Gillespie, Howard Mc Ghee, Fats Navarro, Clark Terry y Ernie Royal; los saxofonistas Charlie Parker, Sonny Stitt, Frank Wess, Gene Ammons, Wardell Gray, Lucky Thompson y James Moody; los trombonistas J. J. Johnson, Benny Green, Kai Winding y Jimmy Cleveland; los pianistas Thelonious Monk, Bud Powell, Tadd Dameron y Hank Jones; los contrabajistas Oscar Pettiford, Charlie Mingus, Percy Heath, Ray Brown, Tommy Potter y Al Mc Kibbon y los baterías Kenny Clarke, Art Blakey y Max Roach.

Los primeros músicos *boppers*, es decir, los que crearon el estilo llamado be-bop o se dieron a conocer dentro de él, como Dizzy Gillespie, pertenecían a la tercera generación de *jazzmen*, o sea, la de los nacidos alrededor de 1920.

Aunque todos ellos participan en mayor o menor grado en la propagación de las innovaciones introducidas por el be-bop, no los podemos poner a todos en el mismo saco. Los hay que adoptan sólo de una manera superficial algunas de las nuevas fórmulas y se expresan estrictamente dentro del lenguaje tradicional. Otros se alejan paulatinamente de él hasta apartarse totalmente de este lenguaje en su concepción original. Aún otros, a lo largo de su carrera profesional han ido alternando y combinando, en función de las circunstancias, los elementos del lenguaje tradicional con otros que le son ajenos. Incluso, es frecuente el sorprendente caso de que en un mismo solo aparezcan juntas y sin solución de continuidad, una frase que se expresa dentro de un estilo y, seguidamente, otra que se desarrolla dentro del otro. Todo ello viene a corroborar la carga de ambigüedad que contiene esa corriente estilística.

A continuación nos ocuparemos de describir y perfilar las figuras principales en la creación del be-bop.

Charlie Parker (1920-1955)

Charlie Parker, intérprete de saxo alto, de sobrenombre «Bird», era natural de Kansas City. Vivió la ebullición musical que caracterizó esta ciudad durante los años treinta y se empapó de blues, género que inundaba la atmósfera musical de la población. De carácter retraído, tirando a excéntrico, ya de muy joven encontró alivio en el consumo de alcohol y heroína.

Después de actuar en diversas formaciones de su ciudad natal y de una breve estancia en New York, en 1940, de vuelta a casa ingresó en la big band de Jay Mc Shann en la cual permaneció un par de años, actuando en New York y con la cual grabó sus primeros solos en los que ya exhibe su fuerte personalidad («Swingmatism», «Lonely Boy Blues», «The Jumpin' Blues»). Pasaría después por las grandes formaciones de Earl Hines (1943) y Billy Eckstine (1944) para, asociarse al año siguiente con Dizzy Gillespie en el pequeño conjunto que este lideraba y que está considerado como la primera orquesta de estilo be-bop. A partir de entonces Parker actuaría siempre en pequeños grupos con los que alcanzaría la fama, actuando en los clubs de la 52th Street, después en California, donde tuvo que ser internado durante un tiempo en un sanatorio debido a sus excesos con el alcohol y las drogas (1947). Actuó después con el Jazz At The Philharmonic y vino a Europa en 1949 para participar en el Salon du Jazz de Paris. Al año siguiente viajó a los países escandinavos. En los últimos años de su vida su salud deteriorada le impidió actuar regularmente. Murió súbitamente el 1955 mientras miraba un programa de televisión.

Charlie Parker poseía un genio natural. Con unas dotes musicales fuera de lo común, una capacidad y una intuición excepcionales; la obsesión por la música le llevaba a practicar diariamente el saxo alto durante una infinidad de horas, buscando e investigando nuevos fraseos y nuevas formas de utilizar y enriquecer las armonías de base de los temas. Es impresionante la rapidez y habilidad con que, sobre la marcha y en plena improvisación, podía substituir los acordes convencionales de los temas estándar más usados por nuevas progresiones armónicas. Tanto desde el punto de vista melódico, armónico, como rítmico, aportó gran cantidad de novedades. Su fraseo era de una velocidad, una densidad y una complejidad inauditas en aquella época.

Respecto a las cualidades básicas, cabe resaltar la potencia y claridad de su sonoridad de timbre brillante, metálico y con un toque de acidez; también se distinguía por un ataque de las notas seco, cortante y nítido y por un vibrato muy marcado, cualidades que daban una gran fuerza expresiva a su fraseo, sobre todo en los blues, en los que, como buen músico de Kansas City, era un intérprete difícilmente superable («Bluebird», «Parker's Mood», «Funky Blues»).

En relación a las cualidades rítmicas, podía tocar con un swing considerable y así lo hizo en la primera fase de su carrera («Tiny's Tempo», «Red Cross»), mientras que, a partir de 1946, es cierto que a menudo la rapidez y complejidad de su fraseo iban en detrimento de una respiración rítmica regular y ágil, en definitiva, en detrimento del swing («Koko», «Night in Tunisia»). También en este tipo de improvisaciones tan retorcidas, la expresividad cálida y directa se reducía hasta desaparecer.

De todas formas, es evidente que el carácter tan personal y original de su estilo dejó una profunda huella en muchos de los saxofonistas contemporáneos suyos y posteriores. Y también es cierto que, según los aspectos que sus seguidores tomaran de su estilo, los resultados podían situarlos en posiciones bien distintas en relación al concepto original con que definimos la música de jazz.

Entre los discípulos de Charlie Parker que podemos situar habitualmente dentro de este concepto, citaremos a Sonny Stitt, Lou Donaldson, Sonny Criss, Cannonball Adderley, Chris Woods y Jesse Davis.

Dizzy Gillespie (1917-1993)

John Birks «Dizzy» Gillespie, nació en Cheraw, Carolina del Sur. Adquirió experiencia profesional en las big bands de Teddy Hill (1937) y Cab Calloway (1939-41). Coincidió con Charlie Parker en las formaciones de Earl Hines (1943) y Billy Eckstine (1944) y al año siguiente, con su colega, formó su propio quinteto. El grupo no duró más de un año porqué Gillespie dejó a Parker, harto de sus informalidades. Aunque con Parker se volverían a encontrar en diversas ocasiones, en realidad, a lo que aspiraba Dizzy Gillespie era liderar

Charlie Parker y
Dizzy Gillespie, dos
de los músicos más
influyentes, en New
York en 1949.

una big band. En 1946 consiguió realizar su sueño reuniendo una gran orquesta con muy buenos solistas. Con ella vino a Europa en 1948, pero las
dificultades económicas no le permitieron mantenerla más allá de 1950. De
forma puntual tuvo oportunidad de reunirla de nuevo, por ejemplo, cuando
en 1956 el Departamento de Estado Norteamericano le encargó que hiciera
una gira por Europa, Oriente Medio y Sudamérica con el fin de difundir el
jazz y la cultura norteamericana.

   Con su gran orquesta, Gillespie siguió la tradición de las big bands de la
época swing, pero la renovó mediante arreglos que incluían nuevas y ricas armonizaciones y algunos sorprendentes e inusuales toques propios del be-bop.
Aparte de su estricta producción dentro del lenguaje del jazz, Dizzy Gillespie
exploró nuevos caminos al introducir en su orquesta ritmos y sabores de la
música caribeña, con la incorporación en la sección rítmica de instrumentos
y percusionistas de origen cubano, siendo el primero y más conocido, Chano
Pozo, e incluyendo además en el repertorio arreglos influenciados por aquel
estilo de música («Manteca», «Tin Tin Deo», etc.).

   A partir de 1950 y con las excepciones mencionadas, Dizzy Gillespie actuó
normalmente en grupos reducidos y en múltiples ocasiones con el Jazz At The
Philharmonic, producción de la que era una de sus estrellas más habituales.

   Al igual que Charlie Parker, Dizzy Gillespie era también un músico extraordinariamente dotado. Pero, así como el impulso renovador de Parker era fruto
espontaneo de su genio, en la evolución del estilo de Gillespie podemos detectar una actitud más premeditada y trabajada a conciencia. Habiéndose formado
dentro de la escuela swing, empezó de forma muy prometedora inspirándose en
el estilo de Roy Eldridge. Sus solos, formando parte de las orquestas de Teddy

Hill («King Porter Stomp») y Cab Calloway («Pickin' The Cabbage»), así lo demuestran. Pero Dizzy era un hombre con vocación de líder, con voluntad de destacar por encima de sus colegas. Por eso, hacia mediados de los años cuarenta, gracias a su técnica instrumental de una rapidez asombrosa, con un dominio increíble del registro agudo y gracias también a sus conocimientos y exploraciones musicales, incluida la música contemporánea europea, desarrolló un fraseo innovador y audaz, tanto desde el punto de vista armónico como rítmico, fraseo que iba mucho más allá de lo que ningún trompetista había sido capaz de hacer hasta entonces. Esto le proporcionó la admiración de sus colegas e hizo que muchos trompetistas jóvenes lo tomaran como modelo.

Sin embargo, es cierto que en los fragmentos ejecutados a una gran velocidad, su sonoridad pierde calidad y amplitud y el swing pierde intensidad en relación a muchos de los trompetistas que le precedieron y a algunos contemporáneos suyos.

Probablemente, como resultado de esta personalidad musical construida de una manera deliberada, los solos de Gillespie presentan, a menudo, fragmentos de una intensa expresividad, fuerza rítmica y swing, justo al lado de otros sobrecargados de notas, ejecutados a toda velocidad, donde la calidez expresiva del sonido y el swing se ven muy reducidos y pasan a un segundo término. A la manera de unos fuegos artificiales, los solos de Dizzy Gillespie alternan momentos de calma, sosiego y coherencia con explosiones espectaculares y deslumbrantes, pero sin una continuidad melódica. A unos les fascinaba, a otros les crispaba, pero la huella que ha acabado dejando ha sido muy notable.

Thelonious Monk (1917-1982)

Pianista habitual del Minton's Playhouse, Monk era un músico de personalidad enigmática y excéntrica, que introdujo una concepción de la armonía totalmente personal, fuera de los caminos trillados, con la utilización de acordes disonantes muy especiales que tuvieron una marcada influencia sobre muchos *boppers*.

Con un fraseo pianístico y una digitación nada ortodoxos, de una escasa fluidez pero de una potente fuerza rítmica, sin ser un virtuoso, poseía un estilo inconfundible que sedujo a muchos pianistas posteriores.

En todo o caso, a pesar de sus innovaciones, siempre mantuvo en el aspecto rítmico estrechos contactos con el lenguaje y los conceptos tradicionales.

Otra faceta de Thelonious Monk tan importante como la de intérprete, es la de compositor. Sus melodías sorprenden y encantan por su bella originalidad melódica y por la trama armónica que las sustenta («'Round about Midnight», «Epistrophy», «Well You Needn't», etc.).

Kenny Clarke (1914-1985)

Durante los años treinta había tocado la batería en algunas big bands importantes, antes de convertirse en el batería habitual del Minton's Playhouse. Fue en esta época cuando empezó a introducir cambios ya no sólo en la manera de acompañar sino en la misma concepción de la función del batería en el seno de una orquesta. Con él, este instrumento dejaría de ser el encargado de suministrar al resto de los músicos la pulsación rítmica regular generadora del swing, para convertirse en un instrumento protagonista, casi al nivel del solista, que constantemente introduciría puntuaciones, comentarios e interpelaciones al discurso de aquel. Su influencia fue notable en esa época, siendo Max Roach su seguidor más importante.

El be-bop: la controversia

He aquí una pregunta recurrente desde hace muchos años: ¿El be-bop es jazz? ¿Sí o no?

Desde que apareció el be-bop, esta pregunta formulada en estos términos, a la que se pide una respuesta categórica, ha originado respuestas de signo completamente opuesto que han originado encarnizadas y sostenidas polémicas en América y en Europa; ha dividido a los aficionados y ha propiciado que críticos e historiadores articulasen relatos de una muy escasa consistencia, relatos que han creado confusión más que otra cosa.

Si se quiere ser lógico y objetivo, para responder a esta pregunta habría que partir de un concepto de jazz suficientemente claro. Esto sería lo más sencillo y sensato. El problema está en que respecto a este concepto no existe ningún consenso. A medida que la música de jazz ha ido haciendo camino, este concepto se ha vuelto tan flexible y elástico que ha quedado completamente desdibujado y prácticamente vacío de contenido.

Por nuestra parte, para ser lógicos y coherentes con el concepto de jazz que hemos propuesto al comienzo de este libro, no tenemos más opción que apli-

Con Kenny Clarke, la batería dejaría de ser la encargada de suministrar al resto de los músicos la pulsación rítmica del swing, para convertirse en un instrumento protagonista.

carlo sobre ese estilo musical en cuestión y comprobar si sus características coinciden con la definición. Esto es lo que deberíamos hacer para responder a la pregunta de si el be-bop es jazz o no lo es. En el caso del be-bop, no obstante, ya hemos hablado de la ambigüedad que en sus diversas y múltiples manifestaciones presenta dicho estilo. Esa ambigüedad nos impide dar una respuesta categórica y en bloque. En la música de los Parker, Gillespie y todos sus seguidores, encontramos de todo: interpretaciones que encajan de lleno dentro del concepto de jazz propuesto; otras en las cuales algunos solos pueden asimilarse a dicho concepto y otros solos no; y finalmente, interpretaciones enteras que quedan completamente al margen del concepto de jazz en su forma original. Esta es la respuesta más coherente y ajustada a la realidad que podemos dar a la famosa pregunta, basándonos en el concepto de jazz dado al principio del libro.

No debe frustrar al lector la imposibilidad de obtener una respuesta más clara y sencilla, ya que esta imposibilidad lleva consigo algo positivo, pues nos conduce a hacer algunas reflexiones que pueden ser útiles y válidas para calificar la multitud de estilos y tendencias que, a partir del be-bop, han ido apareciendo en el mundo del jazz.

Si decíamos en el capítulo 1 que «El jazz es una forma de interpretar la música basada en un determinado tratamiento del sonido (o técnica instrumental) y en un determinado tratamiento del ritmo (llamado "swing")», es a esta definición que en todo caso debemos atenernos. Es así que, en el caso del be-bop y de los estilos que le siguieron, el hecho de que el fraseo de los solistas sea más o menos complicado o veloz, que se utilicen determinadas frases de una línea melódica poco habitual o de difícil comprensión a la primera audición, que se introduzcan alteraciones en las progresiones de acordes, o que el batería ejecute determinadas puntuaciones, no es determinante para calificar una música como jazz o fuera del jazz.

Ateniéndonos a la definición aceptada, lo importante es la «forma» en que estas frases se interpretan, es decir, si la sonoridad con que nos llegan, es cálida, expresiva, animada por inflexiones y un vibrato que hagan que estas frases, en cierta forma, «canten» y, lo más importante de todo, si estas frases incorporan en su ejecución esa respiración rítmica regular, flexible, ágil y dinámica que llamamos swing. Si es así, por compleja que sea su línea melódica, por audaces que sean las modificaciones de las armonías, esta música será jazz. En caso contrario, lógicamente, no.

En el caso de la batería, las puntuaciones más o menos complejas que pueda introducir en un acompañamiento un batería, si tienen la gracia de la oportunidad, respaldando y dando alas al solista y, sobre todo, si esas puntuaciones no impiden percibir bien clara y evidente esa pulsación regular cargada de swing que en todo caso debe asegurar un percusionista, estaremos escuchando a un batería de jazz.

Sirvan, pues, estas reflexiones para ayudar a dilucidar las múltiples dudas o perplejidades que al lector se le pueden presentar a la escucha de tantos ejemplos de interpretaciones calificadas como be-bop o pertenecientes a cualquiera de los estilos que le han seguido.

Una vez expuesto nuestro criterio para formarnos una opinión respecto a esta cuestión, criterio al que, obviamente, cualquiera es libre de acogerse o no, es importante conocer los diversos puntos de vista, vivencias y percepciones de músicos, público y crítica respecto a ella. No podemos prescindir de todos estos testimonios si queremos comprender las posiciones, tan encontradas, de unos y otros y hacernos cargo de las razones que asisten a cada una de las partes. Todo ello nos servirá para entender la compleja realidad de esto que venimos llamando «el mundo del jazz».

Para empezar, ni entre los mismos creadores del be-bop existía un acuerdo respecto a la verdadera naturaleza de esta música.

En un artículo publicado en la revista *Down Beat* (9 de septiembre de 1949), Charlie Parker declaraba: «El be-bop no es un hijo natural del jazz», y más adelante: «El be-bop es algo completamente separado y aparte... En el bop no hay una pulsación continua; en el jazz la hay». En la portada de la revista aparecía de manera rotunda: «El bop no es jazz: Bird Parker».

Pero, en el siguiente número de *Down Beat* (7 de octubre de 1949), Dizzy

Gillespie contradecía a Parker: «Parker se equivoca: el bop es una forma de interpretar el jazz, todo forma parte de la misma cosa». Queda claro que entre sus propios creadores había disparidad de opiniones respecto de la cuestión de si el be-bop es o no es jazz.

Durante los años y décadas siguientes, las manifestaciones de los músicos han seguido siendo contradictorias. En general, los músicos de las generaciones surgidas antes del bop le negaban a esta música la pertenencia al jazz. Escogidas de entre muchas, estas son las declaraciones de algunos *jazzmen* importantes:

«El bop no es jazz. Todas estas variaciones son más bien ejercicios» (Louis Armstrong, *Time*, 21 de febrero de 1949).

«Un buen día, algunos músicos se pusieron a hacer armonías insensatas. La melodía había desaparecido, la pulsación rítmica también. Eso ya no era jazz, se había convertido en música académica» (*Hot Lips Page, Melody Maker*, 28 de julio de 1951).

«Si una música no es bailable no tiene por qué ser forzosamente jazz... puesto que son los bailarines los que han establecido las reglas del tempo en el jazz y no los músicos. Así pues, si un tipo no sabe tocar para el baile, tiene todas las posibilidades para que no sea un *jazzman*» (Gene Krupa, *Duke*, junio de 1957).

«Hoy en día, me ocurre a menudo, que no sé a qué llamar jazz y a qué no llamar jazz... Incluso algunas de las cosas que Dizzy graba, para mí no son jazz» (Benny Carter, 29 de septiembre de 1962).

En cambio, para los jóvenes *boppers* llegados a escena a mediados de los años cuarenta, esa no era una cuestión que les preocupara y menos que les frenara en su impulso innovador.

Miles Davis, trompetista seguidor de Dizzy Gillespie y que, a partir de 1946 tocó en el conjunto de Charlie Parker, cuenta en su autobiografía: «Mira, los grandes músicos como Lockjaw (Davis), Bird (Parker), Dizzy (Gillespie) y Monk (Thelonious), que eran los reyes del Minton's, jamás tocaban la mierda corriente, jamás lo ordinario, lo conocido. Obraban así para eliminar directamente a un rebaño de tipos que no podían tocar a su nivel».

Esta era la preocupación de estos jóvenes *boppers*, estar «a su nivel», es decir, al nivel de los padres del bop y destacar, hacerse notar por encima de los *jazzmen* de estilo convencional. Pero, a pesar de querer sobresalir del montón, en ningún momento se plantearon poner en cuestión la naturaleza de su música ni renunciar a la etiqueta de jazz. De hecho, estaban tocando con músicos considerados de jazz, interpretando básicamente el mismo repertorio, con el mismo tipo de formaciones instrumentales y actuando en los mismos locales. Para ellos, pura inercia mental, el mundo en que se desenvolvían era el mundo del jazz. Además, el jazz era una música que había adquirido prestigio, tenía legiones de fans, las grandes salas de concierto le abrían las puertas y las discográficas editaban gran cantidad de discos de jazz. No se trataba, pues, de hilar demasiado fino respecto a la naturaleza de su música y caer en el riesgo de renunciar a todos los beneficios que suponía mantenerse bajo la consolidada y prestigiosa denominación de jazz.

Así, pues, por inercia mental y por conveniencia, en buena parte de los músicos jóvenes se impuso y generalizó el criterio de considerar el be-bop como un nuevo estilo de jazz. En definitiva, para cualquier *bopper* era realmente halagador estar considerado como un integrante del grupo de músicos que habían apostado por un estilo evolucionado del jazz, estilo que se alejaba de las formas populares, bailables y de entretenimiento para adoptar formas de expresión más arriesgadas, con mayores pretensiones artísticas y ocupando posicionamientos vanguardistas. Se trataba, sobre todo, de ganar puntos de cara al ya muy influyente estamento que era la crítica especializada y entrar en la corriente que acabaría siendo bautizada con el privilegiado calificativo de «jazz moderno».

En este proceso de aceptación oficial y generalizada del be-bop como un nuevo estilo de jazz, aceptación llevada a cabo sin ningún matiz o reserva, tuvo un papel decisivo un importante sector de la crítica que controlaba la mayor parte de los medios de comunicación que se ocupaban del jazz (revistas, emisoras de radio, discográficas, etc.).

Una gran parte de críticos e historiadores, pasada la sorpresa inicial y algunas primeras reticencias, ni tan siquiera se plantearon esta polémica cuestión, de forma que aceptaron, por defecto, que el be-bop era un nuevo estilo de jazz. Otros, con el fin de razonar esta aceptación, han esgrimido argumentos que nos parecen muy débiles y que no resisten un análisis de lógica elemental.

Por ejemplo, en su *Historia del Jazz*, Ted Gioia parte de la siguiente constatación: «Desde sus primeros tiempos el jazz había sido un arte progresista, con una incorporación continua de nuevas técnicas, armonías más amplias y ritmos y melodías más complejos». Partiendo de esta constatación, decíamos, llega a la conclusión de que: «... el surgimiento de una modernidad más explícita a principio de los años cuarenta no debería ser considerado un cambio abrupto o discontinuo en la historia de esta música, sino sencillamente una ampliación de la tendencia intrínseca del jazz a la transformación, al cambio y al crecimiento» (Ted Gioia, *Historia del jazz*, Turner-Fondo de Cultura Económica, páginas 267-268).

Sorprende la inconsistencia de este argumento. Todas las artes, no sólo el jazz, desde sus orígenes llevan en sí un sentido de evolución o progreso y esto no impide detectar claros y abruptos rompimientos que se manifiestan en cambios radicales en el lenguaje artístico que, a su vez, responden a profundos cambios culturales y a nuevas visiones del mundo. Por esto decimos que el impresionismo pictórico, en cierta forma, se opone al realismo y el cubismo representa un salto respecto al impresionismo. Responden, todos ellos, a distintas formas de entender la pintura y de lo que se pretende expresar con ella. Lo mismo podemos decir del rompimiento que se produce en la música culta europea con el paso del romanticismo al impresionismo y de éste al dodecafonismo. Es por esto que clasificamos y nombramos cada etapa artística de forma distinta. En todo caso, independientemente de la nomenclatura que se utilice, lo que debe quedar claro son las características que definen a cada estilo y las diferencias profundas que separan a cada uno de ellos de los otros estilos o lenguajes artísticos. Esto es lo que, por lo visto, cuesta de poner en claro en el jazz.

Es cierto que voces autorizadas, como la del crítico francés Hugues Panassié, se opusieron con argumentos de peso a aceptar el be-bop como música de jazz. Pero, los sectores que validaban el be-bop en tanto que «jazz moderno» eran más amplios y tenían mayor influencia, de modo que con el tiempo se acabó imponiendo su criterio. En su libro *La bataille du jazz* (Editions Albin Michel, 1965) Panassié denuncia y demuestra con pruebas las maniobras perpetradas por el sector más influyente de la crítica y de los medios de comunicación para imponer el be-bop y el llamado «jazz moderno», en general, como una nueva forma de jazz (ver el capítulo «La mafia progressiste»).

En todo caso, el gran público, carente de unos criterios sólidos, acató sumisamente lo que los críticos e historiadores habían dado por sentenciado. Pero, también es cierto y muy significativo el hecho de que, a partir del be-bop, el gran público se fue desentendiendo del jazz para abrazar a otros tipos de música que le fueran más agradables, comprensibles y que pudiera bailar con ellos.

Ahora bien, al margen del gran público, entre la masa de aficionados al jazz, mucho más sensibilizados con el tema, se produjeron grietas, enfrentamientos dialécticos y, finalmente, una verdadera escisión, no solo por cuestiones de preferencias personales, sino en lo referente a la naturaleza del be-bop en tanto que música de jazz.

Entre los incondicionales del bop apareció un personaje que se hizo notar. Era el *hipster*. El *hipster* es ese aficionado que está «al loro» y de vuelta de todo. Viste con una informal y extravagante elegancia. No expresa ni aparenta ningún entusiasmo, ninguna pasión y parece vivir por encima del resto de mortales, incluidos los músicos. Para este personaje, el jazz es esencialmente música para iniciados, música para apartarse de los gustos banales y masificados y dirigida solamente a una elite de entendidos. Lógicamente, para el *hipster*, el be-bop representaba la forma más sublime del jazz.

Aparte de ese personaje marginal, existía aquella clase de aficionados, de los que ya hemos hablado anteriormente, para los cuales el jazz era sólo «música para escuchar», que, por encima de todo, esperaban encontrar en el jazz formas y sonidos musicales impactantes, improvisaciones audaces, discursos musicales cargados de imprevistos y líneas melódicas inauditas que colmaran su sed de novedades interesantes. Para este tipo de aficionados, entre los que encontramos sinceros amantes de esta música, pero también muchos esnobs, el be-bop colmaba con creces todas las expectativas de lo que podía ofrecerles el jazz.

También hemos hablado de aquel sector de jóvenes negros urbanitas que encontraron en el be-bop la música que reflejaba su actitud de protesta frente a lo establecido y de rechazo de las actitudes consideradas excesivamente serviles y sumisas de las anteriores generaciones de afroamericanos. Para estos jóvenes, su jazz era el be-bop.

Finalmente, el testimonio más importante respecto a la cuestión corresponde a la comunidad que dio vida y forma al jazz: el pueblo negro norteamericano en su gran mayoría. Debemos apresurarnos a decir que ese testimonio fue claro y rotundo. Una gran mayoría de negros no sintieron el be-bop ni las formas posteriores del «jazz moderno» como algo propio.

Indudablemente, una de las principales razones del rechazo del bop por parte de los negros, radica en la naturaleza no bailable de esta música.

Desde un principio los locales de Harlem que contrataron orquestas de bop, tuvieron que despacharlas rápidamente, so pena de quedarse sin público, pues éste, que acudía a los clubs para bailar, no podía hacerlo con los ritmos complejos e irregulares del be-bop.

Mura Dehn, coreógrafa y animadora de un grupo de bailarines negros, explica: «Los músicos de bop al principio ahuyentaron literalmente a los bailarines de los establecimientos donde actuaban. Me acuerdo de que vine una noche con un grupo al Minton's y empezamos a bailar el Lindy Hop: fuimos barridos de la pista por una endiablada trompeta que nos paralizó las piernas. Desde luego, los adeptos al bop vienen generalmente para escuchar» (Mura Dehn, «Les Noirs et la Dance», *Jazz Hot*, septiembre de 1951).

La imposibilidad de bailar el be-bop representa para los negros algo mucho más grave de lo que a nosotros, los blancos, puede parecernos a simple vista. Nosotros nos limitamos simplemente a percibir la música por el oído y participamos de ella en una actitud físicamente pasiva. Para el negro, música y baile son dos elementos prácticamente indisociables. Esta concepción «música-baile» es uno de los caracteres más enraizados en el negro americano pues se remonta a su mismo origen: África. En efecto, los negros africanos nunca separan sus cantos de sus danzas y en algunas tribus los substantivos «canto» y «baile» vienen designados por una misma palabra. Por esto, para los negros,

De una forma general, el pueblo negro norteamericano no aceptó el be-bop como una música propia, puesto que no había participado en su creación y no se sentía destinatario de ella.

la imposibilidad de bailar el be-bop era tanto como negarles su participación en esta música. Era como establecer una barrera infranqueable entre los ejecutantes de la música y sus destinatarios, impidiendo que estos participaran y pudieran recrearse en ella. Así pues, de una forma general, el pueblo negro norteamericano no aceptó el be-bop como una música propia, puesto que no había participado en su creación y no se sentía destinatario de ella. Esta música no era su jazz, o sea, para ellos no era jazz.

A partir del be-bop, los negros, que querían seguir bailando, divirtiéndose y emocionándose con el jazz, se fueron decantando por aquellos estilos y tendencias más enraizados en la tradición, por aquellas formas de expresión más sencillas y directas y ritmos más bailables. Este fue el estilo de jazz que prevaleció a partir de la segunda mitad de los años cuarenta, el que la mayoría de negros seguirían considerando como su propia música, y el que desembocaría en la corriente que se ha etiquetado como rhythm & blues.

Vemos, pues, como, al margen de nuestro criterio, establecido a partir de una definición de la música de jazz, existen múltiples y contradictorias formas de vivir y entender el fenómeno del be-bop y, por extensión, de todo el llamado «jazz moderno».

Pequeños conjuntos en la posguerra (1945-50)

Ya explicamos las razones por las cuales, entre 1945 y 1950, la mayoría de las grandes orquestas desaparecen. También dijimos que desde entonces el panorama general del jazz se ha visto poblado por pequeñas formaciones cuyo número de componentes oscila entre tres y seis, incluso hasta ocho.

En aquel período, los músicos que vieron disueltas las big bands de las que formaban parte, se reagruparon en formaciones reducidas alrededor de alguno de los solistas estrella de aquellas grandes orquestas, los cuales gozaban de fama suficiente como para liderar un pequeño grupo. De todas formas, muchos de estos conjuntos tendrían una vida relativamente corta y la mayoría de ellos no irían más allá de la mitad de los años cincuenta.

Dejaremos a un lado los grupos de estilo New Orleans de los que ya hablamos al tratar del New Orleans Revival y tampoco haremos referencia a los pequeños conjuntos tratados al hablar del período 1940-45, los cuales seguían teniendo una gran audiencia.

De los grupos que se constituyeron a partir de 1945, una buena parte eran liderados por saxofonistas tenor. Ese instrumento que en los años veinte tenía un papel muy secundario, durante los años treinta fue adquiriendo relevancia en las diversas formaciones y a partir de 1940 llegó a ocupar el lugar privilegiado que la trompeta había ocupado veinte años atrás. La labor de los grandes saxofonistas (Coleman Hawkins, Chew Berry, Lester Young, Ben Webster, etc.), dando al saxo tenor un sonido cada vez más agradable, aterciopelado y profundo y un fraseo rico y melodioso, se ganó las preferencias del público.

Así pues, durante la segunda mitad de la década de los cuarenta, lideran pequeños grupos saxos tenor de categoría como Illinois Jacquet, Arnett Cobb, Joe Thomas, John Hardee, etc.

Los más notables de estos conjuntos fueron los de Illinois Jacquet y Arnett Cobb de los que hablaremos en particular.

Hay que añadir que a finales de los años cuarenta la devoción por el saxo tenor gana todavía unos enteros cuando se pone de moda un estilo, influenciado precisamente por Illinois Jacquet y sobre todo por Arnett Cobb, que se caracteriza por unas formas de expresión de gran rudeza y vehemencia, rayando casi en la brutalidad. A los saxofonistas que practicaban ese estilo se les conocía con el calificativo de Honkers y Screamers, precisamente por la agresividad de su estilo. En escena adoptaban un comportamiento extremo, llegando incluso algunos a tocar echados y agitándose por el suelo. Dentro de esta línea, tuvieron gran éxito en esta época Big Jay Mc Neely, Paul Williams, Sam *The Man*, Taylor, Hal Singer, Red Prysock, etc. Algunos de estos eran excelentes *jazzmen*, pero en determinadas circunstancias su forma de tocar era más ruidosa y tenía más energía que verdadero sentimiento y swing.

Otro tipo de pequeñas formaciones que proliferaron en esta época eran las lideradas por cantantes especialistas del blues, favorecidas por el auge que adquirió entonces este género, como ya explicamos anteriormente. De entre los grupos encabezados por estos cantantes, destacan los de Roy Milton, Tiny Bradshaw, Wynonie Harris, Charles Brown, Amos Wilburn, Roy

Brown, Cecil Gant, etc., siendo los dos mencionados en primer lugar los más interesantes.

En conjunto, el blues instrumental o cantado, en todas sus variantes y ritmos (en particular el boogie-woogie), interpretado de manera simple, cálida, directa y con arreglos sencillos y ritmos eminentemente bailables, era el tipo de jazz más popular en esta época y lo seguiría siendo durante algunos años.

El conjunto de Illinois Jacquet

Illinois Jacquet, después de pasar por las orquestas de Lionel Hampton (1941-42) y Cab Calloway (1943-44), forma su propio conjunto en 1945.Debe, sin embargo, disolverlo al cabo de poco tiempo para entrar como uno de los solistas principales en la big band de Count Basie (1945-46), pero lo rehace de nuevo cuando abandona esta orquesta. Mantendría su grupo durante más de una década, con obligadas interrupciones cuando era llamado para actuar en alguna otra formación, en especial con el *Jazz At The Philharmonic*.

El valor principal de este grupo, que oscilaba entre sexteto y octeto, reside en la calidad de su solista principal y líder, el propio Illinois Jacquet. Los arreglos que interpreta la formación, de factura normalmente sobria, están enfocados principalmente al lucimiento del líder que en esta época ya había alcanzado su plena madurez. Aparte de Jacquet, pasaron sucesivamente por el grupo algunos jóvenes solistas de talento como los trompetas Russell Jacquet, hermano de Illinois y Joe Newman; los trombonistas Henry Coker y J. J. Johnson; el saxo barítono Leo Parker, y por la sección rítmica, los pianistas Sir Charles Thompson y Bill Doggett, el contrabajista Al Lucas y el batería «Shadow» Wilson.

El conjunto de Arnett Cobb & His Mobb

Arnett Cobb, que en 1942 sucedió a Illinois Jacquet como saxo tenor solista en la big band de Lionel Hampton, dejó esta formación en 1947 para formar su propio grupo con el que pronto alcanzó un gran éxito. Al año siguiente vio interrumpida su carrera por una grave enfermedad, pero, una vez recuperado, en 1950pudo volver a reorganizar el conjunto que mantuvo con algunos cambios a lo largo de la década de los cincuenta.

Los arreglos de este conjunto, sexteto o septeto, sobrios y directos, estaban destinados a dar el máximo de relieve a la labor de solista de Cobb, el cual, con su sonido potente, ataque fulminante, un fraseo dinámico y un swing difícilmente superable, fue el modelo a seguir por muchos de los jóvenes saxofonis-

Roy Milton, batería de estilo sobrio y con el swing por máxima divisa, era además un buen cantante de blues y un exquisito intérprete de baladas.

tas del momento. Aparte de Cobb, cabe destacar la presencia en la formación de algunos músicos notables, como el trombonista «Booty» Wood y el pianista George Rhodes.

El conjunto de Roy Milton

El cantante y batería Roy Milton (1907-1983) formó en 1944 su pequeño conjunto, habitualmente un sexteto o un septeto, el cual actuaba en la región de California.

Roy Milton, batería de estilo sobrio y con el swing por máxima divisa, era además un buen cantante de blues y un exquisito intérprete de baladas, inspirándose en Louis Armstrong. Este conjunto practicaba un estilo de jazz a base de arreglos simples y sin pretensiones que permitieran, ante todo, una ejecución llena de swing, aspecto en el que el grupo demostraba todo su potencial. El repertorio era en gran parte compuesto de blues. Aparte del líder y batería, el otro gran activo de la orquesta era la pianista, la magnífica Camille Howard, excelente sobre todo en los blues y el boogie-woogie.

Este conjunto se mantuvo en activo hasta bien entrados los años cincuenta.

El conjunto de Tiny Bradshaw

Tiny Bradshaw (1905-1958), cantante y batería, formó en 1934 su primera orquesta la cual tocaba en el llamado estilo swing típico de aquella época y con la que grabó sus primeros discos. Pero, el gran éxito del grupo no llego hasta mediados de los años cuarenta, cuando reorientó su estilo hacia las formas más populares del jazz en aquellos años, es decir, arreglos muy sencillos y bailables, repertorio basado en gran parte en el blues y dando un papel importante a las intervenciones vocales. Por cierto, Tiny Bradshaw cantaba con un swing fustigante e insistente que hacía que sus interpretaciones comunicaran una gran excitación. Además, a comienzos de los años cincuenta el grupo contó con un excelente saxo tenor solista en la persona de Red Prysock, seguidor del estilo de Arnett Cobb. Las grabaciones de mayor éxito del grupo se sitúan en los años 1949-51.

La generación de solistas de los años cuarenta

Sobre la generación de solistas surgidos a lo largo de los años cuarenta gravitan dos corrientes de influencia. Una influencia mayoritaria, la de los grandes maestros de la *época swing* y, por otra parte, una influencia menor, con tendencia a crecer con el tiempo, que es la de los primeros *boppers*. Estas dos corrientes se mezclan de distinta manera en cada caso. En una gran parte de los jóvenes solistas, la única influencia es la de la tradición de la escuela swing. En otros, ésta es predominante, pero en su estilo se adivinan puntuales pinceladas del be-bop. Según los grados de influencia de una u otra tendencia, aparece un amplio espectro de estilos hasta llegar al otro extremo, el que ocupan aquellos solistas que han prescindido de tota influencia de la escuela swing para fijarse únicamente en los creadores del be-bop, básicamente de Dizzy Gillespie, Charlie Parker, Thelonious Monk y Kenny Clarke, de los que ya hemos hablado en este capítulo y que deben considerarse incluidos en este apartado.

Atendiendo a la definición que hemos adoptado al comienzo del libro, diremos que, independientemente de unas u otras influencias, será el hecho de que en el lenguaje de cada solista aparezcan de forma más o menos palpable un determinado «tratamiento del sonido» y un particular «tratamiento del ritmo», aquello que determinará que podamos considerar a dicho solista plenamente dentro del concepto original de jazz, o bien, que debamos situarlo en las fronteras de dicho concepto, o bien, que se halle totalmente fuera y al margen de él. Como siempre, este será nuestro criterio.

A continuación, citaremos los solistas más importantes, agrupándolos por instrumentos y señalando las influencias bajo las cuales se ha formado su estilo.

TROMPETA

La influencia de Louis Armstrong, preponderante desde 1925, disminuye al llegar la década de los cuarenta y se ejerce a través de sus discípulos (Roy Eldridge, «Cootie» Williams, Harry Edison, etc.) que nos remiten a distintas facetas de la música de Armstrong.

De los que siguen inspirándose de una forma directa de Louis Armstrong, cabe destacar a Ray Nance, también excelente violinista, y a Cat Anderson, especialista del registro sobreagudo. Ambos fueron famosos por su estancia en la orquesta de Duke Ellington.

Siguiendo los pasos de Roy Eldridge y Harry Edison, podemos mencionar a Dick Vance, Emmett Berry, Johnny Letman, Freddie Webster, Walter Williams, Snooky Young, Joe Newman, Ernie Royal y Willie Cook, esos tres últimos ligeramente influenciados por el bop.

Como trompetas seguidores, en principio, de Roy Eldridge, que de manera intermitente o progresiva, dejaron paso a la influencia predominante del be-bop, citaremos a Howard Mc Ghee, Benny Bailey, Fats Navarro y Thad Jones.

Otros trompetistas, cuyo estilo se formó totalmente a la escucha de los pioneros del bop y en el cual apenas aparecen trazas de la escuela swing, cabe mencionar a Miles Davis, Kenny Dorham, Red Rodney y Shorty Rogers.

Pero, probablemente, los dos trompetistas con más personalidad y más dotados de los que se abren camino en la década de los cuarenta, sean Charlie Shavers y Clark Terry.

Ya hablamos de Charlie Shavers (1917-1971) en el capítulo anterior, cuando todavía muy joven, causó sensación en la pequeña formación de John Kirby (ver «La orquesta de John Kirby», p. 168)

Clark Terry (1920-2015), actuó en formaciones tan prestigiosas como las de Charlie Barnet (1947), Count Basie (1948-51) y en la big band de Duke Ellington (1951-59). Después de dejar a Ellington, habiendo ya alcanzado una gran celebridad, decide actuar por su cuenta y dirige diversos pequeños grupos, efectúa numerosas sesiones de estudio, actúa con el Jazz At The Philharmonic y, finalmente, organiza una big band de vida intermitente, con la que viene a Europa en diversas ocasiones en los años sesenta y setenta.

Clark Terry posee una bella sonoridad, ancha y mate, y una técnica instrumental prodigiosa, de forma que puede tocar las frases más complejas y cargadas de notas sin el más mínimo esfuerzo aparente y con extrema agilidad. Algunos han querido encasillar a Clark Terry en el puro be-bop, pues a veces utiliza frases y giros melódicos típicos de Dizzy Gillespie, pero su forma de articular estas frases a las que insufla un swing ágil e incisivo, y la expresividad con que las anima, a menudo, llena de humor, lo sitúan de pleno en el concepto original del jazz.

Clark Terry es también un estupendo cantante. Utiliza un *scat* muy personal que él mismo denomina como *mumbles* (farfulleos), en el que le oímos farfullar, mascullar y tartamudear una serie de onomatopeyas, sílabas y medias palabras con un humor irresistible.

Clark Terry ha ejercido una notable influencia en diversos trompetistas aparecidos en la escena del jazz a partir de 1960.

TROMBÓN

En la década de los cuarenta, el ídolo de todos los jóvenes trombonistas era Trummy Young, el cual comenzó a imponer su estilo a partir de 1937, cuando entró a formar parte de la orquesta de Jimmie Lunceford. Así, pues, casi todos los trombonistas de categoría que surgen en los años cuarenta, tocan en un estilo similar o derivado de Trummy Young.

En la orquesta de Lionel Hampton se revelan dos excelentes músicos, Al Hayse, *jazzman* lleno de fogosidad y potencia, y Al Grey, notable por la fuerza de su ataque, por su swing y por su hábil utilización de la sordina wa-wa; en la orquesta de Benny Carter encontramos a Henry Coker, uno de los mejores discípulos de Trummy Young que actuaría en los años cincuenta y sesenta en las orquestas de Count Basie y Ray Charles; en la orquesta de Harland Leonard brilló otro excelente seguidor de Trummy Young, Fred Beckett, cuya muerte prematura en 1946 privó al jazz de un gran trombonista; en la orquesta de Erskine Hawkins, se revela Dick Harris; en la de Duke Ellington actuaría en los años cincuenta un magnífico instrumentista de técnica asombrosa, Britt Woodman; pero quizás el mejor trombonista de esta generación, dotado de un estilo muy imaginativo y flexible, sea Bennie Green que se dio a conocer en la orquesta de Earl Hines.

Otros trombonistas, alguno de ellos, seguidores inicialmente de Trummy Young, han seguido una deriva cada vez más cercana al be-bop, perdiendo al mismo tiempo swing y expresividad, lo cual les sitúa en la frontera de nuestro concepto del jazz. Este sería el caso de músicos tan notables como J. J. Johnson y Kay Winding.

SAXO ALTO

El notable impacto producido por la eclosión de Charlie Parker y las novedades que introdujo en todos los terrenos y, en particular, en el del saxo alto, no puede ocultar la importancia de otros saxofonistas que también ocuparon la escena del jazz en esta época y hacen gala de un estilo completamente al margen del creador del be-bop.

El más importante de todos ellos es, sin duda, Earl Bostic (1913-1965), el cual comenzó a ser conocido cuando llegó a New York en 1938. Sin embargo, a pesar de su extraordinaria categoría, reconocida por todos los músicos, no llegó a alcanzar la fama hasta comienzos de los años cincuenta. Ello se debe a que probablemente su estilo en esta época (1940-50), característico por la utilización de rápidas y volubles frases de una línea melódica muy rica y sutil, próxima a la de un Benny Carter, no llegaba tan fácilmente al público como el de otros músicos que se expresaban de forma más simple y directa.

Pero, a partir de 1950, Earl Bostic modifica su estilo simplificándolo; da a su sonoridad un marcado *growl* y se expresa por medio de sobrias frases, atacadas con fuerza y ejecutadas con un swing directo e implacable que pocos músicos han igualado. Es entonces cuando se gana el favor del público del que antes no gozara, sobre todo, a raíz de la publicación de «Flamingo» (1951), su disco más celebrado.

Otros saxofonistas de valía que escapan a la influencia de Charlie Parker son Jimmy Powell, seguidor de Benny Carter, y Eddie Vinson, de estilo muy incisivo y también excelente cantante de blues.

El resto de saxos alto aparecidos en esa época, poco o mucho, denotan en su estilo la influencia de Charlie Parker. Los más destacables son Sonny Criss, Lou Donaldson y Sonny Stitt, en los cuales la utilización de ciertos giros característicos del be-bop no impide que, normalmente, su fraseo este animado por una cálida expresividad y un indiscutible swing.

SAXO TENOR

Ya hemos dicho que el saxo tenor conoce un auge extraordinario en los años cuarenta, superior al de cualquier otro instrumento. La generación de saxos tenor que surge en esta época podemos calificarla realmente de excepcional, tanto por su calidad como por su cantidad.

La influencia de Coleman Hawkins, preponderante en los años treinta, se ejerce en los cuarenta a través de sus más ilustres discípulos (Herschel Evans, Don Byas, Chew Berry), al tiempo que aparece una nueva escuela, la de los seguidores de Lester Young.

Entre los discípulos de Herschel Evans ya hablamos en este capítulo de Illinois Jacquet y de Arnett Cobb, quienes, a su vez, hicieron escuela. Otro excelente seguidor de Herschel Evans es Jesse Powell que posee el mismo estilo sobrio y el temperamento de su maestro.

En la línea que sigue la tradición de Coleman Hawkins a través de uno de sus principales discípulos, Don Byas, encontramos a músicos tan importantes

La influencia de Coleman Hawkins, preponderante en los años treinta, se ejerce en los cuarenta a través de ilustres discípulos como Herschel Evans, Don Byas y Chew Berry.

como Paul Gonsalves, Eddie *Lockjaw* Davis, Hal Singer, Lucky Thompson, Jimmy Forrest, etc., los cuales hacen gala de una acusada personalidad que impide confundirlos.

La influencia ejercida por Chew Berry se hace presente en el estilo de otros magníficos saxos tenor como Paul Bascomb, Julian Dash y George Kelly.

Dentro de la escuela de Lester Young encontramos al formidable Gene Ammons, a Paul Quinichette, que es el que se acerca de una manera más literal al maestro, a Billy Mitchell, a Wardell Gray y Dexter Gordon, influenciados ambos por el be-bop y a Zoot Sims, Al Cohn y Stan Getz, esos tres últimos, músicos blancos de talento, aunque el estilo del tercero pronto fue perdiendo los elementos básicos originales del jazz.

Otros saxos tenor de gran categoría son difíciles de encasillar en una escuela determinada, pero puede adivinarse en ellos influencias diversas según el caso (Coleman Hawkins, Ben Webster, Chew Berry, Illinois Jacquet, Arnett Cobb). Son estos: Ike Quebec, *Big Nick* Nicholas, Gene Morris, Johnny Griffin, John Hardee, Eddie Chamblee, Jack Mc Vea, Sam *The Man* Taylor, Jay Peters, Red Prysock, etc.

Probablemente, dentro de toda esta extraordinaria lista de saxos tenor de talento, el que con los años se afirmó como el más importante fue Paul Gonsalves, el cual comenzó a ser conocido al entrar en 1946 en la orquesta de Count Basie y alcanzó la verdadera celebridad formando parte de la orquesta de Duke Ellington en la que permaneció desde su ingreso en 1950 hasta su muerte en 1974, con un momento especialmente estelar en el Festival de Newport de 1956, cuando ejecutó un solo impresionante de veintisiete *chorus* de blues en el tema «Diminuendo and Crescendo in Blue».

Paul Gonsalves es un músico extraordinariamente dotado que reúne todas las cualidades propias de los más grandes *jazzmen*, siendo quizás la más notable de ellas su ilimitada imaginación musical que le lleva a improvisar volubles frases, llenas de giros melódicos imprevistos, de una gran sutileza. No obstante, puede también tocar con sobriedad y entonces, a los oídos del neófito, su intenso swing y su profunda sensibilidad, resultan más evidentes.

PIANO Y ÓRGANO

La figura que ejerce una mayor influencia sobre los pianistas de esta generación es sin duda Art Tatum, entre cuyos seguidores encontramos a Nat King Cole, de quien ya hablamos anteriormente; Hank Jones, el que más se ha aproximado al estilo de Art Tatum; Billy Taylor, dotado de una gran imaginación melódica; Bud Powell, influenciado por el be-bop, Sir Charles Thompson, que a menudo toca con una gran concisión, próxima al estilo de Count Basie, Johnny Guarnieri, músico blanco que recibe también las influencias de Count Basie y de Fats Waller, etc.

En esta época surgen asimismo buenos discípulos de Teddy Wilson, como Roger «Ram» Ramírez, Ellis Larkins, Clyde Hart, desaparecido prematuramente, Sonny White, Mel Powell, etc.

Sea cual sea el valor de los pianistas que hemos citado, el más importante y original que aparece en esta década es Erroll Garner (1921-77), creador de un estilo de piano completamente nuevo que ha inspirado el de muchos otros pianistas contemporáneos o posteriores.

A pesar de ser autodidacta, desconocer la teoría musical y confesarse incapaz de leer una partitura, la música de Erroll Garner tiene una riqueza y una plenitud superior a la de todos los demás pianistas de su generación. Su forma de tocar es muy completa, sirviéndose ampliamente de las dos manos. Con la izquierda marca normalmente los cuatro tiempos del compás mediante acordes, de forma parecida al acompañamiento de una guitarra, mientras que con la derecha improvisa un centelleante discurso, de línea melódica intrigante, llena de sorpresas y gags humorísticos, animada por continuos contrastes y desplazamientos de las acentuaciones rítmicas que producen un swing intenso y subyugante. Su innato sentido de la armonía le permite las más asombrosas audacias en este terreno. A pesar de su muerte prematura, Erroll Garner llegó a ser reconocido como uno de los pianistas más importantes de la historia del jazz y uno de los *jazzmen* que el gran público conoció y apreció más.

Entre los pianistas contemporáneos que influenció podemos mencionar a Gerry Wiggins y, entre los posteriores, a Milton Sealey y Ahmad Jamal.

Otro pianista importante y original surgido a principios de los años cuarenta es Milt Buckner (1915-77), del que ya hablamos al tratar de la orquesta de Lionel Hampton. Fue el creador del estilo de *block chords* que sería adoptado por numerosos pianistas y organistas, entre ellos el inglés George Shearing y el francés André «Pepé» Persiany.

A partir de 1950, Milt Buckner se dedicó con preferencia al órgano eléctrico, y ha sido, sin duda, uno de los mejores intérpretes de ese instrumento.

Al igual que Milt Buckner, muchos pianistas de esta generación se dedicaron casi exclusivamente al órgano desde 1950. Los más importantes son Wild Bill Davis, Bill Doggett, Marlowe Morris y Doc Bagby.

Wild Bill Davis es el mejor de ellos y el principal responsable del auge experimentado por el órgano eléctrico desde 1950, tanto fue el impacto que produjo hacia 1949, cuando adoptó ese instrumento. Toca con un ímpetu y con un swing arrolladores, y hace sonar el órgano como una verdadera orquesta gracias al empleo del estilo de *block chords*. Desde 1950, ha actuado siempre al frente de tríos (órgano, guitarra y batería) o cuartetos (con la adición de un saxo) que han resultado siempre excelentes. El más celebrado de estos tríos es el que formo con el guitarrista Floyd Smith y el batería Chris Columbus.

Finalmente, dentro de la tendencia be-bop, la influencia de Thelonious Monk, debido posiblemente a su estilo tan heterodoxo y personal, no se dejaría apenas sentir en esta época y no sería hasta bien entrados los años cincuenta que determinados pianistas incorporarían en su estilo algunas de las innovaciones creadas por Monk.

GUITARRA

En el dominio de la guitarra eléctrica (la que ha sido utilizada casi exclusivamente a partir de 1940), existe una escuela principal y casi única, la creada por el malogrado Charlie Christian (ver «Benny Goodman: gran orquesta y pequeños conjuntos», p. 171), cuyos discípulos más aventajados son Tiny Grimes, el mejor de todos ellos, Billy Mackel, fiel acompañante de Lionel Hampton, T-Bone Walker, especializado en el blues y, a su vez, maestro en este género, Wes Montgomery que alcanzaría gran notoriedad a partir de 1950 y Oscar Moore, Irving Ashby y John Collins que se sucedieron como acompañantes de Nat King Cole.

La electrificación de la guitarra favorecería también a otros guitarristas surgidos en el período anterior, los cuales con la amplificación eléctrica pudieron lucir como no habían podido hacerlo hasta entonces, en tanto que solistas llenos de talento y tal como merecían. Tal es el caso de Al Casey, acompañante predilecto de Fats Waller, Napoleon «Snags» Allen, Jimmy Shirley y Ulysses Livingston.

CONTRABAJO
Al igual que en la guitarra, la forma de tocar el contrabajo a partir de 1940 viene dictada por la influencia de un solo músico, Jimmy Blanton (1921-42), muerto también prematuramente (ver «La orquesta de Duke Ellington», p. 122).

Sus discípulos más aventajados fueron Oscar Pettiford, el cual además ha utilizado esporádicamente y con acierto el violoncelo, Ray Brown, músico de gran potencia rítmica, Charlie Mingus, que daría mucho que hablar en las décadas siguientes, Al Mc Kibbon, George Duvivier, Aaron Bell, Wendell Marshall, Joe Benjamim, etc.

BATERÍA
Bajo la influencia preponderante de Jo Jones, Chick Webb y Sidney Cattlet por un lado y Kenny Clarke por el otro, hay que situar a los baterías surgidos en esta época. Siguiendo la escuela swing de los primeros, podemos destacar a J. C. Heard, «Specs» Powell, Panama Francis, «Shadow» Wilson, Sonny Payne, Michael Silva, Ossie Johnson y Joe Marshall.

En la línea iniciada por Kenny Clarke dentro de la tendencial be-bop, cabe mencionar a Max Roach y Roy Haynes.

Capítulo aparte merece Art Blakey que se formó en plena época swing, pero que más tarde se inclinó por el bop. En su forma de tocar impresiona su swing extraordinariamente potente y directo, con una acentuación del contratiempo casi brutal. Pero esa acentuación regular del *backbeat*, la alterna, a veces, con intempestivas puntuaciones, verdaderos bombazos, que rompen la continuidad rítmica, contribuyendo más a un efecto de explosión energética que no a la respiración regular y relajada propia del swing. Pese a esas restricciones, Art Blakey debe ser considerado como un gran batería.

Vigencia y recuperación de las raíces: gospel, blues y rhythm & blues

Como ya adelantábamos, la desaparición casi total de las big bands que acaparaban la escena de la música de jazz, por un lado, y por el otro, la exigencia por parte del público negro de un tipo de música con el que se sintiera identificado, cosa que no le aseguraba la novedosa tendencia del be-bop, hicieron que afloraran con fuerza los estilos y géneros musicales más arraigados en la tradición, es decir, el blues y el gospel o negro spiritual.

Estos géneros, aunque ocultos por el apogeo de las big bands, se habían conservado muy vivos entre las capas más populares de las gentes de color.

En los estados del sur, el blues rural seguía jugando un papel importante en la vida cotidiana de la población del campo y, por su parte, en determinadas ciudades como Chicago, Memphis y Kansas City, el blues urbano mantenía una notable presencia en el ambiente de los barrios poblados por afroamericanos.

Por otro lado, en las parroquias negras la música gospel exhibía una gran vitalidad y de estas comunidades de fieles surgían grupos vocales y solistas de categoría que a menudo pasaban al campo profesional y eran muy apreciados entre la población negra.

En las parroquias negras la música gospel exhibía una gran vitalidad y de estas comunidades de fieles surgían grupos vocales y solistas de categoría.

En este contexto histórico en que blues y gospel van recuperando presencia, un numeroso contingente de *bluesmen*, tanto vocalistas como instrumentistas, saltan a un primer plano con una gran diversidad de estilos: los procedentes del blues rural más primitivo, los representantes del blues urbano, aquellos otros vinculados al mundo del jazz, etc.

Esta reafirmación de los gustos del público afroamericano por el blues se dejará notar en el estilo y el repertorio de los pequeños conjuntos que surgen con la desaparición de las grandes orquestas. El blues y el jazz se manifestarán en una íntima complicidad.

Por su parte, en el terreno de la música religiosa veremos surgir también magníficos cantantes, sobre todo, intérpretes femeninas y grupos vocales de calidad muy notable.

Citaremos, a continuación, algunos de los intérpretes más importantes dentro de estos diversos géneros, que en esta época adquieren popularidad y visibilidad, incluso dentro el mundo blanco.

En el terreno del blues rural, es el momento en que el gran talento de Big Bill Broonzy es reconocido ampliamente y su fama llega hasta Europa. Es también la época en que surgen nuevos valores como John Lee Hooker, Muddy Waters y Lightnin' Hopkins.

En el ambiente del blues urbano el gran guitarrista y cantante T-Bone Walker, que había adaptado el estilo de Charlie Christian al lenguaje del blues, aparece como el modelo que siguen los nuevos talentos como Clarence «Gatemouth» Brown y el joven B. B. King.

Por su parte, los pianistas-cantantes Roosevelt Sykes, Memphis Slim y Cousin Joe afirman su gran categoría, como también lo hace el intérprete de armónica y cantante Little Walter.

También los cantantes de blues vinculados al mundo de las orquestas de jazz, reciben un fuerte impulso en estos años de posguerra. Así vemos como alcanzan una gran popularidad cantantes como Dinah Washington y Ruth Brown e intérpretes masculinos como Big Joe Turner, Wynonie Harris, Jimmy Witherspoon y Sonnie Parker, llamados *blues shouters* por la potencia de voz con que cantaban para hacerse oír en medio de una orquesta.

En el terreno puramente instrumental, el piano goza de un cierto protagonismo con la revalorización que experimenta el estilo boogie-woogie a partir de 1940, gracias al descubrimiento que hace el público blanco de un estilo que desconocía. La recuperación de esta vieja forma de acompañar rítmicamente el blues al piano, la aprovechan algunos de sus mejores especialistas para grabar discos y actuar delante de amplias audiencias. Es el caso de los pianistas Pete Johnson, Albert Ammons, Meade Lux Lewis, Sammy Price y algunos de los pianistas que acabamos de citar en el párrafo anterior.

En lo que se refiere a la música religiosa, es en esta época que la majestuosa y sublime reina del gospel, la gran Mahalia Jackson, grava los primeros discos que la llevarían a la cumbre de la fama. A su lado, la dinámica y terriblemente expresiva Sister Rosetta Tharpe, que no le cede apenas en nada a Mahalia Jackson, prosigue su carrera ascendente.

Como grupos de estilo genuino y gran calidad surgidos en esta época, destacaremos a The Blind Boys of Alabama, quinteto formado por cantantes invidentes, los Sensational Nightingales, y otro quinteto de cantantes invidentes, The Five Blind Boys of Mississippi y, como grupo femenino, las fenomenales Clara Ward Singers.

Para completar este capítulo, diremos que todos los géneros de música que hemos agrupado en este apartado, gozaban ya desde los años veinte de su propia difusión en el mercado discográfico por medio de los llamados *race records* (discos de raza), dedicados exclusivamente a la clientela de color.

Cuando en 1949, la revista *Billboard*, considerando como excesivamente racista la etiqueta de *race records*, decidió cambiarla, la substituyó por la de rhythm & blues.

Como vemos pues, la expresión rhythm & blues no responde a un género o estilo de música preciso ni concreto, sino que es una simple etiqueta comercial que agrupa géneros muy diversos.

Como veremos más adelante, la arbitraria utilización de esta etiqueta ha producido muchas confusiones e inexactitudes que no han hecho más que perjudicar a los genuinos intérpretes de jazz, de blues y de gospel. Hablaremos de todo ello en el siguiente capítulo.

8. El jazz en el tercer cuarto del siglo XX

El período 1950-75: años difíciles

El trasfondo social que acompaña este período de la historia del jazz, registra una serie de turbulencias en la sociedad norteamericana y, muy particularmente, en la comunidad afroamericana.

En los años cincuenta, la guerra de Corea, la guerra fría, la caza de brujas del senador McCarthy, la creciente importancia de la religión musulmana entre la población negra, los hechos de Little Rock que producen una oleada de protestas contra la discriminación racial, etc., son algunos de los acontecimientos que agitan la estabilidad del país. Pero, en los años sesenta, con el asesinato del presidente John F. Kennedy, en noviembre de 1963, es cuando se inicia una serie de hechos violentos que desembocarán en movimientos sociales diversos que removerán la sociedad norteamericana y conducirán a una progresiva fragmentación y dispersión de la comunidad negra.

Sobre el trasfondo de la guerra del Vietnam se producen multitud de protestas en la calle, aparecen los movimientos pacifistas, los *hippies*, sectas esotéricas, etc. En 1968 tienen lugar otros dos hechos trágicos: los asesinatos del líder pacifista negro Martin Luther King, gran luchador por los derechos civiles de los afroamericanos, y el de Robert Kennedy, hermano del presidente asesinado. Ambos eran esperanzadores líderes de los movimientos progresistas, tanto para los negros como para un sector de la sociedad blanca. Norteamérica se debate entonces en dolorosos conflictos internos.

Como acostumbra a ocurrir en las comunidades oprimidas, las soluciones propuestas para enfrentarse a la opresión o convivir con ella, las formas de resistencia o de lucha, son de muy diverso signo. Si en un principio las reivindicaciones tenían un tono generalmente pacifista, a partir de mediados de los años sesenta, en una cierta parte de la comunidad negra la violencia adquiere un protagonismo creciente, de manera que el pacifismo que proponía Martin Luther King se ve desbordado por grupos radicales: el Black Muslim, los Black Panthers, el Black Power, etc. Además, estos grupos mantienen cruentas diferencias en su seno, como en el caso del líder musulmán Malcom X, que acabará siendo asesinado.

A todo ello, hay que añadir el hecho de que, después de la era Kennedy, los programas de ayuda a la población negra más necesitada sufren notables reducciones, lo cual propicia la aparición de capas de la sociedad afroamericana, integradas en buena parte por una población joven, que quedan al margen de la dinámica social general. Los sectores de la comunidad negra que podrán llevar una vida estable a nivel social y económico lucharán para integrarse en la sociedad general y para poder participar en el juego que les ofrece la sociedad de consumo. Los restantes quedarán fuera de esta sociedad encerrados en bolsas de marginación y pobreza y, en casos extremos, malvivirán de la droga y la delincuencia.

Este fenómeno se percibe nítidamente en los barrios donde históricamente se concentraba la población afroamericana. Harlem, por ejemplo, perderá el esplendor y la vitalidad de las décadas anteriores y muchos sectores del barrio se convertirán en reductos arrasados y peligrosos. Esta desestructuración y degradación de los barrios negros no hará más que contribuir a la desintegración y la aparición de grietas en la comunidad negra. Los negros con posibilidades irán a vivir en barrios más tranquilos y confortables, dejando los barrios que tradicionalmente fueron sede de la sociedad y la cultura negras, abandonados a su suerte y a sus miserias.

Así pues, como vemos, la comunidad negra va perdiendo en esta época su homogeneidad social, cultural y religiosa. Desde una burguesía que intentará, aunque sea renunciando a su identidad cultural, integrarse de lleno en la sociedad blanca; hasta aquella juventud radical que busca ante todo el enfrentamiento violento con los blancos; sin olvidar a aquellos que proponen un retorno masivo a África; todas estas opciones son muestra de la tendencia a la heterogeneidad de la comunidad afroamericana que apuntábamos y este es el trasfondo social por el que tendrá que discurrir la música de jazz en estos años.

El jazz en los años 1950-75: la dispersión

Al iniciarse la década de los años cincuenta el jazz acababa de pasar por una época realmente compleja por diversos motivos. Recordemos que la crisis económica que siguió a la Segunda Guerra Mundial sumada a un fuerte au-

En 1968 tuvo lugar el asesinato del líder pacifista negro Martin Luther King, gran luchador por los derechos civiles de los afroamericanos.

mento de los impuestos sobre los locales dotados de pista de baile, provocaron entre 1947 y 1950 la desaparición de la mayoría de las big bands, terminando así la llamada Era del Swing o de las grandes orquestas.

A este duro golpe hay que añadir lo que podemos considerar como el inicio de la fragmentación del público seguidor de la música de jazz, fragmentación que se suma a la de la comunidad afroamericana que acabamos de ver y que con el tiempo se iría agrandando de manera lamentablemente perjudicial para el propio jazz. Veámoslo.

Por un lado, una mayoría de la población negra, privada de las big bands y perpleja ante la nueva tendencia estilística que representaba el be-bop, pues no encontraba en ella lo que le daba el jazz, es decir, emoción, divertimento y la posibilidad de bailar, se ve obligada a dirigir sus miradas hacia las manifestaciones más elementales y enraizadas en la tradición musical negro-americana; desde el blues en todas sus variantes hasta los pequeños grupos que hacen un tipo de jazz directo, sencillo y eminentemente bailable.

Por otro lado, irá tomando cuerpo un nuevo público, mayoritariamente blanco, seguidor de la crítica y de los medios especializados que se erigen en el soporte de la nueva tendencia que representaba el be-bop. Si bien esta tendencia, a diferencia del jazz de la Era del Swing, no cuaja entre el gran público, sí crea una corriente de «aficionados al jazz» que seguirán con atención y fervor las novedades que se dan en ella.

En tercer lugar, de este gran público que no se apuntó al be-bop, una parte se aficionará a la música caribeña y sudamericana en general (*rumba, mambo, samba*, etc.) y dejará a un lado el jazz; otra parte de ese gran público que no quiere renunciar al jazz, no encontrará otro camino que el de aficionarse de manera entusiasta y acrítica al jazz de corte más tradicional, es decir, al estilo New Orleans redescubierto. Desgraciadamente, este público entusiasta pero nada informado, se volcará en las peores imitaciones del estilo New Orleans perpetradas por las orquestas blancas, o sea, se volcará en la llamada música dixieland.

Finalmente y en cuarto lugar, una parte nada desdeñable del gran público, juntamente con el importante sector de los «aficionados al swing», seguirán cultivando su devoción por la música de las pocas big bands que permanecen en activo (Duke Ellington, Count Basie, Lionel Hampton, Woody Herman, etc.) y, naturalmente, por los múltiples pequeños conjuntos que continúan practicando con fidelidad el jazz de la escuela swing.

Paralelamente a esta fragmentación de los gustos del público, se produce la dispersión de las tendencias que siguen los músicos en función de sus impulsos artísticos, aspiraciones o conveniencias. Por un lado, están los músicos y cantantes que por su procedencia se integrarán con toda naturalidad a alguno de los géneros agrupados bajo la recién nacida etiqueta de rhythm & blues y, a su lado, los músicos que debido a las dificultades que tienen para ganarse la vida con la música swing, preferirán unirse a esa corriente.

Otro sector es el que integran los seguidores de los pioneros del be-bop, opción que les facilitará el respaldo de la crítica y, gracias a este apoyo, serán contratados en los clubs más elegantes o más al día, se les abrirán las puertas de los estudios de grabación y las discográficas apostarán por ellos. Una buena parte de los músicos negros y blancos, siguen por este camino.

En un espacio marginal encontramos a los músicos negros representantes del auténtico jazz de Nueva Orleans, los cuales siguen actuando en los clubs especializados en ese estilo, pero pronto se verán perjudicados, y a veces barridos, por la competencia de las orquestas blancas de dixieland que irán ocupando la mayoría de clubs supuestamente dedicados al jazz New Orleans.

Finalmente, el numeroso contingente de músicos, veteranos o jóvenes, que deciden seguir militando en la escuela swing, con las dificultades que ello conlleva (falta de orquestas y desaparición de locales donde se baile, etc.). Este importante sector ocupa estilísticamente una posición intermedia entre el jazz de estilo New Orleans y el «jazz moderno», posición que recibirá el calificativo de *mainstream jazz* o corriente central del jazz.

Este panorama de fragmentación y pérdida de público que se vislumbraba a finales de los años cuarenta, se afirmará y adquirirá consistencia en las décadas siguientes. Aunque la crisis de la posguerra llegó a superarse, es evidente que, desde 1950, el jazz no ha recobrado ni la vitalidad ni la fuerza que lo caracterizaron en las décadas anteriores. El hecho es que, desde entonces, el jazz carece de un público extenso como había tenido y como correspondería a su naturaleza de música popular, mientras que tampoco abundan los músicos que deberían asegurar la recuperación del esplendor perdido.

Sin embargo, en este período (1950-75), el jazz, dentro de esta dispersión de tendencias de la que hemos comenzado a hablar, contra viento y marea, seguirá obstinadamente su camino y seguirá proporcionando alegrías a su público más fiel.

El jazz dentro de la sociedad de consumo

La fragmentación del público seguidor de la música de jazz en general y la simultánea dispersión de las tendencias seguidas por los músicos a partir de 1950, es algo análogo a lo que ocurre en la casi totalidad de los fenómenos artísticos que se manifiestan en nuestro contexto socio-económico, es decir, en la llamada *sociedad de consumo*.

Iniciado después de la Primera Guerra Mundial –cuando los gestores del sistema económico se dan cuenta de que junto al clásico principio de la *productividad* era necesario dar importancia al principio del *consumo*–, el sistema capitalista de consumo necesitaba revitalizarse una vez terminada la Segunda Guerra Mundial para sacar de la crisis a la economía norteamericana. Es así que, a partir de 1950, este sistema alcanzará unos grados de sofisticación desconocidos hasta entonces.

En el sistema consumista, el arte y la cultura en general son tratados como simples bienes de consumo y el destinatario principal de estos nuevos bienes de consumo ya no es, como antaño, una minoría económica y socialmente privilegiada, sino que es la gran masa integrada por las clases bajas, medias y altas. A partir de este momento, se comienza a hablar con propiedad de la *cultura de masas* como un elemento fundamental del sistema consumista. Es así como el arte y la cultura, incluida la música, se convierten en bienes de consumo para todos, o sea, en objeto de un negocio de grandes proporciones.

Sin embargo, en la medida en que el arte y la cultura, aparte de bienes de consumo, pueden ser también signos de distinción económica, social y cultural, paralelamente a la cultura de masas surge la posibilidad de fomentar una *cultura de minorías* dirigida a esas élites sociales y económicas que reclaman productos adecuados a su estatus, aunque solo sea para ostentarlos como signos de distinción.

Esta doble construcción, o sea, un arte para el consumo de masas y un arte para el consumo de minorías, es típica de nuestros tiempos, abarca la mayoría de las artes y se sustenta en una compleja estructura de soporte en la que están implicados los propios artistas, las industrias culturales, los marchantes, los profesionales de la crítica, los medios de comunicación, etc. Quien menos interviene en todo ese sistema es el propio destinatario de los productos, el cual

El jazz nacía en contacto directo con el pueblo, es decir, en la calle, en las salas de baile, en los cabarets, en el *music-hall*, bajo la atenta escucha de un público entendido que con atribuciones de juez tenía capacidad suficiente para elevar un músico a la categoría de estrella.

juega un papel de consumidor meramente pasivo, pues su decisión de aceptar o rechazar los productos que le llegan, ha estado previa y totalmente condicionada por la cadena de agentes culturales que acabamos de mencionar.

Lo que se conoce como arte o cultura para el consumo de masas aprovechará todo aquello que pueda de la cultura popular y lo someterá a un intenso proceso de adulteración y banalización con el fin de satisfacer las necesidades del propio sistema consumista.

Por su parte, el arte y la cultura para el consumo de minorías se alimentarán en gran parte de las vanguardias artísticas que, sumergidas también en el sistema consumista, proporcionarán productos que por su supuesta alta calidad, profundidad, sofisticación y elevada valoración económica, constituyen inequívocos signos de distinción cultural y social. Así pues, el arte y la cultura en general, en la medida que aspiren a ocupar un lugar visible en la sociedad de consumo, tendrán que adaptarse a uno de esos dos tamices o canales de consumo: consumo de masas o consumo de minorías. El jazz no será una excepción.

Es así que el jazz, a partir de 1950, se encuentra sumergido en el sistema consumista y es obligado a pasar por unos condicionamientos que antes no había conocido en un grado tan elevado como el que a partir de entonces tendrá que soportar.

Hasta 1950, el pueblo negro norteamericano, que vivía en buena parte al margen de la vida y la sociedad del país, gozaba a la hora de crear su propia música de una preciosa autonomía. El jazz nacía en contacto directo con el pueblo, es decir, en la calle, en las salas de baile, en los cabarets, en el *music-hall*, bajo la atenta escucha de un público entendido que con atribuciones de juez tenía capacidad suficiente para elevar un músico a la categoría de estrella. El público negro hacía valer su gusto y sus preferencias, pues estos no estaban manipulados o condicionados como a partir de un cierto momento ocurrió. De hecho, el comercialismo, es decir, las orquestas y cantantes comerciales, eran «privilegio» casi exclusivo del público blanco.

Pero, desde el punto de vista del comercio, mantener totalmente segregados a tantos millones de negros, representaba despreciar un mercado demasiado importante. Así pues, el sistema consumista decidió absorber este mercado y, en este sentido, la población negra quedo plenamente integrada.

La entrada de la música negra en el sistema de consumo conllevó la directa intervención de sus poderosos agentes, los cuales, constituyéndose en intermediarios, se interpusieron entre el producto y sus destinatarios, de manera que aquella estrecha comunión que antes había existido entre músicos y público se rompió. A partir de aquel momento, las diversas tendencias dentro de la música de jazz quedaron a merced de aquello que los agentes de la sociedad de consumo decidieran para cada una de ellas. Sólo tenían dos posibilidades de supervivencia según el doble tamiz que este sistema había establecido: convertirse en música para el consumo de masas o en música para el consumo de minorías.

Es así como la música de jazz quedó a merced del omnipotente aparato comercial, el *show business*, y de su máxima expresión, la industria del disco, la cual, en la segunda mitad del siglo XX adquiere proporciones gigantescas.

La industria del disco

Aunque antes de 1950 el disco ocupaba un lugar importante en el mundo de la llamada música ligera, no jugaba el papel de protagonista que desde entonces se le ha asignado.

En el terreno del jazz, el disco cumplía una función francamente positiva; el disco consagraba a las grandes figuras y daba a conocer los nuevos músicos que aparecían en la escena del jazz. Así reflejaba de manera bastante aproximada el panorama que ofrecía la música negro-americana en cada momento. Su papel era el de simple testimonio de los acontecimientos.

Pero donde los músicos creaban su obra era en las salas de baile, en los pequeños clubs, en el *music-hall*, es decir, a la vista del público y «en directo».

En cambio, después de 1950, con la supresión de muchas salas de baile, con la sustitución en las *boites* de las orquestas por potentes tocadiscos, dado que todo el mundo poseía un *pick up* y que las retransmisiones radiofónicas e incluso las de televisión se hacían por medio de discos, debemos forzosamente concluir que, en más del 90% de las ocasiones, la relación entre el público y el músico no se producía ni se produce «en directo», sino por medio de este famoso intermediario: el Disco.

Desde entonces, toda la planificación de la música «ligera» se ha hecho en función del disco, que de simple medio de difusión, ha pasado a ser el producto final en torno al cual gira toda la industria de la llamada «música moderna». Todas las modas, los estilos, los «ídolos de la canción», etc., se crean en los estudios de grabación, bajo el control, no ya del público, sino de los «directores artísticos», ingenieros de sonido y demás gente del medio.

De este modo, gracias al disco, pueden fabricarse en serie centenares de cantantes famosos y cada tres meses pueden salir al mercado nuevos bailes, nuevos estilos y «revolucionarios» sonidos.

Así se establece este frenético ritmo de consumo, marcado por los *hit parade*, listas de éxito, la lista «de los cuarenta principales», «la canción de la semana» y «la canción del verano».

Pero el jazz, expresión musical de un determinado pueblo, como tal evoluciona de acuerdo con las transformaciones que sufre este pueblo; consiguientemente, está al margen de modas que caducan a los tres meses y de estilos que cambian a un ritmo industrial. Así pues, el jazz no puede satisfacer de forma natural todas las exigencias del sistema, ni puede adaptarse a sus ritmos y módulos de producción.

Evidentemente, las grandes discográficas no estaban dispuestas a limitar su papel al de simples testimonios de aquellos acontecimientos que de una manera fortuita y natural se fueran sucediendo. Éste es el principal motivo por el cual el jazz, en tanto que auténtica forma de expresión de un pueblo, no encajara plenamente en los planes de los sellos más poderosos y ambiciosos, los cuales, además, fueron acaparando el mercado y dejando fuera a las pequeñas editoras que actuaban de forma más respetuosa con la música negra. En efecto, el equivalente de los *race records*, o sea, los discos grabados por las pequeñas marcas que trabajaban especialmente para el público negro, fueron desapareciendo paulatinamente del mercado ante el empuje de la producción de las grandes y potentes discográficas que hacían tabla rasa, igualando el gusto de blancos y negros. Es cierto que en esta época existían en el mercado editoras discográficas de una cierta envergadura dedicadas principalmente a promocionar la música negra (Chess, Blue Note, Atlantic Records, Tamla Motown) y que fue gracias a estos sellos que se dieron a conocer intérpretes de color de gran talento. Ahora bien, también es cierto que tenían dificultades para retener a esos talentos y que algunas de ellas se vieron absorbidas por firmas más potentes e incluso se llegó a dar el hecho de que para poder subsistir tuvieron que seguir políticas empresariales que fueron perdiendo su carácter original, modificando sus estrategias para acercarlas a las de las grandes editoras.

Sea como fuere, a partir de un cierto momento, el jazz tuvo que convivir con los intereses de la industria del disco que imponía sus intereses por encima de los gustos de los propios músicos y los del público negro.

Una música para el consumo de masas: rhythm & blues, rock & roll, soul

Desde los años cincuenta del siglo pasado hasta hoy, el potencial creativo de la música negra norteamericana en sus diversas variantes, para poder materializarse a través del disco, se ha visto obligado a convivir con las presiones, maniobras y formas de producción mediante las cuales el sistema consumista controla la industria discográfica.

Era fácil prever que, de las múltiples tendencias en que se había diversificado la música negra americana, la corriente más popular, es decir, la que incluye el gospel, el blues y ese tipo de jazz, vinculado al blues, con formas de expresión muy simples y directas y con ritmos bailables, sería destinada al consumo de masas. En otras palabras, la música que desde los años veinte se había distribuido bajo la etiqueta de *race records* y que a partir de 1949 se agrupó bajo la denominación de rhythm & blues, sería la que debería proporcionar la materia prima para que, debidamente «tratada», abasteciera al mercado consumista.

Veamos ahora cómo ha procedido el sistema de consumo en relación a este tipo de música para hacer de ella un producto dirigido indiscriminadamente al consumo de masas.

El procedimiento seguido habitualmente ha consistido en que las discográficas más potentes se han dedicado a fichar artistas negros de fama creciente entre el público afroamericano, fama conseguida normalmente por medio de las pequeñas editoras especializadas en la música negra, y, una vez enrolados en la nueva editora, ésta se ha dedicado a manipular, endulzar y descafeinar la música de estos artistas para hacerla también asequible y atractiva para el público blanco.

Es así como la gran cantante de gospel Mahalia Jackson ha grabado discos acompañada de celestiales violines; el genial Ray Charles, en muchos de sus discos, tuvo que interpretar un repertorio descaradamente comercial rodeado de violines y coros hollywoodienses; la fenomenal Aretha Franklin incorporó en sus álbumes temas interpretados con ritmos machacones para seguir las pautas de la moda discotequera, etc.

Big Joe Williams
uno de los grandes
guitarristas
representantes del
genuino blues rural.

Una vez aclaradas las condiciones en que los artistas han debido trabajar, haremos un rastreo de los músicos y grupos encasillados en las diversas etiquetas que han ido apareciendo entre 1950 y 1975.

Rhythm & blues

Debemos dejar claro, antes de seguir, que el llamado «rhythm & blues» no es ningún estilo concreto. No es más que una denominación bajo la cual se agrupan géneros diversos, vocales e instrumentales, de carácter religioso o profano, que sólo tienen en común el hecho de estar estrechamente vinculados a la tradición más genuina de la música negra norteamericana. Por tanto, hablar del rhythm & blues como de un estilo es un error.

Pero, hay más: dentro del rhythm & blues, al lado de artistas negros excelentes, se han ido incluyendo otros de carácter descaradamente comercial, así como artistas blancos que copiando el estilo de los primeros, no han llegado a ser más que pálidos reflejos de los originales, pero, gracias a un soporte mediático desproporcionado, han llegado a ocupar lugares de honor que nunca merecieron.

Como prueba de todo ello, dentro de este cajón de sastre tan diverso que es el rhythm & blues, podremos encontrar entre otros:

Cantantes y grupos vocales de música religiosa, como las famosas solistas Mahalia Jackson y Sister Rosetta Tharpe, los grupos de las Clara Ward Singers, las Stars of Faith, los Five Blind Boys of Alabama, los Sensational Nightingales, los Staple Singers, etc., y otros de carácter más comercial como el Golden Gate Quartet.

Grupos vocales declaradamente comerciales como The Ravens, The Orio-
les, The Drifters, The Platters, The Charms, etc. Tienen un muy escaso interés para el aficionado al jazz.

Intérpretes del genuino blues rural, como los magníficos cantantes-guitarristas Big Joe Williams, Lightnin' Hopkins, Muddy Waters, John Lee
Hooker, etc.

Al mismo tiempo que los anteriores intérpretes del blues primitivo incluida
en la categoría de rhythm & blues, aparece una nueva generación de jóvenes
bluesmen. Su estilo no tiene la sequedad ni el carácter rural de los anteriores y
responde al carácter urbano de sus representantes. Gran parte de ellos, cantantes-guitarristas que utilizan la guitarra eléctrica, en el aspecto instrumental
se han inspirado en T-Bone Walker (ver capítulo 7). Seguidores directos de
este son Clarence «Gatemouth» Brown, que también toca con destreza y garra el violín y la armónica; Matthew «Guitar» Murphy, Lowell Fulson, etc.

Pero, el mejor de esta generación de cantantes-guitarristas de blues es, sin
duda, el famoso B. B. King (1925-2015). Su personal forma de cantar, a veces
suave y llena de un profundo sentimiento, a veces vehemente y desgarrada,
ha sido muy imitada. Su estilo de guitarra, inicialmente inspirado en T-Bone
Walker, ha llegado a ser completamente original, creando una manera de tocar que ha recibido el expresivo calificativo de *crying guitar* (guitarra que llora)
a causa de las notas largamente aguantadas y trabajadas con pronunciadas inflexiones que animan muchas de sus frases, a las que confiere un clima tenso y
dramático.

Los principales seguidores de B. B. King han sido Albert King, que como
guitarrista ha llegado a igualar a su propio maestro, Buddy Guy, Jimmy «Fast
Fingers» Dawkins, Otis Rush, cantantes-guitarristas todos ellos, y Bobby
«Blue» Bland y Andrew «Big Voice» Odom, simplemente cantantes.

Con estilos distintos, pero con una fuerza expresiva también muy intensa,
encontramos a los cantantes-guitarristas Elmore James, «Homesick» James
y Jimmy Reed. Igualmente dentro de lo que calificamos como blues urbano, hay que mencionar a los pianistas-cantantes Sunnyland Slim, Roosevelt
Sykes, Champion Jack Dupree, Curtis Jones, Memphis Slim, Eddie Boyd y
Otis Spann; los cantantes e intérpretes de armónica Sonny Boy Williamson
II, Sonny Terry, Jazz Gillum, Little Walter, Shakey Horton y Junior Wells; el
cantante, contrabajista y productor Willie Dixon y las cantantes, Big Mama
Thornton, Esther Phillips, Etta James y Koko Taylor.

Por otra parte, también se han presentado bajo la etiqueta de rhythm &
blues, cantantes de blues y baladas vinculados al mundo del jazz o del espectáculo, como las vocalistas Dinah Washington, Ruth Brown, La Vern Baker y
Juanita Hall y los cantantes Jimmy Rushing, Big Joe Turner, Wynonie Harris,

Eddie Cleanhead Vinson, Jimmy Witherspoon, Roy Brown, Sonnie Parker, Percy Mayfield, Lloyd Price, etc.

Igualmente, se incluyen en esta categoría de rhythm & blues conjuntos liderados por cantantes-instrumentistas, empezando por el grupo de Louis Jordan & His Tympany Five, capitaneado por este famoso cantante y saxo alto, y siguiendo con los grupos encabezados por pianistas como Amos Milburn, Fats Domino, Charles Brown, por baterías como Tiny Bradshaw, Roy Milton y Johnny Otis, por el trompetista Dave Bartholomew, etc.

Finalmente, también hallamos en la famosa denominación de rhythm & blues a conjuntos puramente instrumentales, como el del organista Bill Doggett, el del guitarrista Tiny Grimes, el del saxo alto Earl Bostic, el del pianista Sonny Thompson, el del trompeta «Cootie» Williams y los encabezados por los intérpretes del instrumento de moda, el saxo tenor; a saber, Julian Dash, Joe Thomas, Willis Jackson, Noble Watts, Plas Johnson, King Curtis, etc.; y grandes orquestas, como las de Erskine Hawkins, Buddy Johnson, Reuben Phillips y Duke Hampton.

Como vemos, la diversidad de géneros y formaciones es muy grande, lo cual impide que se pueda hablar del rhythm & blues como de un estilo preciso.

Pero, aun así, es una expresión que ha llevado a lamentables confusiones, pues la crítica y la publicidad han reservado el prestigioso calificativo de jazz para el be-bop y los estilos que le siguieron, o sea, para el llamado «jazz moderno», y han encasillado a muchos *jazzmen* excelentes en el rhythm & blues, considerando su música como algo aparte del jazz. Así pues, es de uso común considerar a Fats Domino, Roy Milton o Tiny Bradshaw, e incluso a reconocidos *jazzmen*, como Bill Doggett, Earl Bostic o King Curtis, como músicos de rhythm & blues y no de jazz, como si su música no tuviera todos los ingredientes que definen el jazz desde su origen. Esta tergiversación se puede comprobar en los catálogos de discos y en la distribución por apartados con que se clasifican los discos en las tiendas especializadas, lo cual no hace más que consolidar la confusión.

Por tanto, hay que ser muy prudentes en la utilización de la denominación rhythm & blues, saber en cada caso a qué nos estamos refiriendo, evitar hacer valoraciones globales y denunciar el mal uso de esta expresión cuando se utilice para excluir de la calificación de jazz a *jazzmen* y conjuntos que entran de lleno en la definición original de esta música.

Rock & roll

Otro recurso que caracteriza a la política que sigue la industria del disco, es la de ir inventando y aplicando nuevas etiquetas a la música de siempre, con el fin de crear una ilusión de una ininterrumpida aparición de nuevos estilos. En la primera mitad de la década de los cincuenta, la primera de ellas, como vimos, fue la recién nacida etiqueta de rhythm & blues que englobaba artistas y géneros diversos.

A partir de 1955, sin perder su vigencia, la etiqueta rhythm & blues pierde actualidad frente a la nueva y rutilante etiqueta que ocupa los titulares y la publicidad: *Rock & Roll*.

La expresión «rock & roll» era ya utilizada por los negros desde hacía muchos años. En el tema «Rock It for Me», grabado en 1937 por la orquesta de Chick Webb con Ella Fitzgerald como vocalista, ésta canta: «You Ought to Satisfy My Soul with The Rock and Roll». Pero, al igual que ocurrió en los años treinta con la palabra swing, en los cincuenta la expresión rock & roll fue utilizada con fines puramente publicitarios y comerciales.

Desde un punto de vista musical, el rock & roll no aporta nada realmente nuevo. Bajo esta nueva etiqueta se agrupan los músicos y conjuntos que sacan partido del viejo ritmo del boogie-woogie combinado con una fuerte acentuación del *backbeat* y todo ello teñido, en ciertos casos, con una leve pátina de la música country. Esta combinación de ingredientes, de una elevada intensidad rítmica, resulta muy excitante y es propicia al baile más movido y desinhibido.

La juventud negra aceptó el rock & roll con toda naturalidad en la medida que era una modalidad más de su propia música popular. La juventud blanca, en pleno proceso de emancipación de las rígidas normas que hasta entonces habían regido su comportamiento social (formas de vestir, de peinarse, de consumir, de hablar), enloquece con esta música y se convierte en un consumidor importantísimo del nuevo género.

Es aquí donde de manera decidida aparece la mano de las discográficas y de su aparato publicitario, decantándose por aquellos artistas que actúan de una manera más exuberante y excéntrica y, por otro lado, encumbrando a determinados músicos blancos con menos talento que los originales intérpretes negros a los que imitan.

Fue bajo esta nueva denominación que se dieron a conocer artistas negros de auténtica valía como Fats Domino y Chuck Berry y otros de menor interés como Bo Diddley y el extravagante Little Richard.

Fats Domino (1928) dirigía ya desde finales de los años cuarenta un conjunto muy popular entre el público negro, pero a partir de 1955, con la moda del rock & roll, su fama creció extraordinariamente en América y Europa. Fats Domino es un excelente pianista, sobre todo como especialista del boogie-woogie, y canta con un aire desenfadado, ligero y lleno de swing muy convincente. Su conjunto interpreta arreglos muy simples, idóneos para el baile. Los principales músicos que han figurado en este conjunto han sido el trompeta

Dave Bartholomew, autor de la mayoría de arreglos y los saxos tenores Herb Hardesty y Lee Allen.

Chuck Berry (1926-2017) comenzó a ser famoso en 1955 gracias al disco «Maybeline». Causó sensación en el Festival de Newport de 1958 y a principios de los años sesenta su fama llegó a Europa. Es un guitarrista y cantante lleno de vitalidad y dinamismo, cuyas interpretaciones alcanzan a menudo un swing de lo más excitante gracias a la intensidad de su canto, lleno de mordiente, respaldado por incisivos y percutientes *riffs* de guitarra.

La moda del rock & roll sirvió para dar a conocer también al gran público magníficos cantantes ya veteranos, como Big Joe Turner y Roy Brown, pero asimismo para aupar hasta la cumbre a cantantes blancos, simples y descafeinados imitadores de los negros, como Elvis Presley, Bill Haley y el francés Johnny Hallyday.

Siguiendo a la moda del rock & roll, entre finales de los años cincuenta y mediados de los sesenta, aparecen como si de nuevos estilos musicales se tratara, etiquetas que simplemente hacen referencia a nuevos bailes de moda nacidos de la música negra: el twist, el madison, el jerk, etc., todo ello para renovar el cartel con nuevos artistas que releven a los que ya llevan demasiado tiempo en el escaparate. La rueda no puede detenerse. Así pues, a comienzos de la década de los sesenta irrumpe en el mundo de la «música moderna» un nuevo baile, el twist y, con él, nuevos nombres acapararon el mercado del disco.

Sobre la novedad del twist, Duke Ellington hizo en su momento una interesante aclaración: «El twist no es otra cosa que lo que hacían, hace tiempo, las "flores del empapelado", es decir, los bailarines que no tenían pareja. Permanecían adosados a la pared que rodeaba la pista y con el vaso o la botella en la mano, bailaban el twist» (de la revista *Jazz*, octubre de 1962).

Uno de los discos más escuchados en esta época fue el archiconocido *What I Say* que hizo famoso en el mundo entero al artista más importante que ha dado la música negro-americana desde el 1950: Ray Charles.

Ray Charles (1932-2004) nació en Albany, Georgia. Ciego desde los seis años, aprendió a tocar diversos instrumentos en una institución para invidentes de Florida. Debutó como pianista profesional en pequeños conjuntos locales, y en 1949 formó su propio trío. En 1954 organizó un conjunto de mayor envergadura y al frente del mismo comenzó a adquirir fama entre el público negro. A finales de los años cincuenta, el gran público norteamericano empieza a conocerle y, ya en la década de los sesenta, se convirtió en un artista de fama internacional.

Ray Charles no era solamente un cantante-pianista de blues; es un *jazzman* muy completo que brilla en todos los terrenos y que, además del piano, domina perfectamente el órgano y el saxo alto.

Ray Charles no era solamente un cantante-pianista de blues; es un jazzman muy completo que brilla en todos los terrenos y que, además del piano, domina perfectamente el órgano y el saxo alto.

En sus comienzos, Ray Charles se inspiraba en Nat King Cole, tanto cantado como al piano. Luego abandonó esta influencia y su canto, inspirado en el de los *preachers* (predicadores), se hizo mucho más vehemente y expresivo. Un marcado *growl* presta a menudo a su voz un tono desgarrador, y sus inflexiones, su forma de cortar y triturar las palabras, sus gritos «salvajes», hacen que su canto posea esa fuerza cautivadora que le ha valido el título de The Genius.

Al piano, Ray Charles ha ido evolucionando bajo la influencia de Art Tatum y algunos de los mejores pianistas de blues (Memphis Slim, Leroy Carr), hasta desembocar en un estilo muy personal. Sus frases normalmente muy concisas, están concebidas dentro del más puro espíritu del blues, y en ellas cada nota tiene una gran densidad expresiva. Su forma de hacer sonar los acordes, con una gran riqueza sonora y autoridad, nos hace pensar en Duke Ellington. Estas cualidades se ponen de manifesto tanto en su trabajo de solista como de pianista de orquesta.

La orquesta de Ray Charles ha sido siempre excelente y en ella se han revelado algunos de los mejores solistas de estos últimos años, de los cuales hablaremos más adelante.

Soul

En la segunda mitad de los años sesenta, cerrando el período que estamos estudiando en este capítulo (1950-75), y siguiendo el camino iniciado por Ray

Charles, aparece un nuevo «estilo» al que se asigna la etiqueta de «soul». Esa palabra, que literalmente significa «alma», no aclara nada sobre las características de ese nuevo estilo, si así puede llamársele. Los buenos intérpretes de jazz, blues y gospel, siempre han trabajado con soul, es decir, con alma y con sentimiento.

Como característica que pudiera distinguir a los cantantes y músicos de soul, sería el hecho de que sus recursos expresivos se inspiran en los de los intérpretes de música religiosa, o sea, los cantantes de gospel, incluidos los *preachers* (predicadores). Ahora bien, mientras que estos recursos son utilizados por artistas de talento, nacen de forma natural y dan al canto toda su vida y sentimiento, pueden convertirse en reiterativos y exasperantes clichés, carentes de espontaneidad y eficacia expresiva, cuando los emplea el habitual cortejo de imitadores comerciales. Por otra parte, los arreglos instrumentales que prevalecen en la época del soul tienden a ser muy dulzones y acaramelados en las piezas lentas, apartándose del espíritu firme y no sentimental del blues, y, en los tiempos medios o rápidos, utilizan ritmos binarios ejecutados a menudo mediante un pesado machaqueo que se aparta de la pulsación ágil del swing. De todos modos, bajo esta etiqueta se han hecho famosos algunos intérpretes de auténtico valor.

El más importante de todos ellos es la gran cantante Aretha Franklin. Nacida en Memphis, Tennessee, en 1942, ha sido considerada con todo merecimiento como «la reina del soul».

Se educó musicalmente en el coro que dirigía su padre, el reverendo Franklin, y, después de un breve período de rodaje grabando con músicos de jazz, se afirma como una artista incomparable en cualquier terreno: soul, gospel, blues o jazz.

A partir de 1970, su fama se extiende por todo el mundo y se convierte en una vedette internacional. En su estilo vocal, aparte de la influencia del gospel, encontramos trazas de Ray Charles y Dinah Washington. Su canto es penetrante, intenso y, a veces, desgarrador, al mismo nivel que el de sus ilustres modelos.

Otros cantantes de calidad que aparecen con la moda del soul han sido el malogrado Otis Redding (1941-1967), dañado parcialmente por el comercialismo, James Brown (1933-2006), que en sus mejores momentos pudo ser considerado como un digno sucesor de Ray Charles; Marvin Gaye, Stevie Wonder, Etta James, Ben E. King, Fontella Bass, Solomon Burke, etc.

Toda esta larga y heterogénea lista de estilos y de intérpretes vocales e instrumentales, ilustra la corriente musical que, como música para el consumo de masas, en el tercer cuarto del siglo XX ha acaparado la atención de la mayoría de la población negra norteamericana y una gran parte de la juventud blanca.

Música para el consumo de minorías: Cool, West coast, Third Stream, Hard-bop, Jazz modal, Free jazz, Jazz rock

El producir y vender una serie de artículos sofisticados, con pretensiones elevadas y vanguardistas, para satisfacer las ansias de distinción de ciertas elites culturales, sociales y económicas, forma parte también del funcionamiento del sistema consumista.

En la época objeto del presente capítulo (1950-75), asistimos en la mayoría de campos del arte y de la cultura a esa escisión entre productos destinados al consumo de masas y los destinados al consumo de minorías. Por un lado, las novelas folletinescas que se vendían en los quioscos y, por el otro, una literatura experimental y nada inteligible; por un lado las «películas hollywoodienses» y por el otro, el «cine de arte y ensayo»; por un lado, los cuadritos de «escenas de caza» que se vendían en los grandes almacenes y, por el otro, la pintura abstracta de contenidos y precios inasequibles; por un lado los bloques de viviendas sociales y, por el otro la arquitectura-emblema o de revista, etc.

Así podríamos seguir hasta llegar a nuestros días cuando, por un lado, abundan los establecimientos donde se sirve comida *fast food* y, por el otro, se sacraliza la gastronomía en ciertos restaurantes donde los grandes chefs sirven menús de una sublime sofisticación. (¡Hasta ciertas aguas embotelladas a un precio inaudito se han convertido hoy en signos de distinción!)

De forma absolutamente análoga, si por un lado teníamos esta amalgama de géneros vinculados a la tradición musical negro norteamericana que acabamos de ver, destinados al consumo masivo, por el otro lado y sucesivamente etiquetados de diversas maneras, han ido apareciendo una serie de estilos de carácter sofisticado y especulativo, herederos del be-bop, que, presentados como signos de distinción, fueron destinados al consumo minoritario, incluso a veces, cuando se prestaban a ello, al consumo masivo, y siempre, esto sí, agrupados bajo el prestigioso, pero equívoco, calificativo de «jazz moderno».

Decimos equívoco porque algunos de esos estilos se alejan por completo del concepto original de música de jazz que venimos utilizando y, por otra parte, induce a creer que los demás estilos forman parte del pasado, obviando que la línea swing o el estilo New Orleans se han ido renovando y actualizando con nuevos intérpretes que, con toda legitimidad, podrían optar también al calificativo de «modernos».

Hecha esta puntualización, al igual que lo hicimos en el anterior apartado, haremos un rastreo de los principales representantes adscritos a cada una de las denominaciones que encabezan el presente apartado.

Cool

El impacto explosivo que produce el be-bop a mediados de los años cuarenta, ahuyentando al gran público de los escenarios clásicos del jazz, encuentra a comienzos de los años cincuenta un paliativo en un estilo derivado de él pero mucho menos agresivo, más digerible y con una inclinación hacia lo intelectual que cuajará en este público blanco que quiere apartarse de las vulgaridades del dixieland y del rhythm & blues, que ya no se siente atraído por el carácter festivo de la música swing y que, en cambio, quiere que se le identifique con una forma de jazz más seria, desapasionada y «avanzada». Ese estilo será etiquetado como «jazz cool», es decir jazz frío.

El cool es una forma de depuración del be-bop en el que se ha eliminado el nervio rítmico y el enardecimiento expresivo. Las innovaciones armónicas y melódicas del be-bop se sirven con un pulso rítmico suave y procedimientos instrumentales académicos de los que se derivan entonaciones expresivas ligeras y asépticas. Nuevos arreglos con originales combinaciones instrumentales y sutiles texturas sonoras acaban por caracterizar el cool. La inmensa mayoría de los nombres más representativos de la música cool son de músicos blancos, hecho que ya habla de por sí de la naturaleza de esta música, la cual denota un notable alejamiento de la definición de jazz que utilizamos como referencia.

Si bien es cierto que las primeras grabaciones representativas de esa tendencia (1949), reunidas posteriormente en el álbum *The Birth of The Cool*, fueron dirigidas por el trompeta negro Miles Davis, éste aparecía rodeado de músicos mayoritariamente blancos, algunos de los cuales, como el saxo alto Lee Konitz y el saxo barítono Gerry Mulligan llegarían a ser algunas de las figuras más importantes del cool. Asimismo, aparte de Miles Davis y John Lewis, los principales arreglistas que intervinieron en estas grabaciones, Gil Evans y el propio Gerry Mulligan, también eran blancos.

Otros músicos cool de renombre fueron el pianista Lennie Tristano (1919-1978), músico interesante cuyas aportaciones en el terreno de la armonía fueron explotadas años más tarde por otros; el saxo tenor Stan Getz (1927-1991), inicialmente discípulo de Lester Young antes de desembocar en un estilo más frío y retraído; y el trompeta Chet Baker (1929-1988), de tono suave, refinado y seductor.

Gerry Mulligan y Chet Baker formaron a principios de los años cincuenta un cuarteto atípico al prescindir del piano, a base de trompeta, saxo barítono, contrabajo y batería, que sería uno de los grupos más famosos dentro del estilo cool. Sus arreglos a dos voces (trompeta y saxo barítono), se caracterizaban por una sonoridad muy original, jugando con las disonancias, no exenta de un especial atractivo.

Lennie Tristano (1919-1978), enmarcado en el estilo cool, fue un músico interesante cuyas aportaciones en el terreno de la armonía fueron explotadas años más tarde por otros autores.

Pero el solista que con el tiempo daría más que hablar por sus evolución a través de sucesivos estilos, es el trompeta Miles Davis, el cual en estas primeras grabaciones toca de manera pausada, introvertida y cerebral que encaja perfectamente en el clima que se pretende crear con la música cool.

También las texturas sonoras sutiles y frescas al oído del arreglista Gil Evans darían que hablar en los años siguientes. Su primera influencia ya se notaría en el estilo west coast que florece en la costa oeste estadounidense a mediados de la década de los cincuenta

West coast

A lo largo de la década de los cincuenta, esa tendencia a depurar la música de jazz de sus connotaciones más «raciales», se extenderá geográficamente y dará lugar a la escuela west coast, nueva etiqueta, así llamada porqué la mayoría de músicos adscritos a ella estaban ubicados en la costa oeste de Estados Unidos.

En ese estilo, los arreglos acostumbran a ocupar un espacio importante en las interpretaciones y se inspiran en la música europea contemporánea buscando nuevas y refrescantes sonoridades.

Por su parte, los solistas más característicos de esa escuela, mayoritariamente blancos, se complacen en un cierto refinamiento del sonido y el fraseo, situándose en el polo opuesto de aquellos «ruidosos y toscos» saxofonistas que triunfan en el rhythm & blues. Estos solistas representan la faceta más estilizada y académica, por tanto, la más alejada del concepto original de jazz. Entre ellos encontramos a los trompetas Shorty Rogers y a los hermanos Pete y Conte Candoli; a los saxofonistas Jimmy Giuffre y Art Pepper; al trombonista Frank Rosolino; al pianista y arreglista Pete Rugolo y al batería Shelly Manne.

Pero, de todas formas, dentro del ambiente y los conjuntos pertenecientes a la escuela west coast, encontramos a músicos muy considerables, negros y blancos, que conservan en su forma de interpretar los elementos expresivos y rítmicos que caracterizan el jazz tal como venimos definiéndolo. Dentro de esta categoría de auténticos *jazzmen* que se mueven en el ambiente west coast, debemos citar a los trompetas Joe Gordon y Shorty Sherock; a los saxofonistas tenor Gene Ammons, Wardell Gray, Teddy Edwards, Zoot Sims y Al Cohn; a los pianistas Gerald Wiggins, Carl Perkins y Jimmy Rowles; a los guitarristas Jim Hall y Barney Kessel; a los contrabajistas Curtis Counce y Leroy Vinnegar; y al batería Frank Butler.

Third stream

La atracción que sienten diversos músicos de esta época, mayoritariamente blancos, por la música contemporánea europea, producirá intentos de aproximación entre la música de jazz y la música clásica que dará sus frutos en forma de ambiciosas composiciones o arreglos que, resultando interesantes desde un punto de vista estrictamente musical, en la forma de concebirlos e interpretarlos se hace evidente que lo que menos pretenden poner en evidencia son aquellos elementos que dotan al jazz de su específica naturaleza.

Esta tendencia a utilizar algunos mecanismos y rutinas habituales en el jazz implementándolos en formas musicales de origen y concepción europeos, recibe el nombre de «third stream», es decir, tercera corriente.

La third stream no se presenta como una corriente compacta sino que, dentro de esa tendencia, se manifiestan diversas individualidades y formaciones que actúan de manera independiente, cada una siguiendo su propio camino y peculiaridades estilísticas.

Uno de los primeros en iniciar esa tendencia, en plena década de los cuarenta, fue el compositor, arreglador y director de orquesta Stan Kenton (1912-1979), cuya big band interpretaba brillantes y pomposos arreglos, con armonizaciones avanzadas procedentes de la música europea, que buscaban más la espectacularidad y el impacto sonoros que no el swing y el fraseo típicos del jazz.

Ya en los años cincuenta y, más tarde, en los sesenta, diversos pequeños conjuntos se dieron a conocer en esta línea de aproximación a la música clásica.

Uno de los primeros fue el del pianista Dave Brubeck, de formación clásica, que experimentó al frente de tríos o cuartetos diversas fórmulas interesantes, pero alejadas del lenguaje jazzístico más genuino, sobre todo, por su rigidez rítmica. Consiguió, sin embargo, un amplio éxito entre un vasto público poco exigente en materia de jazz, con la grabación del ingenioso tema «Take Five» (1959), compuesto por su saxo alto, Paul Desmond, en un compás de 5/4, nada habitual en el jazz.

También a comienzos de los años cincuenta aparece el único conjunto negro que de una forma clara se sitúa dentro de este movimiento de aproximación a la música clásica. Se trata del famoso Modern Jazz Quartet, formado el 1952. Liderado por el pianista John Lewis, lo completaban Milt Jackson al vibráfono, Percy Heath al contrabajo y Kenny Clarke a la batería, substituido en 1955 por Connie Kay. Este conjunto, integrado por cuatro *jazzmen* excelentes, es un paradigma de ese reiterado intento de «dignificar» la música de jazz, es decir, de dotarla, por un lado, de formas musicales «cultas», mediante arreglos que incluyen el arte de la fuga y el contrapunto y, por otro lado, eliminar de la interpretación todo exceso rítmico o expresivo de connotaciones típicamente «raciales».

La severa forma de presentarse, vestidos de riguroso smoking, y de desenvolverse en el escenario, con estricta seriedad, es un ejemplo de esta necesidad que afecta a una parte de los músicos negros de querer que la sociedad blanca los vea como «artistas serios» en el sentido más convencional, y no como meros *entertainers*.

Sin embargo, tratándose, como hemos dicho, de *jazzmen* cualificados, son capaces en cualquier momento de sorprender al auditorio con alguna interpretación llena de swing y cálida expresividad, o sea, dentro del lenguaje del jazz tal como venimos definiéndolo desde el principio.

En Europa, concretamente en Francia, se produce otro intento de aproximar el jazz a la música clásica, experimento que durante algunos años daría bastante que hablar, particularmente entre ese público que cultiva la afición al jazz como un signo de distinción. Se trata del trabajo llevado a cabo por el pianista francés Jacques Loussier interpretando al frente de su trío música barroca, trabajo que se concreta en la serie de los cinco álbumes *Play Bach* publicados entre 1959 y 1965. De ese intento resulta una música agradable, como no podía ser de otra forma, pero finalmente, al aficionado a la música barroca le hace añorar las versiones de los grandes maestros y el aficionado al jazz encuentra que los elementos que dan vida y fuerza al jazz, aparecen excesivamente diluidos.

Completando ese conjunto de experimentos y trabajos donde música clásica y jazz se mezclan de formas distintas, hay que mencionar la labor de compositores y arreglistas que han elaborado partituras donde el principal protagonismo lo asumen las partes escritas, con texturas y colores sonoros novedosos, quedando más reducido o acotado el papel de los solistas en tanto que improvisadores.

El primer conjunto, cronológicamente hablando, que podemos incluir en el estilo hard-bop, es el quinteto de los Jazz Messengers, nacido en 1954, con Art Blakey como batería y director.

En este campo han destacado compositores y arreglistas como George Rus-sell, Gil Evans, autor del arreglo del famoso *Concierto de Aranjuez* grabado por Miles Davis, Gunter Schuller, Gil Fuller, etc.

Hard-bop

En la costa este, es decir, en New York y su área de influencia, la mayoría de músicos negros seguidores de la tendencia bop no participan de la deriva que conduce al cool o a la third stream. Más bien al contrario. Sea por reacción o por simple convicción, la segunda generación de músicos *boppers* quiere rei-vindicar y afirmar su negritud.

Para ello, recuperan los procedimientos instrumentales que los primeros *boppers* habían menospreciado (inflexiones, vibrato, *growl*, etc.) y que el cool había abandonado por completo. Por eso, también se bautizó esa tendencia como estilo funky, expresión ya utilizada por los *jazzmen* de generaciones anteriores para indicar una forma de tocar «sucia» y nada académica. Abun-dando en ese intento de afirmación de la negritud, ciertas interpretaciones se complacen en el clima intenso del blues o en la exaltación propia del góspel.

En el aspecto rítmico, la pulsación recupera la regularidad que se perdió con el bop, resultando menos caótica gracias a un *backbeat* que se acentúa de forma clara y, en conjunto, la búsqueda del swing tiende de nuevo a ser un incentivo en el trabajo de las secciones rítmicas y, por consiguiente, también en el fraseo de los solistas.

En conjunto, esta tendencia, surgida alrededor de los años 1953-54, lleva también su propia etiqueta, la de hard-bop, o sea, bop duro.

Vale la pena, sin embargo, constatar que el propósito principal de los músicos de hard-bop, eso es, la voluntad de afirmar su negritud, estará modulado por una actitud de la que, en general, los músicos «modernos» se revisten, es decir, la búsqueda de una respetabilidad en tanto que artistas de vanguardia. Esa actitud conduce a envolver su música de un acusado tono de «seriedad» consistente en no propiciar un contacto cálido y directo con el público, en utilizar un fraseo complejo y poco asequible y en no dejarse llevar por la alegría del ritmo. En una palabra, en rehuir todo aquello que pueda devolver su música a la época en que el jazz era música de entretenimiento. Con esa actitud está claro que se alejan del público negro tradicional y del gran público en general, pero también es cierto que complacen a ese público minoritario ávido de un jazz «serio», «avanzado» y «profundo», en definitiva, de un jazz con un cierto sello de distinción.

El primer conjunto, cronológicamente hablando, que podemos incluir en el estilo hard-bop, es el quinteto de los Jazz Messengers formado en 1954 por el batería Art Blakey en colaboración con el pianista Horace Silver. Durante su época más brillante (1955-65) desfilaron sucesivamente por este grupo solistas tan notables como los trompetas Kenny Dorham, Donald Byrd y Lee Morgan; los saxos tenor Hank Mobley, Johnny Griffin, Benny Golson y Wayne Shorter; los pianistas Horace Silver, Bobby Timmons y Cedar Walton; y los contrabajistas Doug Watkins y Jymie Merritt.

La música de los Jazz Messengers, llena de la energía que le transmite su batería y director, Art Blakey, puede resultar en ocasiones un poco pomposa debido al carácter de ciertos arreglos y también es cierto que algunos solos pueden resultar difíciles o ingratos, pero, en determinadas interpretaciones («Doodlin'», «The Preacher», «Moanin'», «Whisper Not», etc.) este grupo ofrece una forma de jazz que encaja perfectamente dentro del concepto de jazz que propusimos en un principio.

Cuando en 1956 Horace Silver abandonó los Jazz Messengers, formó un quinteto propio que seguiría con fidelidad los principios del hard-bop y dejaría una serie de títulos grabados que, pudiendo ser calificados de «jazz moderno», presentan todos los elementos expresivos y rítmicos que definen el jazz en su forma original («The Preacher», «Señor Blues», «Sister Sadie», «Juicy Lucy»).

Casi al mismo tiempo que se formaban los Jazz Messengers de Art Blackey, aparece otro conjunto notable dentro de la línea del hard-bop. Se trata del Clifford Brown-Max Roach Quintet, encabezado por el malogrado trompeta Clifford Brown (1930-56), muerto de accidente automovilístico en plena juventud, y por el batería Max Roach (1924-2007), uno de los *boppers* de la primera generación. Contó con solistas de talento como el saxo tenor Teddy Edwards, substituido por Harold Land y, más tarde, por Sonny Rollins.

Pero, la verdadera alma de este grupo era Clifford Brown, trompetista extraordinario por su sonoridad clara y potente, por su técnica y por su enorme capacidad como improvisador. Impresiona por su fraseo preñado de notas perfectamente articuladas y desligadas las unas de las otras por un ataque firme y de una gran precisión. Por esto mismo, en ocasiones, la complejidad de sus frases veloces junto a esa forma de ejecución de una dura nitidez, hace que su discurso pueda resultar poco cálido. En otras ocasiones, en cambio, demuestra que sabe perfectamente hacer «cantar» a su instrumento y entonces su fraseo resulta expresivo y lleno de emoción («Ghost of a Chance», «Joy Spring»).

Max Roach, batería de una gran calidad de percusión y de una precisión de metrónomo, rayando en la rigidez, sabe combinar la regularidad de su pulsación con las figuras rítmicas que hacen de contrapunto al discurso del solista, a la manera típica del be-bop.

En conjunto, la música del Clifford Brown-Max Roach Quintet es una mezcla variable del vigor y calidez del jazz de raíces tradicionales con la actitud especulativa y cerebral del «jazz moderno».

En cuanto a los otros solistas, aparte de Clifford Brown, el más importante es Sonny Rollins (1930), que ocupaba el puesto de saxo tenor cuando Clifford Brown murió. Al cabo de un tiempo de permanecer al lado de Max Roach, se independizó para seguir su propio camino al frente de grupos muy reducidos, cuartetos, tríos y, a veces, dúos. Durante los años 1955-59 Sonny Rollins pasó a ser uno de los más importantes saxofonistas del hard-bop, con una potente sonoridad, en la línea de Coleman Hawkins, y un fraseo inspirado en Charlie Parker. A principios de los años sesenta, después de una crisis y de un retiro voluntario, deformó su sonoridad y su fraseo hasta límites grotescos. Ya en los años setenta volvió a su línea inicial, afirmándose como uno de los más influyentes saxos tenor de las últimas décadas.

Por su parte, el trompeta Miles Davis, uno de los poquísimos músicos negros que participó en el nacimiento del cool, entre los años 1954 y 1959, al frente de conjuntos de estudio o de su propio quinteto y sexteto, graba una serie de álbumes (*Walkin', Relaxin', Cookin', Milestones, Kind of Blue*, etc.) que, inscritos en la línea del hard-bop, representan lo mejor de su discografía. En estos discos Miles Davis luce sus cualidades como *jazzman*, con un estilo que, recordando lejanamente a Clark Terry, presenta un fraseo suave y controlado y un swing ligero, típico de los trompetas de Saint Louis, su ciudad natal.

Otro grupo que surge en la segunda mitad de los años cincuenta en el terreno del hard-bop es el conjunto dirigido por el saxo alto Cannonball Adderley juntamente con su hermano, el trompetista Nat Adderley.

Cannonball Adderley (1928-1975) está considerado como el discípulo más importante de Charlie Parker. Con líneas melódicas típicas del bop, su manera de frasear, con vibrantes y cálidas entonaciones y un swing constante, muestra su temperamento de *jazzman* de raíz tradicional.

Mención aparte y de difícil clasificación resultan los grupos dirigidos por el formidable contrabajista Charlie Mingus, uno de los mejores que ha dado el jazz.

Charlie Mingus (1922-79), que había formado parte de algunas de las grandes orquestas más importantes de la época swing (Armstrong, Hampton, Ellington), a partir de mediados de los años cincuenta dirige formaciones de variable envergadura, desde cuartetos a pequeñas big bands. Mediante composiciones y arreglos propios de gran densidad y consistencia del tejido sonoro, algunos de clara inspiración ellingtoniana, Charlie Mingus trabaja en diversas direcciones. En algunas interpretaciones hay una clara intención de rescatar formas del lenguaje tradicional servidas, a veces, en un tono desgarrado, casi salvaje («Jump Monk», «Better Git in Your Soul», «Boogie Stop Shuffle», «Pusy Cat Dues», «Slop», «Things Ain't What They Used To Be», «Song with Orange») o en un tono paródico («Jelly Roll»). En otros temas encontramos una decidida vocación expresionista que tanto puede manifestarse en la construcción de sutiles melodías orquestadas de manera original («Diane»), como en la búsqueda de un cierto caos sonoro («Gunslinging Bird»). Finalmente, temas en los que Mingus, llevado por su temperamento combativo, adopta un tono reivindicativo, sea de forma implícita o bien expresado abiertamente, textos incluidos, en relación a la opresión que padece el negro americano («Fables of Faubus», «Put Me in That Dungeon»; «Freedom»). Todos estos arreglos, los cuales adoptan formas muy libres, con contrastes y bruscos cambios de tempo, producen sensaciones que van de la calidez emotiva a la agresividad y al caos. En cuanto a los muy diversos solistas que han pasado por sus formaciones, los hay que son *jazzmen* genuinos y otros que se pueden inscribir en la vanguardia más esotérica. De aquí la irregularidad de los resultados de los múltiples experimentos llevados a cabo por el siempre sorprendente Charlie Mingus.

Aparte de los grupos representativos del hard-bop que hemos mencionado, una serie de solistas, algunos de ellos muy jóvenes, durante esta época (1950-

75) se mantienen en esta línea, completando el panorama de ese estilo. Son los trompetas Art Farmer, Blue Mitchell y Freddie Hubbard; los saxos tenor James Moody, Harold Land, Hank Mobley, Jimmy Heath y Joe Henderson; los trombonistas J. J. Johnson, Jimmy Cleveland y Curtis Fuller; los pianistas Red Garland, Barry Harris, Wynton Kelly, Bill Evans y Herbie Hancock; los contrabajistas Paul Chambers y Ron Carter; y los baterías Philly Joe Jones, Louis Hayes, Jimmy Cobb, Billy Higgins y Tony Williams.

Jazz modal

El incesante afán especulativo que anima a los músicos de hard-bop, no se conforma con la utilización de nuevas y nada habituales secuencias de acordes y con un fraseo melódico lleno de intervalos y tensiones inusuales, sino que busca y explora nuevos procedimientos en el juego de la improvisación. Así, llega un momento, a finales de la década de los cincuenta, en que de la mano del trompetista Miles Davis y su grupo, en determinadas interpretaciones se abandona el sistema tonal tradicional y habitual en el jazz y se entra en el sistema modal. Esto significa que el discurso improvisado, en vez de desplegarse sobre una secuencia de acordes, lo hace recorriendo la escala correspondiente al modo sobre el que se está trabajando. Esta forma de improvisación no resulta nada fácil ni inteligible para un oído no acostumbrado, con lo cual el llamado *jazz modal*, que esta es la nueva etiqueta, resulta decididamente minoritario y solo asequible a oídos expertos o supuestamente preparados. Es aquí donde aparece con toda su eficacia la mano del sistema consumista, el cual pone en marcha todos sus recursos, es decir, la crítica, los medios de comunicación de todo tipo (prensa diaria, revistas, radio, televisión), agentes publicitarios, etc., para conseguir situar arriba del todo del ranking de ventas el álbum *Kind of Blue* de Miles Davis que incluye temas de jazz modal. Esto ocurría en 1959 y ha sido revelador comprobar cómo en 2009, cincuentenario de la publicación de dicho LP, la campaña se ha repetido con gran intensidad y los resultados de venta han vuelto a ser extraordinarios tratándose de un disco de jazz no pensado para el gran público.

Más allá del éxito de ventas de este LP, la valoración en tanto que música de jazz que nosotros podemos hacer del llamado jazz modal, nos remite como siempre al concepto de jazz que venimos aplicando desde el principio de este libro. Si bien es cierto que las improvisaciones en ese estilo de música son de una difícil inteligibilidad, será la forma de frasear, o sea, la expresión que se dé a cada frase a través del tratamiento del sonido y el hecho de que tenga o no tenga swing el ritmo con que se anime esa frase, lo que determinará que

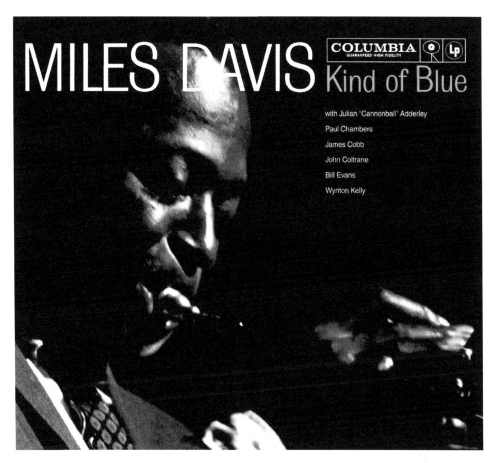

De la mano del gran trompetista Miles Davis y su grupo con el disco *Kind of Blue*, en determinadas interpretaciones se abandona el sistema tonal tradicional y habitual en el jazz y se entra en el sistema modal.

podamos incluir una interpretación de jazz modal en el concepto de jazz que desde un principio hemos propuesto. En este sentido, podemos incluir en ese concepto determinadas interpretaciones como «Milestones» (1958, del álbum *Milestones*) y de forma matizada, dependiendo del solista, otras como «So What» (1959, del álbum *Kind of Blue*).

El proceso de exploración y experimentación de nuevas fórmulas de improvisación no se detiene con los logros de Miles Davis y su grupo. Uno de los solistas del conjunto, el saxo tenor John Coltrane, a partir de un cierto momento querrá ir más lejos.

John Coltrane (1926-1967), una vez ha abandonado el grupo de Davis, emprende su propio camino. Inicialmente acompañado de *jazzmen* solventes, graba una serie de títulos que darán toda la medida de su capacidad creativa como *jazzman* y de su fuerte personalidad («Giant Steps», «Naima», «Mr. P.C.», «Countdown», «Like Someone in Love», etc.). En 1960 forma su propio grupo que integrarán, aparte de Coltrane, el pianista McCoy Tyner, el contrabajista Jimmy Garrison y el batería Elvin Jones. Al frente de este cuarteto, el gusto de John Coltrane por la exploración, su inquietud permanente por ir más allá, explotando todas las posibilidades no sólo de la música modal sino de otras procedencias lejanas, como la hindú o la africana, le llevará gradualmente a elaborar una música cada vez más compleja y menos cálida en su fraseo, mientras que el papel de su sección rítmica, ya lejos de estimular al solista hacia el swing, será el de crear una atmósfera a la altura de las elucubraciones del líder. La comunicación se situará a otro nivel, es decir, al de una descarga energética y una excitación colectiva que pueda transmitirse al auditorio. Los álbumes *Crescent*, *A Love Supreme*, *Ascension*, etc., son buena muestra de todo ello.

En conjunto, la música de John Coltrane de los años 1962-67, modelo para muchos saxofonistas jóvenes, resulta poco digerible para el gran público y representa un claro rompimiento con la tradición musical negra americana.

Free jazz

La arriesgada apuesta, resuelta con éxito, por un disco que incluía jazz modal, en el caso del *Kind of Blue* de Miles Davis, anima a las discográficas a hacer cada vez apuestas más arriesgadas. La ocasión se presenta hacia 1960, cuando el saxo alto Ornette Coleman presenta su disco *Free Jazz*, jazz libre, en el que se rompen todos los principios y mecanismos interpretativos que habían regido en el jazz hasta entonces. La tonalidad, el ritmo, la estructura de los temas, las formas de improvisación, etc., desaparecen absolutamente en tanto que supuestas barreras que coartan la libertad del intérprete. Es el puro instinto o la emoción lo que dictará en cada momento el discurso del solista. La sección rítmica participa también de ese planteamiento y trabajará también en la anarquía, contribuyendo a la efervescencia descontrolada de las interpretaciones.

El impacto es notable, pero no debemos olvidar que en esta época el mundo del arte en general se encuentra sometido al dictado de la abstracción y recibe el soporte de la crítica especializada y de los medios de difusión. Las obras abstractas son noticia y se les otorga la máxima atención y cotización. Así pues, en plena concomitancia con los otros campos del arte, el *free jazz*, que así será bautizado, recibe de una buena parte de la crítica, no toda, un veredicto laudatorio y entusiasta. A partir de aquí, una serie de músicos negros se apuntaran al movimiento contando con este apoyo de la crítica especializada, que no del resto de sus colegas que, en general, dicen pestes de esa música.

Finalmente, el free jazz, desafiante contra todo lo establecido, encuentra una cierta respuesta en los sectores de la población negra vinculados a los movimientos políticos radicales que en la segunda mitad de los años sesenta están en pleno auge (Black Panthers, Black Power, etc.). Las revoluciones artística y política se unirán para hacerse escuchar.

Es importante notar que los músicos que integran ese movimiento ya no hablan de jazz sino de «new thing», cosa nueva. La expresión o etiqueta es más que significativa. Estos músicos son conscientes de que han roto cualquier contacto con el jazz y con la propia tradición, prueba de ello es el hecho de que su público, absolutamente minoritario, se reduce a aquellos grupúsculos radicalizados de la población negra y a sectores de la sociedad blanca con gustos condicionados principalmente por la ideología.

A pesar de esto, los críticos, los programadores de conciertos y festivales de jazz, etc., seguirán incluyéndolos en sus publicaciones y programas. La ceremonia de la confusión está ya llegando a uno de sus puntos culminantes. El resultado será que el público acabará rehuyendo esta música presentada como el último grito en jazz y, escarmentado, este público se apartará para siempre del jazz. La apuesta comercial, en esta ocasión, no ha obtenido los frutos esperados.

Por si algún lector sintiera un cierto escepticismo en relación a todo lo que llevamos dicho sobre la presión que la crítica y los medios de comunicación ejercen para colocar un producto en el mercado, a propósito del lanzamiento de Ornette Coleman y su *Free Jazz*, sirvan de ejemplo las revelaciones que Gene Lees publicaba en el número anual «Music 1961» de la revista *Down Beat*:

«Ornette Coleman ha sido lanzado por Shuller,[1] John Lewis, una revista neoyorkina, los editores y redactores de dicha revista y por la marca de discos Atlantic. Cuando no se está al corriente, uno podría creer que cada uno hace su trabajo por su lado y con total independencia. Pero veamos las cosas de más cerca:

»Shuller, que proclamaba los méritos de Ornette Coleman en las columnas de la revista neoyorkina, era al mismo tiempo el arreglador de la música de Coleman. Esta música, era John Lewis quien la publicaba, o más exactamente una casa de ediciones musicales que pertenece al Modern Jazz Quartet.[2] El editor de la revista, Hsio When Shih, resulta que es igualmente el propio manager de Ornette Coleman. En cuanto al sello discográfico Atlantic, que grabó a Ornette Coleman, igual que a John Lewis, era copropietario de la revista.»

1. Se refiere a Gunther Shuller, compositor y arreglista.
2. John Lewis era el director y líder del Modern Jazz Quartet.

Estas declaraciones son suficientemente reveladoras del funcionamiento del sistema.

Como dijimos, el primer músico que en 1960 se lanza en el llamado free jazz es el saxo alto Ornette Coleman (1930-2015), con su disco del mismo nombre. Su atrevimiento ha sido alabado por muchos críticos y algunos músicos, pero, su honradez artística ha sido puesta en duda por diversos colegas suyos, sobre todo, a partir del momento en que se atrevió a presentarse en público tocando el violín y la trompeta con una técnica de principiante. Miles Davis en su autobiografía dice: «Siendo un saxofonista, que por las buenas cogiese una trompeta o un violín y creyese que podía tocarlos sin el debido aprendizaje es una falta de respeto a las personas que los tocan bien».[3]

Pero, el revuelo propiciado por la crítica con la aparición de tan escandalosa música, animó a otros músicos negros a seguir por los mismos derroteros. Así pues la corriente free fue alimentándose con una serie de saxofonistas como Eric Dolphy, Albert Ayler, Archie Shepp, Pharoa Sanders e, incluso, con el Coltrane de los últimos tiempos y, entre otros, con el trompeta Don Cherry y su trompeta de bolsillo y con el pianista Cecil Taylor.

Músicos blancos americanos y europeos también se atrevieron a lanzarse en esta dirección que, ante el papanatismo de la crítica y el esnobismo de cierto público, no exigía ninguna preparación especial.

Con los años se ha podido comprobar que el free jazz, que en su momento dio mucho que hablar, conducía a un callejón sin salida, que ha dejado una herencia muy pobre de cara a las posteriores generaciones de músicos y ha alejado para siempre del jazz a una parte importante del gran público que en épocas anteriores había sentido una cierta afición por esta música.

Jazz rock

Ante la pérdida de público, de un público ya de por si minoritario, provocada por los excesos del free jazz y la new thing, los músicos de «jazz moderno», los productores y las discográficas se ven obligados a una reflexión. Parten de la evidencia de que el público de jazz, mayoritariamente maduro, desconcertado por tantas y nada apetecibles novedades, ya no es un cliente fiable ni dócil ante los nuevos productos que se le ofrecen. Hay que renovar el público. Los ojos de músicos y discográficas se dirigen entonces hacia el público joven, el que consume música *pop* y *rock*. Se trata, pues, de incorporar a lo que queda del jazz, a sus procedimientos de improvisación y libertad interpretativa, los

3. Miles. *La autobiografía*. Ediciones B. Página 253.

ritmos y las sonoridades de esta música que consumen los jóvenes. Así, los ritmos ternarios propios del swing se substituyen por los rígidos y machacones ritmos binarios del pop y el rock. Las sonoridades cálidas y expresivas de los instrumentos convencionales serán substituidas por las sonoridades de los mismos instrumentos amplificados y manipulados electrónicamente o directamente substituidos por instrumentos electrónicos (guitarras y bajos eléctricos con pedal para deformar el sonido, teclados y sintetizadores, etc.). Nacen así las nuevas modalidades del *Pop jazz* y el *Jazz rock* que empiezan a asomar la cabeza a finales de la década de los sesenta y tienen su mejor época en las décadas de los setenta y ochenta.

Fue Miles Davis quien puso en marcha la nueva corriente del jazz rock. Se hace difícil determinar si la idea fue suya y encontró eco en las discográficas, o bien fueron éstas las que empujaron a un icono del jazz como Davis a dar este paso.

Esta propensión a la mezcla de géneros ya tenía algún precedente aparecido en los años inmediatamente anteriores, como es el caso de la bossa nova, o en los años cuarenta con la incorporación de ritmos caribeños al jazz. Pero, hasta el momento todo se había llevado a cabo con una cierta contención y un cierto respeto por lo que son los patrones básicos del jazz. Ahora bien, en esas propuestas aparecidas a partir de finales de los años sesenta, desaparece cualquier escrúpulo estilístico, de manera que esas mezclas del jazz con la música pop y rock se alejan de todo lo que hasta entonces estaba considerado como música de jazz.

Esta música, por sus nuevas sonoridades y por los climas diversos que crea, eso es, desde un nebuloso ensueño a la más pura explosión de sicodelia, encuentra una cierta respuesta en una juventud que está viviendo los años dorados del hipismo. Ser un consumidor de jazz rock acabará siendo, finalmente, un signo de identificación y distinción entre la juventud de esa época.

Una vez más es Miles Davis el que pone en marcha esta nueva corriente. Se hace difícil determinar si la idea fue suya y encontró eco en las discográficas, o bien fueron estas las que empujaron a un icono del jazz como Davis a dar este paso. Es muy probable que se tratara de una simbiosis, o sea, una asociación necesaria y beneficiosa para ambas partes. El propio Davis reconoce en su autobiografía[4]: «Mientras que apenas unos años antes la música que nosotros tocábamos era la punta de lanza, estaba haciéndose realmente popular y encontraba una amplia audiencia, todo ello empezó a decaer cuando los críticos (críticos blancos) optaron por apoyar la free thing, impulsándola por encima de lo que casi todos los demás estaban ofreciendo. El jazz empezó entonces a perder la gran repercusión que había tenido».

Miles Davis conservó su segundo quinteto y su línea estilística hasta 1968. Una vez disuelto su grupo, comenzó a producirse el nuevo giro en su carrera. Sus revelaciones son suficientemente explícitas:[5] «Aquel año, 1968, el rock y el funk se vendían como rosquillas, un éxito que de sobra se puso de manifiesto en Woodstock. En aquel sonado concierto hubo más de 400.000 personas. Tanta gente en un concierto hace que todos se vuelvan locos, especialmente quienes producen discos». Precisamente entonces, Davis no pasaba por su mejor momento y confiesa: «Fue la primera vez en mucho tiempo que, dondequiera que yo tocase, no se quedaba gente en la calle». El proceso se cierra con la explicación que sigue: «Clive[6] empezó a hablarme de que tratase de ganarme aquel mercado juvenil, empezó a hablarme de cambios».[7]

Así pues, rodeándose de músicos jóvenes, entre los que figuran percusionistas de instrumentos exóticos, introduciendo en su grupo los nuevos instrumentos y accesorios que la electrónica ofrece, adoptando los ritmos binarios propios del pop y el rock y, todo junto, revistiéndolo de un toque, a veces sofisticado (*In A Silent Way* - 1969, *Bitches Brew* -1970) y en otros más juguetón y seductor, Miles Davis irrumpe con éxito en una nueva franja de público

---

4. Miles. *La autobiografía*. Ediciones B. Página 275.
5. Ibíd. Página 301.
6. Clive Davis era presidente de Columbia Records.
7. Ibíd. Página 301.

relativamente joven que lo descubre, iniciando así otra etapa de su carrera que lo conducirá a alejarse cada vez más del jazz.

Siguiendo de cerca las huellas de Miles Davis, muchos músicos, en gran parte blancos, incluidos los de su propio grupo, formalizarán propuestas de fusión del jazz con el rock, las cuales se irán sucediendo a lo largo de las décadas de los años setenta y ochenta. La crítica, en su permanente connivencia con las discográficas, apoyará incondicionalmente todas esas propuestas.

Algunos de los grupos que obtienen mayor éxito son el Weather Report que incluye antiguos colaboradores de Miles Davis, el Return to Forever encabezado por el pianista Chick Corea, los Headhunters de Herbie Hancock, la Mahavishnu Orchestra del guitarrista John McLaughlin, la Brecker Brothers Band de los hermanos Randy, trompeta, i Mike Brecker, saxo tenor, y otras formaciones encabezadas por solistas de renombre como el pianista Keith Jarrett y los guitarristas Larry Coryell y Pat Metheny.

En general, la música producida por todos estos grupos y solistas se encuentra muy lejos del concepto de jazz. Solamente en algunas interpretaciones, cuando el ritmo, fruto de una percusión suficientemente ágil, llega a comunicar un cierto dinamismo y una exaltación que nos acerca a las sensaciones que produce el swing, podemos encontrar algún parentesco con el jazz. Serían ejemplos de ello la grabación del tema «Birdland» de Weather Report o del tema «Hang up Your Hang ups» de Herbie Hancock.

Así pues, al final del período que estamos estudiando, es decir, a mitad de los años setenta, los límites conceptuales y culturales del jazz de tanto forzarlos han saltado por los aires, el concepto se ha banalizado y sus puertas permanecen abiertas a merced de cualquier propuesta venga de donde venga y contenga lo que contenga. La situación actual debe mucho a todo ese proceso llevado a cabo de manera tan irresponsable e irrespetuosa en relación a una música que era el máximo elemento de identidad y de expresión de una determinada comunidad cultural, históricamente ya muy menospreciada y maltratada.

Una música para mantener viva una tradición: grandes orquestas, pequeños conjuntos, solistas

Hemos esbozado esquemáticamente los recorridos seguidos durante el tercer cuarto del siglo xx por las diferentes músicas en relación a las cuales el sistema consumista ha forzado la máquina para sacar de ellas el máximo provecho: músicas para el consumo masivo y músicas para el consumo minoritario.

Pero, con ellas no se cubre todo el ámbito que abarca la música de jazz. En este período, moviéndose entre la música para el consumo masivo y la música para el consumo minoritario, generaciones de *jazzmen* continuadores y herederos de la escuela swing, así como los fieles a la tradición del estilo New Orleans, ocupan todavía un espacio importante en el panorama general de todo aquello que recibe el nombre de jazz.

La enorme cantidad de músicos que integraban las orquestas, grandes o pequeñas, que dentro del estilo swing y New Orleans poblaban la escena del jazz en la década de los cuarenta, no desaparecieron de golpe ni mucho menos. A pesar de las dificultades y de no contar con un apoyo decidido de la crítica ni de los medios de comunicación, la presencia de este formidable contingente de *jazzmen*, de una forma u otra, se deja notar en esta época.

El problema que afecta a todo esta corriente del jazz que sigue la tradición, es que no se adapta al ritmo frenético de «novedades» y «cambios de decorado» que exige el sistema consumista para promocionar un determinado tipo de música. La corriente tradicional no produce nuevas «etiquetas». Las novedades que se registran en la línea tradicional son novedades sutiles; son las aportaciones personales con las que cada nuevo solista que surge enriquece la escena del jazz o los nuevos colores que pueden aportar los conjuntos que van apareciendo. Pero, el sistema no es nada sutil. Para considerar y apoyar las novedades, necesita «cambios», aunque sólo sean superficiales, pero de una cierta espectacularidad, y las aportaciones personales de los nuevos solistas, si no son realmente chocantes, no bastan a los críticos para llenar las revistas y periódicos de ditirámbicos artículos, ni a las grandes editoras para poder lanzar una campaña de promoción discográfica.

Dentro de esta línea tradicional, en el tercer cuarto del siglo XX, los grandes nombres de la historia del jazz (Armstrong, Fitzgerald, Ellington, Basie, Hampton, etc.), los cuales se venden por si solos y normalmente ya trabajan para las grandes firmas, siguen su carrera triunfal contando con el apoyo incondicional de aficionados y del gran público. Es cierto que estos grandes nombres, en repetidas ocasiones, también se ven sometidos a presiones por lo que se refiere a los repertorios y a los acompañamientos impropios que se les asignan en determinados álbumes.

También dentro de la corriente tradicional, surgen nuevos solistas (Erroll Garner, Clark Terry, Stanley Turrentine, Wes Montgomery, Jimmy Smith, George Benson, etc.) con una personalidad tan singular y atractiva, que consiguen llamar la atención de las grandes discográficas, promotores y programadores y recibir el soporte que a tantos otros se les niega, consiguiendo por todo ello convertirse en músicos populares y solicitados por el gran público. También

Dentro de la corriente tradicional surgen nuevos solistas como Erroll Garner, con una personalidad tan singular y atractiva, que consiguen llamar la atención de las grandes discográficas.

estos se verán obligados a grabar ciertos discos en que los productores impondrán condiciones, supuestamente en beneficio de la comercialidad, que desvirtuaran los talentos de *jazzmen* normalmente tan creativos e interesantes.

Pero al lado de los grandes nombres históricos y de esos nuevos solistas privilegiados, docenas de solistas de talento, veteranos y jóvenes, malviven olvidados por las grandes firmas discográficas y los programadores de festivales, subsistiendo únicamente gracias al apoyo de los aficionados que acuden a los obscuros clubs donde actúan y a pequeñas marcas para las que graban algún que otro disco.

En el sentido de dar oportunidades y grabar a estos músicos relegados por el sistema, hay que destacar la meritoria y providencial labor que en Europa, a partir de 1965, han llevado a cabo clubs de aficionados y pequeñas discográficas. Muchos de estos *jazzmen* han podido seguir sus carreras profesionales con dignidad gracias a su apoyo. Es más, una vez han conseguido triunfar en Europa, algunos han sido redescubiertos luego en Estados Unidos. De todas maneras, es significativo, que muchos de ellos decidieran quedarse a residir el resto de su vida en el Viejo Continente.

Todos estos músicos seguidores de la línea tradicional, cada uno a su nivel, esto es, los grandes nombres históricos, los nuevos talentos que han podido acceder a una cierta fama, y aquellos que han sobrevivido medio olvidados, todos ellos han contribuido a que la mainstream o corriente central del jazz, junto con el estilo New Orleans, llegaran al último cuarto del siglo XX con suficiente vitalidad como para poder transmitir la llama de la tradición musical de los negros norteamericanos a las nuevas generaciones de músicos y aficionados y conseguir que esta manera de interpretar la música no quedase arrinconada y reducida a la condición de simple fósil o pieza de museo.

En los siguientes apartados, tal como hemos hecho con las otras corrientes y tendencias, haremos un rastreo de las formaciones y las individualidades que se han movido dentro del estilo swing o dentro del estilo New Orleans, en una palabra, de aquellas orquestas y solistas que de una manera inequívoca se han mantenido dentro del lenguaje jazzístico tradicional.

Las grandes orquestas

Desaparecidas la mayoría de las grandes orquestas a raíz de la crisis de la posguerra, el panorama de los años cincuenta y sesenta fue relativamente pobre con respecto a esta tipo de formaciones. Salvo rarísimas excepciones, ninguna de las que se disolvieron entre 1947 y 1950 fue reorganizada después y, por otra parte, han sido poquísimas las nuevas big bands aparecidas en la escena del jazz después de 1950, las cuales además, han tenido una existencia generalmente breve sino fugaz. Comencemos por las que ya existían antes de 1950.

Hasta la muerte de su director, la orquesta de Duke Ellington continuó siendo sin discusión la mejor de las grandes orquestas. Mantuvo imperturbablemente su nivel extraordinario, sin acusar ninguna crisis ni el más mínimo desfallecimiento. La celebridad de esta orquesta no hizo más que crecer en sus últimos veinte años, sobre todo a partir del gran éxito obtenido en el festival de Newport de 1956, respecto al cual Duke Ellington comentó irónicamente en más de una entrevista: «Usted ya sabe que yo nací durante el festival de Newport, en 1956». Y ciertamente, a partir de entonces, gran parte de la crítica que lo tenía algo olvidado y relegado, volvió a hablar de él y a tenerlo en cuenta. Precisamente, fue en este festival donde Paul Gonsalves se dio a conocer al gran público como uno de los mejores saxo tenor del momento, gracias a su inspiradísimo solo en el tema «Disminuendo and Crescendo in blue», en el cual improvisó nada menos que veintisiete *chorus*; este solo, por suerte, fue recogido en un disco.

Otro acontecimiento importante para la orquesta fue el regreso a la sección de trompetas, en 1962, del incomparable «Cootie» Williams, después de una ausencia de casi veintidós años.

Como ya dijimos, después de la muerte de Duke Ellington en 1974, la dirección de la orquesta pasó a manos de su hijo Mercer, el cual asumió la difícil tarea de renovación de la misma, pues sus principales componentes o bien habían fallecido (Johnny Hodges, Paul Gonsalves, Harry Carney) o bien se habían retirado. De todas formas continuó siendo una orquesta muy buena.

La orquesta de Count Basie, aunque conservó una elevada categoría, no tuvo una trayectoria tan regular y perdió la pureza de estilo que la caracterizó en su época dorada, es decir, de 1937 a 1947.

Cuando la orquesta contó con buenos arregladores como Ernie Wilkins, Quincy Jones o Benny Carter, tuvimos jazz de primera calidad, pero cuando las orquestaciones se debían a Neal Hefti (excepto su magnífico «Lil Darlin'» y algún otro, sus arreglos son generalmente mediocres), Chico O'Farrill, Billy Byers o Sam Nestico, el rendimiento de la orquesta bajaba automáticamente.

En cuanto a los solistas, los mejores continuaron siendo los saxo tenores, y el mejor de ellos Eddie «Lockjaw» Davis, seguido en méritos por Jimmy Forrest, Billy Mitchell y Eric Dixon. Al saxo alto destacaron Bobby Platter y Marshall Royal; este era además un muy buen clarinetista.

Entre los trompetas, después del magnífico Joe Newman, debemos destacar a Al Aarons, y como trombonista, además de los excelentes Henry Cocker y Al Grey, cabe citar a Richar Boone, no precisamente como instrumentista sino como cantante, pues ideó un tipo de *scat* humorístico totalmente nuevo, en el que mezclaba palabras enteras, medias palabras y onomatopeyas, que resaltaban en conjunto de una gran comicidad (*Boone's Blues, I Got Rhythm*).

Las orquestas de Duke Ellington y Count Basie se vieron unidas en 1961 por un acontecimiento que podemos calificar de histórico: la grabación del primer disco en que aparecen tocando juntas (*The Count meets the Duke. First time)*. Disco de calidad realmente excepcional.

La orquesta de Lionel Hampton, la más importante de las que surgieron en la década de los cuarenta, superó la crisis de la posguerra, y prosiguió en los años siguientes su brillante camino. Sin embargo, después de 1965 Lionel Hampton, obligado por razones de economía, redujo su big band a un conjunto de entre ocho y diez componentes.

El hecho de que la orquesta de Lionel Hampton se haya nutrido siempre de músicos jóvenes, nos ha permitido conocer a nuevos solistas de talento que, de otra forma, por falta de grabaciones e información en las revistas especializada, apenas conoceríamos.

En 1954, cuando ya se decía que todos los negros jóvenes eran *boppers*, Lionel Hampton vino a Europa en su segunda gira transatlántica, con varios músicos jóvenes, auténticos *jazzmen* dentro de la tradición negroamericana. Con ello se refutaba tan tendenciosa afirmación. Entre estos jóvenes destacaba el trompeta Wallace Davenport, seguidor de Louis Armstrong, el trombonista Al Hayse, y Jay Peters, saxo tenor influido por Lester Young y Herschell Evans. En 1956 se repetía el hecho; esta vez los más destacados fueron Albert «June» Gardner, el batería, y el saxo tenor Eddie Chamblee.

Y en 1958 era el saxo tenor Andrew Mc Ghee el que se revelaba como un solista de gran talla.

Otra gran orquesta de la cual no habíamos hablado hasta ahora, aunque fue organizada en 1939, es la del pianista Buddy Johnson. Es una de las pocas big bands que en el curso de los años cincuenta actuó con regularidad en Harlem. Por su estilo simple y directo, fue muy apreciada por el público negro.

La orquesta de Buddy Johnson recuerda en ciertos aspectos a la de Count Basie (repertorio centrado en los blues, empleo de *riffs*), pero sobre todo se inspiraba en la de Lionel Hampton por su swing violento basado en la acentuación clara y rotunda del *backbeat*. Esta orquesta practicaba habitualmente los ritmos del boogie-woogie y rock and roll en su forma más pura y llena de swing, por lo que pasó a ser una de las favoritas de los bailarines de Harlem.

Aparte de Buddy Johnson, buen pianista capaz de tocar tanto en un estilo próximo al de Earl Hines como utilizando los *block chords* a la manera de Milt Buckner, la otra figura de la orquesta era su hermana, la cantante Ella Johnson.

Hablemos ahora de las nuevas grandes orquestas surgidas a partir de 1950. Como ya hemos dicho, éstas fueron muy pocas y su existencia generalmente breve. La mayoría de ellas se formó de cara a actuaciones determinadas en una gira o un festival, o bien para acompañar una revista musical o un cantante famoso.

De entre estas últimas, la más importante y duradera fue la orquesta de Ray Charles, formada cuando éste decidió ampliar su conjunto a finales de los años cincuenta. En esta orquesta han actuado jóvenes solistas de auténtica valía, como los saxofonistas David Newman y Don Wilkerson; los trompetas Phillip Guilbeau, Wallace Davenport y John Coles; los trombonistas Keg Johnson, Henderson Chambers y Henry Cocker, el guitarrista Sonny Forrest, etc. Normalmente, Ray Charles actuaba en la segunda parte de sus conciertos, dejando que su gran orquesta cubriera ella sola la primera parte. Pero no es precisamente cuando actuaba sin su leader como podemos apreciar mejor el valor de esta orquesta. Generalmente el repertorio, los arreglos, los tempos adoptados (o muy lentos o rapidísimos), la estructuración de las interpretaciones, etc., no favorecían en lo más mínimo el swing del conjunto ni a la inspiración de los solistas. Pero cuando los arreglos eran buenos (como los del saxo barítono del conjunto, Hank Crowford) y, en general, cuando la orquesta acompañaba a Ray Charles, su rendimiento se multiplicaba sin lugar a dudas y aparecía como una formación de calidad, magníficamente secundada por el coro femenino de las Raelets, un grupo de muchachas que, además de cantar estupendamente, aportaban con sus movimientos y sus *riffs* gesticulados, un swing tremendo a las interpretaciones.

Entre las orquestas que no han tenido una existencia regular, merece ser citada la del gran trompeta Clark Terry, que vino a Europa en 1968, actuando en el festival de Montreaux, y en 1973, para actuar en una serie de festivales (entre

Cuando la orquesta de Ray Charles acompañaba a su líder era cuando realmente daba la medida de su gran categoría.

ellos el de San Sebastián). Esta orquesta tocaba con un ataque y un mordiente impresionantes las orquestaciones de Ernie Wilkins, principal arreglador y saxo tenor del conjunto. El mejor solista era sin duda Clark Terry que se manifestaba además como un dinámico director de orquesta.

También merece ser citada la Thad Jones-Mel Lewis Orchestra, formada en 1965 bajo la iniciativa del trompeta Thad Jones y el batería Mel Lewis.

El estilo de esta big band debía tanto a la tradición de la época swing como a la del hard-bop. Sus interpretaciones, en función del arreglo, tenían un carácter muy variable. Tanto podían presentar brillantes orquestaciones, ejecutadas con rara precisión, con un marcado carácter de «música de concierto», como un jazz más directo, con el swing como principal divisa.

Por esta formación pasaron algunos solistas de calidad, como los trompetas Jon Faddis y Snooky Young , el trombonista Quentin Jackson, los saxofonistas Jerry Dodgion (saxo alto) y Pepper Adams (saxo barítono), el pianista Roland Hanna, el contrabajista Richard Davis y, naturalmente, sus líderes, Thad Jones (trompeta y fluegelhorn) y Mel Lewis (batería).

Cuando en 1978 Thad Jones dejó la orquesta, paso a llamarse Mel Lewis Jazz Orchestra. A la muerte de Mel Lewis (1990), la orquesta adquiere el nombre de Vanguard Jazz Orchestra, en honor del club Village Vanguard de New York donde se dio a conocer.

Otra formación de la que vale la pena habar es la de Sy Oliver, trompeta y arreglador de la orquesta de Jimmie Lunceford en sus años gloriosos (1933-1939). Esta orquesta se formó en 1970, actuó con un éxito clamoroso en el *Newport Jazz Festiva at New York* de 1972 y realizó una gira triunfal por Europa en 1973.

En realidad, esta formación no era una big band en el estilo estricto de la palabra, pues sólo constaba de nueve músicos (dos trompetas, dos trombones, dos saxos, piano, bajo y batería). Pero, gracias a sus ingeniosos arreglos, Sy Oliver conseguía hacer sonar esta formación como una verdadera gran orquesta. Con los dos trompetas y los dos trombones tocando en el registro agudo se consigue el efecto de una sección de cuatro trompetas; juntando a los trombones dos saxos barítono, se tiene algo asó como una sección de trombones, y combinando un saxo alto, un saxo barítono y los dos trombones, el sonido resultante es muy parecido al de una sección de saxofones completa.

Sy Oliver supo adaptar a esta formación los arreglos de la antigua orquesta de Jimmie Lunceford (incluidos los sabrosos tríos vocales) y creo nuevas composiciones y arreglos de excelente y original factura, dejando constancia de seguía siendo uno de los mejores arregladores que tuvo la música de jazz.

En cuanto a los solistas, citaremos en primer lugar a Sy Oliver, el cual a pesar de haber estado muchos años sin tocar, era todavía un trompeta lleno de swing. Seguidamente debemos mencionar al magnífico trombonista Candy Ross, al saxo barítono, soprano y clarinete Heywood Henry (antiguo miembro de la orquesta de Erskine Hawkins) y, finalmente, al pianista Cliff Smalls, lleno de swing, imaginación y musicalidad.

Por último, trataremos de las orquestas blancas. Dos de ellas merecen especial atención. En primer lugar, la orquesta de Woody Herman, que logró superar la crisis de la posguerra y que supo conservar después las virtudes de precisión, puesta a punto, dinamismo y juventud que la habían caracterizado en los años cuarenta. Sin embargo, muchos de sus solistas, pertenecientes a las tendencias be-bop y cool, hicieron degenerar el estilo de la orquesta hacia una música muchas veces bastante alejada del jazz.

La otra orquesta blanca que merece ser tenida en cuenta es la del batería Buddy Rich, organizada en 1966. Al igual que la de Woody Herman, esta orquesta estaba formada exclusivamente por músicos jóvenes, excelentes técnicos que tocaban con gran perfección y entusiasmo. De todas formas la principal atracción de esta orquesta era su director y batería, el extraordinario Buddy Rich, probablemente el batería blanco capaz de tocar con más swing. Era realmente un acompañante que sabía estimular a los solistas y, a la vez, un solista muy brillante y espectacular.

Los pequeños conjuntos

Estas formaciones fueron las más frecuentes después de que la crisis de la posguerra acabara con la mayoría de las grandes orquestas. Hablaremos aquí de los conjuntos formados a partir de 1950 y que tuvieron una existencia regular y continuada durante un mínimo de tiempo.

Uno de los conjuntos de más categoría fue el de Johnny Hodges, formado por este gran saxo alto, cuando en 1951 dejó temporalmente la orquesta de Duke Ellington. Además de Johnny Hodges, este grupo lo formaban, Emmet Berry, trompeta seguidor del estilo de Roy Eldridge y Harry Edison, el trombonista Lawrence Brown, que también acababa de dejar la orquesta de Ellington; Al Sears, saxo tenor, asimismo músico ellingtoniano, Leroy Lovett, piano; Lloyd Trottman, contrabajo, y Joe Marshall, magnífico batería por su acompañamiento estimulante y lleno de swing.

La música de este conjunto tenía un sabor típicamente ellingtoniano, cosa lógica, habida cuenta de que estaba integrado por tres músicos que habían permanecido largo tiempo en la orquesta de Duke Ellington.

Otro conjunto encabezado por un músico ex-ellingtoniano era el del extraordinario trompeta «Cootie» Williams. Recordemos que este artista dejó a Duke en 1940 y que después de actuar un año con Benny Goodman organizó una gran orquesta de excelente calidad.

En 1947 tuvo que disolverla, y fue entonces cuando formó un pequeño conjunto con el que actuó durante los años cincuenta en el Savoy de Harlem y realizó una gira por Europa en 1959. «Cootie» Williams deshizo su grupo cuando volvió a la orquesta de Ellington en 1962.

Este conjunto lo formaban «Cootie» Williams a la trompeta, George Clark al saxo tenor, Larry Dale, magnífico cantante y guitarrista de blues, Arnold Jarvis al piano y al órgano; y Lester Jenkins a la batería.

La música del quinteto de «Cootie» Williams era muy similar a la practicada por la mayoría de conjuntos de esta época, es decir, música simple, basada en el blues y apoyada en el ritmo del rock and roll. Pero por la categoría de sus mejores solistas, «Cootie» Williams y Larry Dale, este conjunto superaba netamente a todos los de su especie, exceptuando a quizás al de Louis Jordan que en esta época todavía era muy bueno. De todas formas, la crítica nunca tuvo en cuenta el magnífico quinteto de «Cootie» Williams, al que clasificó despectivamente en la equívoca categoría del rhythm & blues.

Encasillada también en el apartado del rhythm & Blues, podemos encontrar a la pequeña orquesta del organista Bill Dogget, en la que, además de su director, llegaron a destacar el formidable guitarrista Billy Butler y los saxofonistas Clifford Scott y Candy Johnson. Por su estilo extraordinariamente simple, desprovisto de toda intención que no fuera la de conseguir un máximo de swing, el tipo de música que hacían Bill Dogget y su grupo era prácticamente imposible de imitar por un conjunto que no fuera negro.

Bill Dogget y su conjunto fueron muy populares en Norteamérica y llegaron a triunfar en todas las salas de baile del país.

Otro grupo encabezado por un organista era el del extraordinario Wild Bill Davis, compuesto por órgano, guitarra y batería al que a veces se añadía un saxo tenor. El mejor trío que lideró Wild Bill Davis fue el que constituyó junto con el guitarrista Floyd Smith y el dinámico y potente batería «Chris» Columbo. Este trío producía la misma impresión de ataque, fuerza y swing que una gran orquesta.

Otros excelentes músicos que actuaron con Wild Bill Davis fueron los guitarristas Bill Jennings y Dick Thompson, el saxo tenor George Clark y el batería Grady Tate.

Uno de los mejores conjuntos que pudo escucharse en el barrio de Harlem durante los años cincuenta y sesenta era el que actuaba en el Celebrity Club, dirigido por Buddy Tate, el gran saxo tenor, ex-miembro de la orquesta de Count Basie.

La formación de la Celebrity Club Orchestra de Buddy Tate, que permaneció prácticamente inalterable durante muchos años, la integraban, normalmente, Buddy Tate al saxo tenor, Pat Jenkins a la trompeta, Eli Robinson al trombón, Ben Richardson al saxo alto, barítono y clarinete, Skip Hall al piano y órgano, «Flat Top» Wilson al bajo, y Clarence «Fats» Donaldson a la batería. Sin embargo, en sus giras por Europa en 1968 y 1970, hubo notables novedades en la formación, y así, pudimos escuchar a importantes músicos como el trombonista Dicky Wells, el trompeta Dud Bascomb y el contrabajista John Williams.

La música de este conjunto se inspira directamente en el estilo del Count Basie de la primera época (1937-1947): arreglos orales de estructura muy sim-

Uno de los mejores conjuntos que pudo escucharse en el barrio de Harlem durante los años cincuenta y sesenta era el que actuaba en el Celebrity Club, dirigido por el gran saxo tenor Buddy Tate.

ple, repertorio compuesto casi exclusivamente de blues, utilización exhaustiva de *riffs* tanto en primer plano como para apoyar los solos, etc.

El principal solista del grupo era su director Buddy Tate (1913-2001), al que podemos considerar como uno de los mejores saxos tenor que han existido. Los otros solistas no desmerecían en absoluto de su director y sabían mantenerse dentro del espíritu y el estilo que aquel había infundido al conjunto.

Ya en plena década de los sesenta, constituyó una agradable novedad en el panorama de los pequeños conjuntos, la aparición de un conjunto formado por músicos veteranos; se trataba de los Saints and Sinners, organizado y codirigido por el pianista Red Richards y el trombonista Vic Dickenson. Entre los principales solistas que actuaron habitualmente en este grupo destacan, además de los citados anteriormente, el trompeta Herman Autrey, el clarinetista Buster Bailey y el clarinetista y saxo alto Rudy Powell.

La música de los Saints and Sinners tenía todo el frescor y la alegría del jazz de los años treinta.

A finales de los años sesenta, se constituyó un tándem verdaderamente excepcional en la historia del jazz, formado por el pianista y organista Milt Buckner y el gran batería Jo Jones. Ambos actuaron varias veces en Europa; unas veces los dos solos y otras unidos a magníficos músicos, como el cantante «Big» Joe

Turner, el contrabajo Slam Stewart, el *tap dancer* Jimmy Slyde y los saxos tenor Illinois Jaquet y Buddy Tate.

Milt Buckner y Jo Jones llegaron a un grado de compenetración insuperable y su música resultaba de un dinamismo, un swing y un virtuosismo asombrosos, no faltando nunca algunos sabrosos toques de humor musical, faceta en la que, tanto uno como otro, eran maestros consumados.

No podemos acabar esta relación de pequeños conjuntos sin hacer mención de los que organizó a comienzos de los años sesenta el trompeta y arreglador Edgar Battle; eran conjuntos que no llegaron a actuar normalmente en público pero que grabaron una importante serie de discos, producidos y dirigidos por el mismo Edgar Battle para su propia marca (Cosmopolitan), ante la vergonzosa negativa de las editoras discográficas a hacerse cargo de su comercialización. En estas grabaciones, la mayoría de ellas sobre temas y arreglos de Edgar Battle, los músicos pudieron tocar con toda libertad y en ellas se respira un ambiente solazado y lleno de espontaneidad que nos devuelve a las épocas más felices del jazz. A través de los discos de Edgar Battle, pudimos descubrir y apreciar la calidad de dos solistas injustamente poco conocidos, el pianista Lloyd Phillips y el saxo alto y clarinete Eddie Barefield, que posteriormente se dedicó casi exclusivamente al saxo tenor.

Por último, debemos tener en cuenta que, junto a los grupos que hemos mencionado aquí, otros como las orquestas de estilo New Orleans que aparecieron durante el *New Orleans Revival* (All Stars de Louis Armstrong, Kid Ory, Teddy Buckner, Wilbur de Paris) y los que han sido tratados en el apartado dedicado al rhythm & blues, rock & roll, soul (Fats Domino, Louis Jordan), completan el panorama de los pequeños conjuntos de esta época.

Los solistas

Al igual que el anterior, terminaremos el presente capítulo dando una relación de los mejores especialistas de cada instrumento que han hecho su aparición entre 1950 y 1975. Todos ellos desmienten la absurda afirmación, según la cual, todos los músicos jóvenes aparecidos en esta época tocan en el estilo bop, cool, free o similares.

TROMPETAS
Los mejores trompetas han sido, sin duda, dos discípulos de Louis Armstrong: Wallace Devenport y Ruby Braff.

Wallace Devenport (1925-2004), que se reveló a principios de los años cincuenta en la orquesta de Lionel Hampton, asimiló de tal modo el estilo de su maestro que Lionel Hampton lo llamaba «Louis Armstrong Junior». Posteriormente se hizo notar también en su estilo la influencia de Clark Terry. Es vergonzoso que un trompeta de su categoría no grabara un disco con su nombre hasta 1971.

Ruby Braff (1927-2003), músico blanco, excelente técnico, capaz de improvisar sinuosas frases llenas de melodía y lirismo, ha gozado gracias al color de su piel de muchas más facilidades que la mayoría de *jazzmen* jóvenes de raza negra.

Además de los anteriores, debemos destacar a Al Aarons que tocó en la orquesta de Count Basie, a Phillip Guilbeau que se dio a conocer en la orquesta de Ray Charles, al igual que John Coles, el cual tocaría más tarde con Duke Ellington.

TROMBÓN

El más importante de los surgidos en esta época es Buster Cooper (1929-2016), que actuó en orquestas tan importantes como las de Lionel Hampton y Duke Ellington. Se ha inspirado, como la mayoría de los de su generación en Trummy Young. Posee un estilo rudo, con un ataque impresionante y un fraseo fogoso, y llega al registro agudo con una facilidad pasmosa.

Otros trombonistas notables fueron Bill Hughes, Urbie Green y Benny Powell (éste último algo influido por el bop) que actuaron en la orquesta de Count Basie; Gene «Mighty Flea» Connors; Julian Priester; etc.

SAXO ALTO Y TENOR

El saxo tenor es junto con la guitarra eléctrica el instrumento practicado por más *jazzmen* durante estos años.

La tendencia que ha predominado en este instrumento ha sido el estilo sobrio, fogoso y «salvaje» a la manera de Arnett Cobb e Illinois Jacquet. Dentro de esta línea encontramos a Don Wilkerson, Willis Jackson, Red Prysock, Bill Smallwood Williams, Plas Johnson, King Curtis, Jay Peters, etc. probablemente sean los dos últimos los representantes más brillantes de esta escuela.

Jay Peters, que se reveló en la orquesta de Lionel Hampton hacia 1953, ha sabido combinar perfectamente las influencias de Herschel Evans, Lester Young y Arnett Cobb. Posee un bello sonido, una rica imaginación musical y siempre toca con un máximo de swing.

King Curtis llegó a ser muy famoso al frente de su propio conjunto, pero murió prematuramente en 1971, asesinado al intentar poner paz en una reyerta.

Su estilo directo y vehemente es idóneo para la interpretación de blues, género en el que King Curtis se distinguió particularmente.

Aparte de esa tendencia, merecen ser citados otros saxofonistas que han recibido diversas influencias.

En la orquesta de Count Basie, por la que han pasado muchos jóvenes saxos tenor desde 1950, se ha hecho notar especialmente Billy Mitchell y Eric Dixon, este último seguidor de Paul Gonsalves.

En la formación de Ray Charles se dio a conocer el magnífico David Newman, que además del saxo tenor, tocaba el saxo alto con gran musicalidad y *feeling*, así como la flauta, siendo uno de los pocos *jazzmen* que ha sabido sacar partido de este frágil instrumento. (Por suerte, su bellísimo acompañamiento al vocal de Ray Charles en «Georgia on my mind» en sus interpretaciones en directo fue finalmente recogido en disco.)

Pero probablemente el saxofonista más original surgido en esta época es Stanley Turrentine (1934-2000), músico que posee una extraordinaria imaginación, toca además con un gran swing lleno de contrastes rítmicos, y sobresale especialmente en los blues.

GUITARRA

Como ya hemos dicho, este instrumento ha gozado de un auge extraordinario a partir de 1950, sobre todo en los conjuntos de rock and roll y blues.

Como eminentes especialistas en el terreno del blues debemos mencionar a Mickey Baker, Roy Gaines, Larry Dale, Billy Butler, Dick Thompson, etc. la influencia predominante de Charlie Christian se ha dejado sentir sobre todo en músicos como Kenny Burrell, Grant Green y Wes Montgomery, probablemente el más original de los guitarristas aparecidos en los años cincuenta.

Wes Montgomery (1925-1968), ha creado una nueva forma de expresión con la guitarra. Aparte del punteo convencional que él efectúa con el dedo pulgar, utiliza un original fraseo en el que alternan las secuencias de acordes con las frases ejecutadas en octavas, siendo este último el aspecto más característico de su estilo, imitado por multitud de guitarristas actuales. Wes Montgomery murió prematuramente en 1968, a los cuarenta y tres años de edad.

Después de 1960, el guitarrista más importante que se ha revelado es George Benson, uno de los mejores *jazzmen* de las últimas generaciones. Influido por Charlie Christian y por Art Tatum, George Benson posee extraordinarias dotes de invención y se expresa por medio de volubles frases, ejecutadas con un virtuosismo asombroso, articuladas a la perfección y repletas de swing. A partir de 1970, sin embargo, se ha dedicado preferentemente a la música pop, compaginando su labor como guitarrista con la de vocalista.

Un caso totalmente aparte lo constituye el guitarrista Bill Harris, el cual, al contrario de todos los anteriores, utiliza la guitarra acústica, y sin ningún tipo de amplificación. Su técnica, de formación clásica, contiene también muchos

Wild Bill Davis, notable pianista, fue quien puso en boga el órgano Hammond. Su forma de utilizar el instrumento, con un sentido orquestal, ha ejercido una gran influencia en varios músicos de su generación.

recursos propios de los guitarristas de blues primitivos, lo cual le da un sabor puramente negro. Bill Harris toca normalmente solo, dando prueba de una extraordinaria musicalidad y riqueza de ideas.

ÓRGANO

El órgano Hammond ha sido también un instrumento muy utilizado a partir de 1950, pues gracias a sus múltiples recursos puede él solo suplir a una pequeña orquesta. Por esto han proliferado tanto últimamente los tríos compuestos por órgano, guitarra y batería.

Ya dijimos en el capítulo anterior que había sido Wild Bill Davis, notable pianista, el que, al adoptar el órgano eléctrico, puso en boga este instrumento. Su forma de utilizar el órgano con un sentido orquestal, ha ejercido una gran influencia en varios músicos de su generación, como el formidable Marlowe Morris, Bill Dogget, Jackie Davis, etcétera. Algunos aspectos de su estilo han sido adoptados por otros organistas más jóvenes como Jack Mc Duff y Doc Bagby.

Después de la aparición de Wild Bill Davis y Milt Buckner, la figura más importante que ha surgido en el terreno del órgano ha sido Jimmy Smith, quien desde principios de los años sesenta ha conocido una gran celebridad.

Jimmy Smith (1928-2005), ha creado una nueva escuela de órgano. Contrariamente a la tendencia seguida por Wild Bill Davis y Milt Buckner, Jimmy Smith no hace sonar el órgano como una orquesta, sino que su fraseo es el propio de un pianista. Posee una técnica muy veloz que le permite expresarse por medio de frases rápidas, repletas de notas, efectuadas con un virtuosismo prodigioso que denotan la predominante influencia de Art Tatum en su estilo.

A veces, sin embargo, utiliza frases de una gran concisión, muy al estilo de Count Basie. De una forma u otra, Jimmy Smith toca siempre con un swing implacable que crece a lo largo de sus improvisaciones, llegando a crear una tensión casi insoportable.

Jimmy Smith ha influido a casi todos los organistas surgidos después de 1955, como Lonnie Smith, Shirley Scott, Jac Mc Duff, Johnny Hammond, Booker T., Rhoda Scott, Richard «Goove» Holmes, etc.

PIANO

El enorme impacto que causó Erroll Garner a finales de los años cuarenta ha hecho que casi todos los pianistas de esta época hayan recogido un aspecto u otro del estilo de Garner.

Entre los más importantes figuran Milton Sealey, en cuyo estilo se combinan felizmente las influencias de Erroll Garner y Fats Waller; Ahmad Jamal, pianista muy original que, además de Erroll Garner se inspira un poco en Art Tatum; Ray Bryant, el mejor de esta generación, cuyo fraseo con la mano derecha tiene la musicalidad de un Teddy Wilson pero ejecutado con más relieve, mientras que sus potentes puntuaciones con la mano izquierda recuerdan a Earl Hines.

La influencia directa de Art Tatum sigue manifestándose en pianistas tan notables como Oscar Peterson, Barry Harris, Tommy Flanagan, Carl Perkins, Phineas Newborn, etc.

Oscar Peterson (1925-2007) ha sido el más famoso de todos ellos. Dotado de una técnica asombrosa, posee un estilo exuberante y algo recargado que hace que su fraseo, falto de un cierto relieve y contrastes rítmicos, pueda resultar un poco monótono. Pero también es capaz de tocar de manera más sencilla, directa y con mordiente, y es entonces cuando alcanza el máximo de swing y resulta más convincente.

Otros pianistas surgidos en esta época, como Ray Charles y Junior Mance, deben tanto a Art Tatum como a los pianistas de blues.

Dentro de la órbita de Art Tatum, pero con influencias de pianistas posteriores como Thelonious Monk o Bud Powell, encontramos a músicos muy interesantes como Jaky Byard, Roland Hanna y Wynton Kelly.

Por último, debemos mencionar al más joven de los pianistas que surgió en la década de los sesenta, Monty Alexander, que en las décadas siguientes se afirmaría como uno de los mejores pianistas del último cuarto de siglo.

CONTRABAJO

La influencia de Jimmy Blanton ha seguido ejerciéndose sobre la mayoría de contrabajistas de esta época, bien de una manera directa, bien a través de sus más ilustres discípulos como Oscar Pettiford o Ray Brown.

Merecen ser destacados Jimmy Woode, probablemente el mejor de esta generación, Lloyd Trottman, Tom Bryant, Eddie Jones, Richard Davis, Paul Chambers, Major Holley, etc.

BATERÍA

Siguiendo la tónica de la generación de los años cuarenta, la mayoría de los jóvenes baterías tienen su punto de mira en Jo Jones y Sidney Catlett. El mejor batería de los que han aparecido a partir de 1950 es probablemente Sam Woodyard, que comenzó a ser conocido al entrar en 1955 en la orquesta de Duke Ellington. Es un batería ideal para una gran orquesta por la fuerza, la nitidez y el swing con que acentúa el *back beat*.

Por la misma época, en la orquesta de Count Basie se revelaba Sonny Payne, batería formidable por su swing e imaginación y que, además, resulta muy espectacular en escena.

Siguiendo de cerca el estilo de Jo Jones, surgieron a finales de los años cincuenta dos de sus mejores discípulos: Oliver Jackson y Eddie Locke.

Completan esta lista de baterías, Charlie Persip, Grady Tate, Wilbur Hogan, Frank Butler, Jackie Williams, Michael Silva, Ed Thigpen, Frankie Dunlop, Ronnie Coles, Herbie Lovelle, Bobby Durham, etc. excelentes todos ellos.

9. El jazz en el último cuarto del siglo XX

El jazz en el mundo globalizado (1975-2000)

Para explicar el devenir de la música de jazz en los primeros setenta y cinco años del siglo XX, hemos centrado nuestra atención en la comunidad que le dio vida y la impulsó a lo largo de todo este tiempo, es decir, la comunidad negra norteamericana. Pero la fuerza de los hechos nos ha obligado a ampliar nuestra óptica en este capítulo.

En el último cuarto del siglo XX el protagonismo en relación a la dinámica seguida por la música de jazz se ha ido extendiendo y repartiendo por todo el planeta. El fenómeno de la globalización favorecido por las nuevas tecnologías y por la apertura de mercados cada vez más amplios, ha afectado de lleno a la música de jazz como no podía ser de otra forma. Al mismo tiempo que la comunidad negra de los Estados Unidos, de manera creciente, dejaba de ser el principal soporte sobre el que descansaba la música de jazz –o sea, su público incondicional y la cantera de donde salían la mayoría de músicos, no sólo en Norteamérica y Europa, sino también en el Japón, África o Australia, por poner algunos ejemplos–, la presencia del jazz se ha consolidado e institucionalizado, los conciertos y festivales no han parado de crecer y cantidad de músicos han surgido en todos los países del orbe, muchos de ellos formados en escuelas de música especializadas en jazz. Todos estos cambios merecen una explicación y un análisis.

En primer lugar, en una buena parte de la comunidad negra norteamericana, como resultado de su integración en la sociedad de consumo, las especificidades culturales que la caracterizaban se han ido diluyendo y perdiendo intensidad, y las que todavía conserva en el terreno musical han sido manipuladas y adulteradas como paso previo a su introducción en el mercado destinado al consumo de masas. Es así que las formas musicales más populares consumidas por los afroamericanos han pasado a ser el *funk*, el *rap*, el *hip-hop* y todas esas variantes surgidas de la propia tradición, pero distorsionadas por el comercialismo y carentes de la fuerza profunda que habían distinguido al blues y al gospel.

En general, la presencia del jazz en cualquiera de sus formas en la sociedad negra norteamericana, se ha ido reduciendo hasta ocupar solamente un espacio residual. En paralelo a este fenómeno de desculturización de una gran parte de la sociedad afroamericana, la atracción que desde siempre la sociedad blanca norteamericana y la europea habían sentido por el jazz, gracias a los avances tecnológicos y a la ampliación de los mercados, se extiende por todo el planeta. Así, pues, en todos los continentes se ha podido escuchar jazz, fuera grabado o en directo; en todas partes han surgido músicos que se sienten capaces de hacer jazz a su manera; etc.

En resumen, el patrimonio musical de los negros norteamericanos, que muchos de ellos han acabado por desconocer e incluso despreciar, sea en versión auténtica o desnaturalizada, ha llegado a todos los rincones de nuestro mundo, ha echado raíces y ha dado sus frutos, sean estos de buena ley o híbridos más o menos substanciosos.

En todo este proceso de globalización del «fenómeno jazz» nos interesa principalmente todo aquello que tiene que ver con el jazz tal como lo conceptuamos inicialmente. De manera secundaria nos ocuparemos de las variantes más o menos vinculadas a dicho concepto.

Globalización y desnaturalización del concepto de jazz

En su expatriación y dispersión por todo el planeta, el concepto de jazz que ha arraigado en cada trozo de nuestro mundo y, en consecuencia, su aplicación a la práctica, han sido muy desiguales. Diferentes concepciones y formas de entender y practicar el jazz conviven en proporciones diversas en los múltiples países y zonas del planeta donde esta música ha echado raíces.

Este proceso de internacionalización de la música de jazz, proceso que arranca de los años posteriores a la Primera Guerra Mundial y que ha pasado por muchas vicisitudes (Segunda Guerra Mundial, guerra fría, caída del telón de acero, emergencia de las nuevas economías, etc.), este proceso de internacionalización, decíamos, llega en el último cuarto del siglo XX a una total consolidación, la cual ha propiciado que cristalicen, simplificando, dos grandes y completamente distintas concepciones de lo que es la música de jazz.

Una, es la concepción que venimos defendiendo desde el comienzo de este libro, es decir, la que entiende el jazz como la música creada y desarrollada por el pueblo negro norteamericano, la cual responde a unas características básicas en lo que se refiere al tratamiento del sonido y del ritmo. Es la concepción adoptada y defendida por los músicos y aficionados respetuosos con el lenguaje musical que los negros americanos han legado al mundo.

La otra, es la concepción que la sociedad blanca ha ido imponiendo a lo largo del tiempo desde la mitad del siglo XX. Primero, la fue imponiendo en Norteamérica y Europa y, luego, la ha ido extendiendo por todas partes donde el jazz ha hecho acto de presencia. Esta nueva concepción, vacía de toda referencia a la tradición musical negro-americana, entiende el jazz, no como una determinada forma o substancia musical con sus propias características, sino como un mecanismo de libre expresión musical. Nada más. Esta expresión libre, que tanto puede ser escrita en una partitura como improvisada, no debe atenerse a ningún requisito o norma especial. Esta expresión musical puede, o no, estar animada por ritmos de las más diversas características y procedencias. Esta concepción tan vaga, tanto puede abarcar música de un acusado carácter sinfónico, como las especulaciones improvisadas más abstractas. Dado que en esta concepción del jazz, quizás la única característica permanente es la presencia de la improvisación, las mentes más lúcidas y honestas prefieren hablar en conjunto, no de jazz, sino de «músicas improvisadas».

Esta concepción tan difusa es la que se ha ido institucionalizando a través de los medios de comunicación, en las heterogéneas programaciones de conciertos y festivales y en las instituciones de enseñanza de música moderna. Es

Una de las concepciones más extendidas –y que este libro defiende– entiende el jazz como la música creada y desarrollada por el pueblo negro norteamericano, la cual responde a unas características básicas en lo que se refiere al tratamiento del sonido y del ritmo.

una concepción totalmente desnaturalizada en relación al concepto de jazz en su expresión original y genuina. De aquí que la historia del jazz, en el último cuarto del siglo XX, discurra por dos anchos caminos separados, entre los cuales no existe apenas ninguna conexión. Esta dualidad ha marcado totalmente este período.

La tradición negro-americana: secuestro y rescate

El proceso de integración social y la conquista real de los Derechos Civiles han sido metas que los negros han alcanzado después de mucha lucha y muchos sufrimientos. Reconociendo el indiscutible valor de estos logros, no es superfluo constatar en qué condiciones éstos se han producido. Es un hecho evidente que la integración se ha llevado a cabo bajo la tutela de la sociedad blanca dominante. En el terreno cultural, tanto el relato histórico, como las escalas de valores, como los modelos a seguir, etc., han sido impuestos por la sociedad y las instituciones blancas y difundidos por los medios de comunicación controlados mayoritariamente por los blancos.

Frente a este hecho, careciendo de unos medios propios para su supervivencia y expansión, en una sociedad que vive implacablemente al día, la tradición cultural negro norteamericana ha ido cayendo progresivamente en el olvido y siendo substituida por las maneras de hacer y formas de vida propios de la sociedad blanca. Hay que entender, además, que entre los negros esa tradición cultural se puede haber percibido como algo asociado a la opresión, a la segregación y a la humillación, de forma que ni los mayores han sentido el orgullo necesario para transmitirla a los jóvenes, ni estos han tenido ningún interés por conocerla y hacerla suya.

Por esta serie de razones, sumergida en una sociedad consumista que bombardea continuamente a la población con sus mensajes y eslóganes falaces, es comprensible que la cadena de transmisión oral, de generación en generación, de la tradición cultural y musical negro-americana se haya debilitado y, finalmente, roto.

Si nos centramos en el terreno de la música, tengamos en cuenta que la comunidad afroamericana vivía el día a día del jazz como algo normal y sin ninguna trascendencia, por lo que no llegó a ser consciente ni nadie le habló nunca de la importancia de su patrimonio musical y, por extensión, de su patrimonio cultural en general.

Un remedio, al menos parcial, a estos déficits podría haberse encontrado en las instituciones de enseñanza. Pero es muy ilustrativo conocer el tipo de enseñanza que se ha impartido en lugares tan estratégicos como las escuelas donde los jóvenes aprenden a tocar música de jazz, empezando por la más famosa de todas ellas, la Berklee College of Music de Boston. En estos centros aquellos elementos que han caracterizado el jazz desde sus orígenes (tratamiento del sonido y tratamiento del ritmo), que son aportaciones exclusivas de los músicos negros, es decir, que forman parte del patrimonio cultural negro americano, se obvian totalmente y como base de partida se estudian las concepciones armónicas y los procedimientos para la improvisación introducidos por el bebop a partir de 1945, elementos tomados de la música europea.

Con estos planteamientos pedagógicos, una de las pocas vías de conocimiento de que podrían disponer los aprendices de músico para conocer la propia historia y tradición musical, se cierran por completo, a la vez que se impone del jazz una visión parcial, eminentemente técnica, desconectada de toda su historia, de sus primeros protagonistas y de la base social y cultural que la ha sustentado.

Si esto ocurre en las escuelas de jazz, no es difícil adivinar lo que ocurre en todos aquellos ámbitos donde el joven negro podría tener la oportunidad de conocer su propia tradición cultural y musical. Por todo ello, podemos afirmar que a los negros nacidos en la segunda mitad del siglo XX, se les ha escamoteado su pasado musical y cultural más inmediato.

Es un hecho bien cierto y lamentable que muchos europeos conocen mejor la historia del jazz que los jóvenes negros americanos, para los cuales los nombres de Armstrong, Ellington, Hawkins o Tatum, son absolutamente desconocidos o están asociados a una imagen de un pasado remoto que no despierta ningún interés si no una cierta animadversión. En palabras del famosos trompetista Wynton Marsalis: «En la actualidad, la mayoría de las personas de raza negra no tienen ni idea del rico legado que contiene el arte afroamericano, ni se dan cuenta de que podrían aprender mucho de él».[8]

Podemos, pues, concluir que la tradición cultural y musical de los negros norteamericanos les había sido escamoteada, ocultada y, en cierta manera, había sido secuestrada por una sociedad cuyos valores, orientaciones culturales y artísticas iban en un sentido completamente distinto.

Ese estado de cosas no pasó inadvertido a ese sector del mundo del jazz más comprometido con la tradición. A mediados de los años setenta el futuro se presentaba realmente incierto. Los grandes nombres del jazz habían ido desapareciendo (Coleman Hawkins en 1969, Louis Armstrong en 1971, Duke Ellington en 1974) y los jóvenes músicos parecían ignorar o despreciar su legado. Hubo un movimiento de reacción envuelto en una cierta nostalgia de los tiempos pasados. Es así como, a partir de un determinado momento,

---

8. *Jazz. Cómo la música puede cambiar tu vida*. Ediciones Paidós Ibérica, S.A. Página 89.

ciertos empresarios y discográficas (*Pablo, Concord, Black and Blue*, etc.) ponen sus ojos en los músicos veteranos todavía en activo para hacerles grabar
numerosos álbumes. Al mismo tiempo se producen con gran éxito una serie
de espectáculos musicales de gran calidad que ahondaban en los estilos tradicionales (*Bubbling, Brown Sugar; Eubie; Ain't Misbehavin'; One More Time!;
Sophisticated Ladies; Black and Blue*; etc.). También abundan las reediciones de
grabaciones de las orquestas del pasado.

Pero, en conjunto, la sensación era de que con la desaparición de aquellos
grandes nombres todavía en activo (Ella Fitzgerald, Count Basie, Benny Carter, Earl Hines, Lionel Hampton, Illinois Jacquet, etc.), el hilo de la tradición
quedaría roto definitivamente, puesto que los jóvenes vivían en la ignorancia
de esa tradición maltratada que nunca se les había presentado como algo a
considerar y valorar.

Pero ocultar, ahogar o aniquilar del todo una tradición cultural y musical
en nuestro mundo de hoy, con las posibilidades de información que desde los
últimos decenios del siglo XX existen al alcance de todo el mundo, es prácticamente imposible. Falta, sin embargo, alguien que dé el primer paso, que
ponga en marcha un movimiento de respeto, curiosidad y, en último término,
de admiración y estima por esta tradición escamoteada. Y éste o éstos, en un
momento dado de la década de los ochenta tomaron conciencia de la situación
e iniciaron una serie de acciones para sacar a la luz, recuperar y difundir este
legado y este patrimonio artístico de los negros norteamericanos que es su tradición musical, es decir, el jazz tal como desde un principio lo hemos definido.

Quizás era inevitable que eso ocurriera, pero fueron determinados persona-
jes, negros norteamericanos, los que actuaron en ese sentido para rescatar la
tradición musical secuestrada.

La cabeza visible de este movimiento fue el famoso trompeta, compositor,
arreglista y director de orquesta Wynton Marsalis. Pero, Marsalis no actuó
solo ni por iniciativa propia. Al decidir trasladarse de su ciudad New Orleans a New York, tuvo la oportunidad de conocer al escritor y crítico Stanley
Crouch. Éste fue el que comenzó a abrirle los ojos ante ese extraordinario legado musical del que Marsalis tenía nociones muy parciales. Crouch, además,
le presentó a Albert Murray, escritor y estudioso del jazz que vivió la Era del
Swing en todo su esplendor. Los criterios y juicios clarividentes y justos de
Murray hicieron mella en Marsalis. Todos los errores y malentendidos que
como joven negro arrastraba, quedaron borrados. Esto ocurría hacia 1980.

A finales de esta década Wynton Marsalis había tomado ya un rumbo decidido en su enfoque profesional y estaba llevando a cabo una intensa e incansable labor musical y de divulgación con el fin de revalorizar a los grandes del
jazz de las épocas heroicas: Armstrong, Ellington, Morton, etc.

Wynton Marsalis ha llevado a cabo una intensa e incansable labor musical y de divulgación con el fin de revalorizar a los grandes del jazz de las épocas heroicas: Armstrong, Ellington, Morton, etc.

A principios de la década de los noventa fue nombrado director artístico del programa de jazz del Lincoln Center of The Perfoming Arts de New York. Desde este puesto estructuró programas de conciertos en directo para dar a conocer las obras y los intérpretes más representativos del jazz de todas las épocas; formó y dirigió la Lincoln Center Jazz Orchestra, donde juntó a músicos veteranos y jóvenes para que estos aprendieran de aquellos; acompañado de esa orquesta dio conferencias y clases magistrales en centros de enseñanza de todo tipo, etc.

Al cabo de poco tiempo pudieron verse los frutos de tan intensa labor. Empezaron a surgir músicos jóvenes que conocían a fondo su pasado musical y lo demostraban con destreza, autenticidad y frescor.

En 1996, Robert Altman, para su película *Kansas City*, pudo reunir a un buen puñado de jóvenes *jazzmen* que, junto a unos pocos veteranos, hicieron revivir con fuerza y espectacularidad el jazz que se tocaba en Kansas City en los años treinta. Durante estos años noventa y en los siguientes, la Lincoln Center Jazz Orchestra amenizó sesiones de baile que la recién recuperada afición por los bailes típicos de la Era del Swing, especialmente el lindy hop, había puesto de moda.

Wynton Marsalis no ha parado desde entonces de trabajar en este sentido. En conjunto, podemos afirmar que su labor abrió los ojos y los oídos a mucha gente, músicos y aficionados, y equilibró el panorama general de la música de jazz que se había decantado exageradamente hacia las modalidades que, a pesar de llevar en su denominación la palabra jazz, no corresponden en absoluto al concepto original de esta música.

No podemos pasar por alto y debemos hacer mención de la lamentable y vergonzosa campaña de ataques sufridos por Wynton Marsalis a causa de su encomiable y fructífera labor. Es sintomática y reveladora de las mentalidades que todavía manejan el negocio del jazz.

Es cierto que los vientos, los malos vientos, continúan soplando en la misma dirección de siempre, pero también lo es que los músicos jóvenes y el público en general, tienen a su alcance, hoy mucho más que ayer, la posibilidad de conocer una tradición musical que ha sido rescatada del olvido, cuando muchos ya la daban por desaparecida o por muerta.

Jazz y posmodernidad

Hemos visto como la globalización ha llegado a atomizar el concepto y la práctica de la música de jazz en tendencias que agruparemos esquemáticamente alrededor de las dos grandes visiones que hoy conviven sobre lo que es esta música: la visión que llamaremos «tradicional», respetuosa con las formas musicales creadas por la comunidad afroamericana y la nueva visión, que llamaremos «abierta» o «progresista», la cual prescinde de aquellas formas para abrirse a todo tipo de propuestas e iniciativas.

Sabemos que esta segunda visión, la «abierta» o «progresista», es la que domina los medios de comunicación, las programaciones de todo tipo y es la que sostienen la mayoría de críticos e historiadores, los cuales consideran superada por excesivamente estrecha, la visión primitiva de lo que es el jazz.

Pero hemos visto también como el concepto y la práctica tradicionales se revitalizaban gracias al movimiento asociado a la figura de Wynton Marsalis. Por tanto, no es deformar la realidad decir que a finales del último cuarto del siglo XX conviven en paralelo dos maneras de entender y hacer jazz, ambas con sus propias razones de existencia y con las misma fuerza y vitalidad.

Esta situación encaja perfectamente en la mentalidad «posmoderna» que se fue imponiendo a lo largo de la década de los años ochenta. Esta visión de la cultura y el arte vino a contradecir y a demoler la visión «moderna» que daba por sentado que la historia avanzaba indefectiblemente en un único sentido. La mentalidad «moderna» afirmaba, por ejemplo, que en pintura el arte abstracto había venido a suceder y substituir al arte figurativo con todas las consecuencias, es decir, que éste último estaba condenado a desaparecer porqué ése era el sentido de la historia y no había marcha atrás. La realidad de los años posteriores a la década de los setenta vino a demostrar la falsedad de esta visión. En todos los campos del arte estaban surgiendo artistas que con su obra negaban de hecho tan atrevida aseveración.

En el jazz se produjo algo muy semejante. Críticos e historiadores después de presentar el «jazz moderno» como el sucesor y sustituto del «jazz clásico o tradicional», daban por sentado que la sucesión de nuevas tendencias y estilos (be-bop, cool, third stream, hard-bop, free, jazz rock, fusion, etc.), marcaba un sentido único en la historia del jazz, reduciendo los estilos tradicionales a la obsolescencia y a perderse en un pasado ya superado. La realidad de los hechos ha venido a desmentir aquella visión unidireccional de la historia del jazz.

La posmodernidad hizo añicos ciertas visiones de la historia del arte y dejó en ridículo las afirmaciones dogmáticas pronunciadas por gurús de la cultura. Los callejones sin salida a los que habían conducido muchas de las propuestas «modernas»; la posibilidad de conectar con las obras del pasado gracias a las facilidades de acceso a cualquier tipo de información que las nuevas tecnologías permitían; la pérdida de respeto a los dogmas, antes intocables, gracias a la democratización de foros de debate cada vez más amplios; todo ello ha contribuido a hacer insostenibles las teorías y la visión histórica de la «modernidad». El pensamiento único se ha visto desbordado por visiones más plurales. En ese entorno posmoderno, aquella visión «moderna» del jazz también ha resultado insostenible. Ante tal fiasco, sus valedores se han apresurado a calificar de «neo-clásicos» a los músicos que hoy siguen fieles a este hilo tradicional que nunca se rompió del todo. Hablan del neoclasicismo de estos jóvenes músicos en un tono condescendiente, como de algo episódico que el tiempo se encargará de borrar, para que la historia siga su curso en el «verdadero» sentido.

Dejemos que críticos e historiadores califiquen como quieran la tendencia a preservar las maneras de tocar tradicionales de estos *jazzmen* surgidos en el último decenio del siglo. La realidad posmoderna en el jazz, como en todas las artes, es de un total eclecticismo. El tiempo se encargará de escribir un relato histórico que acabará siendo inapelable.

La amplia corriente tradicional

En el último cuarto del siglo XX, ante la visión «abierta» o «progresista» que considera el jazz como un terreno de libre expresión musical sin ninguna re-ferencia a la tradición musical negro-americana, la visión «tradicional» o, si se quiere, «enraizada», acoge necesariamente a todos aquellos estilos y tendencias que de una manera u otra, con mayor o menor evidencia, conservan algún lazo de unión con aquella tradición. Así, pues, dentro de esta visión «tradicional» de la música de jazz, sin que haya habido ningún consenso explícito, cada vez con más normalidad se han ido incluyendo en ella todos los estilos que van desde el New Orleans al hard-bop, pasando naturalmente por los estilos intermedios (swing, Kansas City, bop). Esta visión «tradicional» abarca, pues, una corriente central o mainstream (swing, hard-bop, etc.), además del estilo New Orleans tal como se viene practicando en los últimos decenios, es decir, sin la pureza de la gran época y con aportaciones de lenguajes posteriores.

Observemos que la disyuntiva que se planteaba en los años cincuenta y sesenta entre el «jazz clásico y tradicional» (New Orleans, swing, Kansas City) por una parte y el «jazz moderno» (be-bop, cool, third stream, hard-bop, free, etc.) por la otra, se ha modificado; la barrera de separación se ha desplazado ligeramente hacia un lado y, en la medida que ciertos estilos antes calificados de «modernos» (be-bop, hard-bop) conservan hilos de contacto con la tradición, han sido incluidos en esta visión «tradicional» de la música de jazz. El escandaloso alejamiento de la tradición que las nuevas propuestas fueron presentando (jazz rock, fusion, etc.), por contraste y con la mirada actual, hacen que en cierta forma puedan considerarse como «tradicionales» estilos que antes se excluían de este calificativo.

No podemos olvidar ni dejar de incluir en esta corriente tradicional el blues en todas sus variantes, ni tampoco todos los géneros que fueron derivando del original rhythm & blues, agrupados en la denominación más actual de black music, pues en ellos podemos seguir identificando aquellos elementos expresivos y rítmicos que caracterizan la música negro norteamericana desde sus orígenes.

Tampoco podemos dejar de lado la forma musical que con más vitalidad permanece asociada a la vida cotidiana de la sociedad afroamericana: la música gospel en sus formas actuales.

Así, pues, desde el gospel hasta el hard-bop, este es el amplísimo panorama que ofrece en el último cuarto del siglo XX la corriente tradicional de la música negra norteamericana.

Spirituals y gospel songs

La música religiosa, o sea, los spirituals y gospel songs, es seguramente, a nivel popular, el género que goza de mayor vitalidad dentro de la música negra norteamericana. Este hecho es absolutamente lógico en la medida en que esta

En la medida en que los intérpretes han seguido poniendo el mismo fervor, expresividad y agilidad rítmica que sus antecesores, la música gospel ha continuado siendo uno de los más puros exponentes de la tradición musical negro-americana. The Barrett Sisters han sido un ejemplo de ello.

música ha seguido cumpliendo una función importante en la vida cotidiana de los afroamericanos, esto es, la de acompañar y dar realce a las celebraciones religiosas que tienen lugar en las innumerables parroquias a las que asisten las comunidades negras.

Por este motivo, en el último cuarto del siglo XX han ido surgiendo gran cantidad de solistas y coros que, siguiendo las pautas tradicionales, pero presentando a su vez formas nuevas, han mantenido la vigencia del género musical-religioso.

La principal novedad estriba en la introducción de melodías y ritmos procedentes de los géneros profanos más populares, como el pop o el funky. Contra lo que podría parecer, en general, por sí mismas estas novedades no han comportado la pérdida del carácter genuino de esta música. En la medida en que los intérpretes han seguido poniendo el mismo fervor, expresividad y agilidad rítmica que sus antecesores, la música gospel ha continuado siendo uno de los más puros exponentes de la tradición musical negro-americana.

Salidos de esta extraordinaria cantera, a las ya conocidas formaciones de las Stars of Faith y The Sensational Nightingales, se les han unido los conjuntos de The Barrett Sisters, los Reverend Johnny Thompson Singers, The Newberry Singers y, posteriormente, The Brown Sisters, por citar solamente a algunos de los más destacables.

También han proliferado las formaciones corales numerosas, como el Mississippi Mass Choir, el Chicago Mass Choir, el Georgia Mass Choir, etc.

Entre los solistas, desaparecidas las dos más grandes, Mahalia Jackson y Sister Rosetta Tharpe, no han faltado intérpretes femeninas de gran calidad, como Marion Williams (1927-1994), Bessie Griffin (1922-1989), que a su vez, han sido sucedidas por otras como Liz Mc Comb, Clementine Jones, Carrie Smith, Linda Hopkins, etc. Entre los cantantes masculinos destacaremos a los reverendos Cleophus Robinson y Robert Mayes.

El blues

La historia del blues en el último cuarto del siglo XX conoce una primera época de esplendor simple continuación de la anterior, la cual se extenderá hasta mediados los ochenta para iniciar luego una lenta pero progresiva decadencia. Durante la década de los setenta, intérpretes veteranos y jóvenes dentro del blues rural o del blues urbano, proliferaban en diversas zonas de Norteamérica. Chicago, en primer lugar, erigida en capital del blues, acogía en los locales del South Side, barrio negro de la ciudad, la mayoría de los grandes *bluesmen* y *blueswomen*. Pero, a finales de la década de los ochenta y de forma acentuada en los años siguientes, se hace evidente que el público negro, sobre todo el joven, va alejándose cada vez más del blues. El espacio que este género ocupaba en tanto que expresión de las vivencias íntimas y compartidas de la comunidad negra, de manera progresiva, fue siendo ocupado por las músicas derivadas del rhythm & blues (rap, hip-hop, etc.), más o menos comercializadas y adulteradas, pero revestidas de modernidad y hechas a medida de los ritmos discotequeros de moda. En cierta forma, la tristeza, la rabia o la alegría, disueltas en una cierta melancolía que destilaban los blues, fueron siendo desplazados por la fuerza y la energía trepidantes de los mencionados géneros, los cuales encajan mejor en las vivencias de una población mayoritariamente urbana, cada vez más desinhibida y envalentonada frente a la sociedad blanca y al mismo tiempo cada vez más permeable a lo que ésta segrega de bueno y de malo. Pero, vayamos por partes.

Como ya hemos dicho, durante los años setenta Chicago mantuvo con brillantez la capitalidad del blues. La mayoría de cantantes-guitarristas de esta ciudad seguían la estela de B. B. King, sobre todo, en el estilo instrumental. Inmediatamente después del excelente Buddy Guy, se dieron a conocer «Mighty» Joe Young, Luther Johnson, «Magic» Sam, Son Seals, Louis Mayers, «Lefty» Dizz, Luther Allison, «Magic» Slim, Jimmy Dawkins, etc.

Con fraseos diversos y personales, todos hacen uso de esas notas animadas por profundas e hirientes inflexiones, que son la marca de distinción de B. B. King.

También en Chicago, otros cantantes–instrumentistas triunfan en estos años. Son Junior Wells, muy hábil con la armónica; los bajos eléctricos Lonesome Jimmy Lee y David Mayers, y excelentes veteranos como los pianistas «Pinetop» Perkins, Sunnyland Slim, y los baterías Fred Below y Oddie Payne.

Pero, aparte de ese predominio del blues de Chicago, en otras zonas del país excelentes *bluesmen* se hacían escuchar.

En Texas surgían dos magníficos cantantes-guitarristas. Estos son Albert Collins y Johnny Copeland, cuyos estilos debían muy poco al de B. B. King.

Albert Collins, sobre todo, es un músico de gran originalidad. Toca mediante frases cortas, muy rítmicas, atacadas con una fuerza irresistible y de gran expresividad. A menudo utiliza ritmos al gusto de la moda (funky o antillanos), sin dejar por ello de tocar con un swing fuera de lo común, consiguiendo en sus largas interpretaciones un clímax sobrecogedor. El conjunto que habitualmente lo acompañaba, los Icebreakers, completa perfectamente la labor del líder.

Johnny Copeland, músico menos sutil, posee una fuerza rítmica y expresiva que enardece a cualquier auditorio.

Iniciándose ya la época de declive de la popularidad del blues entre la población negra, surgen, sin embargo, algunos cantantes-instrumentistas de auténtica valía. Dentro de la línea del gran maestro T-Bone Walker, aparece otro magnífico cantante -guitarrista. Se trata de Robert Cray, procedente de Georgia, cuyo fraseo con la guitarra recuerda de manera impactante al de su maestro.

Otros cantantes-guitarristas de talento que adquieren un cierto renombre en esta época, son el californiano Joe Louis Walker y Melvin Taylor, nacido en el estado de Mississippi pero instalado en Chicago, que sorprendió al mundo del blues por sus extraordinarias cualidades como instrumentista. Su técnica asombrosamente veloz y precisa, y su fraseo melódico, de gran riqueza y complejidad, desbordan los esquemas habituales propios de los guitarristas de blues.

En el dominio de otros instrumentos, cabe destacar al cantante y buen intérprete con la armónica Sugar Blue y al más joven y precoz de esta generación, el cantante, guitarrista, pianista y organista Lucky Peterson. Curiosamente, al mismo tiempo que el blues perdía adictos entre músicos y público negros, los ganaba en América y en Europa entre la gente blanca. En relación a este auge del «blues blanco», remitimos al lector a los comentarios del capítulo primero, en el apartado «El blues en el nuevo siglo: la corriente blanca» (p. 41).

Black music: funk, rap, hip-hop

Los derivados del originalmente llamado rhythm & blues que de forma sucesiva y solapándose han ido apareciendo en las últimas décadas del siglo XX, constituyen el tipo de música que la población negra ha consumido mayoritariamente durante esta época. Por esto, es importante hacer mención de ellos y ver en qué medida las características básicas de la música negra norteamericana se hacen presentes en cada uno de ellos.

Podemos afirmar que efectivamente, en general, presentan los rasgos de fuerza y agilidad rítmica, así como los de carácter expresivo propios de la música popular negro-americana, si bien hay que reconocer que estos rasgos aparecen muy a menudo enmascarados, distorsionados y ahogados bajo los efectos de instrumentaciones y arreglos ensordecedores, efectistas y poco dados a las sutilezas, tal como el comercialismo impone.

En todo caso, toda esta producción musical negra debe diferenciarse con claridad de la música que los conjuntos y músicos blancos han venido haciendo desde la época del rock & roll y que ha ido evolucionando hacia diversas variantes etiquetadas como rock, punk, heavy, techno pop, etc.

Es así que la música popular hecha por los negros en esta época se ha agrupado bajo una inequívoca y muy habitual denominación como la de black music, o sea, «música negra», sin más.

La primera etiqueta con que nos encontramos dentro de la black music, es la de música *funk*, que se puso en circulación en los años setenta.

«Funky» es una vieja expresión que los *jazzmen* utilizaban para designar una forma de tocar «sucia», es decir, nada académica ni refinada. En los años cincuenta se utilizó para designar los estilos que recuperaban esta forma de tocar. En su nueva utilización, cuando se habla de funky o funk, se hace referencia a un tipo de música animada por un ritmo que, dentro del compás de cuatro tiempos, utiliza la semicorchea (1/8 de compás) como unidad básica sobre la cual se desarrolla la melodía. Sobre este ritmo que fácilmente puede conducir a un machaqueo mecánico y crispante, puede sin embargo, crearse swing cuando son músicos de talento quienes lo ejecutan. Es así que cantantes como Ray Charles, Aretha Franklin, James Brown, Stevie Wonder e incluso intérpretes de blues como B. B. King, Albert Collins o Johnny Copeland, han sacado un excelente partido del ritmo funk.

Después del funk, la siguiente novedad aparecida en los años ochenta es la del *rap*. Esta es una forma poético-musical eminentemente vocal, en la cual el intérprete, más que cantar, lo que hace es recitar de manera muy rítmica textos a través de los cuales se expresan las vivencias, alegrías, conflictos y miserias que se dan en el gueto negro. Los textos están escritos para que se adapten a la estructura rítmica de la interpretación, basada normalmente en la figura de la semicorchea, como en el funk. Es evidente que el rap tiene un claro precedente en el *preaching* (prédica) que desde siempre practicaron los predicadores negros en las iglesias, y tanto puede engendrar un swing fustigante

«Funky» es una vieja expresión que los *jazzmen* utilizaban para designar una forma de tocar «sucia», es decir, nada académica ni refinada. Pero artistas de talento como Stevie Wonder han sacado excelente partido de este ritmo.

como crear una pulsación rítmica mecánica y crispada que momentáneamente puede arrastrar al oyente, pero que fácilmente puede caer en la monotonía si no se capta el sentido del recitado.

Hay que admitir, no obstante, que el rap representa una forma de creación surgida de las clases populares negras y, en este sentido, es un buen documento para conocer y valorar en qué punto se sitúa la sensibilidad y la creatividad de la comunidad negra en esta época.

Otra denominación o etiqueta que se une a la del rap es la del *hip-hop*, género que nace en el mismo caldo cultural que se cuece en los barrios negros donde se produjo el rap. En el caso concreto del hip-hop, el lugar donde se sitúa su aparición es el Bronx neoyorkino.

El hip-hop envuelve los recitados sincopados del rap en un trepidante acompañamiento sonoro obtenido por la manipulación de discos de vinilo que hábiles disc jockeys realizan actuando sobre el plato giratorio. El ritmo así obtenido provoca una nueva forma de baile, el breakdance, en el cual los bailarines efectúan sorprendentes movimientos acrobáticos, a menudo apoyando una parte o la totalidad de su cuerpo sobre el suelo, movimientos que si no son simples ejercicios gimnásticos sino que comportan flexibilidad, agilidad y expresividad a base de humor o picardía, pueden a engendrar un cierto swing visual y situarse en la tradición de los bailes que siempre han acompañado la música de jazz.

Los comentarios que podemos hacer sobre la naturaleza, virtudes y posibles defectos del hip-hop son los mismos que hemos hecho en relación al rap. Una música que esporádicamente puede contener un cierto swing y que es una buena muestra de la cultura popular de los negros norteamericanos, especialmente los jóvenes de estas últimas décadas del siglo XX.

A lo largo de este período (1975-2000), aparte de la novedad que representa la aparición del CD en el mercado, todas las variantes que hemos incluido en la denominación de black music han gozado del soporte de una nueva forma de difusión creada con finalidades promocionales y que ha acabado por invadir los medios audiovisuales. Se trata del videoclip, el cual compensa con un tratamiento sofisticado de la imagen la relativa vacuidad de la música.

Este medio de difusión ha sido el que ha impulsado decisivamente el triunfo de algunos artistas que han pasado a ser los idolatrados iconos de la black music. Los dos más célebres han sido Michael Jackson (1958-2009) y Prince (1958-2016). Tanto el uno como el otro fueron cantantes con evidentes raíces en el gospel y el blues, pero en general, el tratamiento dado a sus interpretaciones hace concesiones a la moda y al comercialismo. Hay que decir, no obstante, que una parte importante del trabajo de estos artistas se halla en la faceta coreográfica que incorporan a sus interpretaciones. Ambos, sobre todo, Michael Jackson, eran magníficos bailarines y hay que reconocer que sus gesticulaciones y sus pasos de baile desprenden un gran swing.

Como vemos, pues, la utilización exhaustiva de los medios audiovisuales ha tenido un papel decisivo en la difusión de la música de esos cantantes y en su enorme éxito, así como en el de muchos otros y, en general, de toda la black music.

En conjunto y resumiendo: la vertiente más popular de la música negroamericana en el último cuarto del siglo XX se ha visto sometida a una tensión constante entre la creatividad de los jóvenes afroamericanos y los múltiples condicionantes que conlleva el sistema de consumo, condicionantes que tienden a mistificar y desvirtuar ese instinto creativo que sólo puede manifestarse con toda su fuerza y genuinidad de una forma esporádica y aislada.

New Orleans: la continuidad de una tradición

Como todos los diversos estilos y facetas del jazz, el de New Orleans, después de su época de esplendor, ha pasado por altos y bajos notables que intentaremos describir en este apartado.

Retrocediendo a los años veinte, recordemos que debido al cierre del barrio de Storyville, los mejores músicos de New Orleans emigraron atraídos por el empuje de las grandes ciudades del norte, como Chicago y New York.

En New Orleans el jazz continuó siendo un fenómeno vivo y cotidiano pero protagonizado por músicos de segunda fila. El New Orleans Revival, es decir, el renacimiento del estilo New Orleans de los años cuarenta y cincuenta, aprovechó mayoritariamente a músicos de renombre que habían abandonado la ciudad desde hacía muchos años (Louis Armstrong, Kid Ory, Sidney Bechet, Barney Bigard, Albert Nicholas, Zutty Singleton, Baby Dodds, etc.).

De todas formas, durante el Revival, en New Orleans algunos veteranos como los trompetas Bunk Johnson, Oscar Papa Celestin, Kid Thomas, o el clarinetista George Lewis, tuvieron unos años de gloria aunque se encontraban ya algunos de ellos en plena decadencia.

En la segunda mitad del siglo, otros músicos, sin ser de primera fila, contribuyeron al mantenimiento de la tradición. Entre ellos debemos destacar a los trompetas Percy Humphrey, Alvin Alcorn y Ernest Cagnolatti, a los clarinetistas Louis Cottrell, Willie Humphrey y Albert Burbank, a los trombonistas Jim Robinson y Louis Nelson, a la pianista y cantante Sweet Emma Barrett, al banjo Emmanuel Sayles, al contrabajo Chester Zardis y a los baterías Louis Barbarin y Josiah Frazier.

Por otra parte, la ciudad de New Orleans como fenómeno turístico ha ayudado también al mantenimiento de la tradición. La creación del Preservation Hall en 1961, club en el que desde entonces han actuado la mayoría de *jazzmen* residentes en la ciudad y que ha sido un lugar de visita obligada para todo el turismo de paso, ha prolongado la leyenda de la ciudad que fue cuna del jazz.

Pero, rescatar, en primer lugar, el jazz de New Orleans de la mediocridad en que se encontraba sumido y, en segundo lugar, contribuir a asegurar su futuro, ha sido el gran trabajo de unos pocos.

A lo primero, contribuyó la magnífica labor llevada a cabo por el gran trompeta Wallace Davenport (1925-2004), del cual ya hablamos en el capítulo anterior. Cuando en los años setenta, Davenport, después de actuar en las big bands de Lionel Hampton, Ray Charles y Count Basie, decide volver a su ciudad natal, se dedica a reunir y liderar conjuntos con los mejores músicos, veteranos y jóvenes, que puede encontrar allí. Cuando ya lleva un tiempo metido en esa empresa, ante la indiferencia de las discográficas, funda su propio sello *My Jazz* y publica varios álbumes en los cuales se dan a conocer algunos magníficos músicos en actividad y poco conocidos, capaces de tocar en el estilo New Orleans con autenticidad y solvencia. La pureza de estilo venía básicamente asegurada por baterías capaces de producir la pulsación propia del jazz de New Orleans. En este sentido, Wallace Davenport pudo contar con excelentes percusionistas tales como Josiah «Cie» Frazier y Fred Kohlman. Como trombonistas contó con el veterano Louis Nelson y con los entonces jóvenes Freddie Lonzo y Lucien Barbarin. Al clarinete, un formidable veterano, Luis Cottrell, y un joven músico de origen sueco pero establecido en New Orleans, Orange Kellin, cubrieron honorablemente la plaza. Al piano tuvo a Jeanette Kimball, veterana *jazzwoman*, cuyo estilo destilaba el intenso sabor de la música sureña. Excepcionalmente, en un par de álbumes grabados en 1975, el gran pianista Earl Hines se unió al grupo de Davenport. Europa recibió en diversas ocasiones durante los años setenta y ochenta algunos de estos conjuntos dirigidos por Wallace Davenport y gracias a ellos pudimos saber y gozar de la buena salud del jazz de aquella ciudad.

Así, pues, se debe reconocer la meritoria labor de Wallace Davenport como uno de los factores de revitalización y dignificación del jazz de New Orleans en el último cuarto del siglo XX.

Pero, la meritoria labor de Wallace Davenport no era suficiente para asegurar el futuro del jazz de su ciudad. Una gran parte de sus jóvenes conciudadanos que aspiraban a ser músicos, desconocían, como casi todos los de su generación, los secretos de esta música y su tradición.

En este punto de la historia aparece otro personaje decisivo. Se trata del guitarrista y banjo nacido en New Orleans, Danny Barker (1909-1994), el cual en la época swing había tocado en las importantes formaciones de Lucky Millinder y Cab Calloway, con sede en New York. Pero las cosas cambiaron cuando la época swing entró en declive y las grandes orquestas se disolvieron. Después de probar suerte actuando en diversos grupos pequeños, en 1965 Danny Barker decide volver a su ciudad natal. Una vez instalado allí, según múltiples y agradecidos testimonios, desde principios de los años setenta se dedica a instruir con notable éxito a los más jovencitos de la ciudad que desean tocar jazz. Como director de la Fairview Baptist Church Brass Band, su magisterio alcanza a muchos de los que a partir de 1980 se erigirán como los músicos más importantes surgidos en New Orleans. Toda una generación de *jazzmen* nacidos entre los años cincuenta y sesenta, gracias a las enseñanzas y consejos de Danny Barker, en las últimas décadas del siglo harán revivir la tradición con fuerza y creatividad. Los más conocidos de todos ellos son los trompetas Wynton Marsalis, Wendell Brunious, Leroy Jones y Gregg Stafford, el clarinetista Michael White, el trombonista Lucien Barbarin y los baterías Shannon Powell y Herlin Riley. Todos estos supieron, a su vez, transmitir el legado de Danny Barker a los que venían detrás de ellos y, así, una generación de músicos todavía más jóvenes, nacidos entre los años sesenta y setenta, se añadirían a este movimiento para recuperar la tradición musical de New Orleans.

Entre ellos, debemos citar como más importantes a los trompetas Nicholas Payton, Kermit Ruffins y Mark Braud, al trombonista Wycliffe Gordon, al clarinetista Christopher Evans y al batería Gerald French. No todos ellos tocan en el puro estilo New Orleans, puesto que han recibido influencias de otros estilos, ni todos ellos han seguido el mismo camino, pues algunos han optado por estilos más modernos, pero todos ellos, en un momento dado, han demostrado su talento dentro del estilo de su ciudad natal o de adopción.

Gracias a las enseñanzas y consejos de Danny Barker, toda una generación de *jazzmen* nacidos entre los años cincuenta y sesenta, harán revivir la tradición del jazz de New Orleans con fuerza y creatividad.

En paralelo a esta generación de músicos negros de New Orleans, debemos hacer mención de una serie de músicos blancos, nacidos en la ciudad o procedentes de otras partes, que han asimilado de manera muy aceptable el idioma del jazz de New Orleans. Cabe citar, entre otros, al trompeta Chris Tyle, a los clarinetistas Orange Kellin y Sammy Rimington, a los trombonistas Frank Demond y Mike Owen, al pianista Steve Pistorius y a los baterías Barry Martin y Hal Smith.

En cuanto a las orquestas, junto a las históricas Olympia Brass Band y Young Tuxedo Brass Band, surgen en estos años formaciones de nuevo cuño como la Dirty Dozen Brass Band y la Rebirth Brass Band que practican un estilo de música callejera, impactante y divertida, idónea para amenizar los pasacalles tan típicos de la ciudad, pero sin un gran valor jazzístico.

Para completar esta noticia en relación al movimiento de preservación y difusión del jazz de New Orleans, debemos hacer mención de otro personaje de una innegable importancia. Se trata de George H. Buck (1928 -2013), que en calidad de promotor, dedicó gran parte de su vida a grabar y publicar discos bajo su propio sello, GHB Records, y a promocionar su estilo de jazz preferido. A él se deben muchas de las grabaciones efectuadas en New Orleans en la segunda mitad del siglo.

Al margen del jazz de estilo New Orleans, de esta ciudad han salido o se han afincado en ella muchos músicos encasillados dentro del llamado rhythm & blues. El más ilustre de todos ellos ha sido Fats Domino, del que ya hablamos en el capítulo anterior, el cual fue precedido unos años antes por el cantante-pianista Professor Longhair, al que años más tarde sucedieron otros cantantes-pianistas como Eddie Bo, Allen Toussaint, James Booker y Dr. John.

Como cantantes-guitarristas también salidos de New Orleans, han destacado Snooks Eaglin, Walter «Wolfman» Washington y Earl King.

Con estos intérpretes se completa el panorama musical de esta ciudad en la segunda mitad del siglo XX.

Mainstream: la tradición swing y bop

Como ya dijimos, sin ningún acuerdo explícito, ante la deriva tomada por la corriente «abierta» o «progresista», parece existir un amplio consenso para agrupar en una corriente central o *mainstream* aquellos estilos y tendencias que de una forma u otra mantienen algún punto de conexión, por leve que sea, con la concepción original de la música de jazz, aquella cuyos elementos característicos son: un cierto tratamiento del sonido (a imagen de la técnica vocal negra) y un determinado tratamiento del ritmo (el swing).

Es evidente que el mainstream es una corriente heterogénea, pues, por una parte está integrada por las tendencias que siguen fieles al lenguaje acuñado en la época swing y, por otra parte, por las tendencias que se nutren básicamente de las novedades introducidas por el be-bop. Pero si bien es cierto que entre estas dos tendencias se entrecruzan influencias e incluso se llegan a producir verdaderas síntesis, no es menos cierto que, en general, el espíritu que anima cada una de esas tendencias es diverso. Más allá del lenguaje estilístico utilizado por cada músico, existe otro aspecto que revela la coexistencia de dos almas en el seno de la corriente mainstream; dos almas que son herencia de la divergencia de actitudes que se forjó en los años cuarenta con la aparición del be-bop.

Una actitud es la del músico que, independientemente de su categoría, asume francamente y según su personalidad, el hecho que toca para agradar y divertir al público. En consecuencia, su fraseo será inteligible y pondrá en él todo el ardor expresivo y rítmico para conectar directamente con su público. En su forma de presentarse y de tratar al público habrá calidez, humor y empatía. Es la manera «tradicional» de actuar de los músicos de jazz desde los orígenes de esta música y es la manera habitual de comportarse de los músicos cercanos a la escuela swing (y por descontado a la de New Orleans).

Otra es la actitud herencia de los primeros *boppers* que en sus jam sessions, según testimonio de Dizzy Gillespie: «Solíamos recurrir a unas modulaciones imposibles, sobre todo, cuando algún desconocido subía al escenario con su instrumento para unirse a nosotros».[9]

La idea era la de poner el listón muy alto para excluir a los no iniciados o preparados.

9. Citado por Frank Tirro en *Historia del Jazz moderno*. Ma Non Tropo, 1993, p. 15.

Kenny Clarke afirma: «Estábamos obsesionados por desembarazarnos de la chusma y formar un círculo musical basado en los nuevos acordes».[10]

Esta actitud selectiva de los *boppers* fue calando en los hábitos profesionales y con el tiempo se ha consolidado, de manera que el músico «moderno» toca más pensando en dar la talla frente a sus colegas (y, de paso, dejar descolocada a la crítica), y mucho menos le preocupa ser entendido y establecer una comunicación franca con el público. Esta actitud, típica de gran parte de los herederos del be-bop, les lleva a cultivar una «música para músicos», expresión muy corriente y esclarecedora, que les aleja del gran público.

Dicho esto, hay que reconocer, seguramente debido al tipo de escenarios en que habitualmente se ha ido produciendo el jazz en las últimas décadas del siglo XX (salas de concierto, clubs donde no se baila, etc.), que estas diferencias de actitud entre unos y otros, hasta cierto punto, se han ido difuminando. Pero, aun así, hay aspectos que delatan la adscripción de los músicos a una u otra de estas actitudes.

Por ejemplo, en la elección del repertorio: unos tienden a interpretar los temas «standard» tal como fueron concebidos por sus autores; los otros interpretan composiciones propias o los intrincados parafraseos creados por los *boppers* de aquellos mismos temas «standard».

Otro ejemplo lo encontramos en la forma de exponer las melodías: unos tienden a poner toda la expresión y sensibilidad al servicio de la melodía expuesta para darle el máximo de valor y relieve; los otros tratan la melodía de manera distante, displicente o irónica, con tal de evitar toda expresión excesivamente cálida o que pudiera pasar por candorosa.

Sin entrar en un análisis a fondo, estos pequeños detalles revelan actitudes del músico y anticipan, en buena medida, el desarrollo de la interpretación.

Detectadas estas diferencias en el seno de la corriente mainstream, veamos qué puntos existen en común entre esas tendencias que la integran.

En primer lugar, los músicos agrupados en el mainstream se saben herederos y deudores de una tradición de la cual se sienten continuadores y renovadores. Para unos será la tradición swing, para otros la tradición bop y, aún para otros, una síntesis de las dos tradiciones, pero saben que deben desenvolverse sin girar la espalda a la tradición y al lenguaje que la sustenta, sean estos los que sean. Esto, evidentemente, supone unos ciertos límites, pero les proporciona una base sólida y la posibilidad de explorar y renovar las aportaciones de los grandes maestros incorporándolas a su propio lenguaje.

Otra característica común a los músicos de la mainstream es el orgullo y la voluntad que demuestran de hacer «música negra». Los músicos pertene-

10. *Inside de be-bop*. Leonard Feather. Citado por Frank Tirro en la misma obra, p. 14.

Bajo el impulso de Wynton Marsalis, a principios de los años noventa se presentó la Lincoln Center Jazz Orchestra.

cientes a la tradición swing, veteranos en gran parte, libres de complejos y con toda naturalidad, se saben continuadores de un lenguaje perfectamente enraizado en la tradición musical negro-americana. No necesitan explicitar su militancia. Su música habla por ellos.

Los músicos que se inscriben en la tradición bop, algo más jóvenes, cuya juventud en muchos casos estuvo asociada al slogan «Black is Beautiful» (lo negro es bello), exageran y endurecen más aquellos trazos de su música que pueden hacerla parecer más alejada de la música blanca. Asimismo, tienden a hacer más explícita su «negritud», no tanto por la música como por sus actitudes y declaraciones.

Finalmente, otro aspecto que da una cierta homogeneidad al conjunto de la corriente mainstream es la dinámica seguida en el período 1975-2000. Recordemos que en el momento de iniciarse este período se está viviendo el gran auge del jazz-rock y de los primeros intentos de fusión del jazz con otras músicas. Debido a ello, la corriente mainstream en conjunto pasa por un tiempo en que parece relegada a un segundo plano. A esto hay que añadir la desaparición o la decadencia, por ley de vida, de los grandes maestros. Es así que las corrientes inscritas en el mainstream pasaron por unos años de una cierta precariedad. Solamente los músicos veteranos todavía en forma y algunos jóvenes, en buena parte blancos, mantenían en alto el pabellón del mainstream frente a la fuerza arrolladora del jazz-rock y demás experiencias que siguieron.

Como ya explicamos, la irrupción a mediados de los años ochenta de Wynton Marsalis en el primer plano de la escena del jazz y el movimiento de reivindicación de la tradición que conllevó, marcó un punto de inflexión en las tendencias seguidas por una parte de los músicos jóvenes, revitalizando la corriente mainstream. A partir de este momento, se dan a conocer una serie de músicos jóvenes capaces de tocar con solvencia tanto en el estilo swing como en el hard-bop y, con ellos, la escena del mainstream vuelve al primer plano.

Se produce entonces un fenómeno curioso que tiene su explicación. Los jóvenes músicos surgidos en la década de los noventa no están adscritos a un estilo definido, sino que oscilan de un estilo a otro, generalmente, dentro de los límites del mainstream.

La explicación es la siguiente. En las épocas anteriores, el joven músico era deudor del estilo imperante en su época y en su entorno. Crecía sumergido en un ambiente determinado y embebido en un lenguaje musical concreto, fuera éste el de New Orleans, Kansas City o el swing de New York, pero del cual era difícil escaparse. Sólo algunas grandes personalidades (Armstrong, Ellington, Hawkins, Tatum, Parker, etc.) eran capaces de abrir nuevos horizontes estilísticos. Pero en el momento en que de la mano de Wynton Marsalis se abrió el baúl de los tesoros de la tradición, el espectro estilístico que se ofrecía a los ojos de los jóvenes *jazzmen* era amplísimo. Abarcaba del New Orleans al hard-bop y al jazz modal. Existía, además, a través de las numerosas grabaciones que se reeditaban de cada estilo, la posibilidad de conocer la obra de todos y cada uno de los grandes maestros y sus seguidores. A partir de esta enorme cantidad de información, el joven músico hace su elección y escoge el camino estilístico que quiere seguir. Se trata, pues, de una elección deliberada y no cocida en el ambiente de una ciudad o de un estilo hegemónico de una época. Esta forma «nueva» de aproximarse al jazz y de tomar opciones ha llevado a resultados curiosos, inimaginables unas décadas antes: se dan muchos casos de músicos capaces de tocar con tanta solvencia como inspiración en estilos diversos. Es más, en un mismo concierto o en un mismo CD de muchos de estos jóvenes, alternan temas interpretados en estilo swing con otros en estilo hard-bop y, aun, algún otro, en estilo New Orleans.

Este es el tono ecléctico que caracteriza la corriente mainstream de finales de siglo. Es un fenómeno que tiene poco de movimiento espontaneo y sí bastante de movimiento deliberado, con todo lo bueno y lo malo que esto puede comportar, llevado a cabo por jóvenes músicos con una gran preparación e información, los cuales, dependiendo de las circunstancias y del entorno, pueden manifestarse dentro de un determinado estilo u otro.

La tradición swing: grandes orquestas

En este período, persiste de manera acentuada la escasez de grandes formaciones que desde finales de los años cuarenta venía afectando al panorama del jazz. La desaparición de los grandes directores (Ellington en 1974, Basie en 1984) y la avanzada edad de otros, dejan sus respectivas formaciones huérfanas de sus firmes liderazgos. Aunque en ciertos casos las big bands decapitadas siguen bajo la dirección de algún músico miembro o ex-miembro de la orquesta, su progresiva decadencia se ha ido haciendo cada vez más patente.

En paralelo a este declive de las big bands históricas, surgen las llamadas «orquestas de repertorio», las cuales consisten en la reunión de un contingente heterogéneo de músicos capaces de ejecutar con toda precisión y pulcritud los arreglos de los repertorios de las formaciones de la gran época. Si bien estas ejecuciones pueden sonar irreprochables desde el punto de vista técnico, faltas del espíritu que animaba a las originales y sin la voz característica de sus solistas, resultan frías y mecánicas.

Entre estas orquestas de repertorio cabe mencionar la New York Jazz Repertory Company, auspiciada por el promotor y pianista George Wein, y las formaciones creadas bajo la iniciativa del Smithsonian Institute, en cuyos archivos se conservan las partituras originales de muchas de las big bands históricas.

Resultan más interesantes que las anteriores y tienen un carácter menos artificial y más auténtico, las antiguas big bands reorganizadas ocasionalmente por sus propios líderes para determinados conciertos o giras, recuperando parte de sus antiguos miembros y repertorios y añadiendo arreglos nuevos. En este sentido cabe mencionar las formaciones que de manera efímera han dirigido líderes de prestigio como Benny Carter y Cab Calloway, con brillantes resultados a lo largo de los años setenta y ochenta.

Dentro de este panorama más bien gris y como si respondiese a esta necesidad de relevo, surgen a mediados de los ochenta unas pocas big bands que aportan unas muy deseadas gotas de optimismo a los aficionados al jazz de gran orquesta.

Dos de estas orquestas están dirigidas por músicos que se distinguieron en la Era del Swing: Illinois Jacquet y Buck Clayton. Otra es la valiente iniciativa de músicos más jóvenes: los hermanos John y Jeff Clayton junto con el batería Jeff Hamilton.

La orquesta de Illinois Jacquet se forma hacia 1983 y permanecerá activa hasta 2004, poco antes de la muerte de su líder. Esta formación debuta con un éxito clamoroso en el Village Vanguard de New York y asombra a todos por su precisión, su empuje y su swing. El estilo se sitúa a medio camino entre el de Count Basie y Lionel Hampton.

Entre los solistas destacan varios jóvenes valores y algún veterano, como los trompetas Jon Faddis e Irving Stokes, el trombonista Frank Lacy, el saxo alto Joey Cavaseno, el saxo tenor Eddie Barefield y el pianista Richard Wyands. En la sección rítmica se suceden excelentes baterías como Kenny Bolds y Clyde Lucas.

De todas formas, el principal atractivo de la banda, por su categoría como solista y por su dinamismo contagioso como director, reside en el propio Illinois Jacquet que, con este brillante capítulo, cerraba una gloriosa carrera de *jazzman* ilustre.

La orquesta de Buck Clayton, formada por este gran trompetista, antiguo miembro de la primera gran orquesta de Count Basie, tiene una existencia breve pero intensa. Se forma en 1986 y dura cinco años, hasta la muerte de su director en 1991. En este tiempo graba dos CD y efectúa una gira por Europa.

La forman músicos muy jóvenes, en gran parte blancos, e interpreta las deliciosas composiciones y arreglos del propio Clayton, notables por su carácter melodioso y por un sonido muy personal.

Buck Clayton, que por problemas de salud a partir de 1970 tuvo que dejar de tocar, se limitaba a dirigir. Pero, por la orquesta pasaron muy buenos solistas. Cabe destacar entre ellos a los trompetas Johnny Letman, John Eckert, Warren Vaché y Spanky Davis, al trombonista Dan Barrett, a los saxos tenor Frank Wess, Kenny Hing y Scott Robinson, al saxo barítono Joe Temperley, al pianista Dick Katz, a los guitarristas Howard Alden y James Chirillo, al contrabajo Eddie Jones y a los baterías Mel Lewis y Dennis Mackrel que se sucedieron en el puesto.

La Clayton-Hamilton Jazz Orchestra se forma en 1985 en Los Angeles y desde entonces ha seguido su camino con una rara firmeza en esta época.

La Clayton-Hamilton Jazz Orchestra se forma en 1985 en Los Angeles y desde entonces ha seguido su camino con una rara firmeza en esta época.

Interpreta arreglos que van del estilo swing más clásico a composiciones originales de estilo más moderno y complejo.

Ha contado con algunos solistas notables, como el trompeta Snooky Young, el saxo alto Jeff Clayton y el magnífico saxo tenor Rickey Woodard, uno de los mejores de su generación. También ha contado con una sólida sección rítmica, con el batería y codirector de la banda Jeff Hamilton y las esporádicas y brillantes intervenciones al contrabajo de su principal líder, John Clayton, cuya función de director reviste un dinamismo y una espectacularidad que constituye uno de los atractivos principales de los muchos que ofrece esta orquesta.

Ilustrando la revalorización del legado tradicional, bajo el impulso de Wynton Marsalis, a principios de los años noventa se presenta la Lincoln Center Jazz Orchestra.

El origen de esta big band se sitúa en el verano de 1988, cuando el Lincoln Center for The Perfoming Arts (Centro Lincoln para las Artes escénicas) de New York preparó una serie de conciertos de «jazz clásico» bajo el lema «Jazz at Lincoln Center», con la idea de acercar a los músicos y público a este patrimonio cultural y musical norteamericano y ayudar, así, a su preservación. Desde entonces esta idea se ha mantenido ininterrumpidamente de año en año. La imprescindible herramienta para llevar adelante este proyecto ha sido la Lincoln Center Jazz Orchestra que desde 1991 trabaja bajo la dirección de Wynton Marsalis y que, aparte de sus actuaciones en el propio Lincoln Center, también actúa y hace giras por Norteamérica y otras partes del mundo.

El repertorio de esta formación, muy variado en función del programa educativo y de divulgación establecido para cada año, incluye temas que hacen referencia a los nombres más ilustrativos de la historia del jazz, desde Jelly Roll Morton hasta John Coltrane, pasando por Duke Ellington, Louis Armstrong, Fletcher Henderson, Fats Waller, Count Basie, Lionel Hampton, Charlie Parker, Thelonious Monk, etc.

Este repertorio también incluye trabajos originales de Wynton Marsalis y de algunos de sus músicos, así como composiciones y arreglos encargados a músicos no pertenecientes a la orquesta.

No hay que ver en la Lincoln Center Jazz Orchestra una simple «orquesta de repertorio», pues la relativa estabilidad de su personal, la entusiasta dirección de su líder y la fuerte personalidad de algunos de sus solistas, hacen de ella una big band con su propio carácter y un fuerte espíritu de equipo.

Aparte de su labor pedagógica y de divulgación, esta formación ha sido también sensible a la recuperación de los bailes de la época swing, como el Lindy Hop que se puso de moda en los años noventa, y ha actuado en sesiones especiales de baile, devolviendo el jazz a su escenario más natural y popular.

Además de toda esta serie de misiones, la Lincoln Center Jazz Orchestra ha servido también para dar a conocer algunos de los mejores músicos de las nuevas generaciones que han ido surgiendo. Así pues, por esta formación han pasado nombres actualmente tan reconocidos como los de Nicholas Payton y Marcus Printup, trompetas; Wycliffe Gordon, trombón; Jesse Davis, Wess Anderson y Sherman Irby, saxos alto; James Carter, Walter Blanding Jr. y Joshua Redman, saxos tenor; Victor Goines, saxo tenor y clarinete; Marcus Roberts, Eric Reed y Cyrus Chestnut, pianistas; Reginald Veal, contrabajo; Herlin Riley, Lewis Nash y Ali Jackson, baterías.

La orquesta ha contado también con la colaboración de algunos veteranos que han ayudado a infundir al cuerpo de la banda el verdadero espíritu y el grado de autenticidad con el que hay que interpretar la música de los grandes del jazz. Algunos de estos veteranos son Jon Faddis y Joe Wilder, trompetas; Britt Woodman y Art Baron, trombones; Jerry Dodgion y Norris Turney, saxos alto; Bill Easley, saxo alto y tenor, y Joe Temperley, saxo barítono.

En una época tan difícil para las big bands como la que estamos tratando, hay que descubrirse ante el trabajo meritorio y beneficioso para la preservación del patrimonio jazzístico de todas las épocas que esta formación ha llevado a término.

Como hemos visto, con dificultades y una cierta precariedad, el jazz de gran orquesta ha seguido ocupando un lugar visible en el panorama jazzístico del último cuarto del siglo XX.

La tradición swing: pequeños conjuntos

Como en las décadas anteriores, este tipo de formaciones ha sido el más habitual en el último cuarto del siglo XX. Tríos, cuartetos y quintetos, principalmente, han sido los que han poblado mayoritariamente la corriente tradicional del swing.

Sin embargo, por su importancia, debemos empezar hablando de una formación muy particular que contaba con un número superior de intérpretes. Es la conocida como los Savoy Sultans del batería Panama Francis, un conjunto que podríamos calificar de «pequeña gran orquesta», pues estaba integrado por nueve músicos a imagen del conjunto del mismo nombre que animaba las noches del Savoy Ballroom de Harlem como orquesta relevo de la casa, entre 1937 y 1946.

Los nuevos Savoy Sultans se dan a conocer con gran éxito en el Festival de New York de 1978, vienen a Europa en 1979 donde graban su primer álbum que obtiene diversos galardones y, a partir de entonces, su fama entre los aficionados crece enormemente, actuando en los principales festivales de jazz y viniendo a Europa en repetidas ocasiones durante los años ochenta.

La formación inicial estaba integrada por notables *jazzmen* como los trompetas Francis Williams e Irving Stokes, los saxofonistas alto Howard Johnson y Norris Turney, el magnífico saxo tenor George Kelly, el pianista Red Richards, el guitarrista acústico John Smith, el contrabajo Bill Pemberton y el batería y líder del conjunto Panama Francis.

Posteriormente pasan por la formación diversos músicos, en general excelentes, como los entonces jóvenes Spanky Davis, trompeta y Bill Easely, saxo alto y clarinete, y los más veteranos, Heywood Henry, saxo tenor, Bobby Smith, saxo alto, y Sammy Benskin, piano.

El repertorio de la orquesta se basa en los arreglos de los Savoy Sultans originales y en acertadas adaptaciones para grupo reducido de algunos de los arreglos de las big bands que triunfaron en el Savoy Ballroom durante la época swing (Chick Webb, Lucky Millinder, Erskine Hawkins), así como adaptaciones de temas «standard» o de otras procedencias. La mayoría de estos arreglos son obra de George Kelly

Pero aparte de sus magníficos solistas y de los eficaces arreglos interpretados, lo más notable de este conjunto es el espíritu que lo anima. Panama Francis, músico que vivió la época swing formando parte de algunas de las mejores orquestas de entonces (Lucky Millinder, Roy Eldridge, Cab Calloway), consiguió transmitir a sus músicos su convicción, su entusiasmo y su estima por la música de aquella época. Y esto se hace plenamente evidente en los diversos álbumes que grabó el grupo hasta su disolución a mediados de los años ochenta.

Si nos centramos ahora en los pequeños conjuntos propiamente dichos (tríos, cuartetos, quintetos), observamos que la mayoría de los que surgen en los años setenta y ochenta están liderados por veteranos solistas procedentes de importantes big bands, los cuales, habiendo alcanzado un renombre suficiente, deciden aventurarse por su cuenta.

Este es el caso de los quintetos capitaneados por Al Grey (trombón) formando tándem con Jimmy Forrest (saxo tenor) y más tarde con Billy Mitchell (saxo tenor), y el formado por Harry Edison (trompeta) con Eddie Lockjaw Davis (saxo tenor), todos ellos antiguos solistas de la orquesta de Count Basie, grupos que dada la creatividad de sus solistas ofrecen siempre un jazz fresco, original y lleno de sorpresas.

En la misma línea que los anteriores debemos mencionar a los grupos formados por jóvenes músicos blancos de mucho talento que en los años setenta y contra corriente, se dieron a conocer como excelentes solistas dentro de la tradición swing.

De todos estos grupos, el que reunió a lo mejorcito de estos jóvenes *jazzmen*, es la Concord Super Band, sexteto patrocinado por su discográfica (Concord Jazz Inc.), en el cual destacan Scott Hamilton (saxo tenor), Warren Vaché (trompeta), Ross Tompkins (piano) y Jacke Hanna (batería).

Otros grupos integrados por esta hornada de músicos blancos adictos al swing, han sido los del trombonista Dan Barrett y los del guitarrista Howard Alden.

Pero, seguramente, de los conjuntos integrados por músicos blancos, el más original de esta época haya sido el Ruby Braff-George Barnes Quartet, liderado por dos *jazzmen* veteranos, como el gran trompeta Ruby Braff (1927-2003) y el guitarrista George Barnes. Completaban el grupo una guitarra rítmica y un contrabajo. En la música de este cuarteto, gracias a ingeniosos arreglos, los sonidos de la trompeta y la guitarra eléctrica se combinan de manera muy curiosa, ofreciendo un sabor muy especial y atractivo. Bulliciosos y humorísticos diálogos trompeta-guitarra acaban de dar a este conjunto su carácter tan particular.

En el apartado de tríos, merece una mención aparte el del batería Oliver Jackson (1933-1994). Formado por la antigua sección rítmica de la orquesta de Sy Oliver, es decir, por Cliff Smalls al piano, Leonard Gaskin al contrabajo y el líder Oliver Jackson a la batería, este trío ofrece un jazz fuera de serie en el sentido literal de la expresión.

El artífice de todo ello es Cliff Smalls, el pianista, músico de un raro talento, arreglador sutil y original, que combinando elaboración y espontaneidad en sabias dosis, ha contribuido decisivamente a la creación de la acusada personalidad de este trío.

Junto a Oliver Jackson a la batería, siempre desbordante de dinamismo y swing, desplegando todos los matices y sutilezas del arte de acompañar, y junto al sólido Leonard Gaskin al contrabajo, el piano de Smalls lleva la parte principal de los originales arreglos, protagonizando además improvisaciones llenas de audacias melódicas y armónicas, servidas siempre con un gusto exquisito.

Con la adición de otro solista, como el saxo alto Jimmy Powell en 1981 y el saxo tenor Percy France en 1982-83, la formación pasaría a ser un cuarteto, con lo cual sus atractivos todavía aumentarían.

Otro trío de gran importancia, aunque de formación variable, ha sido el dirigido por el gran contrabajista Ray Brown (1926-2002) desde 1980 hasta su fallecimiento.

En el puesto de pianista se han sucedido el formidable Gene Harris, el joven pianista blanco Bennie Green, uno de los mejores de su generación, y el jamaicano y no menos formidable, Monty Alexander.

En el puesto de batería encontramos sólidos acompañantes como Mickey Rocker, Jeff Hamilton y Gregory Hutchinson.

En determinados períodos, la batería ha sido substituida por una guitarra, de lo cual se ha encargado el que posiblemente es el mejor guitarrista de las últimas generaciones, Russell Malone.

De todas formas, el motor del trío ha sido siempre el contrabajo de Ray Brown, el cual, en cuanto a potencia y swing, iguala a los mejores baterías y, además, redondea su liderazgo con magníficas y creativas intervenciones en solo.

Para completar el apartado dedicado a los tríos, hay que tener en cuenta todas las formaciones de este tipo que han liderado los múltiples pianistas en activo durante este período. La lista es larga y todos estor tríos, de la mano de sus líderes, han ofrecido gran cantidad de buen jazz dentro de la amplia corriente mainstream. Son los trios de Kenny Barron, Monty Alexander, Mulgrew Miller, George Cables, Danny Mixon, John Hicks, Cyrus Chestnut, Eric Reed, Bennie Green, Bill Charlap, etc.

Otro trío de gran importancia, aunque de formación variable, ha sido el dirigido por el gran contrabajista Ray Brown (1926-2002) desde 1980 hasta su fallecimiento.

Para completar la reseña de los pequeños conjuntos de esta época, hay que mencionar al grupo más brillante de los aparecidos en la década de los noventa. Se trata del septeto de Wynton Marsalis. Lo integran, aparte de Marsalis, trompeta y líder, algunos de los mejores músicos de su generación, como el trombonista Wycliffe Gordon, el saxo alto Wess Anderson, el saxo tenor y soprano Todd Williams, el pianista Eric Reed, substituido ocasionalmente por Marcus Roberts, el contrabajo Reginald Veal y el batería Herlin Riley.

El estilo y el repertorio de este grupo son muy eclécticos. Abarcan desde interpretaciones cercanas al estilo New Orleans hasta algunas incursiones en los estilos más vanguardistas, pasando por composiciones y arreglos originales de algunos de los miembros del septeto, principalmente de Wynton Marsalis, las obras de cual evidencian su fecunda imaginación, audacia y originalidad en la forma de combinar los timbres sonoros y en el tratamiento de la armonía, cualidades todas ellas que demuestran una indudable admiración por el legado de Duke Ellington.

Este grupo causó sensación en su presentación en el Village Vanguard de New York, grabó diversos discos y contribuyó a dar visualidad a esta revitalizada corriente central del jazz.

Aparte del grupo anterior, otros pequeños conjuntos han tenido sus años de protagonismo en este período. Han sido los cuartetos o quintetos liderados por los solistas más destacados de la nueva ola de *jazzmen* jóvenes que se han movido dentro de la corriente mainstream. Los más destacables han sido los grupos de los trompetas Nicholas Payton y Terrell Stafford, del trombonista Wycliffe Gordon y de los saxofonistas Joshua Redman, James Carter y Harry Allen. Todos ellos tienen numerosos discos en el mercado.

La tradición bop: hard-bop, neo-bop

El hard-bop, que había tomado cuerpo en los años cincuenta, tiene un importante grueso de continuadores entre los músicos surgidos en los primeros años sesenta. Pero con el tiempo irá perdiendo algunos efectivos entre los jóvenes que deciden probar suerte en el free y también entre aquellos que a comienzos de los setenta hacen el salto hacia el jazz rock. Así, jóvenes saxofonistas como Pharoah Sanders y Archie Shepp, discípulos de Coltrane, son arrastrados por este en sus postreras incursiones en el free. Otros, que habían destacado en grupos de hard-bop, como los teclistas Herbie Hancock, Chick Corea, Joe Zawinul y Keith Jarrett, o el saxo tenor Wayne Shorter, siguiendo los pasos de Miles Davis, por un tiempo al menos, se apuntan al novedoso experimento del jazz rock.

Pero aparte de estas deserciones, otros músicos siguen fielmente aferrados al hard-bop. Es el caso de grupos como los Jazz Messengers de Art Blakey, con una incesante renovación del personal, y de solistas como los trompetas Jon Faddis, Freddie Hubbard y Woody Shaw; los saxofonistas Benny Golson, Roland Kirk, Joe Henderson y George Coleman; los trombonistas Curtis Fuller y Slide Hampton; el contrabajista Charlie Mingus en su particular mundo musical; los pianistas Junior Mance, Barry Harris y Cedar Walton; los baterías Jimmy Cobb, Ben Riley, Billy Higgins y Tony Williams, etc.

Esta corriente continuadora de la tradición bop sigue acogiendo nuevos talentos durante los años ochenta, como el trompeta Terence Blanchard, el trombonista Frank Lacy, los saxos tenor Ricky Ford y Branford Marsalis, el pianista Danny Mixon, etc.

Pero la gran inyección de sangre nueva a la tradición bop se produce a comienzos de la década de los noventa. Será el llamado «neo-bop».

Efectivamente, a partir del momento en que inducidos por Wynton Marsalis, los jóvenes músicos giran la vista hacia atrás, se perfila una nutrida generación de *jazzmen* que, aparte de conocer y moverse con facilidad en el idioma del swing más clásico, explotan con habilidad, convicción y creatividad las innovaciones que aportó el be-bop en los años cuarenta. Son intérpretes capaces de pasar con toda naturalidad de un estilo a otro y, es más, de sintetizar felizmente el fraseo intrincado y complejo del bop con la respiración rítmica propia del swing.

Para un amplio sector de la crítica y los historiadores, esta generación de jóvenes que se mueven dentro de los límites del mainstream, representa una decepción y un verdadero revés, casi una traición, sobre todo porqué niega con hechos el rumbo que ellos presuponían que debía seguir el jazz. Esta generación ha sido tildada con un cierto desprecio de «neoclásica» y si en alguno de esos críticos y teóricos anidaba, ni que fuese inconscientemente, un cierto sentimiento racista, admitir que el control de la historia del jazz volvía a manos de los afroamericanos y reconocer que el lenguaje vigente era el de la tradición negro-americana, podía no resultarles excesivamente cómodo ni agradable.

De toda esta generación de solistas que se mueven entre las tradiciones del swing y el bop, daremos referencia en el siguiente apartado.

El mainstream: los solistas

En este apartado, de manera sistemática, agrupándolos por instrumentos, daremos relación de las principales individualidades aparecidas en el período 1975-2000.

TROMPETA

En los años setenta y ochenta, con algunas de las big bands históricas todavía en actividad, en sus respectivas formaciones se dan a conocer algunos trompetas notables. En la orquesta de Count Basie es Wyman Reed, en la de Duke Ellington, Barry Lee Hall y en la de Lionel Hampton, Johnny Walker. Los tres muestran las influencias de Clark Terry, de Clifford Brown y del be-bop en general. En la orquesta de Duke Ellington, ya bajo la dirección de su hijo y sucesor Mercer, se revela James Bolden, trompeta de gran potencia en la línea de «Cootie» Williams.

En esta misma época, con un lenguaje totalmente fiel al estilo swing, destacan dos excelentes trompetas blancos: Spanky Davis que actúa con los Savoy Sultans de Panama Francis, y Warren Vaché que actúa en la Concord Super Band. En cambio, otro trompeta blanco, Randy Sandke, demuestra una gran versatilidad para tocar en estilos muy diversos.

De los trompetas que surgen en plena década de los ochenta y noventa cabe destacar en primer lugar a Wynton Marsalis, verdadero virtuoso del instrumento y capaz de tocar con absoluta solvencia desde el estilo New Orleans al hard-bop, pasando por el swing. Pero, a su lado y en este mismo período, otros excelentes trompetas surgen en la escena del jazz: Roy Hargrove, músico con una gran potencia y mordiente; Terell Stafford, capaz de tocar indistintamente en el estilo swing y en el hard-bop; y Nicholas Payton, probablemente, el trompeta más dotado de su generación, es capaz tanto de reinterpretar dignamente las obras más emblemáticas de Louis Armstrong como de emular el fraseo de un Clifford Brown, pero lamentablemente ha seguido una trayectoria estilísticamente muy cambiante, alejándose cada vez más del lenguaje del jazz.

De entre los trompetas europeos surgidos en este período destacaremos a los franceses François Biensan, Alain Bouchet y Patrick Artero y al alemán Herbert Christ.

TROMBÓN
Ya hablamos en el apartado dedicado al jazz de New Orleans de dos trombonistas seguidores del estilo tradicional de esta ciudad: Freddie Lonzo y Lucien Barbarin que se dan a conocer a partir de los años setenta.

En esta misma década, en la orquesta de Duke Ellington, un trombonista blanco, Art Baron, asombra a todos por su habilidad con la sordina wa-wa; en la orquesta de Count Basie destaca Dennis Wilson y, unos años después, en la big band de Illinois Jacquet, Frank Lacy asombra por su ataque fulminante y su gran potencia.

Por esta misma época, un trombonista blanco, Dan Barrett, se muestra como un excelente seguidor del estilo conciso, flexible y lleno de sensibilidad de Vic Dickenson.

En la década de los noventa, surge un nuevo fenómeno nacido en New Orleans: se llama Wycliffe Gordon y es un músico de técnica impresionante pero con un estilo plenamente enraizado en la tradición. Maneja con gran acierto la sordina wa-wa, toca con una potencia impresionante y, además, es un cantante con un divertido sabor de la vieja escuela. También son dignos de mención los trombonistas Delfeayo Marsalis, hermano de Wynton, y Clarck Gayton que aparece en el film *Kansas City* (1996) de Robert Altman.

SAXOS ALTO, TENOR Y CLARINETE
La influencia predominante de Charlie Parker y Cannonball Adderley se deja sentir en casi todos los saxos alto de esta época. Algunos de ellos, sin embargo, también denotan influencias de los dos grandes saxos alto de la época swing, esto es, Johnny Hodges y Benny Carter.

En los años setenta y ochenta los solistas de ese instrumento que más destacan en algunas de las big bands en actividad son Clifford Solomon en la formación de Ray Charles, Chris Woods en las bandas de Sy Oliver y Clark Terry, y Joey Cavaseno en la de Illinois Jacquet. Hank Crawford, antiguo miembro de la orquesta de Ray Charles, al frente de su propio conjunto, también destaca en esa época entre los mejores saxos alto.

En los noventa, los saxos alto más notables que se dan a conocer son Jesse Davis, con un estilo cercano al de Cannonball Adderley; Wessell Anderson y Sherman Irby que actúan en la Lincoln Center Jazz Orchestra, siendo capaz este último de tocar ocasionalmente en un estilo próximo al de Johnny Hodges; y el más joven de todos ellos, Antonio Hart.

Tocando indistintamente el saxo alto y el tenor, debemos mencionar a Bill Easley que se dio a conocer en los años setenta en la orquesta de Duke Ellington dirigida por su hijo Mercer y que más tarde formo parte de los Savoy Sultans de Panama Francis.

En el terreno estricto del saxo tenor, en esta época emergen del relativo anonimato en que se movían, Houston Person y Junior Walker, ambos seguidores de la línea estilística creada por Illinois Jacquet, Arnett Cobb y seguida por King Curtis.

En un estilo cercano pero con influencias de Don Byas y Ben Webster, destacan Rickey Woodard, miembro de la Clayton-Hamilton Jazz Orchestra, y dos excelentes saxofonistas blancos, Scott Hamilton y Ken Peplowsky, este último también clarinetista.

La aparición de Scott Hamilton a mitad de los años setenta, tocando en un estilo que debía mucho a la calidez de Ben Webster cuando parecía que su influencia se había extinguido, fue una agradable sorpresa y su entrada en escena fue, además, el detonante para que toda una serie de jóvenes músicos blancos se dieran a conocer como solventes intérpretes dentro de la escuela swing.

Scott Hamilton (izquierda) y Joshua Redman.

De la nueva ola de saxos tenor que irrumpieron a finales de los años ochenta y en los noventa destacaremos a Branford Marsalis, hermano de Wynton y también saxofonista soprano, a Victor Goines, Joshua Redman, James Carter, que toca también los saxos soprano y barítono, Walter Blanding Jr., Todd Williams y Tim Warfield. Todos ellos se mueven con igual facilidad y dominio tanto en la línea swing como en la del hard-bop. Completando la relación de saxos tenor debemos mencionar a dos saxofonistas blancos dignos de interés, Eric Alexander y Harry Allen, este último con un estilo muy personal, debe considerarse como uno de los mejores de su generación.

En Europa, en estos años, han surgido también buenos saxofonistas, como el saxo alto Claude Tissendier, el saxo tenor Michel Pastre, y el saxo alto y clarinetista, Paul Chéron, todos tres franceses.

Por lo que respecta al clarinete, instrumento que después de 1940 fue perdiendo el protagonismo que tuvo en las primeras décadas de la historia del jazz, no han faltado en el último cuarto del siglo XX algunos solistas honorables.

Dentro del estilo New Orleans destacan Michael White, gran defensor y divulgador de la tradición y el joven Evan Christopher, nacido en California, pero que ha asimilado perfectamente el estilo de su ciudad de adopción.

Dentro de la línea swing, con Benny Goodman como modelo, diversos clarinetistas blancos lucen su técnica y buenas maneras pero sin una extraordinaria capacidad expresiva. Estos son los veteranos Kenny Davern, Eddie Daniels y los más jóvenes Ken Peplowsky y Allan Vaché, este último, hermano del trompeta Warren Vaché.

PIANO

La figura señera del piano-jazz en esta época es Oscar Peterson y hacia él dirigen la mirada muchos de los pianistas que se dan a conocer durante estos años.

Monty Alexander, después de sus prometedores comienzos en los últimos años sesenta, se confirma como un *jazzman* de gran categoría. En su estilo combina la exuberancia de Peterson con la variedad y fuerza de percusión de pianistas como Nat King Cole y Ray Bryant.

Otro magnífico seguidor de Oscar Peterson es el también canadiense Oliver Jones, del cual, por técnica y swing, puede decirse que no le supera ni su propio maestro.

Durante los años setenta un buen número de pianistas experimentados y de calidad, debido al predominio del jazz-rock y la consecuente utilización de sintetizadores y teclados electrónicos diversos, quedan arrinconados en un segundo plano. No es hasta bien entrados los años ochenta que estos pianistas acústicos empiezan a asomar cabeza y a ser reconocidos. Entre ellos debemos citar a Kirk Lightsey, John Hicks, Kenny Barron, George Cables, Mulgrew Miller, Gerald Price, Geri Allen, Danny Mixon, el italiano Dado Moroni, etc.

Todos ellos se mueven dentro de los límites del mainstream, sea decantándose hacia la escuela swing en unos casos, sea decantándose hacia el hard-bop en otros.

En general las influencias que pesan sobre ellos van de Art Tatum a Ahmad Jamal, pasando por Erroll Garner, Thelonious Monk, Bud Powell y Oscar Peterson.

En los años noventa, con la llegada de la nueva generación de músicos adscritos a la corriente mainstream, descubrimos a una serie de pianistas jóvenes de gran talento, como Cyrus Chestnut, Marcus Roberts, Bennie Green, Bill Charlap, Eric Reed, etc.

Las influencias sobre estos son las mismas que recibieron los anteriores. En algunos casos (Cyrus Chestnut, Eric Reed) se hace patente, además, la influencia de la música de iglesia.

Dos pianistas y cantantes blancos famosos, Diana Krall y Harry Connick Jr., son realmente buenos instrumentistas, especialmente la primera, pero su enorme fama se debe en gran parte a un montaje publicitario exagerado en comparación con el recibido por otros pianistas contemporáneos de clase muy superior.

En esta época en Europa también se revelan magníficos pianistas como los franceses Louis Mazetier y el malogrado François Rilhac, ambos magníficos especialistas del piano stride, al igual que el alemán Bernd Lhotzky. También cabe destacar al catalán Ignasi Terraza, digno sucesor de Tete Montoliu, el cual ha llegado a obtener un amplio reconocimiento internacional.

GUITARRA

En estos años, cuando se habla de guitarra-jazz se hace referencia básicamente al instrumento con amplificación eléctrica. La guitarra acústica aparece solamente de manera excepcional o en determinados estilos como el gypsy swing, también llamado jazz manouche.

Las influencias que reciben los jóvenes guitarristas en esta época viene marcada por la que ejerce la terna Charlie Christian-Wes Montgomery-George Benson.

Bajo estas influencias durante los años setenta se afirman excelentes guitarristas como Melvin Sparks, Cornell Dupree y Jimmy Ponder, los cuales también han hecho incursiones en el llamado soul jazz.

En los años ochenta irrumpe en la escena de la guitarra-jazz un nuevo fenómeno. Se trata de Stanley Jordan que introduce una técnica totalmente nueva consistente en hacer sonar las cuerdas, no pulsándolas sino martilleándolas con los dedos de ambas manos, colocadas de manera absolutamente heterodoxa sobre el mango del instrumento, como si de un teclado se tratara. Con esta técnica puede llegar a tocar con un swing y una exuberancia de ideas melódicas realmente extraordinaria, aunque, a veces, en sus incursiones en la música pop se aleja del lenguaje propio del jazz.

De la generación de guitarristas que han llegado a la fama en los años noventa, dos son los que han destacado de manera más clara: Russell Malone y Mark Whitfield. Ambos aparecen en el film *Kansas City* de Robert Alman.
Russell Malone, que se dio a conocer en el trío del organista Jimmy Smith y más tarde en el cuarteto de Diana Krall, es un músico que a pesar de tocar en un lenguaje moderno, denota un innegable enraizamiento en la tradición y un profundo conocimiento de los grandes guitarristas de blues.
Mark Whitfied, por su parte, es un virtuoso con influencias de Wes Montgomery y George Benson.
También hay que hacer mención de un notable contingente de guitarristas blancos de calidad, encabezado por Howard Alden, seguido por el veterano Cal Collins y por los más jóvenes Chris Flory y James Chirillo.

Capítulo aparte merece el gypsy swing o jazz manouche, estilo en el que en el último cuarto del siglo XX se han multiplicado en Europa sus seguidores, es decir, los discípulos del genial Django Reinhardt. En Francia han destacado Christian Escoudé, Raphäel Faÿs, Biréli Lagrène, Tchavolo Schmitt y Florin Niculescu, en Holanda Stochelo y Jimmy Rosenberg, en Inglaterra Robin Noland, en Mallorca Biel Ballester, etc., entre muchos otros.

CONTRABAJO
Los principales contrabajistas que se han dado a conocer en el último cuarto del siglo XX tienen unos modelos comunes que son los de la saga que arranca con Jimmy Blanton, sigue con Oscar Pettiford y culmina con Ray Brown.
Por orden de aparición en la escena del jazz debemos citar en primer lugar a John Heard, Buster Williams, Rufus Reid y Ray Drummond, que ya habían dado sus primeros pasos profesionales en los años sesenta.
Les siguen por edad dos contrabajistas que tienen el mérito de haber pasado por la orquesta de Count Basie. Estos artistas son John Clayton y Jimmy Leary.
La generación más joven, la que se da a conocer en los años ochenta y noventa, la integran magníficos *jazzmen* como Peter Washington, Christian Mc

Bride, Reginald Veal, acompañante durante muchos años de Wynton Marsalis y Rodney Whitaker.

En Europa, ya en los años sesenta, destacaba el danés Niels-Henning Orsted Pedersen, músico de una técnica prodigiosa pero inferior en cuanto al swing.

En Francia, en los años ochenta surge un magnífico discípulo de Ray Brown, el formidable Pierre Boussaguet.

BATERÍA

La profunda revisión a que es sometida la función de la batería a partir del be-bop, decantándola de su estricta labor de acompañamiento hacia un protagonismo equiparable al del solista, ha hecho que algunos jóvenes baterías se movieran en una cierta ambigüedad estilística dependiendo del entorno en el que estuviesen tocando.

A pesar de ello, ya en los años setenta y ochenta, un buen puñado de baterías destacan por su capacidad para dar prioridad al swing por encima de todo. En la orquesta de Duke Ellington descubrimos a Quentin «Rocky» White y, más tarde, (con Mercer Ellington) a Freddie Waits. En la orquesta de Lionel Hampton es Richie Pratt quien hace gala de un estilo sólido y potente y más tarde será «Duffy» Jackson el que ocupará brillantemente el puesto. Junto a ellos cabe citar a Jimmy Smith (no confundir con el organista del mismo nombre) e Idris Muhammad, muy solicitados en los estudios de grabación.

Pero, probablemente, los dos mejores surgidos en estos años sean Alvin Queen y Clyde Lucas. El primero, nacido en New York en 1950, había tocado con grupos de todos los estilos, clásicos y vanguardistas, de aquí la ambigüedad inicial de su estilo. Empezó a ser conocido y apreciado cuando a finales

Alvin Queen, nacido en New York en 1950, ha tocado con grupos de todos los estilos, clásicos y vanguardistas.

de los setenta se instaló en Suiza y tuvo la oportunidad de acompañar a los solistas de estilo swing que a menudo visitaban Europa. Ese contacto le resultó
muy beneficioso para definir su estilo, pasando a ser el acompañante preferido
de los músicos americanos de paso por el Viejo Continente.

Clyde Lucas ha tenido una trayectoria mucho más rectilínea por haber
acompañado de joven a músicos como el trompeta Jonah Jones y más tarde al
organista Wild Bill Davis.

Es este un músico muy original puesto que en la instrumentación de su batería prescinde del clásico bombo, sustituyéndolo por lo que él ha bautizado
como el *batom*, esto es, el timbal mayor (o goliat) que percute con un pedal
situado en la membrana inferior, completando esa instrumentación con tim-
bales afinados de forma especial y diversos tipos de platillos. Además de la
amplia gama sonora obtenida con esa instrumentación, Clyde Lucas destaca,
sobre todo, por una percusión potente, precisa y de un swing superior al de
casi todos sus contemporáneos.

De los baterías aparecidos a mediados de los años ochenta, destacaremos a
Denis Mackrel, que se dio a conocer en la orquesta de Count Basie y más
tarde en la de Buck Clayton, a Gregory Hutchinson, Herman Riley, batería
favorito de Wynton Marsalis, Lewis Nash, Willie Jones III y a Gerald French
que se mueve dentro del estilo de jazz de New Orleans.

VOCALISTAS

Una gran parte de los vocalistas de calidad de esta época son aquellos que en
el capítulo anterior y en el presente han sido tratados en los apartados dedicados al rhythm & blues, el soul o el funky.

Aparte de aquellos, en el terreno estricto de lo que convencionalmente llamamos jazz, debemos mencionar, en primer lugar, a magníficas cantantes ya
veteranas, como Ruth Brown, Linda Hopkins, Carrie Smith o Sandra Reaves-
Philips, que ocupan una posición relevante durante estos años gracias sobre
todo a su participación en los espectáculos musicales de los que ya hablamos
anteriormente.

En cuanto a las nuevas voces femeninas de calidad surgidas en este perío-
do, podemos mencionar a las cantantes Spanky Wilson, Lillian Boutté, Patti
Austin, Dee Dee Bridgewater, Dianne Reeves, Cassandra Wilson y Charmin
Michelle.

Entre las voces masculinas, destaca de una manera especial el famoso Bobby
Mc Ferrin, con una capacidad vocal ilimitada, un registro amplísimo y una
forma de trabajar la voz absolutamente original que puede en algún momento
hacernos creer que estamos escuchando a la vez a dos cantantes distintos y aun

acompañados por un bajo eléctrico, efecto que consigue golpeándose el pecho con la palma de la mano. Cabe advertir que su campo estilístico es amplio y que solo de manera ocasional se mueve en el terreno del jazz.

Menos conocido, Kevin Mahogany es un intérprete de amplia voz y gran habilidad en el terreno del *scat*. Originario de Kansas City puede vérsele en la película del mismo nombre.

Otros cantantes han obtenido una fama a nuestro juicio exagerada, como es el caso de la cantante-pianista Diana Krall, más que discreta en el terreno vocal y del también cantante-pianista y *showman* Harry Connick Jr., el principal mérito del cual es el de rodearse de buenos *jazzmen* con lo cual sus shows siempre mantienen un cierto interés.

La corriente «abierta» o «progresista»: jazz rock y fusion jazz

En el capítulo anterior vimos como a finales de los años sesenta y en los que siguieron, con la aparición del jazz rock se inicia una nueva vía que no puede ser considerada como una simple evolución de la música de jazz sino como una verdadera mutación, puesto que los elementos rítmicos y expresivos que desde su origen caracterizaron esta música desaparecen y son substituidos por otros completamente distintos. Buena prueba de ello es el hecho de que el público negro no consume este género y sí, en cambio, consume los derivados del rhythm & blues (soul, funky, black music) que, aunque muy manipulados, algo conservan de aquellos caracteres propios de la música popular negro-americana. Será un público mayoritariamente blanco el principal consumidor del jazz rock.

Pero a pesar de estas evidencias, todos los estamentos directamente implicados en el negocio, o sea, empresas discográficas, críticos, medios de comunicación y programadores, en perfecta coordinación, presentarán y defenderán el jazz rock como la modalidad de jazz propia de la época.

Sea de buena fe o por interés, la instauración de este criterio abierto de lo qué es la música de jazz abrirá las puertas a todo tipo de propuestas musicales que, al margen de la música clásica convencional y de los géneros descaradamente «comerciales», comporten la presencia bien evidente de algún ritmo, cualquiera que sea, y conlleven un cierto grado de improvisación. Con el tiempo, este criterio ya de por sí muy abierto, seguirá ampliándose y veremos como en manifestaciones organizadas bajo la denominación de jazz, acabarán actuando artistas del mundo de la canción «comercial» o grupos musicales representativos de cualquier etnia del planeta e incluso conjuntos que interpretarán algo más cercano a la música de cámara que a otra cosa. Todo, menos jazz.

Dejaremos al lector que haga las consideraciones de orden ético que crea sean del caso. Por nuestra parte, como mínimo nos vemos obligados a constatar el hecho del enorme confusionismo que la instauración de este criterio abierto ha producido. Un confusionismo que si en principio podía crear unas ciertas expectativas o movimiento de atracción hacia el jazz, a la larga se ha visto que no hacía más que desorientar al gran público y dejarlo a merced de géneros de carácter «comercial» pero de naturaleza más fiable. Evidentemente, existe un público para el jazz rock y todas las propuestas «abiertas» que han ido siguiendo a continuación, de las cuales ya hablaremos, pero nada comparable al público, al gran público del que en sus buenas épocas gozó la música de jazz. Si el jazz rock no arrastró a las masas, la confusión que con él se creó en torno al calificativo de jazz también perjudicó al jazz en su concepción original, como ya había ocurrido anteriormente con el free jazz.

La puerta que el jazz rock abre a esta nueva concepción de la música de jazz que hemos calificado de «abierta» o «progresista», dará paso a una serie de propuestas que en la mayoría de los casos consistirán en la mezcla de formas musicales de procedencias y orígenes diversos. En conjunto, todas estas prácticas que combinan distintos géneros y estilos han recibido el nombre genérico de «fusión jazz», la cual ofrece caras y facetas muy diversas según los elementos que en la mezcla intervengan. De las más habituales daremos reseña a continuación.

Independientemente del interés musical que pueden contener, lo que ha quedado claro una vez han dado sus frutos, es que en estas propuestas son prácticamente nulas las referencias al jazz en su concepción original.

Jazz rock

A partir de las pautas creadas por los primeros conjuntos de ese estilo, es decir, el grupo de Miles Davis y, seguidamente, el Weather Report, el Return to Forever de Chick Corea, los Headhunters de Herbie Hancock, la Mahavishnu Orchestra de John Mc Laughlin, etc., numerosos otros grupos han seguido este camino en el que predominan los sonidos obtenidos o manipulados por medios electrónicos que en estos años progresan constantemente, y la utilización prioritaria de ritmos binarios. Sin embargo, con el tiempo, dentro del dominio del jazz rock se perfilarán tendencias diversas. En el propio jazz rock se abre un amplio espectro de posibles caminos, los cuales serán explorados por unos y otros alternativamente, de forma insistente o esporádica.

El grupo Return to Forever de Chick Corea, que normalmente se mueve en el jazz rock más clásico, incluye en sus trabajos intervenciones en solo de su líder al piano acústico que beben de la música impresionista europea.

Por ejemplo, el grupo Return to Forever de Chick Corea que normalmente se mueve en el jazz rock más clásico, incluye en sus trabajos (*Where Have I Know You Before*), intervenciones en solo de su líder al piano acústico que beben de la música impresionista europea. En una línea similar, el teclista y pianista Keith Jarrett obtiene una gran aceptación con *The Köln Concert*, recital en el que interpreta composiciones propias también inspiradas en parte de la música para piano del impresionismo europeo.

En una tendencia opuesta se sitúa el colectivo M-Base Collective que en vez de intentar europeizar la música, lo que hacen es fundir los procedimientos de improvisación del «jazz moderno» con ritmos bailables africanos o afroamericanos como el funk. En este colectivo encontramos destacables músicos como el saxofonista Steve Coleman, la pianista Geri Allen, el batería Marvin «Smitty» Smith y la cantante Cassandra Wilson.

Otros músicos se moverán dentro de una línea abiertamente ecléctica que les llevará a probar todo tipo de combinaciones, desde el free hasta el poprock. Entre estos destaca un virtuoso de la guitarra como Pat Metheny que, aparte de los trabajos realizados con su propio grupo, ha venido realizado proyectos en común con Jaco Pastorius, bajista emblema del jazz rock, con Ornette Coleman, pionero del free, y con Joshua Redman, joven representante del movimiento retrospectivo.

Todas estas propuestas que van en direcciones diversas tienen un trazo en común. Están formuladas desde la misma actitud que se inicia en los años cuarenta, aquella en que el músico rehúye el calificativo de *entertainer* para otorgarse del de «artista». Aunque el jazz rock busca abrirse a un público joven y más amplio, no quiere ser considerado simplemente como música para el consumo de masas sino como una música que ofrezca suficientes toques de sofisticación, vanguardismo o inconformismo, como para seducir a un público joven que aspire a distinguirse y distanciarse de la masa consumista. En pocas palabras, el concepto de música para el consumo de minorías (cuanto más amplias, mejor) sigue operando.

Fusion jazz

Acabamos de ver como el mestizaje entre el jazz y el rock apuntaba en direcciones diversas. Esta dinámica de mezclar los mecanismos y fórmulas de improvisación del jazz (no sus caracteres originales) con músicas de orígenes diversos, se generalizará durante los años ochenta. A todo este movimiento, en conjunto, se le dará el nombre de fusion jazz o, simplemente, fusion. De una manera esquemática, podemos decir que este movimiento apuntará básicamente en dos direcciones. Por un lado, hacia los géneros de moda de cada momento, por el otro, hacia las músicas procedentes de etnias más o menos lejanas.

Así, pues, por un lado, la fusión se alimentará del funk, del rap, del hip-hop, etc., incorporando a los esquemas de improvisación del jazz los ritmos y sonidos, incluso los repertorios, de estas variantes del rhythm & blues. Estas mezclas son las que darán lugar al funk jazz, al acid jazz, etc., de los cuales ya hemos dado alguna referencia anteriormente.

Por otro lado, la mirada de los músicos se dirigirá hacia las músicas de las múltiples etnias que pueblan nuestro planeta, como la caribeña, la africana, el flamenco, la música celta, etc.; o serán los propios músicos pertenecientes a esas etnias los que se aproximarán a los sistemas de improvisación que utiliza el jazz. De todo ello hablaremos continuación.

A imagen del movimiento nacido en la segunda mitad de los cuarenta, un sector de intérpretes partícipes de la herencia del be-bop incorpora a ese estilo ritmos y fórmulas procedentes de la música cubana o puertorriqueña. Simultáneamente, genuinos intérpretes de música antillana, experimentarán en sentido inverso, es decir, encajarán su discurso musical en las pautas rítmicas y de improvisación típicas de los grupos de be-bop, hard bop o neo-bop. Es así como tomará cuerpo el llamado *afro-cuban jazz*, con intérpretes como los veteranos Bebo Valdés (piano), Tito Puente y Mongo Santamaría (percusión), Chico O'Farrill (trompeta y arreglador) y otros más jóvenes como Paquito D'Rivera (saxo alto), Arturo Sandoval (trompeta), Chucho Valdés y Gonzalo Rubalcaba (piano).

Esa tendencia, ampliada con la incorporación de ritmos, melodías y armonías del resto de América Latina (Brasil, Argentina, etc.), recibirá la denominación global de *latin jazz*, dentro de la cual encontraremos músicos de fuerte personalidad, como los argentinos Gato Barbieri (saxo tenor), Astor Piazzolla (acordeonista y compositor), la brasileña Eliane Elias (piano), el dominicano Michel Camilo (piano), etc.

Otros músicos, algunos de ellos encallados en el camino cortado que resultó ser el free jazz, buscan salida, nueva inspiración y procedimientos de improvisación en músicas exóticas, europeas o africanas. Recíprocamente, también se da el caso de músicos surgidos en aquellos ámbitos alejados del país donde nació el jazz, que intentan incorporar a la música propia de su etnia los mecanismos interpretativos y de improvisación del jazz. Será lo que ha convenido en denominarse *jazz étnico*.

En África, concretamente en Sudáfrica, se forma un importante colectivo de músicos autóctonos encabezados por Hugh Masekela (trompeta) y Dollar Brand (piano y saxo); en Etiopía es Mulatu Astatke (percusionista, teclista y arreglador) el que lleva la iniciativa de este movimiento. Todos ellos, en conjunto, llegan a construir lo que se podría llamar *jazz africano* que, en realidad, tiene muy poco que ver con el concepto original del jazz. Mucho más cercana a este concepto es la música de inspiración africana que compone e interpreta el pianista norteamericano Randy Weston, cuyo enraizamiento en el jazz le permite experimentar en la dirección africana sin renunciar a los caracteres originales del jazz.

En Europa, concretamente en España, músicos formados en el mundo del jazz, como el saxo tenor Pedro Iturralde, que en los años sesenta ya había realizado una aproximación entre el jazz y el flamenco, insistirán en esta fusión. Uno de los más reconocidos en este sentido será el saxofonista Jorge Pardo.

Por su parte, algunos intérpretes de flamenco, como el malogrado guitarrista Paco de Lucia, colaborarán con algunos de los más conocidos guitarristas y músicos de jazz rock. Otros intérpretes, formados también en el mundo del flamenco, como el pianista Chano Domínguez, se lanzan decididamente a la fusión del flamenco con el jazz. Todo este conjunto de propuestas y experimentos diversos, ha recibido la denominación de *flamenco jazz*.

En Escocia, es Hamish Moore el que experimenta composiciones con música para gaita, mientras que la música celta, en general, también es tomada como base para la improvisación según los mecanismos del jazz. En otros países, escandinavos, centroeuropeos, balcánicos o eslavos se llevan a cabo proyectos y experimentos de ese mismo tipo.

También la música de raíces judías, concretamente la de los países del este de Europa, conocida como música *klezmer*, se ha llevado al terreno del jazz con fortuna diversa. El hecho de que sea la música que se utiliza para bailar en las bodas y celebraciones, con un ritmo muy acusado, puede en principio ser una condición favorable a que el *klezmer jazz* incorpore los elementos originales del jazz, pero, la verdad es que, a la vista de los resultados, sólo excepcionalmente este ritmo adquiere la agilidad y flexibilidad propias del swing. Curiosamente, ha sido un clarinetista negro norteamericano, Don Byron, músico extraordinariamente ecléctico, uno de los que más ha contribuido a la divulgación del klezmer jazz.

También en Asia se han producido movimientos análogos, sobre todo, en la India, donde se ha experimentado la fusión de la música hindú con el jazz. En este movimiento, no solo se aportan melodías y esquemas interpretativos hindúes sino que también se introducen instrumentos musicales autóctonos como el sitar e instrumentos de percusión típicos, como la tabl. En cierta forma, fue el legendario Ravi Shankar con su participación en los festivales de Woodstock y Monterrey en 1967 y con su aproximación al mundo de la música pop, el que abrió este camino que más tarde otros músicos hindúes han seguido.

Como decíamos al comienzo de este capítulo, la globalización ha esparcido la música de jazz por todo el planeta. Gracias a ella la música creada por los negros norteamericanos ha sido conocida en las cinco partes del mundo. Ahora bien, esta semilla sembrada por el jazz ha dado frutos muy diversos, en muchos de los cuales resulta imposible reconocer el origen afroamericano de los mismos.

Dentro de este movimiento universal del jazz fusión, prácticamente solo una de sus variedades, la más antigua pero con una gran cantidad de seguidores, mantiene una relación profunda e íntima con el jazz en su concepción original. Es el *gypsy jazz*, también conocido como *jazz manouche*.

En ese estilo, heredero de la línea iniciada en Francia en los años treinta por el genial guitarrista Django Reinhardt y el violinista Stéphane Grappelli, los giros melódicos, las entonaciones, el perfume y la poesía de la música gitana se funden a la perfección con el swing y los recursos expresivos creados por los negros norteamericanos. En otras palabras, la música de origen gitano incorpora con naturalidad aquellos ingredientes que caracterizan el jazz en su concepción original. ¿No será por este simple motivo que el ejemplo de fusión más antiguo que existe en el mundo es el que goza de mayor salud, el que presenta un grueso más importante de intérpretes, el que atrae habitualmente a un mayor número de público, el que despierta un mayor entusiasmo y el que parece tener más futuro?

La música de origen gitano incorpora con naturalidad aquellos ingredientes que caracterizan el jazz en su concepción original. En la foto, Rosenberg Trio.

El jazz en el siglo veintiuno

«Se le denomina festival de jazz, pero la mayoría de los grupos que van a actuar no tocan jazz, sino funk, salsa e interminables improvisaciones con la tabla, aunque también habrá algo de esa música que el festival se supone que debe fomentar: la música de jazz.

»El festival se sustenta gracias a una intrincada red de patrocinadores corporativos a los que el jazz no les importa lo más mínimo; ni el jazz ni ninguna forma de arte. Su preocupación estriba en la cantidad de personas que acudirán y verán el logotipo de su empresa en la enorme pancarta que hay encima del escenario. El director del festival, al cual le encanta el jazz, tiene que contentar a todo el mundo. Se ha estado encargando de organizar ese festival durante los últimos treinta años y puede hablar de sobra y con tristeza de lo mucho que ha empeorado el gusto musical y de las pocas estrellas de jazz que existen en la actualidad. Sin embargo, lo hará con entusiasmo cuando se refiera al éxito financiero que ha supuesto introducir otros tipos de música aparte del que tanto ama.» «Aun así, a las cinco en punto, una banda interpreta un blues y toda la audiencia se deja llevar por la fuerza del swing. El público enloquece, chilla y aplaude tanto que los músicos alcanzan su mayor grado de inspiración. Al día siguiente nadie lo menciona en los periódicos, ni en la radio, ni en la televisión. Pero hemos sido testigos de ello. Los que estuvimos allí lo recordaremos. Y volverá a suceder, de eso no me cabe duda.»[11]

11. *Jazz. Cómo la música puede cambiar tu vida*. Ediciones Paidós Ibérica, S.A., pp. 121-122

Esta larga cita de Wynton Marsalis sintetiza con mucha agudeza la serie de situaciones con las que se tropieza la música de jazz cuando ya ha hecho su entrada en el siglo veintiuno. Esa entrada la ha hecho presentando dos identidades bien diferenciadas que, una vez más, recordaremos.

Una, su identidad original, aquella que fue creada y moldeada por la comunidad negra norteamericana en base a un tratamiento determinado del sonido y del ritmo.

La otra identidad, aquella que no está definida por unas características musicales concretas sino que es simplemente una forma de improvisación que admite influencias musicales de las procedencias más diversas.

El jazz, en su identidad original, ya no forma parte de la vida cotidiana de la comunidad afroamericana que lo creó, ni recibe de ella el soporte con el que había contado en sus épocas doradas. El jazz, en su identidad original, hoy por hoy, es simplemente una forma de interpretar la música, abierta a todo el mundo, pero que se sigue rigiendo por aquellos patrones creados y desarrollados por los negros norteamericanos en tanto que comunidad cultural. De todas formas, a pesar de que hoy no se sustenta sobre la base de la comunidad afroamericana, la realidad nos muestra que una gran parte de las iniciativas actuales vienen de los músicos afroamericanos, ellos siguen siendo los mejores y las propuestas más interesantes siguen saliendo de ellos. Muy probablemente, este hecho se debe a que la mayoría de los negros, quizás sin darse cuenta, pasan por la mejor escuela de jazz que podían encontrar: las iglesias donde las formas de cantar y los ritmos conservan toda la substancia que caracteriza a la música negra norteamericana. También existen bolsas de resistencia cultural entre los músicos, aficionados, críticos e intelectuales en determinados núcleos (New Orleans, Kansas City, New York, etc.) que trabajan para mantener vivo ese tesoro musical legado por las generaciones de afroamericanos que les han precedido.

Ahora bien, es justo reconocer que al lado de los músicos negros actuales, existen una buena cantidad de músicos blancos, en Norteamérica y en Europa, que han comprendido que para tocar jazz hay que penetrar en este lenguaje musical creado por los negros y lo demuestran hablando dicho lenguaje de manera harto brillante.

El jazz, en su concepción «abierta» o «progresista» es hoy un campo de experimentación que no se rige por ningún patrón en concreto, que se alimenta de las propuestas musicales más dispares y de procedencia más diversa y que se estructura a base de mezclarlas. Los campos de experimentación siempre son interesantes y pueden llevar a resultados enriquecedores. Pero llevar a cabo todas estas propuestas bajo la denominación de jazz ha creado un grado de confusión excesivo y ha ofrecido una imagen de esta música completamente distorsionada en relación al jazz creado por los negros americanos. El gran público hoy ya no cuenta con aquellas referencias cercanas y claras de lo que era esta música en origen y, por tanto, dado que esta concepción «abierta» ocupa la mayor parte de las programaciones de todo tipo (festivales, clubs, escuelas de jazz, etc.), este gran público no llega a conocer y a disfrutar del jazz en su versión original. Es más, los jóvenes blancos y negros que acuden a los centros donde supuestamente se enseña jazz, reciben principalmente esta visión «abierta» de lo que es esta música y apenas tienen contacto con aquella visión «tradicional» o «enraizada» del jazz, la cual además es tratada y considerada como algo obsoleto y perteneciente al pasado.

Afortunadamente, al entrar en el presente siglo, esta concepción «abierta» que en los años ochenta del siglo pasado llegó a ocupar casi todos los escenarios donde supuestamente se programaba música de jazz, ha cedido algo de terreno ante la revitalización de la música de jazz en su acepción original. Digamos que se ha producido un cierto reequilibrio.

Hechas estas precisiones, debe quedar clara una realidad actual que afecta a la música de jazz en general. Esta música, en ninguna de sus concepciones, «tradicional» o «progresista», forma parte de la vida cotidiana de ninguna sociedad o colectivo cultural. El jazz en general no vive incrustado en ningún grupo social que lo sostenga ni cuenta con una comunidad que le de vida y aliento. La opción de ser músico de jazz o un simple aficionado a este género, no es el resultado de una inercia colectiva que empuje al individuo sino que es algo absolutamente personal, condicionado exclusivamente por las circunstancias individuales y el entorno inmediato de cada uno. El jazz ya no es protagonista o acompañante de la vida cotidiana de ningún grupo social; el jazz ya no se consume como cosa habitual, noche tras noche, en las salas de baile, los cabarets o los clubs nocturnos. El jazz se consume de forma extraordinaria y puntual en grandes y aparatosos acontecimientos como son los festivales que se celebran una vez al año, especialmente en verano, en determinadas ciudades y poblaciones, muchas veces como un atractivo más de cara al turismo y, demasiado a menudo, con programaciones hechas a base de criterios jazzísticos nada escrupulosos que sacrifican la presencia de verdaderos *jazzmen* en favor de nombres de artistas famosos fuera del terreno del jazz.

Esto no quiere decir que en todas estas ciudades y poblaciones del mundo de una cierta importancia no puedan existir unos pocos, generalmente poquísimos, clubs donde se programe jazz. Pero lo cierto es que estos clubs malviven dependiendo en muchos casos de ayudas y subvenciones e incluyendo en sus respectivas programaciones otros géneros musicales distintos al jazz.

Esta situación nada satisfactoria se debe en gran parte a los cambios en los hábitos sociales y de consumo de la gente en las últimas décadas. La competencia de la televisión con sus continuas retransmisiones deportivas, el encarecimiento de los espectáculos, el consumo individualizado de audiovisuales a través de internet y de las redes sociales, la poca atención que los medios prestan a esta música, etc., han hecho profunda mella en las formas de consumir la música de jazz. Esto difícilmente podrá cambiar en el futuro. En este sentido, el jazz «en vivo» no lo tiene fácil.

Ante estas realidades, el futuro de la música de jazz parece estar en gran parte en manos de los músicos, aficionados y promotores que creen en esta música.

Nos es fácil vaticinar sobre el jazz en su concepción «abierta» o «progresista». Su evolución dependerá de las intuiciones y apuestas que los músicos que trabajan en esta línea vayan planteando. Seguramente esta concepción del jazz encontrará siempre un espacio entre lo que entendemos como «música clásica» y la «música comercial» que generan las sucesivas modas.

El jazz en su concepción original o «tradicional» es otra cosa. Los músicos que hoy están dentro de esta línea se sienten, la mayoría de ellos, depositarios de un precioso legado que deben y quieren mantener vivo. Este legado no está en los libros ni en las partituras ni puede quedar congelado en la amplísima discografía de la que hoy disponemos. Mantener vivo este legado significa para ellos, para estos *jazzmen*, mantener en su integridad, pero fresca y al día, esa *manera de interpretar* que toma sus recursos expresivos del arte vocal afroamericano y se sustenta en esta forma mágica de dar vida al ritmo que llamamos swing. Y mantener viva esta manera de interpretar es la mejor forma de transmitirla a las futuras generaciones de músicos y aficionados.

Esta manera de interpretar es lo que los músicos y los aficionados denominan como *the real thing* (la cosa auténtica). Más exactamente, los músicos que están en esta línea, ajenos a toda pretensión y pedantería y con todo el cariño y respeto por ella, coloquialmente la llaman *the real shit* (la auténtica mierda).

Frente a las presiones adversas, las consignas y los tratos peyorativos, la fe y la confianza de músicos, promotores y aficionados en que *the real shit* es algo que puede proporcionar un profundo enriquecimiento espiritual y grandes momentos de felicidad a un sinnúmero de personas, es la única base sobre la cual puede levantarse el futuro de esta maravillosa música como es el jazz en su concepción original.

discografía

Esta discografía pretende ser, en primer lugar, una ilustración del contenido de este libro y, en segundo lugar, una recomendación de acuerdo con los criterios del autor.

La discografía de cada músico se presenta en dos apartados: «Álbumes» y/o «Títulos».

En el primero, «Álbumes», se da la relación de los discos grabados con posterioridad a 1950, de contenido homogéneo, publicados originalmente en formato de LP o CD. También comprende aquellos otros discos que reúnen títulos publicados inicialmente de forma dispersa y que posteriormente se han agrupado en un solo álbum.

El segundo apartado, «Títulos», hace referencia a aquellas interpretaciones grabadas con anterioridad a 1950, editadas en su momento de forma dispersa en discos de 78 r. p. m., y también aquellas otras grabadas con posterioridad, pero editadas en discos «singles» o EP de 45 r. p. m., las cuales, todas ellas, no se encuentran agrupadas en ningún álbum (LP o CD) de fácil acceso en el mercado discográfico.

Lamentablemente, ni de los «Álbumes» ni de los «Títulos» podemos dar referencias discográficas concretas y precisas, puesto que con mucha frecuencia estas referencias cambian, se modifican o desaparecen de los catálogos.

Por este motivo, en el caso de los «Álbumes» se da el título bajo el cual originalmente fue publicado cada uno de ellos y el año, o años, de grabación.

En el caso de los «Títulos» de interpretaciones sueltas, la referencia se acompaña del nombre del músico titular bajo el cual se publicó la interpretación (en el caso que no coincida con el del solista del cual estemos dando la discografía), y del año de grabación (para facilitar su localización en webs o aplicaciones como Youtube o Spotify).

ALEXANDER, Monty
Álbumes: *We've Only Just Begun* (1971), *Love and Sunshine* (1974), *Perception* (1974), *Montreux Alexander* (1976), *So What* (1979), *The Duke Ellington Song Book* (1983), *Ray Brown, Monty Alexander, Russell Malone* (2002).

ALLEN, Harry
Álbumes: *A Little Touch of Harry* (1997), *Hits by Brits* (2007), *Rhythm on The River* (2011).

ALLEN, Henry
Títulos:
Con Luis Russell (1929): "It Should Be You", "You Might Get Better", "Patrol Wagon Blues".
Con Kid Ory (1959): "I Got Rhythm", "Honeysuckle Rose", "In The Mood".

ANDERSON, Cat
Álbumes: *Cat Anderson Plays at 4 A. M.* (1958), *A Chat with Cat* (1964), *Cat Speaks* (1977), *Plays W. C. Handy* (1978).
Títulos:
Con Duke Ellington: "A Gatherin in A Clearin' " (1945), "Jungle Kitty (1965), "All Day Long" (1967), "El Gato" (1969).

ARMSTRONG, Louis
Álbumes: *Louis Armstrong Hot Fives And Hot Sevens* (1925-29 – Edición recomendada: cofre de 4 CD editados por JSP Records), *Satchmo At Simphony Hall Vol. I y II* (1947-también publicado con el título *Satchmo in Boston*), *New Orleans Nights* (1950), *Satchmo at Pasadena* (1951), *Plays W. C. Handy* (1954), *At The Crescendo* (1955), *Satch Plays Fats* (1955), *Ambassador Satch* (1955-56), *Ella & Louis, Ella & Louis Again Vol I y Vol. II* (1956-57- con Ella Fitzgerald), *Satchmo. My Musical Autobiography*(1956-57), *The Good Book* (1958), *Louis Armstrong & Oscar Peterson* (1958), *Satchmo Plays King Oliver*(1959), *Louis Armstrong and The Dukes of Dixieland* (1960),*The Great Summit* (1961- con Duke Ellington), *Hello Dolly* (1963-64), *Disney Songs The Satchmo Way* (1968).
Títulos:
Con Bessie Smith (1925). "Saint Louis Blues", "Careless Love Blues".
Bajo su propio nombre:
1930 – "Dinah", " I'm A Ding Dong Daddy".
1931 – "Sweethearts on Parade", "Shine", "Just A Gigolo", "When It's Sleepy Time Down South", "You Rascal You", "Lazy River".
1932 – "New Tiger Rag", "Lawd You Make The Night Too Long", "That's My Home".
1933 – "Some Sweet Day", "Mahogany Hall Stomp", Laughin' Louis".
1935 – "Thanks A Million", "Shoe Shine Boy".
1936 – "Lying to Myself", "Ev'n Tide", "Swing That Music".
1937 –"On The Sunny Side of The Street",

"Jubilee", "Darling Nelly Gray", "In The Shade of The Old Apple Tree" (estos dos últimos con los Mills Brothers).
1938 – "When The Saints Go Marching In", "Nobody Knows The Troubles I've seen", "Jonah And The Whale".
1939 – "Confessin'", "You're A Lucky Guy".
1940 – "Wolverine Blues", "Cain and Abel", "Cherry", " Boog It" (estos dos con los Mills Brothers), "Perdido Street Blues", "Down In Honky Tonk Town", Coal Cart Blues" (los tres últimos con Sidney Bechet).
1941 –"Hey Lawdy Mama", "Now, Do You Call That A Buddy", "When It's Sleepy Time Down South".
1945 – "I Wonder".
1946 – "Back O' Town Blues", "Where The Blues Were Born in New Orleans".
1947 – "Someday You'll Be Sorry", "Lovely Weather We're Havin'".
1950 – "La vie en rose", "C'est si bon", "That's for Me", "Dream A Little Dream of Me", "Can Anyone Explain" (los dos últimos con Ella Fitzgerald).
1951 – "I Get Ideas".
1952 – "I'll Walk Alone"
1953 – "The Gypsy", "I Can't Afford to Miss This Dream"
1955 – "Mack The Knife"
1958 – "Basin Street Blues", "Otchi-chor-ni-ya", "Tenderly / You'll Never Walk Alone".
1967 – "Cabaret", "What A Wonderful World".

AUSTIN, Patti
Álbumes: *For Ella* (2002), *Avant Gershwin* (2007).

BAILEY, Buster
Álbumes: *All About Memphis* (1958), *The Wizard of The Ragtime Piano*(1959), *The Marches I Played on The Old Ragtime Piano* (1959 – los dos últimos bajo el nombre de Eubie Blacke).
Títulos:
Con Fletcher Henderson (1926- 36): "Jackass Blues", "Clarinet Marmalade", "Fidgety Feet", "Sensation", "St. Louis Blues", "Hocus Pocus", "Stealin' Apples".

Con Lionel Hampton (1937): "Rhythm, Rhythm", "I Know That You Know".
Bajo su propio nombre: "Shangaï Shuffle" (1934), "Man with A Horn Goes Beserk" (1938).

BAKER, Harold
Álbumes: *The Bud Freeman All Stars* (1960-con Bud Freeman), *Shorty & Doc* (1961-con Doc Cheatham).
Títulos:
Con Duke Ellington: "Time Is A Wastin' " (1944), "All Heart" (1957).
Con Billy Strayhorn (1958): "Cue's Blue Now", "Cherry", "You Brought A New Kind of Love to Me", "Rose Room".

BAKER, LaVern
Álbumes: *Rock n' Roll* (1954-57), *LaVern Baker Sings Bessie Smith* (1958).

BARBARIN, Lucien
Álbumes: *Wallace Davenport And His New Orleans Jazz Band* (1980-con Wallace Davenport), *Trombone Tradition* (1988- con Henri Chaix).

BARRON, Kenny
Álbumes:*The Only One* (1990), *Invitation* (1990), *Spirit Song* (1999), *Minor Blues* (2009).

BASIE, Count
Álbumes: *The Band of Distinction* (1955), *April in Paris* (1955-56), *The Atomic Mr. Basie* (1958), *Chairman of The Board* (1958), *Basie Plays Quincy Jones* (1958-59), *The Count Basie Story* (1960), *Kansas City Suite* (1960), *First Time! The Count Meets the Duke* (1961-conDuke Ellington), *Li'l Ol' Groovemaker... Basie!*(1963), *Ella and Basie* (1963-con Ella Fitzgerald), *Basie's Beat* (1965-67), *Standing Ovation* (1969), *For The First Time. The Count Basie Trio* (1974-solos de piano acompañados por bajo y batería), *Montreux '77* (1977), *Live in Japan'78* (1978), *Me And You* (1983).
Títulos:
1937 – "One O'clock Jump", "Good Morning Blues"

1938 – "Sent for You Yesterday", "Swingin'
The Blues", "Blue And Sentimental", "Doggin' Around", "Panassié Stomp", "How Long,
How Long Blues", "The Dirty Dozens", "Boogie Woogie" (estos tres últimos: solos de piano
acompañados por la sección rítmica).
1939 –"Jive at Five", "Miss Thing", "Nobody
Knows", "I Left My Baby", "Oh Red", "Dupree Blues" (los dos últimos: solos de piano
acompañados por la sección rítmica).
1940 – "Easy Does It", "Super Chief", "Love
Jumped Out".
1941 – "Jump The Blues Away", "Feedin' The
Bean", "9:20 Special" (los dos anteriores con
Coleman Hawkins), "Goin' to Chicago Blues",
"Feather Merchant", "Harward Blues".
1942 – "One O'clock Jump", "Rusty Dusty
Blues", "Café Society Blues" (este último: solo
de piano acompañado por la sección rítmica).
1944 – "Basie Strides Again".
1946 – "The King".
1947 – "House Rent Boogie", "Seventh Avenue
Express".
1952 – "Paradise Squat".

BECHET, Sidney
Álbumes: *Blackstick* (1931-38), *Bechet of New
Orleans* (1932-41), *Sidney Bechet Jazz Classics*
Vol 1. y Vol. 2 (1939-51), *Sidney Bechet. Giant
of Jazz* Vol. 1 y Vol. 2(1945-50), *Sidney Bechet
Sessions* (1945-47), *Rocking* (1947-49).
Títulos:
Con Clarence Williams (1923): "Wild Cat
Blues", "Kansas City Man Blues".
Con los *New Orleans Feetwarmers* (1932): "Ma-
ple Leaf Rag", "Sweetie Dear".
Con Tommy Ladnier y Mezz Mezzrow (1938):
"Really The Blues", "Weary Blues".
Con Mezz Mezzrow (1945-47): "Old School",
"Out of The Gallion","Perdido Street Stomp",
"I Want Some", "The Blues and Freud", "I'm
Going Away from Here", "Breathless Blues".
Con la orquesta de Claude Luter (1949):
"Moulin à café", "Cé Mossieu qui parlé".

BEIDERBECKE, Bix
Álbumes: *The Bix Beiderbecke Story* (1927-28)

Títulos:
Con Frankie Trumbauer (1927): "Singin' The
Blues", "Clarinet Marmalade".
Con Paul Whiteman (1928): "My Melancholy
Baby", "Sweet Sue".
Solo de piano: "In A Mist" (1927)

BENSON, George
Álbumes (1966): *Willow Weep for Me*, *The
George Benson Cookbook, It's Uptown* .
Títulos:
Con Jack Mc Duff (1964-65): "The Sweet Alice
Blues", "I Don't Know", "Rock-A-Bye", "Briar
Patch", "6011/2 No. Polar", "The Three Days
Thang".
Del concierto *From Spirituals to Swing* (1967):
"The Shadow of Your Smile".
Con Lou Donaldson (1967): "The Thang",
"Rev. Moses".
Con Jimmy Smith: "Some of My Best Friends
Are The Blues", "The Boss" (1968), "Ain't
Misbehavin' ", "I'll Drink to That" (1982).

BERRY, Chew
Álbumes: *Leon "Chew" Berry* (1936-1940), *Sit-
tin' In* (1938-1941).
Títulos:
Con Fletcher Henderson (1936): "Blue Lou",
"Christopher Columbus", "Stealin' Apples".
Con Lionel Hampton (1939): "Sweethearts on
Parade", "Shufflin' at The Hollywood".
Con Cab Calloway (1940): "Come on with The
Come on", "Ghost of A Chance".

BERRY, Chuck
Álbumes: *Rock Revival, Rock 'n Roll Music, Chuck
Berry à l'Olympia, After School Session* (1955-60),
28 Great Rock & Roll Songs (1955-72), *Chuck
Berry/Bio* (1973).

BIGARD, Barney
Álbumes: *Jazz Hall of Fame* (1957), *Swinging
Clarinets* (1960-con Claude Luter).
Títulos:
Con Duke Ellington (1928-40): "Take It
Easy", "Tiger Rag", "Black Beauty", "Satur-
day Night Function", Harlem Flat Blues",

"Beggars Blues", "Jazz Lips", "Rose Room", "Stompy Jones", "Clarinet Lament", "Across The Track Blues".
Bajo su propio nombre (1936-41): "Clouds in My Heart", "Stompy Jones", "Charlie The Chulo", "C Blues".
Con Louis Armstrong (1947 - del disco *Satchmo in Boston* o *Satchmo at Simphony Hall*): "Tea for Two", "Body And Soul", "High Society".

BLAKE, Eubie
Álbumes: *The Wizard of The Ragtime Piano*, *The Marches I Played on The Old Ragtime Piano* (1959), *The Eighty-six Years of Eubie Blake* (1969).

BLAKEY, Art
Álbumes: *The Jazz Messengers* (1956), *Hard Bop* (1957), *Ritual* (1957), *Tough* (1957), *Art Blakey's Jazz Messengers with Thelonious Monk* (1957), *Art Blakey& The jazz Messengers at The Club St. Germain* Vol. I, Vol. II, Vol. III (1958), *Like Someone in Love* (1960),!!! Impulse!!! *Art Blakey!!! Jazz Messengers!!!* (1961).
Títulos:
Con Illinois Jacquet (1951): "One Nighter Boogie".
Con Clark Terry (1955): "Swahili".
Con Jimmy Smith (1957): "All Day Long".

BLANTON, Jimmy
Títulos:
Con Duke Ellington (1940-41): "Jack The Bear", "Koko", "Concerto for Cootie", "Harlem Air Shaft", "All Too Soon", "In A Mellotone",. "Across The Track Blues", "Chloe", "Take The "A" Train", "Jumpin' Punkins", John Hardy's Wife", "Just A-Settin' AndA-Rockin' ".
A duo con Duke Ellington (1939-40): "Blues", "Plucked Again", "Pitter Panther Patter", "Body And Soul", "Sophisticated Lady", Mr. J. B. Blues".
Con Johnny Hodges (1941): "Squatty Roo", "Things Ain't What They Used to Be", "Going Out The Back Way".

BOSTIC, Earl
Álbumes: *The Chronological Earl Bostic 1945-*

1948, The Chronological Earl Bostic 1948-1949, Complete Quintet Recordings (1963).
Títulos:
Con Hot Lips Page (1944): "You Need Coachin'".
Bajo su propio nombre (1951-58): "Flamingo", "Sleep", "Velvet Sunset", "Ain't Misbehavin", "Cherokee", "Smoke Rings", "Deep Purple", "Liebestraum", "Bugle Call Rag", Where or When", "Body and Soul".

BRAFF, Ruby
Álbumes: *Ruby Braff featuring Dave McKenna* (1956), *The Ruby Braff-George Barnes Quartet Salutes Rodgers and Hart* (1974).
Títulos:
Con Vic Dickenson (1954): "Keepin' Out of Mischief Now", "Jeepers Creepers", "Russian Lullaby".
Con Buck Clayton (1954): "I Can't Get Started with You", "Just A Groove", "Love Is Just Around The Corner".

BRAUD, Mark
Álbumes: *Shake It And Break It* (2002), *The Spirit of New Orleans. Live in Barcelona* (2006).

BRAUD, Wellman
Títulos:
Con Duke Ellington (1927-33): "Blues I Love to Sing", "Jubilee Stomp", "Hot and Bothered", "Blues with A Feelin' ", "Got Everything but You", "Move Over", "Goin' to Town", "Doin' The Voom Voom", "Flaming Youth", "Jungle Jamboree", "Jazz Lips", "Saturday Night Function", "Beggars Blues", "Double Check Stomp", "Sweet Chariot", "It's A Glory", "Bugle Call Rag", "Creole Love Call" (version 1932), "Harlem Speaks".
Con Kid Ory (1955): "Sugar Blues", "Make Me A Pallet on The Floor", "At The Jazz Band Ball".

BROONZY, Big Bill
Álbumes: *Big Bill Broonzy. The Antology* (2CD,1934-57)
Títulos: "Bull Cow Blues", "How You Want It Done" (1932), "Big Bill Blues", "Pneumonia

Blues" (1936), I'll Start Cutting on You" (1938), "Just A Dream" (1939), "Plow Hand Blues", "Make My Getaway", "Serenade Blues", "I'll Never Dream Again" (1940), "Shine on Shine on", "Night Watchman Blues" (1941), "Summertime Blues" (1947), "Walkin' The Lonesome Road", "In The Evening", "Black, Brown And White", "Hollerin' And Cryin' The Blues", "Blues in 1890", "Stump Blues" (1951), "Guitar Shuffle" (1952-solo de guitarra), "Trouble in Mind" (1953), "When Will I Get to Be Called A Man" (1955), "Texas Tornado", "See See Rider" (1956).

BROWN, Clifford
Álbumes: *Clifford Brown in Paris* (1953), *The Quintet* (1954 - 2 LP con Max Roach), *Max Roach And Clifford Brown Quintet. California Concerts.* (1954), *Remember Clifford* (1956-con Max Roach).

BROWN, Lawrence
Álbumes: *Inspired Abandon* (1965).
Títulos:
Con Duke Ellington: "Ducky Wucky" (1932), "Rose of The Rio Grande" (1938, 1963, 1966), "Rue Bleu" (1967).

BROWN, Ray
Álbumes: *Duo* (1950-51 – con Oscar Peterson), *This One's for Blanton!* (1972 – con Duke Ellington), *Soft Shoe* (1974 – con Herb Ellis), *Hot Tracks* (1975 – con Herb Ellis), *The Red Hot* (1987), *Bam Bam Bam* (1989), *Bassface Live at Kuumbwa* (1993), *Don't Get Sassy* (1994), *Ray Brown Trio Live at Scullers* (1996), *Some of My Best Friends are … The Trumpet Players* (2000), *Ray Brown-Monty Alexander-Russell Malone* (2002).

BRUBECK, Dave
Álbumes: *Time Out* (1959 – Contiene el famoso tema "Take Five").

BRUNIOUS, Wendell:
Álbumes: *In The Tradition* (1986), *We'll Meet Again* (1996), *Down in Honky Tonk Town* (1998).

BRYANT, Ray
Álbumes: *Jo Jones Trio* (1958-con Jo Jones), *Alone with The Blues* (1958), *Ray Bryant Plays* (1959), *Little Susie* (1960), *Madison Time* (1960), *Con Alma* (1961), *Live at Basin Street East* (1964), *Slow Freight* (1966), *Alone at Montreux* (1972), *Here's Ray Bryant* (1976), *Plays Basie & Ellington* (1987).

BUCKNER, Milt
Álbumes: *Rockin' Hammond* (1956), *Midnight Mood* (1962), *Play Chords* (1966), *Go Power!* (1966–con Illinois Jacquet), *Them Their Eyes, When I'm Blue* (1967–los dos anteriores con Buddy Tate), *The King* (1968–con Illinois Jacquet), *The Soul Explosion* (1969–con Illinois Jacquet), *Deux geants du Jazz* (1971–a duo con Jo Jones), *Buck And Jo* (1972–a duo con Jo Jones), *Blues for Diane* (1973–a duo con Jo Jones).
Títulos:
Con Lionel Hampton: "Hamp's Boogie Woogie" (1944), "Chord A-Rebop" (1946).

BUCKNER, Teddy
Álbumes: *Frank Bull And Gene Norman Present Teddy Buckner* (1955), *Teddy Buckner at the Dixieland Jubilee* (1955), *Teddy Buckner And The All Stars* (1958).
Títulos:
Con Kid Ory: "Yaka Hula Hickey Dula", "Go Where You Stayed Last Night" (1950), "Saint James Infirmary" (1953), "Way Down South" (1958).

BURRELL, Kenny
Álbumes: *Introducing Kenny Burrell* (1956), *Midnight Blue* (1963), *The Tender Gender* (1966), *Live At The Village Vanguard* (1978).
Títulos:
Con Jimmy Smith (1960-65): "Midnight Special", "Back at The Chicken Shack", "One O'clock Jump", "Blue Bash", "Travelin' ", "High Heel Sneakers", "Satisfaction".

BYAS, Don
Álbumes: *Don Byas 1945-46*, *Don Byas in Paris* (1946-49), *Those Barcelona Days* (1947), *Les plus*

grands slows de Don Byas (1947-52), *Le grand Don Byas* (1952-55).
Títulos:
Con Count Basie (1941-42): "Something New", "Harvard Blues", "Sugar Blues".
Bajo su propio nombre (1945-47): "Jamboree Jump", "Melody in Swing", "Blue And Sentimental", "Wrap Your Troubles in Dreams", "I'm Beginning to See The Light", "Laura".

CALLOWAY, Cab
Álbumes: *The King of Hi-De-Ho* (1930-31), *16 Cab Calloway Classics* (1939-41).
Títulos:
Bajo su propio nombre(1940-41): "Come on with The Come on", "Special Delivery" (no contenidos en los álbumes indicados).

CARNEY, Harry
Álbumes: *The Duke's Men* (1960).
Títulos:
Con Duke Ellington: "Goin' to Town" (1928), "Tiger Rag", "Breakfast Dance" (1929), "Old Man Blues" (1930), "Swing Low" (1932), "Jive Stomp" (1933), "Margie" (1935), "New Black and Tan Fantasy", "Slap happy" (1938), "Way Low", "Country Gal" (1939), "Jack The Bear" (1940), "Jumpin' Punkins" (1941), "Perdido" (1942), "Prelude to A Kiss" (1945), "Sophisticated Lady" (1956), "Pyramid", "Stranger on The Shore", "Stay Awake" (1964), "Agra" (1966), Chromatic Love Affair (1967), "Praise God" (1968).

CARR, Leroy
Álbumes: *Blues Before Sunrise* (1934).
Títulos (1928-31): "How Long, How Long Blues", "Love Crying Blues" "Papa's Got Your Water On" (acompañados todos ellos por Scrapper Blackwell a la guitarra).

CARTER, Benny
Álbumes: *Benny Carter And The Ramblers And His Orchestra* (1937), *Melancholy Benny* (1939-40), *Benny Carter 1940-1941*, *Big Band Bounce* (1943-45), *Alone Together* (1952), *Cosmopolite* (1954), *Jazz Giant* (1957), *Swingin' The '20s*

(1957-con Earl Hines), *Aspects* (1958), *Sax à la Carter!* (1960), *Further Definitions* (1961), *Additions to Further Definitions* (1966), *The King* (1976), *Live And Well in Japan* (1977), *Montreux '77* (1977), *Summer Serenade* (1980), *A Gentleman And His Music* (1985), *Central City Sketches* (1987).
Títulos (en todos ellos toca el saxo alto, excepto en los que se indica lo contrario):
Con los McKinney Cotton Pickers (1929): "Gee Baby Ain't Good to You".
Con los Chocolate Dandies (1933): "Krazy Kapers", "Once Upon A Time" (este último a la trompeta).
Con Mezz Mezzrow (1934): "Apologies", "Sendin' The Vipers", "35 th And Calumet", "Swingin' with Mezz" (este último a la trompeta).
Con Coleman Hawkins (1937): "Crazy Rhythm", "Out of Nowhere" (este último a la trompeta).
Con Lionel Hampton (1938): "I'm in The Mood for Swing", "Shoe Shiner's Drag".

CARTER, James
Álbumes: *Jurassic Classics* (1994), *The Real Quietstorm* (1995), *The Hey Hey Club* (1996 – música de la película *Kansas City*), *After Dark*, (1996 – música de la película *Kansas City*).

CASEY, Al
Álbumes: *Buck Jumpin'* (1960), *The Al Casey Quartet* (1960), *Guitar Odyssey* (1974 – a duo con Billy Butler), *A Tribute to Fats* (1994).
Títulos:
Con Fats Waller (1934-41): "Do Me A Favour", "Let's Pretend There's A Moon", "Dream Man", "Baby Brown", I Ain't Got Nobody", "Boo Hoo", "Yatch Club Swing", "Buck Jumpin'".

CATLETT, Sidney
Álbumes: *Satchmo at Simphony Hall* (1947 – con Louis Armstrong. Tambien titulado *Satchmo in Boston*).
Títulos:
Con Louis Armstrong (1939-42): "Shanty Boat on The Mississippi", "You're A Lucky Guy",

"Bye and Bye", "Wolverine Blues", "Cain and Abel", "I Cover The waterfront", "Cash for Your Trash", "I Never Knew".
Con Sammy Price (1945): "Boogin' With Big Sid".

CHARLAP, Bill
Álbumes: *All Through The Night* (1998), *I'm Old Fashioned* (2010).

CHARLES Ray
Álbumes: *Ray Charles* (1957), *The Great Ray Charles* (1957), *Yes Indeed!* (1957), *What'd I Say* (1959), *The Genius of Ray Charles* (1959), *In Person* (1960), *Genius Hits the Road* (1960), *The Genius After Hours* (1961), *Genius + Soul = Jazz* (1961), *Modern Sounds In Country and Western Music Volume Two* (1962), *Ingredients in a Recipe for Soul* (1963), *Sweet & Sour Tears* (1964), *Have A Smile with Me* (1964), *Live in Concert* (1965), *Together Again* (1965), *Crying Time* (1966), *Ain't It So* (1979), *Wish You Were Here Tonight* (1983), *The Spirit of Christmas* (1985), *Just Between Us* (1988).

CHEATHAM, Doc
Álbumes: *Shorty and Doc* (1961 – con Harold Baker), *Adolphus Doc Cheatham* (1973), *Hey Doc* (1975), *Doc & Sammy* (1976), *Black Beauty* (1979), *The Fabulous Doc Cheatham* (1983), *Doc Cheatham & Nicholas Payton* (1997).
Títulos:
Con Cab Calloway (1932): "I've Got The World on A String".
Con Eddie Heywood (1944): "Tain't Me", "Carry Me Back to Old Virginny".
Con Wilbur De Paris (1959): "Mack The Knife".
Bajo su propio nombre (1950): "Embraceable You", "Doc Blues".

CHESTNUT, Cyrus
Álbumes: *Revelation* (1993), *The Dark Before The Down* (1994), *Genuine Chestnut* (2005), *Midnight Melodies* (2013).

CHRISTIAN, Charlie
Álbumes: *Charlie Christian With Benny Goodman Vol I* (1939-41), *Charlie Christian With Benny Goodman. Solo Flight Vol II* (1939-41), *Jazz Scene 1941* (1941).

CHRISTOPHER, Evan
Álbumes: *This Side of Evan* (1998), *Delta Bound* (2006), *The Spirit of New Orleans. Live in Barcelona* (2006).

CLARKE, Kenny
Títulos:
Con Sidney Bechet (1941): "One O'clock Jump".
Con Charlie Christian (1941): "Stompin' at The Savoy", "Charlie's Choice" (también editado como "From Swing to Bop"), "Up on Teddy's Hill".
Con Dizzy Gillespie (1946): "He Beeped When He Shoulda Bopped", "Oo Bop Sh'bam", "Our Delight", "Emanon".
Con Charlie Parker: "Back Home Blues".

CLAYTON, Buck
Álbumes: *Buck's Mood* (1949-53), *Live at The Embers* (1953), *Buck Meets Ruby* (1953-54 – con Ruby Braff), *A Buck Clayton Jam Session Vol. I* (1953), *How Hi The Fi* (1953-54), *Swingin' Buck Clayton Jams. Count Basie & Benny Goodman* (1953-54-55), *All The Cats Join in* (1953-55-56), *Columbia Small Group Swing Sessions* (1953-62), *Buck'n The Blues* (1957), *Buck Clayton All Stars Copenhagen* (1959 - con Jimmy Rushing), *Swingin' And Dancing with Buck Clayton* (1959), *All Stars Performance* (1961), *Buck Clayton All Stars Brussels* (1961), *Buck Clayton All Stars Basel* (1961), *Buck & Buddy Blow The Blues* (1961), *Buck Clayton & Friends* (1966), *Buck Clayton. Baden. Switzerland* (1966), *Ben and Buck* (1967- con Ben Webster), *A Buck Clayton Jam Session* (1974), *A Swingin' Dream* (1989), *Swings The Village* (1990).

COBB, Arnett
Álbumes: *The Complete Apollo Sessions* (1947), *Jumpin' The Blues with Arnett Cobb* (1950-51), *Smooth Sailing* (1959), *Arnett Cobb with The Red Garland Trio* (1960), *Go Power!* (1970 – con Eddie Lockjaw Davis y Wild Bill Davis),

Arnett Cobb Again with Milt Buckner (1973 – con Milt Buckner), *Midnight Slows Vol. 3* (1973 – con Candy Johnson y Milt Buckner), *Live in Paris* (1974 – con Tiny Grimes), *The Wild Man from Texas* (1976), *Midnight Slows Vol. 6* (1976 – con Eddie Chamblee y Milt Buckner), *Arnett Cobb and The Muse All Stars Live at Sandy's* (1978), *Arnett Cobb- Guy Lafitte* (1980).
Títulos:
Con Lionel Hampton (1944-45): "Flying Home Nº 2", "Overtime", "Blow Top Blues".

COLE, Cozy
Álbumes: *Concerto for Cozy* (1944 – con Coleman Hawkins y Ben Webster), *Topsy* (1958), *Earl's Backroom and Cozy's Caravan* (1958 – disco compartido con Earl Hines), *A Cozy Conception of Carmen* (1961), *Lionel Hampton Presents Louis Armstrong Alumni* (1977).
Títulos:
Con Lionel Hampton (1937-39): "Whoa Babe", "Stompology", "Sweethearts on Parade".
Con Cab Calloway (1939-41): "Ratamacue", "Crescendo in Drums", "Paradiddle", "A Smooth One".
Con Louis Armstrong (1950): "Bugle Call Rag".

COLE, Nat King
Álbumes: *The Nat King Cole Trio* (1940-41), *The King Cole Trio Vol. I* (1944-45), *The King Cole Trio Vol. II* (1946), *The King Cole Trio Vol III.* (1947), *Nat Cole at JATP* (1944), *Nat Cole at JATP 2* (1944-45), *Anatomy of A Jam Session* (1945), *The Definitive Lester Young Vol. 1* (1946 – con Lester Young y Buddy Rich), *Nat King Cole at The Piano* (1952), *After Midnight* (1956).
Títulos:
Con Lionel Hampton (1940): "Jack The Bellboy", "Blue Because of You".

COLEMAN, Bill
Álbumes: *Bill Coleman in Paris Vol. 1 y Vol. 2* (1936-38), *Swinging in Switzerland* (1957), *Bill Coleman Plays The Blues* (1956), *Singing and Swinging with Bill Coleman and His Seven* (1956), *Swingin' in London* (1967 – con Ben

Webster), *A Smooth One: Live In Manchester* (1967), *Bill Coleman Sings and Plays 12 Negro Spirituals* (1968), *Together at Last* (1968 – con Buddy Tate), *Bill and The Boys* (1972), *Blowing for The Cats* (1973), *Really I Do* (1980).
Títulos:
Con Fats Waller (1934-35): "Believe It Beloved", "Dream Man", "Baby Brown", "I'm Hundred per Cent for You".
Bajo su propio nombre (1959): "Blues for Teddy".

COLEMAN, Ornette
Álbumes: *Tomorrow Is The Question!* (1959), *Free Jazz* (1960).

COLTRANE, John
Álbumes: *Lush Life* (1957-58), *Giant Steps* (1959), *My favorite Things* (1961), *A Love Supreme* (1965).
Títulos:
Con Miles Davis (1956): "Round About Midnight", "Bye Bye Blackbird", "Dear Old Stockholm".

COMBELLE, Alix
Títulos:
Con Coleman Hawkins (1937): "Crazy Rhythm".
Con Benny Carter (1938): "Farewell Blues", "I'm Coming Virginia".
Con Lionel Hampton (1953): "Free Press Oui", "Blue Panassié", "Walkin' at The Trocadero".
Bajo su propio nombre (1960): "On The Alamo", "All of Me", "Bruno Blues".

COOPER, Buster
Títulos:
Con Arnett Cobb (1959): "Cobb's Mob", "Let's Split", "Blues Around Dusk".
Con Duke Ellington (1963-67): "Non-violent Integration", "The Life I Lead", "The Opener", "Trombonio-bustoso-issimo", "The Twitch".
Con Johnny Hodges (1967): "Take'm Off", "The Nearness of You", "Over The Rainbow".

CRAWFORD, Hank
Álbumes: *More Soul* (1960), *The Soul Clinic* (1961), *Dig These Blues* (1965), *Soul Survivors* (1986 – con Jimmy McGriff).

CRAWFORD, Jimmy
Álbumes: *Tribute to Fletcher Henderson* (1957 -con Rex Stewart), *Juanita Hall Sings Bessie Smith* (1958 – con Juanita Hall), *Mainstream Jazz* (1959 – con Andy Gibson).
Títulos:
Con Jimmie Lunceford (1937-41): "For Dancers Only", "Annie Laurie", "Margie", "By The River Sainte Marie", "Tain't What You Do", "Yard Dog Mazurka".

CRAY, Robert
Álbumes: *Bad Influence* (1983), *Showdown!* (1985 – con Johnny Copeland y Albert Collins), *Midnight Stroll* (1990), *Live at The BBC* (2008).

CROSBY, Bob
Títulos (1935-42): "Magnolia Street Parade",The Old Spinning Wheel", "Dogtown Blues".

CURTIS, King
Álbumes: *Rock with Sam Price* (1956-57 – con Sammy Price), *Soul Meeting*(1960), *Trouble in Mind* (1961), *Night Train* (1961), *Live at Filmore West* (1971).
Títulos:
Con Lionel Hampton (1960): "Juice and More Juice" (1960).
Con Roosevelt Sykes (1960): "Jailbait", "Satelite Baby".
Con Sunnyland Slim: (1960): "The Devil Is A Busy Man", "Shake It", "Decoration Day".

DASH, Julian
Álbumes: *The Complete Recordings* (1950-53), *A Portrait of Julian Dash* (1970).
Títulos:
Con Erskine Hawkins (1939-50): "No soap", "Swingin' on Lenox Avenue", Weddin' Blues", "Bicycle Bounce", "Big Fat Sam", "Tuxedo Junction".

DAVENPORT, Wallace
Álbumes: *Way Down Yonder in New Orleans* (1972), *Wallace Davenport with Jim Robinson and Louis Nelson* (1973), *Sweet Georgia Brown* (1974), *Tribute to Louis Armstrong* (1974), *Earl Hines in New Orleans Vol. 1 y Vol. 2* (1975 – con Earl Hines), *Nice All Stars* (1974), *Jazz from New Orleans* (1977), *Wallace Davenport and His New Orleans Jazz Band* (1980).
Títulos:
Con Mezz Mezzrow (1955): "Serenade to Paris", "My Blue Heaven", "Coquette", "Moonglow".
Con Lionel Hampton (1980): "Way down Yonder in New Orleans"

DAVIS Blind Gary
Álbumes: *The Singing Reverend* (1954), *Harlem Street Singer* (1960), *Pure Religion and Bad Company* (1961), *The Guitar & Banjo of Reverend Gary Davis* (1964).

DAVIS, Eddie Lockjaw
Álbumes: *Modern Jazz Expressions* (1956), *Jazz with A Horn* (1956), *Uptown* (1957), *Eddie Davis Trio Featuring Shirley Scott Organ* (1958), *The Eddie Davis Cookbook, Vol. I, Vol. II y Vol. III* (1958), *Callin' The Blues* (1958 – con Tiny Grimes), *Lock The Fox* (1966), *The Fox & The Hounds* (1967), *Just Friends* (1975 – con Harry Sweets Edison), *Jaw Strikes Again* (1976), *All Right OK You Win* (1976 – con Wild Bill Davis), *Light and Lovely* (1977), *Midnight Slows Vol. 10* (1978).
Títulos:
Con Count Basie: "Paradise Squat" (1952), "St. Louis Blues (1965), "I Don't Stand A Ghost of A Chance"(1969).

DAVIS, Jesse
Álbumes: *Horn of Passion* (1991 – con Mulgrew Miller), *High Standards* (1994 – con Nicholas Payton), *First Insight* (1997), *From Within* (1996), *The Hey Hey Club* (1996 – música de la película *Kansas City*), *After Dark*, (1996 – música de la película *Kansas City*), *The Set-Up* (2002).

DAVIS, Miles
Álbumes: *Miles Davis Quartet* (1954), *Miles Davis All-Star Sextet* (1954), *Miles Davis Quintet* (1954), *Walkin'* (1954), *Cookin'* (1956), *Workin'* (1956), *'Round About Midnight* (1955-56), *Miles Ahead* (1957), *Milestones* (1958), *Kind of Blue* (1959), *Sketches of Spain* (1960), *Someday My Prince Will Come* (1961), *Miles Smiles* (1966), *Filles The Kilimanjaro* (1968), *In A Silent Way* (1969), *Bitches Brew* (1970).

DAVIS, Wild Bill
Álbumes: *Wild Bill Davis At Birdland* (1955), *Dance The Madison!* (1960), *This Here* (1961), *Mess of Blues* (1963 - con Johnny Hodges), *Blue Rabbit* (1964 - con Johnny Hodges), *Con Soul & Sax* (1965 - con Johnny Hodges), *Joe's Blues* (1965 - con Johnny Hodges), *Wings & Things* (1965 - con Johnny Hodges), *Live at Count Basie's* (1966), *Blue Pyramid* (1966 - con Johnny Hodges), *Wild Bill Davis & Johnny Hodges in Atlantic City* (1966 - con Johnny Hodges), *Impulsions* (1972), *Wild Bill Davis & Eddie Lockjaw Davis. Live! Vol. 1 y Vol. 2* (1976), *All Right, OK You Win* (1976 – con Eddie Lockjaw Davis), *Live At Swiss Radio, Studio Zürich* (1986), *Greatest Organ Solos Ever!* (1986).
Títulos:
Con Duke Ellington (1969-70): "Satin Doll", "Azure Te", "Blues for New Orleans", "Just Squeeze Me".

DAWKINS, Jimmy
Álbumes: *Fast Fingers* (1969), *Tribute to Orange* (1971), *I Want to Know* (1975), *Feel The Blues* (1985).

DE PARIS, Sidney
Títulos: *Sidney De Paris Blue Note Jazzmen* (1944-51), *Marchin' & Swingin'* (1952 – con Wilbur De Paris), *That's A Plenty* (1953-59 – con Wilbur De Paris), *Wilbur De Paris at Simphony Hall* (1956 – con Wilbur De Paris), *Chris Barber American Jazz Band* (1960 – con Chris Barber).
Títulos:
Con Charlie Johnson 81928): "Boy in The Boat".

Con los McKinney Cotton Pickers (1929): "Miss Hanna".
Con Mezz Mezzrow (1938): "Revolutionary Blues".
Con Sidney Bechet (1944): "St. Louis Blues", "Jazz Me Blues".
Con James P. Johnson (1944): "Victory Stride", "Blue Mizz", "Joy-Mentin' ", "After You've Gone".

DICKENSON, Vic
Álbumes: *Vic Dickenson Showcase* (1954), *Vic Dickenson* (1974), *Gentleman of The Trombone* (1975), *Trombone Cholly* (1976), *Swing That Music* (1976), *Just Friends* (1981 – con Red Richards)
Títulos:
Con Count Basie (1940): "I Never Knew", "Let Me See", "The World Is Mad".
Con Sidney Bechet (1944): "St. Louis Blues", "Jazz Me Blues", "Muskrat Ramble".
Con los *Saints and Sinners* (1965-68): "I'll Try", "Sugar".

DODDS, Johnny
Álbumes: *Johnny Dodds and Kid Ory* (1926-28), *Johnny Dodds* (1926-29), *Clarinet King* (1927-29).
Títulos:
Con King Oliver (1923): "Canal Street Blues", "Dipper Mouth Blues", "High Society", "Sweet Loving Man".
Con Louis Armstrong (1925-27): "Gut Bucket Blues", "Lonesome Blues", "Melancholy Blues", "Willie The Weeper", "Wild Man Blues", "Potato Head Blues", "Gully Low Blues", "Once in A While".

DODDS, Baby
Álbumes: *Jazz À La Creole* (1946).
Títulos:
Con Louis Armstrong (1927): "Willie The Weeper".
Con Johnny Dodds (1929): "My Little Isabel", "Goober Dance", "Too Tight".
Con Sidney Bechet (1940): "Blues in Thirds", "Ain't Misbehavin' ", "Save It Pretty Mama", "Stompy Jones".

DOGGET, Bill

Álbumes: *Hot Dogget* (1956), *Everybody Dance The Honky Tonk* (1956), *Leaps and Bounds* (1952-59), *Hold It!* (1959), *3.046 People Danced 'Til 4 A.M. To Bill Doggett* (1961), *Oops!* (1962), *Prelude to The Blues* (1962), *Wow!* (1964).

DOMINO, Fats

Álbumes: *Rock and Rollin' with Fats Domino* (1955), *This Is Fats Domino!* (1956), *This Is Fats* (1957), *Twistin' The Stomp* (1961), *Live In Europe* (1971).

DORSEY, Tommy

Títulos:

Bajo su propio nombre (1935-44): "I'm Getting Sentimental Over You", "Marie", "Moonlight on The Ganges", "Boogie Woogie", "Opus I", "On The Sunny Side of The Street".

EASLEY, Bill

Álbumes: *First Call* (1990), *Easley Said* (1997), *Bussines Man's Bounce* (2007).

ECKSTINE, Billy

Títulos:

Con Earl Hines (1942): "Jelly Jelly", "Stormy Monday Blues"

Bajo su propio nombre (1944): "Blowin' The Blues Away".

EDISON, Harry Sweets

Álbumes: *The Inventive Mr. Edison* (1953), *Buddy and Sweets* (1955 – con Buddy Rich), *Sweets* (1956 – con Ben Webster), *Gee Baby Ain't I Good to You* (1957 – con Ben Webster), *The Swinger* (1958), *Mr. Swing* (1960), *Just Friends* (1975 – con Eddie Lockjaw Davis), *Simply Sweets* (1977).

Títulos:

Con Count Basie (1938-45): "Every Tub", "Sent for You Yesterday", "Texas Shuffle", "Panassié Stomp", "Rock A Bye Basie", "Miss Thing", "Pound Cake", "Easy Does It", "Moten Swing", "Broadway", "Jump The Blues", "9:20 Special", "Feather Merchant", "Taps Miller", "Queer Street", "Squeeze Me" (excepcionalmente 1967).

Con Lionel Hampton (1955): "Plaid", "Somebody Loves Me".

ELDRIDGE, Roy

Álbumes: *Big Band Bounce Boogie* (1943-46), *Little Jazz* (1950-51), *Rockin' Chair* (1951-52), *Dale's Wail* (1953), *Art Tatum - Roy Eldridge* (1955 – con Art Tatum), *Swing Goes Dixie* (1956), *These Are The Blues* (1963 – con Ella Fitzgerald), *Ella At Juan les-Pins* (1964 – con Ella Fitzgerald), *The Nifty Cat* (1970).

Títulos:

Con Fletcher Henderson (1936): "Christopher Columbus", "Stealin' Apples", "Shoe Shine Boy".

Con Gene Krupa: "Rockin' Chair" (1941).

Bajo su propio nombre: "Wabash Stomp" (1937), "Twilight Time" (1944).

ELLINGTON, Duke

Álbumes: *The Complete Duke Ellington* (1925-1940, CBS), Vol. 1 a Vol. 15, *The Centennial Edition: The Complete RCA-Victor Recordings*(1927-1973), *Masterpieces by Ellington* (1951), *Ellington Uptown* (1952), *Ellington'55* (1953-54), *Historically Speaking* (1956), *Duke Ellington Presents...* (1956), *Ellington at Newport* (1956), *Such Sweet Thunder* (1957), *All Star Road Band* (1957), *Black Brown and Beige* (1958 – con Mahalia Jackson), *Ellington Indigos* (1958), *Newport 1958* (1958), *Back to Back*, (1959 – con Johnny Hodges), *Side by Side* (1959 – con Johnny Hodges), *Festival Session* (1959), *Anatomy of A Murder* (1959), *The Nutcracker Suite* (1960), *Piano in The Background* (1960), *Unknown Session* (1960), *Piano in The Foreground* (1961), *The Great Summit* (1961 – con Louis Armstrong), *First Time! The Count Meets The Duke* (1961 – con Count Basie), *The Girl's Suite and The Perfume Suite* (1957/61), *All American In Jazz* (1962), *Featuring Paul Gonsalves* (1962), *Midnight in Paris* (1962), *Will Big Bands Ever Come Back* (1962), *Recollections of The Big Band Era* (1962), *Afro-Bossa* (1963), *The Great Paris Concert* (1963), *The Symphonic Ellington* (1963), *Ellington '65* (1964), *All Star Road Band Vol. 2* (1964), *Duke Ellington Plays*

Mary Poppins (1964), *Live at Carnegie Hall* (1964), *Ellington '66* (1965), *Concert in The Virgin Islands* (1965), *Ella at Duke's Place* (1965 – con Ella Fitzgerald), *A Concert of Sacred Music* (1965), *The Stockholm Concert* (1966 - con Ella Fitzgerald), *The Popular Duke Ellington* (1966), *In The Uncommon Market* (1963-66), *Soul Call* (1966), *Ella and Duke at The Côte d'Azur* (1966 – con Ella Fitzgerald), *The Far East Suite* (1966), *Live in Italy* (1967), *Berlin '65/Paris '67* (1965-67), *... And His Mother Called Him Bill* (1967), *Yale Concert* (1968), *Second Sacred Concert* (1968), *70th Birthday Concert* (1969), *Latin American Suite* (1968-70), *The Pianist* (1966-70), *New Orleans Suite* (1970), *The Afro-Eurasian Eclipse*(1971),*The Intimate Ellington* (1969-71), *The London Concert* (1971), *Live at The Whitney* (1972), *The Ellington Suites* (1959-72), *This One's for Blanton!* (1972 – con Ray Brown), *Up in Duke's Workshop* (1969-72), *Third Sacred Concert* (1973), *Eastbourne Performance* (1973).

EVANS, Herschel
Títulos:
Con Count Basie (1937-38): "The Glory of Love", "One O'clock Jump" (1er solo de saxo tenor), "John's Idea", "Georgiana" (1er solo de saxo tenor), "Sent for You Yesterday", "Swingin' The Blues" (2º solo de saxo tenor), "Doggin' Around" (1er solo de saxo tenor), "Blue and Sentimental".
Con Lionel Hampton (1938): "Shoe Shiner's Drag", "Muskrat Ramble".

FITZGERALD, Ella
Álbumes: *Lullabies of Birdland* (1954), *Sweet and Hot* (1955), *Ella and Louis* (1956 – con Louis Armstrong), *Ella and Louis Again Vol. I y Vol. II* (1957 – ambos con Louis Armstrong), *Ella in Berlin: Mack The Knife* (1960), *Ella in Hollywood* (1961), *Twelve Nights in Hollywood* (1961), *Ella and Basie!* (1963 – con Count Basie), *These Are The Blues* (1963), *Ella at Juan les-Pins* (1964), *Ella in Hamburg* (1965), *Ella at Duke's Place* (1965 – con Duke Ellington), *Ella and Duke at The Côte d'Azur* (1966 – con Duke Ellington), *The Stock-*

holm Concert, 1966 (1966 – con Duke Ellington), *Ella in London* (1974), *Montreux '75* (1975), *Montreux '77* (1977), *A Perfect Match* (1979 – con Count Basie), *Ella abraça Jobim* (1981).
Títulos:
Con Chick Webb (1936-38): "ALittle Bit Later on", "Crying Mood", "Rock It for Me", "The Dipsy Doodle", "Hallelujah", "A Tisket A Tasket", "Undecided", "My Heart Belongs to Daddy".

FORREST, Jimmy
Álbumes: *Jimmy Forrest's Night Train* (1951), *Forrest Fire* (1960), *The Swinger* (1958 – con Harry Sweets Edison), *Out of The Forrest* (1961), *Sit Down and Relax with Jimmy Forrest* (1961), *Most Much!* (1961).
Títulos:
Con el Mainstream Sextet (1959): "Beed Room Eyes", "Give The Lady What She Wants Most".
Con Al Grey (1975): "Face It Here It Is", "Catch up with That".
Con Count Basie (1977): "Bag of Dreams".

FOSTER, Pops
Títulos:
Con Luis Russell (1929-36): "Mahogany Hall Stomp", "St. Louis Blues", Dallas Blues" (1929 - acompañando a Louis Armstrong), "Saratoga Shout", "Case on Down", "Swing That Music"(1936 – acompañando a Louis Armstrong).
Con Tommy Ladnier y Mezz Mezzrow (1938): "Gettin" Together", "Ain't Gonna Give Nobody None of My Jelly Roll", "If You See Me Comin'", "Royal Garden Blues".
Con Mezz Mezzrow y Sidney Bechet (1945-47): "Old School", "Out of The Gallion", "Ole Miss", "Tommy's Blues", "Kaiser's Last Break", "I Want Some", I'm Going Away from Here".

FRANCIS, Panama
Álbumes (con los *Savoy Sultans*): *Gettin' in The Groove* (1979), *Panama Francis' Savoy Sultans in Cimiez* (1979 – bajo el nombre de George Kelly), *Groovin'* (1982), *Everything Swings* (1983).

FRANKLIN, Aretha
Álbumes: *Songs of Faith* (1956), *Aretha: with The Ray Bryant Combo* (1961), *The Electrifying Aretha Franklin* (1962), *Soul Sister* (1966), *I Never Loved a Man the Way I Love You* (1967), *Lady Soul* (1968), *Aretha Now* (1968), *Soul '69* (1969), *Spirit in The Dark* (1970), *Aretha Live at Filmore West* (1971), *Young Gifted and Black* (1972), *One Lord, One Faith, One Baptism* (1987).

FRENCH, Gerald
Álbumes: *The Spirit of New Orleans. Live in Barcelona* (2006).

GARNER, Erroll
Álbumes: *At His Best* (1946-55), *Plays Misty* (1947-55), *Encores in Hi-Fi* (1950-52), *Gems* (1951-53), *Erroll Garner at The Piano* (1953), *Afternoon on An Elf* (1955), *Concert by The Sea* (1955), *The Most Happy Piano* (1956), *He's Here! He's Gone! He's Garner!* (1956), *Paris Impressions* (1958), *Erroll Garner One World Concert* (1961), *Dreamstreet* (1961), *A Night at The Movies* (1964), *That's My Kick* (1967), *Up in Erroll's Room* (1968), *Gemini* (1972).
Títulos (1945-47): "Movin' Around", "Play Piano Play", "Frankie and Garnie" (también titulado "Fantasy on Frankie and Johnny").

GILLESPIE, Dizzy
Álbumes: *Dizzy* (1945-46 – con Charlie Parker en algunos temas), *Diz Delights* (1946-47), *Diz 'N' Bird* (1950 – con Charlie Parker en concierto), *Jazz at Massey Hall* (1953 – con Charlie Parker en concierto), *At Newport* (1957), *The Greatest Trumpet of Them All* (1957), *The Sonny Rollins/Sonny Stitt Sessions* (1957 – 2 LP con Sonny Rollins y Sonny Stitt), *Have Trumpet, Will Excite!* (1957).
Títulos:
Con Teddy Hill (1937): "King Porter Stomp".
Con Cab Calloway (1940): "Come on with The Come on", "Boo-wa-boo-wa".
Con Lucky Millinder (1942): "Mason Flyer", "Little John Special".
Con Coleman Hawkins (1944): "Disorder at The Border".

Con Slim Gaillard (1945): "Slim's Jam".
Bajo su propio nombre (1945): "Blue 'n' Boogie".

GONSALVES, Paul
Álbumes: *Cookin'* (1957 – con Clark Terry), *Gettin' Together* (1960), *Ellingtonia Moods & Blues* (1960), *Featuring Paul Gonsalves* (1962- con Duke Ellington), *Cleopatra-Feelin' Jazzy* (1963), *Tell It The Way It Is!* (1963), *Love Calls* (1967 – con Eddie Lockjaw Davis), *Paul Gonsalves - François Guin* (1969 – con *Les Swingers* y *Les Four Bones*), *Paul Gonsalves and His All Stars* (1970), *Just A-sittin' and a-Rockin'* (1970 – con Ray Nance), *It Don't Mean A Thing if It Ain't Got That Swing!* (1970-72 – con Earl Hines).
Títulos:
Con Count Basie (1947): "Basie's Basement", "Blue and Sentimental".
Con Duke Ellington (1952-71): "Take The "A" Train", "Things Ain't What They Used to Be", "Diminuendo and Crescendo in Blue (1956), "Body and Soul", "Cop out Extension", "Danke Shoen", "Supercalifragilisticexpialidocius", "Days of Wine and Roses", "Chelsea Bridge", "Barefoot Stomper", "Soul Call", "West Indian Pancake", "Happy Reunion".
Con Clark Terry (1957): "Mood Indigo", "Just Squeeze Me".
Con Cat Anderson (1964): "A Chat with Cat".

GOODMAN, Benny
Títulos:
Con su gran orquesta (1935): "When Buddha Smiles", "Blue Skies", "Sometimes I'm Happy".
Con sus pequeños conjuntos (1939-40): "Avalon", "Flying Home", "Star Dust", "Shivers", "Seven Come Eleven", "I Can't Give You Anything but Love", "Wholly Cats".

GORDON, Wycliffe
Álbumes: *Slidin' Home* (1998), *The Search* (2000), *The Gospel Truth* (2000), *We* (2001 - con Eric Reed), *What You Dealin' with Wycliffe Gordon* (2001), *In The Cross* (2003-04 – con *The Garden City Gospel Choir*), *Cone's Coup* (2005), *We 2* (2006 – con Eric Reed), *Paradigm Shift*

Street Expressionism (2006-07), *Hello Pops!* (2011), *Dreams of New Orleans* (2012), *The Intimate Ellington* (2012), *Somebody New* (2015).

GREEN, Benny (piano)
Álbumes: *In This Direction* (1988), *The Bennie Green Trio Live at The Village Vanguard* (1992), *Bass Face* (1993 – con Ray Brown), *Don't Get Sassy* (1994), *Live at Scullers* (1996 – con Ray Brown), *These Are Soulful Days* (1999), *Green's Blues* (2001), *Bluebird* (2003 – con Russell Malone), *Source* (2011).

GREEN, Benny (trombón)
Álbumes: *Go Ahead and Blow!* (1948-54), *Bennie Green Blows His Horn* (1955), *Soul Stirrin'* (1958), *Benny Green* (1960 – con Jimmy Forrest), *Hornful of Soul* (1960).
Títulos:
Con Earl Hines (1947): "Trick A Track" (tambien titulado "Spooks Ball").
Con Buck Clayton (1955): "Broadway" (1er solo de trombón), "Rock-a-bye Basie" (2º solo de trombón), "Out of Nowhere"(2º solo de trombón).
Con Jo Jones (1955): "Embraceable You", "Shoe Shine Boy", "Lincoln Heights".

GREY, Al
Álbumes: *The Last of The Big Plungers* (1959), *The Thinking Man's Trombone* (1959), *The Al Grey – Billy Mitchell Sextet* (1961), *Grey's Mood* (1973-75), *Al Grey Featuring Arnett Cobb* (1977 – con Arnett Cobb y Jimmy Forrest), *Al Grey Trombone by Five* (1977), *Live at Rick's* (1978 – con Jimmy Forrest).
Títulos:
Con Lionel Hampton (1949): "Wee Albert", "Rag Mop".
Con Count Basie: "I Needs to Be Bee'd with" (1958), "Makin' Whoopee" (1965).
Con Eddie Vinson (1972): "Person to Person", "Alimony Blues".

GRIMES, Tiny
Álbumes: *Tiny Grimes. The Complete 1944-1950, Tiny Grimes and His Rocking Highlanders*

(1950), *Blues Groove* (1958 – con Coleman Hawkins), *Callin' The Blues* (1958), *Tiny in Swingville* (1959 – con Jerome Richardson), *Big Time Guitar with Organ and Rhythm* (1962), *Chasin' with Milt* (1968 – con Milt Buckner), *Tiny Grimes* (1970), *Profoundly Blues* (1973), *Some Groovy Fours* (1974), *Tiny Grimes with Roy Eldridge* (1977 – con Roy Eldridge).
Títulos:
Con Art Tatum (1944): "Topsy", "Body and Soul", "Soft Winds".
Con Ike Quebec (1944-45): "Blue Harlem", "Tiny's Exercises", "Topsy".

HALL, Minor
Títulos:
Con Kid Ory (1954-56): "When The Saints Go Marchin' in", "Gettysburg March", "Bourbon Street Parade", "Weary Blues", "Original Dixieland One Step", "Panama".

HAMILTON, Scott
Álbumes: *Scott Hamilton Is a Good Wind Who Is Blowing Us No Ill* (1977), *Back to Back* (1978 – con Buddy Tate), *Concord Super Band in Tokyo* (1979), *Uptown* (1985), *Major League* (1986), *Scott Hamilton Plays Ballads* (1989), *At Last* (1990 – con Gene Harris), *After Hours* (1997), *Live in London* (2003).

HAMPTON, Lionel
Álbumes: *Lionel Hampton's Best Records* (1937-38, RCA), *Lionel Hampton's Best Records* (1938-39, RCA), *Lionel Hampton's Best Records* (1939-40, RCA), *Lionel Hampton's Best Records* (1940-41, RCA), *Golden Favorites* (1942-46), *Sweatin' with Hamp* (1945-50), *Slide Hamp Slide* (1945-46), *Seeds of Swing* (1945-49), *Swingin' Sessions* (1945-50), *Hamp's Small Combos* (1947-50), *Lionel Hampton* (1950), *Lionel Hampton and His Orchestra* (1951), *The Big Band Sound* (1951-55), *Mustermesse Basel* (Part 1 y Part 2 – 1953), *Lionel Hampton Paris All Stars* (1953), *Hamp in Paris* (1953 – con Mezz Mezzrow), *The European Concerts* (1953-54), *Lionel Hampton Chicago Jazz Concert* (1954), *Live!* (1954), *Vibes Boogie* (1955), *Tatum-Hampton-Rich* (1955 con Art

Tatum y Buddy Rich), *Verve Blues* (1955 – con Art Tatum), *Lionel Hampton à L'Olympia* (1956), *Hampton Special* (1956), *Juice and More Juice* (1960- con King Curtis), *The Exciting Hamp in Europe* (1961), *Lionel Hampton Olympia* (1961-1966), *You Better Know It* (1964), *Newport Uproar!* (1967), *En Concert avec Europe 1* (1971), *Alive & Jumping* (1977 – con Milt Buckner), *Lionel Hampton and His Jazz Giants* (1977), *50th Anniversary Concert/ Live at Carnegie Hall* (1978), *Live at The Muzeval* (1978), *Hamp in Haarlem* (1979), *Ambassador at Large* (1979-81), *Live in Europe* (1980), *Outrageous* (1980-81), *Made in Japan* (1982).

HARGROOVE, Roy
Álbumes: *Diamond in The Rough* (1989), *Public Eye* (1990), *The Vibe* (1992), *Of Kindred Souls* (1993), *With The Tenors of Our Time*(1994), *Family* (1995), *Hard Groove* (2003).

HARRISSON, Jimmy
Títulos:
Con Fletcher Henderson (1927-31): "Fidgety Feet", "Sensation", "The Wang Wang Blues" (1927), "Wabash Blues" (2º solo de trombón), "St. Louis Shuffle", "I'm Coming Virginia", "St. Louis Blues", "Goose Pimples", "Hop Off", "King Porter Stomp", "The Wang Wang Blues" (1929), "Keep A Song in Your Soul", "My Gal Sal".
Con Charlie Johnson (1928): "The Boy in The Boat", "Walk That Thing".

HART, Antonio
Álbumes: *For The First Time* (1991), *Tokyo Sessions* (1995 – con Roy Hargrove), *It's All Good* (1995), *All We Need* (2004), *Blessing* (2015).
Títulos:
Con Terrell Stafford (1999): "Miss Shirley Scott", "I'll Wind".

HAWKINS, Coleman
Álbumes: *The Indispensable Coleman Hawkins Body and Soul* (1927-56 – 2 LP), *Hawk in Holland* (1935-37), *Meditations* (1940), *Coleman Hawkins 1944 Vol. 1 y Vol. 2* (1944), *Bean'sTalking Again*

(1944-49), *Hollywood Stampede* (1945), *The Hawk Returns* (1954), *Timeless Jazz* (1954), *The Hawk Flies High* (1957), *Coleman Hawkins Encounters Ben Webster* (1957 – con Ben Webster), *The High and Mighty Hawk* (1958), *Soul* (1958), *Hawk Eyes* (1959), *Coleman Hawkins All Stars* (1960), *The Hawk Relaxes* (1961), *Further Definitions* (1961 – con Benny Carter), *Duke Ellington Meets Coleman Hawkins* (1962 – con Duke Ellington), *Good Old Broadway*(1962), *Hawkins Alive! At The Village Gate* (1962), *Coleman Hawkins Plays Make Someone Happy from Do Re Mi* (1962), *Today and Now* (1962).
Títulos:
Con Fletcher Henderson (1926-34): "The Stampede", "Fidgety Feet", "Sensation", "Goose Pimples", "I'm Feeling Devilish", "Sugar Foot Stomp", "The House of David Blues", "Can You Take It", "It's The Talk of The Town", "Rhythm Crazy", "I've Got to Sing a Torch Song", "Hocus Pocus".
Con los *Mound City Blue Blowers* (1929): "Hello Lola", "One Hour".
Con Count Basie: "Feedin' The Bean", "9:20 Special".
Con Rex Stewart (1957 – del álbum *Tribute to Fletcher Henderson*): "A Hundred Years from Today".
Bajo su propio nombre: "The Day You Came Along, "Jamaica Shout" (1933), "Honeysuckle Rose (1934), "Blue Moon" (1935), "Honeysuckle Rose", "Out of Nowhere" (1937 – los dos anteriores con Benny Carter y Django Reinhardt), "How Deep is The Ocean", "Sweet Lorraine", "Stumpy" (1943), "Stomping at The Savoy", "On The Sunny Side of The Street", "Thanks for The Memory" (1944), "You Go to My Head (1946).

HAWKINS, Erskine
Álbumes: *The Complete Erskine Hawkins. Volumes 1/2* (1938-39, RCA), *The Complete Erskine Hawkins. Volumes 3/4* (1940-41, RCA), *Erskine Hawkins and His Orchestra Vol. 5* (1949-50 – RCA), *The Hawk Blows Again*(1950-60), *The Hawk Blows at Midnight* (1960).

HENDERSON, Fletcher
Álbumes: *The Fletcher Henderson Story. A Study in Frustration* (1923-38 – Cofre con 3 CD), *Yeah Man!* (1931-33),*Wild Party* (1934).

HERMAN, Woody
Álbumes: *Woody Herman's Greatest Hits* (1945-47), *25th Anniversary 1963* (1963), *Woody Herman: 1964* (1964).

HIGGINBOTHAM, Jay C.
Álbumes: *Callin' The Blues* (1958 – con Tiny Grimes).
Títulos:
Con Luis Russell (1929-31): "It Should Be You", "Swing Out", "Pleasin' Paul", "Case on down", "Doctor Blues", "St. Louis Blues", "Bessie Couldn't Help It", "Blue Turning Grey over You (Los tres últimos acompañando a Louis Armstrong).
Con Louis Armstrong (1937-38): "On The Sunny Side of The Street", "When The Saints Go Marchin' In".

HINES, Earl
Álbumes: 57 *Varieties* (1928-32-50), *Earl Hines and His Orchestra* (1933-38), *The Golden Swing Years. Earl Hines and His Orchestra* (1934-35), *The Indispensable Earl Hines Vol. 1/2* (1939-40, RCA), *The Indispensable Earl Hines Vol. 3/4* (1939-45, RCA), *The Indispensable Earl Hines Vol. 5/6 The Bob Thiele Sessions* (1944-66, RCA), *The Many Faces of Jazz Vol. 29. Earl Hines et son grand orchestre* (1946), *Fatha*(1950), *Solo* (1956), *Fatha Plays Fats* (1955-56), *Earl Hines and His All Stars Featuring Muggsy Spanier* (1957), *Earl's Pearls* (1960), *Swing Masters Vol. 1 Earl Hines and His Band* (1961), *Geants du Jazz. Volume 1* (1964), *Fatha The New Earl Hines Trio* (1964), *Father's Freeway* (1964), *Paris Session* (1965), *Blues in Thirds* (1965), *Earl Hines '65* (1965), *Live at The Village Vanguard* (1965), *Stride Right* (1966 – con Johnny Hodges), *Once Upon a Time* (1966), *Dinah* (1966), *Blues and Things* (1967 – con Jimmy Rushing), *Hodges & Hines Swing's Our Thing* (1967 – con Johnny Hodges), *Fatha Blows Best* (1968), *A Night at Johnnie's* (1968), *At Home* (1969), *It Don't Mean A Thing*

if It Ain't Got That Swing! (1970-72 – con Paul Gonsalves), *My Tribute to Louis* (1971), *Earl Hines Plays Duke Ellington* (1971), *Hines '74* (1974), *The Dirty Old Man* (1974 – con Budd Johnson), *Earl Hines in New Orleans Vol. 1 y Vol. 2* (1975 – con Wallace Davenport), *Solo Walk in Tokyo* (1977), *Deep Forest* (1977- con Budd Johnson), *Texas Ruby Red* (1977 – con Budd Johnson).
Títulos:
Con Jimmie Noone (1928): "Sweet Sue", "Four or Five Times", "Forever More", "Every Evening".
Con el *Louis Armstrong Hot Five* (1928): "West End Blues", "Muggles", "No Papa No", "Skip The Gutter", "Tight Like This", "Save It Pretty Mama", "Weather Bird".
Con el *Louis Armstrong All Stars* (1950-51): "Fine and Dandy", "Honeysuckle Rose".

HINTON, Milt
Títulos:
Con Lionel Hampton (1939): "Early Session Hop", "Hot Mallets", "When Lights Are Low", "One Sweet Letter from You", "Denison Swing".
Con Cab Calloway (1939-41): "Pluckin' The Bass", "Jonah Joins The Cab", "Tappin' Off".
Con Milt Buckner (1956): "Count's Basement", "One O'clock Jump", "Deep Purple".
Con Jimmy Rushing (1956): "Careless Love", "Doctor Blues", "Rosetta".

HODGES, Johnny
Álbumes: *The Best of Duke's Men Vol. 1 Hodge Podge* (1938-39), *The Best of Duke's Men Vol. 2 Who Struck John?* (1939-47), *The Rabbit* (1950), *The Rabbit's Work on Verve in Chronological Order Vol. 1* (1951), *Vol. 2* (1951-52), *Vol. 3* (1952-53-54), *Vol. 4* (1954), *Vol. 5* (1955 + 51-52), *Vol. 6* (1955 – Aparecido originalmente con el título de *Creamy*), *Ellingtonia '56* (1956), *Duke's in Bed* (1956), *The Big Sound* (1957), *Blues-a-Plenty* (1958), *Not So Dukish* (1958), *Back to Back* (1959 –con Duke Ellington), *Side by Side* (1959 –con Duke Ellington), *The Smooth One* (1959-60), *Johnny Hodges at The Sportpalast, Berlin* (1960), *Johnny Hodges with Billy Strayhorn and The Or-*

chestra (1961), *Blue Hodge* (1961 – con Wild Bill Davis), *Mess of Blues* (1963 – con Wild Bill Davis), *Everybody Knows Johnny Hodges* (1964), *Joe's Blues* (1965 – con Wild Bill Davis), *Con Soul & Sax* (1965 – con Wild Bill Davis), *Wings & Things* (1965 – con Wild Bill Davis), *Blue Pyramid* (1965-66 – con Wild Bill Davis), *Stride Right* (1966– con Earl Hines), *Wild Bill Davis & Johnny Hodges in Atlantic City* (1966 – con Wild Bill Davis), *Blue Notes* (1966), *Triple Play* (1967), *Hodges & Hines Swing's Our Thing* (1967 – con Earl Hines), *Rippin' & Runnin'* (1968).
Títulos:
Con Duke Ellington: "The Mooche", "Goin' to Town" (1928), "Flaming Youth", "Cotton Club Stomp", "Saratoga Swing" (1929),"When You're Smiling", "Double Check Stomp" (1930), "It Don't Mean A Thing" (1932), "Boundle of Blues" (1933), "Kissin' My Baby Goodnight" (1936), "The Gal from Joe's", "A Gypsy without A Song" (1938), "Portrait of The Lion" (1939), "Never No Lament" (1940), "Rockabye River" (1946), "On the Sunny Side of The Street", Star-crossed lovers", "All of Me" (1963), "A Spoonful of Sugar" (1964), "Big Fat Alice" (1965), "The Old Circus Train Turn-around Blues", "Isfahan" (1966), "Black Butterfly", "Things Ain't What They Used to Be", "Laying on Mellow" (1969), "Blues for New Orleans" (1970).
Bajo su propio nombre: "Swingin' on The Campus", "Good Gal Blues" (1939), "Junior Hop" (1940), "Squatty Roo", "Goin' out The Back Way" (1941).

HOLIDAY, Billie
Álbumes: *Lady Day: The Complete Billie Holiday on Columbia 1933–1944* (Cofre de 10 CD's), *The Complete Commodore & Decca Masters* (1939 – 50 –Cofre de 3 CD's), *The Complete Billie Holiday on Verve 1945–1959*.
Títulos:
Con Teddy Wilson (1935-39): "Twenty Four Hours a Day", "You Let Me Down", "I Cried for You", "I'll Get By", "My Last Affair", "Sun Showers", "Moanin' Low", "Sugar".
Con Louis Armstrong (1949): "You Can't Lose a Broken Heart", "My Sweet Hunk O'trash".

HOOKER, John Lee
Álbumes: *How Long Blues* (1959), *Blue!* (1960-61), *It Serves You Right to Suffer* (1965), *I Wanna Dance All Night* (1969), *Get Back Home in The U.S.A.* (1969), *That's Where It's at!* (1969).
Títulos:
Bajo su propio nombre: "Hobo Blues", "Hoogie Woogie", "Whistlin' and Moanin' Blues", "Boogie Chillun' " (1949-52), "Dimples", "Every Night" (1956), "I Rowed A Little Boat", "Church Bell Tone", "Hobo Blues", "Boogie Children" (1959), "Wednesday Evenin' Blues", "I Believe I'll Go Back Home" (1960), "Let's Go out to Night", "When My First Wife Quit me", "Boogie Chillum" (1969 – los tres últimos de la película *L'Aventure du Jazz*).

HUMES, Helen
Álbumes: Helen Humes (1959), *Tain't Nobody's Bizness if I Do* (1959), *Songs I Like to Sing!* (1960), *Swingin' with Humes* (1961), *Helen Comes Back* (1973), *Let The Good Times Roll* (1973), *Sneaking Around* (1974), *On The Sunny Side of The Street* (1974), *Helen Humes and The Muse all Stars* (1979).
Títulos:
Con la orquesta de Count Basie (1938-39): "Dark Rupture", Blame It on My Las Affair", "If I Could Be with You", "Someday Sweetheart".
Bajo su propio nombre (1947-52): "Blue and-Sentimental", "Mad about You", "If I Could Be with You", "Million Dollar Secret" (con Roy Milton), "Sad Feeling", "Woojamacooja".

JACKSON, Mahalia
Títulos: *The World's Greatest Gospel Singer* (1954), *Newport Jazz Festival* (1958), *Recorded Live in Europe during Her Latest Concert Tour* (1961), *Live in Antibes* (1968).
Títulos:
Bajo su propio nombre (1947-56): "Move on up A Little Higher", "Even Me", "Dig A Little Deeper", "Tired", "Let The Power of The Holy Ghost Fall on Me", "I'm Glad Salvation Is Free", "In The Upper Room", "Nobody Knows", "Trouble in My Way", "Down by The Riverside".
Con Duke Ellington (1958): "Come Sunday".

JACKSON, Oliver
Álbumes: *Cue for Saxophone* (1959 - con Billy Strayhorn)), *Ray Bryant Plays* (1959 – con Ray Bryant), *Little Susie* (1960 – con Ray Bryant), *Ellingtonia Moods & Blues* (1960 – con Paul Gonsalves), *One for Buck* (1961 – con Buck Clayton), *Buck Clayton All Stars. Basel 1961* (1961- con Buck Clayton), *The Tender Gender* (1966 – con Kenny Burrell), *Triple Play* (1967 – con Johnny Hodges), *Light and Lovely* (1975), *Jaws Strikes Again* (1976 – con Eddie Lockjaw Davis), *Live!* (1976 – con Wild Bill Davis y Eddie Lockjaw Davis), *Oliver Jackson – Heywood Henry Real Jazz Express* (1977), *Oliver Jackson Trio Featuring Cliff Smalls Leonard Gaskin* (1979), *Oliver Jackson Presents Le Quartet* (1982), *Irving Stokes - Oliver Jackson Broadway* (1984).

JACQUET, Illinois
Álbumes: *Illinois Jacquet Memories of You* (1945-51 – cofre de 4 CD's), *Illinois Jacquet and His Tenor-sax* (1945-47), *The Fabulous Apollo Sessions* (1945-47), *King Jacquet* (1947-50), *Groovin'* (1954), *The Kid and The Brute* (1954 – con Ben Webster), *Swing's The Thing* (1956), *Illinois Jacquet Flies Again* (1959), *Illinois Jacquet* (1962), *Go Power!* (1966 – con Milt Buckner), *Genius at Work* (1971 – con Milt Buckner), *With Milt and Jo* (1974 – con Milt Buckner y Jo Jones), *Jacquet's Street* (1976), *God Bless My Solo* (1978), *Midnight Slows Vol. 8* (1978), *Jacquet's Got It* (1987).
Títulos:
Con Lionel Hampton (1942): "Flying Home".
Con Count Basie (1946): "Rambo", "The King".

JAMAL, Ahmad
Álbumes: *Ahmad's Blues* (1951), *Ahmad Jamal Plays* (1955), *The Ahmad Jamal Trio* (1955), *At The Pershing: But Not for Me* (1958), *At The Pershing Vol. 2* (1958), *Portofolio of Ahmad Jamal* (1958), *Jamal at The Penthouse* (1959), *Happy Moods* (1960), *Ahmad Jamal's Alhambra* (1961), *Ahmad Jamal at The Blackhawk* (1962), *Poinciana* (1963), *Ahmad Jamal at The Top: Poinciana Revisited* (1968), *I Remember Duke, Hoagy & Strayhorn* (1994).

JEFFERSON, Blind Lemon
Títulos (1924-28): "Carolina Blues", Jack O'Diamond Blues", "Shuckin' Sugar Blues", "Rabbit Foot Blues", "Match Box Blues", "Lonesome House Blues", "Sunshine Special", "Lemon's Worried Blues", "Balky Mule Blues", "Oil Well Blues", "Saturday Night Spender Blues", "That Black Snake Moan Nº 2", "Baker Shop Blues", "Long Distance Moan", "Southern Woman Blues", "Pneumonia Blues".

JEFFERSON, Hilton
Títulos:
Con King Oliver (1929-30): "I'm Lonesome Sweetheart", "I Must Have It".
Con Fletcher Henderson (1933-34): "Can You Take It", "Wrappin' It up".
Con Cab Calloway (1940): "Willow Weep for Me".
Con Rex Stewart (1957 – del disco *Tribute to Fletcher Henderson*): "Round About Midnight", "Wrappin' It up", "Honeysuckle Rose".
Con Buster Bailey (1958): "Chicasaw Bluff".

JOHNSON, Budd
Álbumes: *Blues a la Mode* (1958), *Budd Johnson and The Four Brass Giants* (1960), *Let's Swing* (1960), *French Cookin'* (1963), *Ya! Ya!* (1964), *Blues and Things* (1967 – con Earl Hines y Jimmy Rushing), *Fatha Blows Best* (1968 – con Earl Hines), *A Night at Johnnie's* (1968 – con Earl Hines), *Ya! Ya!* (1970 – con Charlie Shavers), *The Dirty Old Man* (1974 – con Earl Hines), *Deep Forest* (1977- con Earl Hines), *Texas Ruby Red* (1977 – con Earl Hines).
Títulos:
Con Earl Hines (1937-40): "I Can't Believe That You're in Love with Me", "Grand Terrace Shuffle", "Tantalizing A Cuban", "Call Me Happy".

JOHNSON, Buddy
Álbumes: *Shufflin' and Rollin'* (1939-52), *Rock'n Roll* (1953-55), *Walkin'* (1956), *Buddy Wails* (1957), *Rockin' Time* (1958).

JOHNSON, Charlie
Títulos (1928): "Boy in The Boat", "Walk That Thing".

JOHNSON, James P.
Álbumes: *Father of The Stride Piano* (1921-39), *Fats and Me* (1944).
Títulos:
Con Ethel Waters (1928): "My Handy Man", "Guess Who's in Town", "Do What You Did Last Night".
Con Bessie Smith (1927-29): "Sweet Mistreater", "Back Water Blues", "Preachin' The Blues", "It makes My Love Come down", "Dirty No Gooder's Blues", "Wasted Life Blues", "Blue Spirit Blues", "You Don't Understand", "Don't Cry Baby".
Con Frank Newton y Mezz Mezzrow (1939): "Who?", "The World Is Waiting for The Sunrise".
Con Sidney De Paris (1944): "Everybody Loves My Baby", "Who's Sorry Now".
Bajo su propio nombre (1927-44): "Snowy Morning Blues", "All That I Had Is Gone", "Riffs", "Feelin' Blue", "Crying for The Carolines", "You've Got to Be Modernistic", "Jingles", "Caprice rag", "Blue Mizz", "Victory Stride", "Joy-Mentin' ", "After You've Gone", "Tishomingo Blues".

JOHNSON, Lonnie
Álbumes: *Blues by Lonnie Johnson* (1960), *Blues & Ballads* (1960 – con Elmer Snowden), *Idle Hours* (1961 – con Victoria Spivey), *Portraits in Blues. Lonnie Johnson* (1963).
Títulos:
Con Louis Armstrong (1927-29): "Savoy Blues" "Hotter Than That", "I'm Not Rough", "Mahogany Hall Stomp".
Con Duke Ellington (1928): "The Mooche", "Move over", "Hot and Bothered".
Bajo su propio nombre (1926-42): "Love Story Blues", "Sweet Woman You Can't Go Wrong", "Playing with The Strings", "Stompin' em Along Slow", "Blues in G", "Blue Ghost Blues", "Heart of Iron".

JOHNSON, Pete
Álbumes: *King of Boogie* (1939-41), *Boogie Woogie Mood* (1940-44).
Títulos:
Con Big Joe Turner (1938-44): "Goin' Away Blues", "Roll'em Pete", "Piney Brown Blues", "It's The Same Old Story", "Little Bittie Gal".
Con Albert Ammons (1941): "Boogie Woogie Man", "Barrelhouse Boogie", "Sixth Avenue Express".
Con Jimmy Rushing (1955): "Every day", "Roll'em Pete", "Rock and Roll", "Evenin'", "It's Hard to Laugh and Smile".
Bajo su propio nombre (1947-50): "Central Avenue Drag", "Yancey Special", "St. Louis Boogie".

JONES, Hank
Álbumes: *Urbanity* (1947), *The Jazz Trio* (1955), *Solo Piano* (1956 – También titulado *Have You Met Hank Jones*), *Hank* (1976), *Jones – Brown – Smith* (1976 – con Ray Brown), *Bop Redux* (1977), *I Remember You* (1977), *Tip Toe Tap Dance* (1977-78), *Bluessette* (1979), *Handful of Keys* (1992).

JONES, Jo
Álbumes: *Jo Jones Special* (1955), *Jo Jones Trio* (1958), *Jo Jones Plus Two* (1959), *Jo Jones Sextet* (1960), *Play Chords* (1966 – con Milt Buckner), *Deux Geants du Jazz* (1971 – con Milt Buckner), *Buck and Jo* (1972 – con Milt Buckner), *The Drums by Jo Jones* (1972), *The Lion and The Tiger* (1972 – con Willie The Lion Smith), *Le Lion, le Tigre et La Madelon* (1972 – con Willie The Lion Smith), *Blues for Diane* (1973-74 -con Milt Buckner).
Títulos:
Con Count Basie (1937-47): "Roseland Shuffle", "One O'clock Jump", "John's Idea", "Topsy", "Don't You Miss Your Baby"; "Sent for You Yesterday", "Every Tub", "Swingin' The Blues", "Panassié Stomp", "Clap Hands Here Comes Charlie", "Love Jumped out", "Rockin' The Blues", "One O'clock Boogie", "House Rent Boogie".

JONES, Jonah
Álbumes: *Harlem Jump and Swing* (1954 – compartido con Pete Brown), *Jonah's Wail* (1954 – con Sidney Bechet), *Sam Price and His Kaycee Stompers* (1955 – con Sammy Price), *At The Embers* (1956), *Muted Jazz* (1957), *Swingin' on Broadway* (1957), *Jumpin' with Jonah* (1958), *Swingin' at The Cinema* (1958), *Jonah Jumps Again* (1958), *I Dig Chicks* (1958), *Swingin' 'Round The World* (1958-59), *Broadway Swings Again* (1960), *Hit Me Again* (1957-61), *Jumpin' with A Shuffle* (1961), *A Touch of Blue* (1962), *That Righteous Feelin'* (1962), *Blowin' up A Storm* (1963), *On The Sunny Side of The street*(1965), *Sweet with A Beat* (1966), *Good Time Medleys* (1966), *Confessin'* (1978), *The Feelin' Doesn't Go Away* (1986).
Títulos:
Con Stuff Smith (1936-37): "After You've Gone", "You'se A Viper", "Tain't No Use", "It Ain't Right", "Old Joe's Hittin' The Jug", "Here Comes The Man with The Jive", "Upstairs".
Con Cab Calloway(1941): "Jonah Joins The Cab", "Special Delivery", "Hey Doc", "Take The "A" Train", "A Smooth One".
Bajo su propio nombre (1945-46): "Hubba Hubba Hub", "Stompin' at The Savoy", "I Can't Give You Anything But Love".

JONES, Leroy
Álbumes: *Mo' Cream from The Crop* (1994), *Props for Props* (1996), *Back to My Roots* (2002), *Soft Shoe* (2006), *Sweeter Than A Summer Breeze* (2009).

JORDAN, Louis
Álbumes: *The Complete Recordings 1938-41* (Cofre de 2 CD's), *Greatest Hits* (1941-50), *Let The Good Times Roll* (1945-50), *Rockin' & Jivin' 1956/57 Vol. 1* (1956-57).

JORDAN, Stanley
Álbumes: *Stanley Jordan* (1984), *Magic Touch* (1985), *Standards Vol. 1* (1986), *Flying Home* (1988), *Live in New York* (1998).

KING, B. B.
Álbumes: *Singin' The Blues* (1956), *The Blues* (1958), *Lucille* (1967), *Live & Well* (1969), *Together for The First Time … Live* (1974-75 – con Bobby Bland).

KIRBY, John
Álbumes: *The John Kirby Sextet. His Recorded Works in Chronological Order* (1939-41),*The Swinging Small Bands* (1937-39 – Compartido con otras orquestas), *John Kirby and His Orchestra* (1941-42).
Títulos:
Con Fletcher Henderson (1932-36): "New King Porter Stomp", "Can You Take It", "Stealin' Apples".
Con Mezz Mezzrow (1934): "Apologies", "Sendin' The Vipers", "35th and Calumet", "Old Fashioned Love".
Con Chick Webb (1934): "Stompin' at The Savoy", "Don't Be That Way", "Blue Minor".
Con Teddy Wilson (1935-36): "What A Little Moonlight Can Do", "A Sunbonnet Blue", "Twenty Four Hours A Day", "I Wished on The Moon", "Eeny Meeny Minei Mo", "If You Were Mine", "Why Do I Lie to Myself about You".
Con Lionel Hampton (1937): "Buzzin' Around with The Bee", "Whoa Babe", "Stompology", "Rhythm Rhythm".

KIRK, Andy
Álbumes: *Andy Kirk and His Clouds of Joy. Instrumentally Speaking* (1936-42).

KRALL, Diana
Álbumes: *Stepping out* (1993), *All for You: A Dedication to The Nat King Cole Trio* (1996), *Live in Paris* (2002), *Glad Rag Doll* (2012).

KRUPA, Gene
Títulos:
Con Benny Goodman (1936-37): "Dinah", "Tea for Two" (ambos con el cuarteto), "Don't Be That Way", "Sing, Sing, Sing" (ambos con la gran orquesta).

LADNIER, Tommy
Títulos:
Con Ollie Powell (1923): "Play That Thing"·
Con Ida Cox (1923): "Graveyard Dream Blues", "Worried Man Blues", "Kentucky Man Blues".
Con Ma Rainey (1923-24): "Bad Luck Blues", "Barrel House Blues", "Walking Blues", "Lucky Rock Blues", "Ma Rainey's Mystery Record".
Con Bessie Smith (1927): "Foolish Man Blues", "Dyin' by The Hour" (1927).
Con Lovie Austin (1924-25): "Steepin' on The Blues", "Travelin' Blues", "Heebie Jeebies", "Mojo Blues", "Peppin' Blues".
Con Clarence Williams (1926): "Senegalese Stomp", "Would Ya".
Con Fletcher Henderson (1926-27): "The Chant", "Sweet Thing", "Clarinet Marmalade",   "Snag it" (solo inicial de trompeta), "Tozo", "Fidgety Feet" (solo final de trompeta), "Wabash Blues" (segundo solo de trompeta), "St. Louis Shuffle", "P.D.Q. Blues", "Livery Stable Blues", "I'm Coming Virginia" (pasajes de trompeta de la segunda parte), "Goose Pimples".
Con Mezz Mezzrow (1938): "Revolutionary Blues", "Really The Blues", "Weary Blues", "When You and I Were Young Maggy".
Bajo su propio nombre (1938 – con Mezz Mezzrow): "Royal Garden Blues", "If You See Me Comin' ", "Gettin' Together", "Ain't Gonna Give Nobody None of My Jelly Roll".
Con Rosetta Crawford (1939): "Stop It Joe", "My Man Jumped Salty on Me", "Double Crossing Papa".

LOCKE, Eddie
Álbumes: *Today and Now* (1962 – con Coleman Hawkins), *Coleman Hawkins – Tommy Flanagan Quartet at The London House* (1963 – con Coleman Hawkins), *Instant Groove* (1977 – con Roy Milton), *When You're down and out* (1977 – con Carrie Smith).

LUCAS, Clyde
Álbumes: *Wild Bill Davis Quartet Live at Swiss Radio, Studio Zurich* (1987 – con Wild Bill Davis).

LUNCEFORD, Jimmie
Álbumes: *Stomp it Off* (1934-35 - Decca), *Swingsation* (1935-39 Decca), *Lunceford Special* (1939 - Columbia), *Rhythm is Our Business* (1933–1940 – Recoge el contenido de los dos anteriores).

MAHOGANY, Kevin
Álbumes: *Double Rainbow* (1993), *Songs and Moments* (1994), *The Hey Hey Club* (1996 – música de la película *Kansas City*), *After Dark*, (1996 – música de la película *Kansas City*), *Warming up Kansas City* (2003).

MALONE, Russell
Álbumes: *Russell Malone* (1992), *Black Butterfly* (1993), *Sweet Georgia Peach* (1998), *Bluebird* (2003 – con Benny Green), *Live at Jazz Standard Vol. 1* (2006), *Live at Jazz Standard Vol. 2* (2007).

MARSALIS, Branford
Álbumes: *Royal Garden Blues* (1986), *Footsteps of Our Fathers* (2002).
Títulos: "Take The "A" Train", "Cotton Tail" (1987 – del album *Digital Duke* con la Duke Ellington Orchestra dirigida por Mercer Ellington).

MARSALIS, Wynton
Álbumes: *Hot House Flowers* (1984), *Marsalis Standard Time Vol. 1* (1987), *The Majesty of Blues* (1988), *Standard Time Vol. 3. The Resolution of Romance* (1990), *Selections from the Village Vanguard Box* (1990-94), *Standard Time Vol. 2 Intimacy Calling* (1991), *Levee Low Moan* (1991), *Blue Interlude* (1992), *Citi Movement* (1992), *Jazz at Lincoln Center. They Came to Swing* (1992-94), *Joe Cool's Blues* (1995), *Blood on The Fields* (1998), *From The Plantation to The Penitentiary* (2007), *Wynton Marsalis and Eric Clapton Play the Blues* (2011).
Títulos: "Wynton 2", "Wynton 3" (1999 - con "Black Cultured Pearl" – Pearl Brown).

McBRIDE, Christian
Álbumes: *Gettin' to It* (1994), *Moodswing* (1994

– con Joshua Redman), *These Are Soulful Days* (1999 – con Bennie Green), *Vertical Vision* (2002), *Kind of Brown* (2009), *Out Here* (2013).

Mc SHANN, Jay
Álbumes: *New York – 1208 Miles* (1941-43). *Confessin' The Blues* (1969), *Jay Mc Shann – Eddie "Cleanhead" Vinson. Live!* (1969), *Jumpin' The Blues* (1970 – con Milt Buckner y George Kelly).

MEMPHIS SLIM
Álbumes: *Memphis Slim at The Gate of Horn*(1959), *Songs of Memphis Slim & Willie Dixon* (1959 – con Willie Dixon), *Pinetop's Blues* (1960), *Just Blues* (1960), *The Blues Every Which Way* (1960), *Alone with My Friends* (1961), *Boogie Woogie Piano* (1961), *World's Foremost Blues Singer* (1961), *Antologie du Blues Vol. 3* (1962), *Memphis Slim en Public* (1963), *Clap Your Hands* (1964), *Bluesingly Yours* (1967), *Lord Have Mercy on Me* (1968), *Memphis Slim & Buddy Guy Southside Reunion* (1972 – con Buddy Guy).

MEZZROW, Mezz
Álbumes: *Milton Mezz Mezzrow – Frankie Newton "The Big Apple"* (1934-39), *The Panassié Sessions*(1938 – conTommy Ladnier, Sidney Bechet y Frankie Newton), *Old School – The Mezzrow - Bechet Quintet and Septet* (1945 – con Sidney Bechet), *The Mezzrow – Bechet Quintet* (1945-47 – con Sidney Bechet), *The Mezzrow – Bechet Quintet & Septet* (1945-47 – con Sidney Bechet), *The Many Faces of Jazz Vol. 10* (1951), *The Many Faces of Jazz Vol. 12* (1953), *Memorial Mezz Mezzrow* (1953), *The Many Faces of Jazz Vol. 53* (1954), *Mezz Mezzrow and His Orchestra* (1955), *Mezz Mezzrow à la Schola Cantorum* (1955), *Mezz Mezzrow in Paris* (1955 – incluye el disco anterior y cinco temas a duo con Maxim Saury).
Títulos:
Con Lionel Hampton (1953): "Free Press Oui", "Blue Panassié", "Wailin' Panassié", "Blues for The Hot Club de France", "Elmar The Stock Broker".

MILEY, Bubber
Títulos:
Con Duke Ellington (1926-29): "Animal Crackers", "Inmigration Blues", "The Creeper", "East St. Louis Toodle-o", "Hop Head", "Down in Our Alley Blues", "Blues I Love to Sing", "Black and Tan Fantasy", "Creole Love Call", "Red Hot Band", "Sweet Mama", "Take It Easy", "Jubilee Stomp", "Harlem Twist", "Got Everything but You", "Tishomingo Blues", "Yellow Dog Blues", "Move Over", "The Mooche", "Louisiana", Diga Diga Doo", "Blues with A Feelin' ", "Goin' to Town", "Doin' The Voom Voom", "Tiger Rag", "Flaming Youth".

MILLER, Mulgrew
Álbumes: *Keys to The City* (1985), *From Day to Day* (1990), *The Duets* (1999 - a duo con Niels – Henning Orsted Pedersen), *Live at The Kennedy Center Volume One* (2002), *Live at The Kennedy Center Volume Two* (2002).

MILLINDER, Lucky
Álbumes: *Lucky Millinder's Orch. with Sister Rosetta Tharpe* (1941-45 – con Rosetta Tharpe en cinco temas).

MINGUS, Charlie
Álbumes: *The Wild Bass* (1957), *Jazz Portraits: Mingus in Wonderland* (1959), *Ah Um* (1959), *Mingus Dinasty* (1959), *Charles Mingus: Town Hall Concert* (1964).
Títulos:
Con Lionel Hampton (1947): "Muchacho Azul", "Midnight Sun", "Hawk's Nest", "Goldwyn Stomp", "Red Top", "Giddy up", "Mingus Fingers".

MONK, Thelonious
Álbumes: *Genius of Modern Music Vol. 1* (1947), *Genius of Modern Music Vol. 2* (1951-52), *Thelonious Himself* (1954-57), *Plays Duke Ellington* (1955), *The Unique Thelonious Monk* (1956), *Unissued Live at Newport* (1958-62), *Monk's Dream* (1963).

MONTGOMERY, Wes
Álbumes: *Fingerpickin'* (1958), *The Wes Montgomery Trio* (1959), *The Incredible Jazz Guitar of Wes Montgomery* (1960), *Movin' Along* (1960), *So Much Guitar* (1961), *Movin' Wes* (1964), *Bumpin'* (1965), *Smokin' at The Half Note* (1965), *Willow Weep for Me* (1965), *Live in Europe* (1965), *Complete Live in Paris* (1965), *Jimmy & Wes: The Dynamic Duo* (1966 – con Jimmy Smith).
Títulos:
Con Lionel Hampton (1949): "Moonglow", "Pretty baby", "Hamp's Gumbo" (los dos últimos bajo el nombre de Sonny Parker).

MORTON, Jelly Roll
Álbumes: *Classic Piano Solos* (1923-24), *Jelly Roll Morton and His Red Hot Peppers Vol. 1* (1927-30), *Jelly Roll Morton and His Red Hot Peppers Vol. 2* (1926-39), *Jelly Roll Morton and His Red Hot Peppers Vol. 3* (1926-27), *Jelly Roll Morton and His Red Hot Peppers Vol. 4* (1927-28), *Jelly Roll Morton and His Red Hot Peppers Vol. 5* (1928-29), *Jelly Roll Morton and His Red Hot Peppers Vol. 6* (1929), *The Saga of Mr. Jelly Lord* (1937 – Serie de grabaciones realizadas por Alan Lomax para la Biblioteca del Congreso), *Comodore Jazz Classics Vol. 10* (1939).

MOTEN, Bennie
Álbumes: *Bennie Moten's Orchestra* (1929 – 32).

NANCE, Ray
Álbumes: *Body and Soul* (1969 – al violín), *Just A-Sittin' and A-Rockin'* (1970 – con Paul Gonsalves), *Huffin' n' Puffin'* (1971).
Títulos:
Con Duke Ellington (1941-65): "Take The "A" Train", "C Jam Blues" (al violín), "Black and Tan Fantasy", "Midriff", "Unbooted Character", "Come Sunday" (acompañando al violin a Mahalia Jackson), "It Don't Mean A Thing", "What a Country", "Lay-Bay" (al violin), "Fiddler on The Diddle"(al violin).
Con Johnny Hodges (1941-56): "Things Ain't What They Used to Be", "Texas Blues", "It Had to Be You", "Take The "A" Train" (los dos últimos al violin).

NANTON, Joe "Tricky Sam"
Títulos:
Con Duke Ellington (1926-45): "The Creeper", "Black and Tan Fantasy", "Blues I Love to Sing", "Washington Wobble", "Red Hot Brand", "Jubilee Stomp", "Take It Easy", "Got Everything but You", "Tishomingo Blues", "Move over", "The Blues with A Feelin'", "Tiger Rag", "Flaming Youth", "Harlemiana", "Paducah", "Harlem Flat Blues", "Stevedore Stomp", "Beggar's Blues", "Breakfast Dance", "Jazz Lips", "Lazy Duke", "Sweet Mama", "Double Check Stomp", "Jungle Nights In Harlem", "Old Man Blues", "Big House Blues", "Sweet Chariot", "Echoes of The Jungle", "It Don't Mean A Thing", "Baby When You Ain't There", "Harlem Speaks", "In The Shade of The Old Apple Tree", "Saddest Tale", "Truckin' ", "In A Jam", "Scattin' at The Kit Kat", "Jazz Pot-Pourri", "Ko-ko", "Sidewalks of New York", "Just A-Settin' and A-Rockin' ", "Jump for Joy".

NEWMAN, David
Álbumes: *Fathead: Ray Charles Presents David Newman* (1960), *Still Hard Times* (1982).
Títulos:
Con Ray Charles (1956-62): "Rock House", "Ain't Misbehavin' ", "Talkin About You", "Georgia on My Mind – 1962, en directo, acompañando a la flauta el vocal de Ray Charles).

NEWMAN, Joe
Álbumes: *The Count's Men* (1955), *I'm Still Swinging* (1955), *Salute to Satch* (1956), *I Feel Like A Newman* (1956), *Locking Horns* (1957), *The Happy Cats* (1957), *Soft Swingin' Jazz* (1958), *Joe Newman with Woodwinds* (1958), *Jive at Five* (1960), *Joe Newman Quintet at Count Basie's* (1961), *In A Mellow Mood* (1962), *I Love My Baby* (1978).
Títulos:
Con Count Basie (1954-60): "I Feel likeA New Man", "TV Time", "Shorty George", "Dickie's Dream", "Boogie Woogie", "Blue Five Jive".

NICHOLAS, Albert
Álbumes: *Clarinet Marmalade* (1954), *New Orleans Clarinet* (1955), *Albert Nicholas with The Henri Chaix Trio* (1969), *The Great Traditionalists in Europe* (1969 – con diversos músicos).
Títulos:
Con Luis Russell (1929-30): "It Should Be You" (Bajo el nombre de Henry Allen), "The New Call of The Freaks", "Jersey Lightning", "Saratoga Shout".
Con Jelly Roll Morton (1939): "High Society", "Ballin' The Jack", "Climax Rag", "West End Blues".
Con Baby Dodds (1947): "Wolverine Blues", "Albert's Blues", "Creole Blues".

NOONE, Jimmy
Álbumes: *Jimmie Noone & Earl Hines at The Apex Club Volume 1* (1928), *Jimmie Noone Volume 2* (1928-30), *That Amazing Soft World of Jimmie Noone* (1928-37 – 2 LP).
Títulos:
Con King Oliver (1923): "New Orleans Stomp", "Chatanooga Stomp", "London Cafe Blues","Camp Meeting Blues".
Con Kid Ory (1943): "Panama", "High Society".
Bajo su propio nombre (1940): "They Got My Number Now", "I'm Goin' Home", "Then You're Drunk" (estos tres con intervención de un mediocre cantante).

OLIVER, Joe King
Álbumes: *The Complete Joseph "King" Oliver Heritage 1923-1931 Volume 1* (1923), *Papa Joe: King Oliver and His Dixie Syncopators 1926–1928*(1926-28), *King Oliver and His Orchestra* (1929), *King Oliver and His Orchestra 1929-30 Vol. 2* (1929-30).

OLIVER, Sy
Álbumes que recogen los arreglos para Jimmie Lunceford: *Stomp ItOff* (1934-35 - Decca), *Swingsation* (1935-39 Decca), *Lunceford Special* (1939 - Columbia), *Rhythm is Our Business* (1933–1940– reune el contenido de los dos anteriores)

Álbumes que recogen los arreglos para Tommy Dorsey: *Yes, Indeed!*(1939–1945), *What Is This Thing Called Love?* (1942), *The Popular Frank Sinatra, Vol. 1* (1940–41).
Álbumes bajo su propio nombre: Castle Rock (1949-51), *Sicoloswing* (1949-52), *Jimmie Lunceford in Hi-Fi* (1950-57), *Annie Laurie* (1960), *Yes Indeed* (1973).
Títulos:
Con Mezz Mezzrow (1934): "Blues in Diguise", "The Way I Feel Today", "Hot Club Stomp".

ORY, Kid
Álbumes: *Kid Ory Creole Jazz Band* (1944-45), *This Kid's The Greatest!* (1952-56), *Kid Ory's Creole Jazz Band 1954*, *Kid Ory's Creole Jazz Band 1955*, *Kid Ory's Creole Jazz Band 1956*, *Kid Ory Favorites! Vol. 1* y *Vol. 2* (1956), *Kid Ory Théâtre des Champs-Élisées*(1956), *Song of The Wanderer* (1957), *The Kid from New Orleans* (1957), *Dance with Kid Ory or Just Listen* (1957), *Kid Ory Plays W. C. Handy* (1958), *Kid Ory & Red Allen* (1959 – con Henry Red Allen), *Henry Allen* (1959 – aunque bajo el nombre de Henry Red Allen, se trata de la orquesta de Kid Ory), *The Kid Ory Story: Storyville Nights* (1961).
Títulos:
Con Louis Armstrong (1925-27): "Gut Bucket Blues", "Come Back Sweet Papa", "Muskrat Ramble", "Ory's Creole Trombone", "The Last Time", "Once in A While", "I'm Not Rough", "Savoy Blues".
Con Jelly Roll Morton (1926): "Black Bottom Stomp", "Smoke House Blues", "Doctor Jazz", "Original Jelly Roll Blues", "Cannon Ball Blues".
Con los *New Orleans Wanderers* (1926): "Gatemouth", "Perdido Street Blues", "Too Tight", "Papa Dip".
Con los *New Orleans Bootblacks* (1926): "Flat foot", "Mad Dog", "I Can't Say", "Mixed Salad".

PAGE, Hot Lips
Álbumes: *Feelin' High & Happy* (1938-51), *Big Sound Trumpets* (1938-58 – compartido con «Cootie» Williams), *Oran "Hot Lips" Page &*

Roy Eldridge "*Trumpet Time*" (1940-42 – compartido con Roy Eldridge), *1944 Hot Lips Page* (1944), *Swing Street Showcase with Jonah Jones and Hot Lips Page* (1944-45 – compartido con Jonah Jones).
Títulos:
Con Bennie Moten (1932): "Moten's Swing".
Con Count Basie (1938): "Blues with Lips" (del concierto *From Spirituals to Swing* en el Carnegie Hall).
Bajo su propio nombre: "Buffalo Bill Blues" (1945), "That Lucky Old Sun" (1949).

PAGE, Walter
Títulos:
Con Count Basie (1937-41): "Roseland Shuffle", "Honeysuckle Rose", "One O'clock Jump", "Topsy", "Don't You Miss Your Baby", "Swingin' The Blues", "Every Tub", "Doggin' Around", "Lady Be Good", "I Left My Baby", "The World Is Mad", "9:20 Special", "Basie Boogie".
Con Buck Clayton (1953): "The Hucklebuck".
Con Jimmy Rushing (1956): "T'ain't Nobody's biz-ness", "Piney Brown Blues", "Outskirts of Town".

PARKER, Charlie
Álbumes: *Bird in Time* (1940-47 – cofre de 4 CD), *Charlie Parker Retrospective CD 1 (1940-47)*, *CD 2 (1947-51)*, *CD 3 (1947-53 Broadcasts and Live)*, *Charlie Parker Plus Strings* (1950), *The Genius Of Charlie Parker*(1950-51), *Charlie Parker Plays Cole Porter* (1954).
Títulos:
Con Jay Mc Shann (1941-42): "Swingmatism", "Lonely Boy Blues", "The Jumping Blues";
Con Tiny Grimes (1944): "Tiny's Tempo", "Red Cross".
Con Slim Gaillard (1945): "Slim's Jam".
Jam Session de estudio producida por Norman Granz (1952): "Funky Blues" (2º solo de alto).

PAYTON, Nicholas
Álbumes: *New Orleans Collective* (1992), *From This Moment* (1994), *Gumbo Nouveau* (1995), *The Hey Hey Club* (1996 – Música de la película *Kansas City*), *After Dark*, (1996 – Música de la película *Kansas City*), *Doc Cheatham & Nicholas Payton* (1997).

PEPLOWSKY, Ken
Álbumes: *Double Exposure* (1987), *Mr. Gentle and Mr. Cool* (1990), *Last Swing of The Century* (1999), *Maybe September* (2013).

PETERS, Jay
Álbumes: *The European Concerts* (1953-54 – con Lionel Hampton).
Títulos:
Con Lionel Hampton (1954): "The Chase", "How High The Moon", "Flying Home".

PETERSON, Lucky
Álbumes: *Ridin'* (1984), *Move* (1998), *Organ Soul Sessions* (2009).

PETERSON, Oscar
Álbumes: *Duo* (1950-51 – con Ray Brown), *The Oscar Peterson Trio at The Stratford Shakespearean Festival* (1956), *On The Town* (1958), *Porgy & Bess* (1959), *The Sound of The Trio* (1961), *Live from Chicago* (1961 – originalmente titulado *The London House Sessions*), *West Side Story* (1962), *Night Train* (1963), *With Respect to Nat*(1965).
Títulos:
Con el Jazz at The Philharmonic (1952): "Tenderly".

PETTIFORD, Oscar
Álbumes: *Another One* (1955), *Dancing Sunbeam* (1956 – 2 LP bajo el nombre de Lucky Peterson).
Títulos:
Con Coleman Hawkins (1944): "Disorder at The Border", "The Man I Love", "Sweet Lorraine".
Con Duke Ellington (1946-47): "Beale Street Blues", "Royal Garden Blues", "Suddenly It Jumped", "Stomp Look and Listen", "Sultry Serenade".
Con Lionel Hampton (1956): "Time for Lyons", "Loch Lomond".
Bajo su propio nombre (1950-59): "Perdido",

"Blues for Blanton", "Oscar Blues" (todos ellos al violoncelo).

PRICE, Sammy
Álbumes: *Sam Price and His Kaycee Stompers* (1955), *Piano Solo* (1956), *Blues et Boogie Woogie* (1956), *Boogie Woogie à la Parisienne* (1956 – con Emmet Berry), *Rock with Sam Price* (1956-57 – con King Curtis), *Rib Joint* (1956-59 – con King Curtis), *Midnight Boogie* (1959), *Blues and Boogies Volume 2* (1969), *Fire* (1975).
Títulos:
Con Mezz Mezzrow (1947): "Tommy's Blues, "Funky Butt", "I Want Some", "Chicago Function", "I'm Speaking My Mind".
Bajo su propio nombre (1945): "I Finally Gotcha", "Boogin' for Mezz", "Boogin' with Big Sid", "Gully Low Blues".

QUEBEC, Ike
Álbumes: *The Complete Blue Note 45 Sessions of Ike Quebec* (1959-62 - Disc 1 y Disc 2), *Heavy Soul* (1961), *It Might As Well Be Spring* (1961), *Grant Green & Ike Quebec Complete Instrumental Sessions* (1961-62 – con Grant Green), *Soul Samba* (1962).
Títulos:
Bajo su propio nombre (1944-45): "She's Funny That way", "Blue Harlem", "Tiny's Exercises", "Mad About You", "Facin' The Face", "If I Had You", "I.Q. Blues", "Jim Dawgs", "Girl of My Dreams", "Dolores", "The Masquerade Is Over", "Someone to Watch over Me", "Zig Billion", "Basically Blue", "Topsy".

RAINEY, Ma
Títulos:
Bajo su propio nombre (1923-39): "Bad Luck Blues", "Barrel House Blues", "Walking Blues", "See See Rider Blues", "Jelly Bean Blues", "Countin' The Blues", "Slave to The Blues", "My Babe Blues", "Stack O' Lee Blues", "New Boweavil Blues", "Moonshine Blues", "Deep Moanin' Blues", "Traveling Blues", "Runaway Blues".

REDMAN, Don
Álbumes: *For Europeans Only* (1946), *At The Swing Cats Ball* (1957).

Títulos:
Con Louis Armstrong (1928): "Heah Me Talkin' to Ya", "Save It Pretty Mama".
Bajo su propio nombre (1932): "I Got Rhythm", "Nagasaki".
Arreglos para Fletcher Henderson (1926-27): "The Whiteman Stomp", "I'm Coming Virginia", "Hot Mustard".
Arreglos para los *Mc Kinney's Cotton Pickers* (1929): "Gee Ain't I Good to You".
Arreglos para su propia orquesta (1931): "Chant of The Weed".
Arreglos para Count Basie (1941): "Five O'clock Whistle".

REDMAN, Joshua
Álbumes: *Joshua Redman* (1992), *Moodswing* (1994),*The Hey Hey Club* (1996 – Música de la película *Kansas City*), *After Dark*, (1996 – Música de la película *Kansas City*), *Beyond* (2000), *Trios Live* (2014), *Nearness* (2016).

REED, Eric
Álbumes: *It's Allright to Swing* (1993), *The Swing and I* (1994), *Manhattan Melodies* (1998), *Happiness* (2000), *Mercy and Grace* (2001-02), *We* (2001 - con Wycliffe Gordon), *We 2* (2006 – con Wycliffe Gordon), *Plenty Swing, Plenty Soul* (2009 – con Cyrus Chestnut).

REEVES, Diane
Álbumes: *Diane Reeves* (1987), *I Remember* (1991), *Bridges* (1999), *Good Night and Good Luck* (2005 – banda Sonora de la película del mismo título).

REINHARDT, Django
Álbumes: *Django Reinhardt Rétrospective CD 1* (1934-40), *CD 2* (1940-47), *CD 3* (1947-53), *CD 4* (DVD – documental con la única filmación existente del Quinteto del Hot Club de Francia, realizada en 1939).
Títulos:
Con Eddie South (1937): "Eddie's Blues", "I Can't Believe That You're in Love with Me", "Somebody Loves Me".
Con Dicky Wells (1937): "Japanese Sandman",

"Hangin' Around Boudon".
Con Rex Stewart (1939): "Montmartre", "Solid Old man".

RICH, Buddy
Álbumes: *The Definitive Lester Young Vol. 1* (1946 – con Lester Young y Nat King Cole), *The Swingin' Buddy Rich* (1954), *Buddy and Sweets* (1955 – con Harry Edison), *Tatum-Hampton-Rich* (1955 con Art Tatum y Lionel Hampton), *Swingin' New Big Band* (1966), *Big Swing Face* (1967), *Take It Away* (1967).
Títulos:
Con Teddy Wilson (1952): "Lady Be Good".
Con Count Basie (1952): "Basie Beat", "Count's Organ Blues"

RILEY, Herlin
Álbumes: *The Majesty of Blues* (1989 – con Wynton Marsalis), *Selections from The Village Vanguard Box* (1990-94 – con Wynton Marsalis), *Blue Interlude* (1992 – con Wynton Marsalis), *Citi Movement* (1992 – con Wynton Marsalis), *Joe Cool's Blues* (1995 – con Wynton Marsalis), *Watch What You're Doing* (2000), *Cream of the Crescent* (2005), *New Direction* (2016).
Títulos:
Con la Lincoln Center Jazz Orchestra (1992-94): "Take The "A" Train, "Black and Tan Fantasy", "Boy Meets Horn", "Back to Basics".

ROLLINS, Sonny
Álbumes: *Work Time* (1955), *Saxophone Colossus* (1956), *Sonny Rollins Vol. 1* (1956), *Sonny Rollins Vol. 2* (1957), *Sonny Rollins Plays* (1957 – compartido con Thad Jones), *The Sonny Rollins/Sonny Stitt Sessions* (1957 – 2 LP con Dizzy Gillespie y Sonny Stitt), *The Sound of Sonny* (1957), *Freedom Suite* (1958), *Sonny Rollins and The Contemporary Leaders* (1958), *The Bridge* (1962), *Sonny Rollins on Impulse!* (1965), *Alfie* (1965), *Next Album* (1972).

RUSHING, Jimmy
Álbumes: *Going to Chicago* (1954), *Listen to The Blues* (1955), *Cat Meets Chick* (1955 – con Buck Clayton y Ada Moore), *The Jazz Odyssey of Jimmy Rushing* (1956), *If This Ain't The Blues* (1957), *Little Jimmy Rushing and The Big Brass* (1958), *Rushing Lullabies* (1959), *Copenhagen Concert* (1959 – con el Buck Clayton All Stars), *The Smith Girls* (1960), *Everyday I Have The Blues* (1967), *Blues and Things* (1967 – con Earl Hines), *Livin' The Blues* (1968).
Títulos:
Con Count Basie (1937-45): "Good Morning Blues", "Don't You Miss Your Baby", "Stop Beatin' Around Mulberry Bush", "I Left My Baby", "Draftin' Blues", "Goin' to Chicago Blues", "Rusty Dusty Blues", "Jimmy's Blues", "Blues Skies".

RUSSELL, Luis
Títulos:
Bajo el nombre de Henry Allen (1929): "It Should Be You", "Feeling Drowsky", "Swing out".
Bajo su propio nombre (1930): "The New Call of The Freaks", "Jersey Lightnin' ", "Saratoga Shout", "Panama".

SCOTT, Shirley
Álbumes: *Scotty* (1958), *The Eddie Davis Trio Featuring Shirley Scott Organ* (1958 – con Eddie Lockjaw Davis), *The Shirley Scott Trio* (1958-60), *Soul Searching* (1959), *Shirley Scott Plays Horace Silver* (1961), *The Great Live Sessions* (1964 - con Stanley Turrentine; también bajo el título *Queen of The Organ*), *Let It Go* (1964 – con Stanley Turrentine), *Great Scott!* (1991), *A Walkin' Thing* (1992 – con Terell Stafford).

SHAVERS, Charlie
Álbumes: *The Most Intimate* (1955), *Gershwin, Shavers and Strings* (1955), *We Dig Cole* (1957-58), *Charlie Digs Paree* (1958-59), *Blue Stompin'* (1959 – con Hal Singer), *Charlie Digs Dixie* (1959), *Here Comes Charlie* (1960), *Like Charlie* (1960), *Live from Chicago* (1962), *Excitement Unlimited* (1963), *At Le Crazy Horse Saloon in Paris* (1964), *The Last Session* (1970), *Live!* (1970 – con Budd Johnson), *Live! Vol. 2* (1970 – con Budd Johnson).

Títulos:
Con John Kirby (198-39): "Undecided", "Effervescent Blues".
Bajo su propio nombre (1944): "El Salon de Gut Bucket", "Rosetta".

SILVER, Horace
Álbumes: *Horace Silver and The Jazz Messengers* (1954), *Horace Silver Quintet* (1954), *Horace Silver Quintet Vol. 2* (1955), *Silver's Blue* (1956), *6 Pieces of Silver* (1956), *Song for My Father* (1963-64).

SIMEON, Omer
Álbumes: *Marchin' & Swingin'* (1952- con Wilbur De Paris), *That's A Plenty* (1953-59 – con Wilbur De Paris).
Títulos:
Con Jelly Roll Morton (1926-28): "Black Bottom Stomp", "The Chant", "Smoke House Blues", "Doctor Jazz", "Original Jelly Roll Blues", "Grandpa's Spells", "Cannonball Blues", "Kansas City Stomps", "Georgia Swing", "Shoe Shiner's Drag", "Mournful Serenade", "Shreveport Stomp".
Con Earl Hines (1934-39): "Rosetta", "Meaple Leaf Rag" (ambos al saxo alto), Indiana (al clarinete).
Con Kid Ory (1944-45): "Creole Song", "Get Out of There", "Panama", "Do What Ory Say".

SINGLETON, Zutty
Álbumes: *The Many Faces of Jazz Vol. 10* (1951- con Mezz Mezzrow), *Zutty and The Clarinet Kings* (1967).
Títulos:
Con Louis Armstrong (1928-29): "Basin Street Blues", "No Papa No", "Muggles", "No One Else but You", "Beau-Koo Jack", "Save It Pretty Mama", "Heah Me Talkin' to Ya", "St. James Infirmary", "Tight Like This", "That Rhythm Man", "After You've Gone", "When You're Smiling".
Con Jelly Roll Morton (1929-39): "Smilin' The Blues Away", "Turtle Twist", "That's Like It Ought to Be", "My Little Dixie Home", "Oh, Didn't He Ramble".
Con Mezz Mezzrow (1938): "Revolutionary

Blues", "Comin' on with The Come on".
De *L'Aventure du Jazz* (1969): "Rim Shots", "New Orleans Drums", "Drums Face Nº 2".

SMITH, Bessie
Álbumes (integral de Bessie Smith editada por CBS): *The Worls Greatest Blues Singer* (2 LP - 1923/1930-33), *Any Woman's Blues* (2 LP – 1923-24/1929-30), *Empty Bed Blues* (2 LP – 1924/1928), *The Empress* (2 LP – 1924-25/1927-28), *Nobody's Blues But Mine* (2 LP – 1925-26/1926-27). La edición digital en CD más recomendable de la integral de Bessie Smith es la realizada por Frog Records.

SMITH, Carrie
Álbumes: *Do Your Duty* (1976), *Nobody Wants You* (1977), *Gospel Time: Negro Spirituals and Gospel Songs* (1982), *June Night* (1992).
Títulos:
Del LP *Satchmo Remembered* (1975): "Saint Louis Blues", "You've Been A Good Old Wagon".

SMITH, Clara
Títulos:
Bajo su propio nombre (1923-29): "I Want My Sweet Daddy Now", "I Never Miss The Sunshine", "Awful Moanin' Blues", "Prescription for The Blues", "Death Letter Blues", "Nobody Knows The Way I Feel This Mornin' ", "Shipwrecked Blues", "Court House Blues", "Cheatin' Daddy", "Tell Me When".

SMITH, Jimmy
Álbumes: *A New Sound... A New Star... Jimmy Smith at the Organ, Volume 1 y Volume 2* (1956), *Crazy Baby!* (1960), *Midnight Special* (1960 – con Stanley Turrentine y Kenny Burrell), *Back at the Chicken Shack* (1960 – con Stanley Turrentine y Kenny Burrell), *I'm Movin' On* (1963), *Prayer Meetin'* (1963 – con Stanley Turrentine), *Hobo Flats* (1963), *Any Number Can Win* (1963), *Blue Bash* (1963 – con Kenny Burrell), *Organ Grinder's Swing* (1965), *Got My Mojo Workin'* (1966), *Jimmy & Wes: The Dynamic Duo* (1966 – con Wes Montgomery), *The Boss* (1968 – con George Benson), *Off The Top* (1982).

SMITH, Joe
Títulos:
Con Fletcher Henderson (1926-27): "The Stampede" (2° solo de trompeta), "Fidgety Feet" (solo con sordina), "Sensation", "I'm Coming Virginia" (los dos primeros solos de trompeta), "St. Louis Blues".
Con Bessie Smith (1925-27): "At The Christmas Ball", "Baby Doll", "Young Woman's Blues", "Alexander's Ragtime Band", "There'll Be A Hot Time in The Old Town Tonight", "Trombone Cholly", "Hot Springs Blues".
Con Ethel Waters (1926): "I've Found A New Baby", "Tell 'Em 'Bout Me".
Con los *Mc Kinney's Cotton Pickers* (1929-30): "Gee Ain't I Good to You" (primer solo de trompeta), "The Way I Feel Today", "If I Could Be with You".

SMITH, Lonnie
Àlbumes: *The George Benson Cookbook* (1966 – con George Benson), *Alligator Bogaloo* (1967 – con Lou Donaldson), *Lenox And Seventh* (1985 – con Alvin Queen).

SMITH, Pinetop
Títulos:
Bajo su propio nombre (1928-29): "Pinetop's Boogie Woogie", "I'm Sober Now", "Jump Steady Blues".

SMITH, Stuff
Álbumes: *Jivin' at The Onyx Club* (1936-37), *Stuff Smith 1939-1944* (1939-44), *Have Violin Will Swing* (1957), *Stuff Smith* (1957 – con Oscar Peterson), *Dizzy Gillespie and Stuff Smith* (1957 – con Dizzy Gillespie), *Cat on A Hot Fiddle* (1959), *Sweet Swingin' Stuff* (1959), *Swingin' Stuff* (1965), *Stuff and Steff* (1965 – con Stéphane Grapelly), *Black Violin* (1965), *Late Woman Blues* (1965 – con Henri Chaix).

SMITH, Willie (saxo alto y clarinete)
Álbumes: *A Sound of Distinction* (1945-51).
Títulos:
Con Jimmie Lunceford (1934-41): "Swingin' Uptown", "Rhythm Is Our Bussiness", "Rain",
"Oh Boy", "Avalon", "I'll See You in My Dreams", "Put on Your Old Grey Bonnet", "The Lonesome Road" (primer solo de saxo alto), "Blue Blazes", "Uptown Blues", "Bugs Parade", "Chopin Prelude N° 7", "Please Say The Word", "Blues in The Night".

SMITH, Willie "The Lion"(Piano)
Álbumes: *Pianist and Character* (1935-49), *The Original 14 Plus Two* (1938-39), *Willie The Lion Smith: Concert at Tonhalle Zürich* (1949), *The Many Faces of Jazz Vol. 30* (1949-50), *"The Lion"* (1950), *A Legend* (1950 – también titulado *Show Time*), *Willie The Lion Smith and His All Stars* (1955), *The legend of...Willie The Lion Smith* (1957), *Harlem Piano* (1958 – compartido con Luckey Roberts), *Music on My Mind* (1965 – París), *Echoes of Spring* (1965), *Live at Blues Alley* (1970), *Pork and Beans* (1966), *Music on My Mind* (1966 – Villingen), *The Lion and The Tiger* (1972), *Le Lion, le Tigre et La Madelon* (1972 – ambos con Jo Jones).
Títulos:
Con Mezz Mezzrow (1936): "Mutiny in The Parlour", "The Panic is on".
Con Rex Stewart (1958):"Tillie's Twist", "Tell Me More".

SOUTH, Eddie
Álbumes: *No More Blues* (1927-33 – compartido con Emilio Caceres 1937), *Django Reinhardt. Jazz Stars Series Vol. 4* (1937 – con Django Reinhardt y Stéphane Grapelly),*The Angel of The Violin* (1951 – compartido con diversos músicos).
Títulos:
Bajo su propio nombre (1937-41): "Honeysuckle Rose", "On The Sunny Side of The Street", "Oh Lady be Good", "Stompin' at The Savoy".

SPARKS, Melvin
Álbumes: *Hot Dog* (1969 – con Lou Donaldson), *Sparks!* (1970), *Sparkling* (1981), *Indigo Blue* (1983 – con Hank Crawford), *Slammin' & Jammin'* (1997 – con Charles Earland).

ST. CYR, Johnny
Títulos:
Con King Oliver (1923): "Working Man Blues", "Ain't Gonna Tell Nobody", "Chatanooga Stomp".
Con Louis Armstrong (1925-27): "Gut Bucket Blues", "You're The Next", "Oriental Strut", "Georgia Grind", "Heebie Jeebies", "Muskrat Ramble", "Willie The Weeper", "Alligator Crawl", "Ory's Creole Trombone", "Savoy Blues" (el solo de guitarra es de Lonnie Johnson).
Con los *New Orleans Bootblacks* y los *New Orleans Wanderers* (1926): "Mad Dog", "Flat Foot", "Perdido Street Blues", "Papa Dip".
Con Jelly Roll Morton (1926): "Black Bottom Stomp", "Original Jelly Roll Blues", "Grandpa's Spells", "Doctor Jazz","Cannonball Blues".

STAFFORD, Terell
Álbumes: *A Walking Thing* (1992 – con Shirley Scott), *Centripetal Force* (1996), *Fields of Gold* (1999), *This Side of Strayhorn* (2011).

STEWART, Rex
Álbumes: *Rex Stewart and The Ellingtonians* (1940-46 – compartido con Jimmy Jones),*The Big Challenge* (1957 – con «Cootie» Williams), *Rex in Paris* (1947-48 – 2 LP), *Tribute to Fletcher Henderson* (1957 – con diversos músicos), *Rendezvous with Rex* (1958), *Porgy & Bess Revisited* (1959 – con «Cootie» Williams), *Chatter Jazz* (1959 – con Dickie Wells), *The Happy Jazz of Rex Stewart* (1960), *Rex Stewart& The Henri Chaix Orchestra. Baden 1966 and Montreux 1971* (1966-1971 – compartido con Henri Chaix).
Títulos:
Con Fletcher Henderson (1926-31): "The Stampede (primero y ultimo solos de trompeta), "Singin' The Blues", "Sugar" (solo de trompeta con sordina).
Con Duke Ellington (1935-41): "Showboat Shuffle", "Kissin' My Baby Goodnight", "Boy Meets Horn", "Watermelon Man", "Morning Glory", "Across The Track Blues", "Five O'clock Drag".
Bajo su propio nombre (1937-44): "The Back

Room Romp", "Love in My Heart", "Sugar Hill Shim Sham", "Swing Baby Swing", "Tea and Trumpets", "Finesse", "I Know That You Know" (los dos anteriores con Django Reinhardt), "Mobile Bay", "Cherry", "Subtle Slough", "Zaza".

STEWART, Slam
Álbumes: *Bowin' Singin' Slam* (1944-45), *Slamboree* (1972), *Shut Yo' Mouth* (1981).
Títulos:
Con Lester Young (1943): "I Never Knew", "Sometimes I'm Happy", "Afternoon of A Basie-ite".
Con Don Byas (1944): "What Do You Want with My Heart", "Don's Idea", "Bass-C-Jam".
Con Art Tatum (1944): "Topsy", "Soft Winds", "Flying Home".

STRAYHORN, Billy
Álbumes: *Great Times!Duke Ellington and Billy Strayhorn Piano Duets* (1950- con Duke Ellington), *Duke's in Bed* (1956 – con Johnny Hodges), *Cue for Saxophone* (1959 – con Johnny Hodges), *Johnny Hodges with Billy Strayhorn and The Orchestra* (1961).
Título:
Arreglos para Duke Ellington: "Take The "A" Train", "Clementine", "C Jam Blues", "Royal Garden Blues", "Esquire Swank", "Johnny Come Lately", "Midriff", "Upper Manhattan Medical Group".

TATE, Buddy
Álbumes: *Jumpin' on The West Coast* (1947), *Buddy Tate and His Celebrity Club Orchestra* (1954), *Swingin' Like Tate* (1958), *Tate's Date* (1960), *Tate-A-Tate* (1960 – con Clark Terry), *Groovin' with Buddy Tate* (1961), *Buck Clayton All Stars Brussels* (1961 – con Buck Clayton), *Buck Clayton All Stars Basel* (1961 – con Buck Clayton), *When I'm Blue* (1967 – con Milt Buckner), *Them Their Eyes* (1967 – con Milt Buckner), *Crazy Rhythm* (1967 – con Milt Buckner), *Buddy Tate and His Celebrity Club Orchestra Vol. 2* (1968), *Midnight Slows Vol. 2* (1972 – con Wild Bill Davis), *Buddy Tate and His Buddies* (1973),

Midnight Slows Vol. 4 (1974 – con Milt Buckner y Jo Jones), *Midnight Slows Vol. 5* (1974 – con Milt Buckner y Jo Jones), *Jive at Five* (1975), *Back to Back* (1978 – con Scott Hamilton).
Títulos:
Con Count Basie (1939-47): "Rock-a-bye Basie", "Gone with What Wind", "The World Is Mad", "It's Sand Man", "Stay Cool", "Seventh Avenue Express".

TATUM, Art
Álbumes: *An Art Tatum Concert* (1933/1949), *I Got Rhythm Vol. 3* (1935-44), *The Art of Tatum* (1939-40), *Art Tatum 3. "The Art of Tatum"* (1941-44 – con Big Joe Turner y al frente de su trio), *Art Tatum Is Art* (1944 – al frente de su trio), *Art Tatum* (1949/1956 – con su trio), *The Art Tatum Solo Masterpieces, Vol. 1* al *Vol. 8* (1954-55 – solos de piano), *The Tatum Group Masterpieces, Vol. 1* al *Vol.8* (1955-56 – con diversos solistas como Benny Carter, Lionel Hampton, Buddy Rich, Harry Edison, Roy Eldridge, Buddy de Franco, Jo Jones, Ben Webster, etc.), *Still More of The Greatest Piano of Them All* (1955).

TAYLOR, Melvin
Álbumes: *Blues on The Run* (1982), *Plays The Blues for You* (1984), *Rendezvous with The Blues* (2002), *Sweet Taste of Guitar* (2012), *Taylor Made* (2013).

TERRY, Clark
Álbumes: *Swahili* (1955), *Out on A Limb* (1957), *Paul Gonsalves Cookin'* (1957 – con Paul Gonsalves – Este LP y el anterior reunidos en el CD *Daylight Express*), *Duke with A Difference* (1957), *Serenade to A Bus Seat* (1957), *In Orbit* (1958 – con Thelonious Monk), *Mellow Moods* (1961-62), *The Happy Horns of Clark Terry* (1964), *Oscar Peterson Trio with Clark Terry* (1964), *It's What's Happenin'. The Varitone Sound of Clark Terry* (1967), *Soul Duo* (1968 – con Shirley Scott), *Clark Terry's Big Bad Band Live on 57th Street* (1970), *Clark Terry's Big Bad Band at The Wichita Jazz Festival* (1974), *Oscar Peterson & Clark Terry* (1975 – con Oscar Peterson),

Clark After Dark-The Ballad Album (1977), *Out of Nowhere* (1978), *Lucerne 1978* (1978 – con Chris Woods), *Ain't Misbehavin'* (1979), *Memories of Duke* (1980), *To Duke and Basie* (1986 – con Red Mitchell), *Portraits* (1988).
Títulos:
Con Duke Ellington (1953-59): "Stardust", "Stompin' at The Savoy", "In The Mood", "Newport Up", "Up and Down", "Spacemen", "Juniflip", "Perdido", "Idiom 59".

THARPE, Sister Rosetta
Álbumes: *Lucky Millinder's Orch. with Sister Rosetta Tharpe* (1941-45 – con Lucky Millinder), *Gospel Train*(1944-48 – con el Sammy Price Trio), *Sister Rosetta Tharpe – Marie Knight* (1951-56 – con Marie Knight), *Gospel Train* (1956), *Sister Rosetta Tharpe with The Tabernacle Choir* (1958), *Gospel Songs* (1958 – con *The Tabernacle Choir and Players*), *The Gospel Truth* (1961), *Live in Paris* (1964), *Hot Club de France Concerts* (1966).
Títulos:
De la película *L'Aventure du Jazz* (1969):"Go Ahead", "I Shall Not Be Moved".

THOMAS, Joe (saxo tenor)
Álbumes: *Jumpin' with Joe* (1949-52).
Títulos:
Con Jimmie Lunceford (1934-42): "Black and Tan Fantasy", "Since My Best Girl Turned Me Down", "Posin' ", "Annie Laurie", "Le Jazz Hot", "Baby Won't You Please Come Home" (vocal: Joe Thomas), "Wham", "Bugs Parade", "I Got It", "What's Your Story Morning Glory", "Keep Smilin' Keep Laughin' Be Happy" (vocal: Joe Thomas).
Bajo su propio nombre (1945): "Don't Blame Me".

THOMPSON, Lucky
Álbumes: *Accent on Tenor Sax* (1954), *Dancing Sunbeam* (1956 – 2 LP que contienen los LP originales *Lucky Thompson Featuring Oscar Pettiford Vol 1. y Vol. 2*), *Lucky Thompson* (1956), *Lucky Thompson with Dave Pochonet All Stars* (1956), *Lucky Is Back!* (1965).

Títulos:
Con Lips Page (1944): "It Ain't Like That", "The Lady in Bed", "My Gal Is Gone".
Con Count Basie (1944-45): "Taps Miller", "Avenue C".
Con Jo Jones (1955): "Shoe Shine Boy", "Lincoln Heights", "Georgia Mae", "Lover Man".
Con LionelHampton (1956): "Over The Rainbow", "When You're Smiling", "Raindeer".
Bajo su propio nombre (1947): "Test Pilots", "Just One More Chance".

THOMPSON, Sir Charles
Álbumes: *Sir Charles Thompson and The Hawk for The Ears* (1954-55 – con Coleman Hawkins), *All Stars Performance* (1961 – con Buck Clayton), *Buck Clayton All Stars Brussels* (1961 – con Buck Clayton), *Buck Clayton All Stars Basel* (1961 – con Buck Clayton), *Buck & Buddy Blow The Blues* (1961 – con Buck Clayton y Buddy Tate), *Illinois Jacquet* (1962), *Hey There* (1974), *Robbins' Nest* (1993), *Stardust* (1993-94).
Títulos:
Con Coleman Hawkins (1945): "Stuffy", "Ladie's Lullaby", "Sportman's Hop".
Bajo su propio nombre (1947-60): "Rhythm Itch", "Blue Monday", "Caravan", "Honeysuckle Rose", "Swingtime in The Rockies", "Sonny Howard's Blues", "Love for Sale", "I Want Love You", "Party Time" (este último al órgano).

TURNER, Big Joe (canto)
Álbumes: *Early Big Joe* (1940-44), *Jumpin' The Blues* (1948 – con Pete Johnson), *Joe Turner His Greatest Recordings* (1951-57), *The Boss of The Blues* (1956), *Texas Style* (1971), *The Bosses* (1973 – con Count Basie).
Títulos:
Con Pete Johnson (1938-39): "Roll 'Em Pete", "Goin' Away Blues", "Lovin' Mama Blues".

TURNER, Joe (piano)
Álbumes: *Stride by Stride* (1960), *Joe Turner Trio* (1971 – con Slam Stewart y Jo Jones), *Joe's Back in Town* (1974), *Smashing Thirds* (1969), *I Understand* (1979).

Títulos:
Bajo su propio nombre (1939): "Loncy", "The Ladder".
Con Cat Anderson (1964): "A Chat with Cat", "C Jam Blues".

TURRENTINE, Stanley
Álbumes: *Blue Hour* (1960 – con *The Three Sounds*), *Midnight Special* (1960 – con Jimmy Smith), *Back at The Chicken Shack* (1960 – con Jimmy Smith), *Prayer Meetin'* (1963 – con Jimmy Smith), *A Chip of The Old Block* (1963 – con Shirley Scott), *Let it Go* (1966 – con Shirley Scott), *Sugar* (1970 – con George Benson y Freddie Hubbard).

VINSON, Eddie "Cleanhead"
Álbumes: *Wee Baby Blues* (1969), *The Original Cleanhead* (1969).
Títulos:
Con «Cootie» Williams (1944): "When I Left My Baby", "Things Ain't What They Used to Be", "Somebody's Got to Go", "Is You Is or Is You Ain't".

WALKER, T-Bone
Álbumes: *Classic Indigo Vocals and Guitar – His Original 1945-1950 Performances* (1945-50), *The Complete Imperial Recordings* (1950-54 2 CD), *T-Bone Blues* (1956), *Stormy Monday Blues* (1967), *Feeling The Blues* (1968), *Wee Baby Blues* (1969 – con Eddie Vinson).

WALLER, Fats
Álbumes: *Fats Waller Complete Victor Piano Solos* (1927-41, 2 CD), *Fats Waller Complete RCA Recordings: Volume 1* a *Volume 23* (1926-42, serie de 23 LP), *Fats Waller Collection Jazz Classics Nº 13* y *Nº 14* (1935-41), *Fats in London* (1938-39), *Yatch Club Swing & Other Radio Rarities* (1938), *More Radio Rarities* (1938-40), *The 52th Street New York Presents Original Live Recordings* (1940).
Títulos:
De la película *Stormy Weather* (1943): "Moppin' and Boppin'", "Ain't Misbehavin' ".

WARREN, Earle
Álbumes: *Buck'n The Blues* (1957 – con Buck
Clayton), *Buck Clayton All Stars Brussels* (1961 –
con Buck Clayton), *Buck Clayton All Stars Basel*
(1961 – con Buck Clayton), *Buddy Tate and Ear-
le Warren. The Count's Men* (1973 – compartido
con Buddy Tate).
Títulos:
Con Count Basie (1937-39): "Out The Win-
dow", "Pound Cake".
Del concierto *Jazz from A Swingin' Era* (1967):
"Sercret Love"

WASHINGTON, Dinah
Álbumes: *After Hours with Miss "D"* (1954),
In The Land of Hi-Fi (1956), *Dinah Washing-
ton Sings Fats Waller* (1957), *Dinah Washington
Sings Bessie Smith* (1957), *What A Difference A
Day Makes!* (1959), *Dinah '62* (1962), *Back to
The Blues* (1963).
Títulos:
Con Lionel Hampton (1945): "Blow Top Blues".
Bajo su propio nombre (1943-51): "Evil Gal
Blues", "Salty Papa Blues", "It Isn't Fair",
"Trouble in Mind".

WATERS, Ethel
Álbumes: *Oh Daddy!* (1921-24), *Jazzin' Babies'
Blues* (1921-27), *Ethel Waters Greatest Years*
(1925-33, 2 LP Columbia), *Ethel Waters Clas-
sics* (1923-25), *Ethel Waters Classics* (1926-29),
Ethel Waters Classics (1929-31), *Ethel Waters on
Stage & Screen* (1925-40), *Complete Decca Records*
(1934-38), *Ethel Waters* (1938-39 RCA), *Takin'
A Chance on Love* (1938-46), *Cabin in The Sky*
(1923-55), *Miss Ethel Waters* (1950), *Ethel Wa-
ters Reminisces* (1963).
Títulos:
De la película Cabin in The Sky (1943): "Happiness Is Just A Thing Called Joe", "Cabin in
The Sky", "Takin' A Chance on Love", "Honey in The Honey Comb".

WATERS, Muddy
Álbumes: *Back in The Early Days* (1947-55, 2
LP), *The Real Folk Blues* (1947-58), *Sail On*
(1950-54), *Live in Paris* (1968).

WEBB, Chick
Álbumes: *The Immortal Chick Webb* (1933-36),
Midnite in Harlem (1934-39), *King of The Savoy*
(1937-38), *Original Sessions* (1938-39).
Títulos:
Con Louis Armstrong (1932): "That's My
Home", "Hobo, You Can't Ride This Train".
Con Mezz Mezzrow (1934): "Sendin' The Vi-
pers", "Apologies", "35th and Calumet", Old
Fashioned Love".

WEBSTER, Ben
Álbumes: *King of The Tenors* (1953), *The Ta-
tum Group Masterpieces, Vol. 8* (1956 – con Art
Tatum), *Sweets* (1956 – con Harry Edison),
Gee, Baby Ain't I Good to you (1957 – con Har-
ry Edison), *Soulville* (1957), *Coleman Hawkins
Encounters Ben Webster* (1957 – con Coleman
Hawkins), *Ben Webster Meets Oscar Peterson*
(1959 – con Oscar Peterson), *Ben Webster at
The Renaissance* (1960), *Ben and Sweets* (1962 –
con Harry Edison), *See You at The Fair* (1964),
Ben and Buck (1967 – con Buck Clayton), *Ben
Webster Meets Bill Coleman* (1967- con Bill Co-
leman).
Títulos:
Con Duke Ellington (1935-42): "Truckin' ",
"Conga Brava", "Cotton Tail", "All Too Soon",
"Chloe", "Just A-Settin' and A-Rockin' ", "Five
O'clock Drag", "Perdido", "What Am I Here
for".

WELLS, Dicky
Álbumes: *Dicky Wells in Paris* (1937), *Bones for
The King* (1958), *Chatter Jazz* (1959 – con Rex
Stewart), *Trombone Four-in-Hand* (1959), *Buck
Clayton All Stars Brussels* (1961 – con Buck
Clayton), *Buck Clayton All Stars Basel* (1961 –
con Buck Clayton), *Buddy Tate and His Celebrity
Club Orchestra Vol. 2* (1968 – con Buddy Tate).
Títulos:
Con Cecil Scott (1929): "In A Corner".
Con Spike Hughes (1933): "Fanfare", "Ara-
besque", "Sweet Sue".
Con Fletcher Henderson (1933): "Rhythm
Crazy".
Con Count Basie (1938-47): "Panassié Stomp",

"Dickie's Dream", "Taxi War Dance", "Love Jumped out", "Just A Minute".
Bajo su propio nombre (1943): "Hello Babe", "Linger A While", "I Got Rhythm", "I'm Fer It Too".
Con los *Kansas City Six* y *Kansas City Seven* (1944): "I Got Rhythm", "After Theater Jump".

WHITE, Michael
Álbumes: *Crescent City Serenade* (1990), *New Year's at The Village Vanguard* (1992).
Títulos (1988 – con Wynton Marsalis): "Oh, But on The Third Day (Happy Feet Blues)".

WHITFIELD, Mark
Álbumes: *The Marksman* (1990), *Mark Whitfield* (1993), *True Blue* (1994), *Take The Ride* (1999).

WHITEMAN, Paul
Títulos:
Bajo su propio nombre con Bix Beiderbecke como solista (1928): "Changes", "San", "Louisiana", "From Monday on".

WILLIAMS, Big Joe
Álbumes: *Tough Times* (1960), *Mississippi's Big Joe Williams and His Nine-String Guitar* (1962), *Classic Delta Blues* (1964), *Thinking of What They Did to Me* (1969).
Títulos:
Bajo el seudónimo de King Solomon Hill (1930): ""Whoope Blues", "Tell Me Baby", "The Dead Gone Train".

WILLIAMS, «Cootie»
Álbumes: *«Cootie» Williams Sextet and Orchestra* (1944), *Big Bands Bounce* (1945-46 – compartido con Benny Carter), *The Big Challenge* (1957 – con Rex Stewart), *Big Sound Trumpets* (1957-58 – compartido con Hot Lips Page), *Porgy & Wes Revisited* (1958 – con Rex Stewart), *«Cootie» Williams in Stereo* (1958), *«Cootie»* (1959), *«Cootie» Williams et son orchestre du Savoy de Harlem* (1959).
Títulos:
Con Duke Ellington (1929-40): "Saratoga

Swing", "Jazz Lips", "Double Check Stomp", "Shout 'em A Tillie", "Sweet Chariot", "Echoes of The Jungle", "Bugle Call Rag", "Ducky Wucky", "Hyde Park", "Troubled Waters", "Echoes of Harlem", "Harmony in Harlem", "Prologue to A Black and Tan Fantasy", "Riding on A Blue Note", "Country Gal", "Concerto for «Cootie»", "In A Mellotone", "Chloe".
Bajo su propio nombre (1937-40 – con músicos de Duke Ellington): "I Can't Believe That You're in Love with Me", "Watching", "Delta Mood", "Mobile Blues", "Budoir Benny", "Black Beauty", "Black Butterfly", "Give It up".
Con Duke Ellington (1964-71): "Charade", "Fly Me to The Moon", "The Shepherd", "Take The "A" Train", "Tootie for «Cootie»", "Portrait of Louis Armstrong", "I Got It Bad".
Con Mercer Ellington (1975):"Jeeps Blues".

WILLIAMS, Mary Lou
Álbumes: *The First Lady of The Piano*(1955), *Black Christ Of The Andes* (1963), *Nite Life* (1972), *Solo Recital at Montreux Jazz Festival* (1978).
Títulos:
Bajo su propio nombre (1930-38): "Night Life", "Swingin' for Joy", "Clean Pickin' ", "The Pearls", "Mr. Freddie Blues".

WILSON, Teddy
Álbumes: *The Teddy Wilson Piano Solos* (1935-37), *The Complete Billie Holiday with The Ellingtonians* (1935-37 – aparecidos originalmant bajo el nombre de Teddy Wilson), *Lady Day & Prez* (1937-41 –en gran parte aparecidos originalmente bajo el nombre de Teddy Wilson), *Two Trios* (1954), *The Creative Teddy Wilson* (1955 – titulado también *For Quiet Lovers*), *I Got Rhythm* (1956), *These Tunes Remind Me of You* (1956),*The Impeccable Mr. Wilson* (1957), *Three Little Words* (1976).

WOODE, Jimmy
Álbumes: *Historically Speaking* (1956 – con Duke Ellington), *Duke Ellington Presents...* (1956 - con Duke Ellington), *Ellington at Newport* (1956 - con Duke Ellington), *Such Sweet*

Thunder (1957 - con Duke Ellington), *All Star Road Band* (1957 - con Duke Ellington), *Newport 1958* (1958 - con Duke Ellington), *Plays at 4 A. M.* (1958 – con Cat Anderson), *Play Chords* (1966 – con Milt Buckner y Jo Jones).

WOODARD, Rickey
Álbumes: *California Cooking* (1991), *The Tokyo Express* (1992), *California Cooking #2* (2001), *Pineapple Delight* (2009).

WOODYARD, Sam
Álbumes (todos ellos con Duke Ellington): *Historically Speaking* (1956), *Duke Ellington Presents...*(1956), *Ellington at Newport* (1956), *Such Sweet Thunder* (1957), *All Star Road Band* (1957), *Newport 1958* (1958), *The Nutcracker Suite* (1960), *Piano in The Background* (1960), *Unknown Session* (1960), *Piano in The Foreground* (1961), *All American In Jazz* (1962), *Featuring Paul Gonsalves* (1962), *Midnight in Paris* (1962), *Will Big Bands Ever Come Back* (1962), *Recollections of The Big Band Era* (1962), *The Great Paris Concert* (1963), *Ellington '65* (1964), *All Star Road Band Vol. 2* (1964), *Duke Ellington Plays Mary Poppins* (1964), *Ellington '66* (1965), *Concert in The Virgin Islands* (1965).

YANCEY, Jimmy
Álbumes: *Yancey's Get Away* (1939), *Blues and Boogie* (1939-40), *Lowdown Dirty Blues* (1951).

YOUNG, Lester
Álbumes: *Prez. Kansas City Six* (1938-44), *Pres at His Very Best* (1943-44), *Prez and Friends. A Complete Session* (1944), *The Immortal Lester Young* (1944), *The Complete Aladdin Sessions Vol. 1* (1945-46), *The Definitive Lester Young Vol. 1* (1946 – con Nat King Cole), *The Great Lester Young* (1945-49).
Títulos:
Con Count Basie (1936-40): "Lady Be Good", "Shoe Shine Boy" (1936 –ambos bajo el nombre de *Jones Smith Inc.*), "Roseland Shuffle", "Honeysuckle Rose", "Time out", "Every Tub", "Jive at Five", "Lester Leaps in", "12th Street Rag", "Clap hands Here Comes Charlie", "Easy Does It", "Five O'clock Whistle".

YOUNG, Trummy
Álbumes (todos ellos con Louis Armstrong): *Plays W. C. Handy* (1954), *At The Crescendo* (1955), *Satch Plays Fats* (1955), *Ambassador Satch* (1955-56), *Satchmo. My Musical Autobiography* (1956-57), *The Good Book* (1958), *Satchmo Plays King Oliver* (1959), *The Great Summit* (1961-con Duke Ellington), *Hello Dolly* (1963-64).
Títulos:
Con Jimmie Lunceford (1937-40): "Annie Laurie", "Margie", "Down by The Old Mill Stream", "Blue Blazes", "Easter Parade", "Belgium Stomp", "Lunceford Special", "Bugs Parade".

bibliografía

Carbonell, Jaume, *El Jazz Clàssic i la seva historia*, Galerada, Serveis d'Edició i Traducció SCCL, 2011.

Carles, Philippe y Comolli, Jean Louis, *Free Jazz Black Power*, Editorial Anagrama, 1973.

Dance, Stanley, *El mundo de Duke Ellington*, Editorial Victor Leru, 1973.

Dance, Stanley, *El mundo del Swing*, Ediciones Marymar, 1977.

Ellington, Edward Kennedy "Duke", *La música es mi amante*, Global Rhythm Press, S. L., 2009.

Gioia, Ted, *Historia del Jazz*, Fondo de Cultura Económica, 2002.

Marsalis, Wynton – Ward, Geoffrey C., *Jazz. Cómo la música puede cambiar tu vida* Ediciones Paidós Ibérica S. A., 2009.

Mezzrow, Milton Mezz y Wolfe, Bernard, *Really The Blues*, Ediciones Acuarela y Machado Grupo de Distribución, S. L., 2010.

Panassié, Hugues y Gautier, Madeleine, *Dictionaire du Jazz*, Editions Albin Michel, 1980.

Panassié, Hugues, *Discographie Critique des meilleurs disques de jazz*, Robert Laffont, 1958.

Panassié, Hugues, *La bataille du jazz*, Editions Albin Michel, 1965.

Panassié, Hugues, *Louis Armstrong* , Nouvelles Editions Latines, 1969.

Tirro, Frank, *Historia del Jazz Clásico*, Ma Non Troppo, Ediciones Robinbook, S.L., 2001.

Tirro, Frank, *Historia del Jazz Moderno*, Ma Non Troppo, Ediciones Robinbook, S.L., 2001.

índice onomástico

Otros títulos de la colección MA NON TROPPO - Música

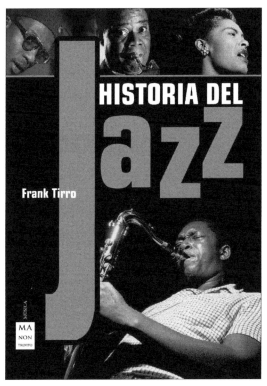

HISTORIA DEL JAZZ
Frank Tirro

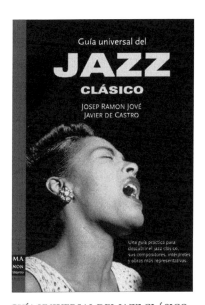

GUÍA UNIVERSAL DEL JAZZ CLÁSICO

Josep Ramon Jové y Javier de Castro

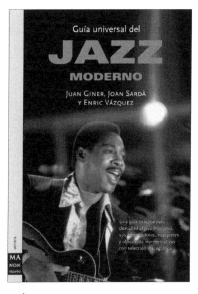

GUÍA UNIVERSAL DEL JAZZ MODERNO
Juan Giner, Joan Sardà y Enric Vázquez